刘长允　主编

张友谊
邵明华　副主编

千古大道一脉传

中华优秀传统文化精神标识研究

齐鲁书社
·济南·

图书在版编目（CIP）数据

千古大道一脉传：中华优秀传统文化精神标识研究 /
刘长允主编. -- 济南：齐鲁书社，2023.11
ISBN 978-7-5333-4765-9

Ⅰ.①千… Ⅱ.①刘… Ⅲ.①中华文化－文化精神－
研究 Ⅳ.①K203

中国国家版本馆CIP数据核字(2023)第177765号

项目统筹　王　路
责任编辑　王江源　张　涵
封面设计　王　琦
版式设计　亓旭欣

千古大道一脉传：中华优秀传统文化精神标识研究

刘长允　主编

主管单位	山东出版传媒股份有限公司
出版发行	齐鲁书社
社　　址	济南市市中区舜耕路517号
邮　　编	250003
网　　址	www.qlss.com.cn
电子邮箱	qilupress@126.com
营销中心	（0531）82098521　82098519　82098517
印　　刷	山东临沂新华印刷物流集团有限责任公司
开　　本	720mm×1020mm　1/16
印　　张	25.25
插　　页	3
字　　数	400千
版　　次	2023年11月第1版
印　　次	2023年11月第1次印刷
标准书号	ISBN 978-7-5333-4765-9
定　　价	88.00元

目录

导　论

习近平总书记在党的二十大报告中指出："中华优秀传统文化源远流长、博大精深，是中华文明的智慧结晶，其中蕴含的天下为公、民为邦本、为政以德、革故鼎新、任人唯贤、天人合一、自强不息、厚德载物、讲信修睦、亲仁善邻等，是中国人民在长期生产生活中积累的宇宙观、天下观、社会观、道德观的重要体现，同科学社会主义价值观主张具有高度契合性。"①源远流长、博大精深的中华优秀传统文化是中华民族在五千多年的文明发展中不断积淀而形成的中华文明的智慧结晶，其内涵极为丰富，以其独特的思想理念和精神标识赋予中华民族生生不息的生命力和创造力。2023 年 6 月，习近平总书记提出了"担负起新的文化使命，努力建设中华民族现代文明"的要求，并提出马克思主义同中华优秀传统文化相互契合才能有机结合。中华优秀传统文化的宇宙观、天下观、社会观、道德观等，是涵养社会主义核心价值观的重要源泉，对于新时代建设社会主义文化强国具有非常重要的意义。正如习近平总书记所指出的："博大精深的中华优秀传统文化是我们在世界文化激荡中站稳脚跟的根基。中华文化源远流长，积淀着中华民族最深层的精神追求，代表着中华民族独特的精神标识，为中华民族生生不息、发展壮大提供了丰厚滋养。"②

① 习近平：《习近平著作选读》（第一卷），人民出版社 2023 年版，第 15 页。
② 习近平：《把培育和弘扬社会主义核心价值观作为凝魂聚气强基固本的基础工程》，《人民日报》2014 年 2 月 26 日。

第一节　中华优秀传统文化的发展脉络

中华文化源远流长、历史悠久，其中有许多精华为世界各国所认同，是中华民族宝贵的精神财富。建立在中华优秀传统文化基础上的中华民族精神家园之所以蔚为壮观，与中华优秀传统文化这一优良土壤和坚固根基有密切的关系。

中华优秀传统文化起源于原始社会，春秋战国时期初具雏形，至封建社会形成了以儒学为中心、多元交融的文化格局，而到了社会主义社会则是继承、弘扬和发展的时期。在中华优秀传统文化体系中，不同民族、不同地域的文化，各种宗教文化、思想文化互相碰撞、交融，形成了独具特色的中华优秀传统文化。中华优秀传统文化一路走来，如大浪淘沙，虽荡涤着污泥浊水，但精华也逐渐沉淀下来。梳理中华优秀传统文化的发展脉络，对于深刻认识中华优秀传统文化及其对中华民族精神家园形成和发展的意义，是非常必要的。

一、远古文化：中华优秀传统文化的萌芽

中华优秀传统文化最早可以追溯到远古时期。根据考古学的研究，距今约170万年的元谋人是迄今发现的中国最早的人类。在人类的劳动实践中，人们学会了制作和使用工具，创造了语言，同时也创造了文化。在文化发展中，原始宗教占据一定的地位。原始宗教包括自然崇拜和祖先崇拜等，是那个时期人们在自然生活中所创造的最早的文化形态。自然崇拜是远古人类对强大的自然现象感到震撼和困

感，继而产生敬畏感、崇拜感的集中表现。在他们看来，万物都是有灵的，"山林、川谷、丘陵，能出云，为风雨，见怪物，皆曰神"（《礼记·祭法》）。随着原始农业的发展，人们对自身的崇拜逐渐超过了自然崇拜，祖先崇拜由此产生，人们开始把自己的祖先作为崇拜的对象。

距今约1万年，中华先民进入了新石器时代。根据考古学家的发现，目前已知的新石器时代的文化遗址有七八千处，遍及全国各地。仰韶文化、红山文化、大汶口文化、良渚文化、马家窑文化、龙山文化是新石器时代文化的典型代表。新石器时代，农业、畜牧业逐渐取代了采集、狩猎，改变了人们的生活方式。磨制石器的广泛使用和陶器的制作使用，提高了社会生产力的发展水平，推进了人类文明的发展历程。这个时期，原始的农业发展起来，古代先民在长期的采集活动中逐渐发现了某些可食植物的成长规律，开始了人工种植。那时，我国的北方主要种植粟，南方主要种植水稻。原始农业的发展，让人们可以获得较为稳定、丰富的生活资料，为家畜饲养业的发展、人类的定居创造了条件。人们有了余粮，可以把捕捉到的动物圈养起来，经过长期的驯化使之变成家畜和家禽。我国北方地区驯养的家畜和家禽主要有猪、狗、黄牛、山羊、绵羊和鸡等，南方地区则主要有猪、狗、水牛、鸡等。新石器时代，磨制和钻孔技术普遍用于石器的制作。仰韶文化遗址中出土的石斧、石铲、石刀、石镰等已经被磨得很光滑，刃部很锋利，而且大多数都被钻了孔，以便加柄或携带使用。

新石器时代另一项重大发明就是陶器。在当时，制陶是最发达、最具特色的手工业。陶器是为适应农业定居生活的需要而出现的，神农氏"耕而作陶"的传说反映了这一历史事实。陶器的形式在那时也呈现多样发展的趋势，有钵、碗、盆、盘、杯、鼎、鬲、釜、小口尖底瓶、瓮、罐等日常生活用具，也有陶纺轮、陶网坠、陶刀等生产用具。

此外，在纺织业、建筑业、舟车制造业方面也取得了一定的发展，人们已经开始穿麻布制作的衣服，北方人居住在半地穴式的房屋中，南方人修建的则是干栏式的木建筑房屋。

在物质文化有了较大发展的同时，中华先民的精神文化也日益发展起来。天文历法、文字符号相继出现，观念文化也日益丰富。随着原始宗教、原始艺术的发展，在自然崇拜、祖先崇拜的基础上，生殖崇拜、图腾崇拜也都有所表现。

原始时期，中华先民的制度文化主要反映在婚姻形式和社会组织结构两个方面。中国原始社会的婚姻形式经历了血亲杂交、血缘群婚、族外群婚、对偶婚、一夫一妻等多个阶段。在社会组织结构方面，经历了前氏族公社、母系氏族公社、父系氏族公社三个发展阶段，逐渐形成了新的文化格局。

在这一时期，完成了人类社会的第一次劳动大分工，即农业和畜牧业的分工；同时，随着以制陶业为代表的手工业技术的明显提高，在原始社会后期完成了人类社会的第二次劳动大分工，即手工业和农业的分工。社会生产力的发展使得劳动产品有了一定的剩余，一部分人可以占有另外一部分人的剩余劳动，原始社会的生产方式被打破，私有制开始萌芽，中国历史开始向早期国家演进。

人化与文化有密切的联系。人化的过程也是文化形成的过程。中国原始社会的人化，对中华优秀传统文化具有深刻影响。人们通过制作、使用生产工具，创造、使用语言，促进了劳动实践的大发展。人们在与大自然的相处中，产生了艰苦奋斗、自强不息的观念。中国早期人类的文化为中华优秀传统文化的萌发创造了条件，同时也为中华民族精神家园的建立准备了土壤。

二、夏商周文化：中华优秀传统文化的奠基

经过了漫长的远古时代，在距今 4000 年左右，中国向着更高层次的文明发展，相继经历了夏朝、商朝、周朝，中华优秀传统文化在这一时期逐渐形成。

相传在夏朝之前，中国有尧、舜、禹三个时代，那时实行的是禅让制度，是原始的民主传贤制。公元前 2070 年，禹之子启继承了父位，正式建立了夏朝。从那时开始，贵族世袭制取代了民主传贤制。公元前 1600 年，商汤灭夏，建立起商朝。到了公元前 1046 年，武王伐纣，建立起周朝。夏、商、西周三代，奴隶制国家开始建立、发展，是中国重要的历史发展阶段，也是为中华优秀传统文化奠基的重要阶段。

在夏、商、西周时期，出现了中国最早的文字——甲骨文，人们学会了制作青铜器，国家和宗法制度产生，分封制建立，这些都成为中华优秀传统文化的重要组成部分。中华先民创造了独特的象形文字系统。据说，在黄帝时代，仓颉通过观物取象，用图画来记载各种事物，创造了早期的象形文字。根据考古学家的发现，在半坡文化、大汶口文化、二里头文化时期出土的陶器上，都有类似记事或表意的符号。到了夏、商、西周时代，随着社会生活的日益丰富，人们对知识积累提出了更高的要求，中华先民对作为概念表达的文字的需要越来越迫切，经过漫长的历史发展过程和社会实践过程，终于创造出了特有的文字。与此同时，文字的创造和发明，对记录和保存社会生活发挥了重要作用，那时文字记载的内容非常丰富，包括天文、历法、气象、地理、农业、畜牧、方国、职官、家族、世系、人物、征伐、刑狱、田猎、交通、宗教、祭祀、疾病、生育、灾祸等，为后人研究当时社会的基本情况提供了大量的资料。

商、西周时代是中华文化发展的关键阶段，中华优秀传统文化的许多重要范畴、观念都在这一时期形成。商朝的部族发祥于我国的东海之滨，大约在公元前 14 世纪，在第十代君主盘庚的率领下，迁都到殷。商朝迁都之后，迅速发展、强大起来，武丁时期达到鼎盛。商朝由于从原始社会脱胎而来，神本文化的特色非常明显。《礼记·表记》记载："殷人尊神，率民以事神，先鬼而后礼。"周朝的部落崛起于中国的西部，曾长期附属于商朝。公元前 1046 年，周武王姬发起兵讨伐商纣王，最终灭掉了商朝，建立了周朝。周朝统治者继承和发展了殷代的天命神权思想，但他们对"天命"有了新的认识，看到了"民心"比"天命"更加重要，主张既要"敬天"，又要"保民"，提出了"顺乎天而应乎人"的观点。在此基础上，又提出了"敬德"的思想，主张用"德"来配"天命"，以"德"来解释王朝兴替、人事盛衰等社会现象。"敬德保民"思想促使中国统治者开始摒弃"怪力乱神"的影响和干扰，建立起面向社会人伦的政治教化体制。中华优秀传统文化中的民本思想、德治思想、忧患意识、天人合一思想，在周王朝开始形成。

三、春秋战国文化：中华优秀传统文化的雏形

自公元前 770 年，周平王东迁洛邑，到公元前 221 年秦始皇统一中国，这段时期被称为春秋战国时期。在这一时期，铁器的制作和广泛使用，牛耕的推广和水利事业的发展，大大促进了生产力的提高。随着生产力的发展，土地国有制逐步瓦解，私田被大量开垦，奴隶制生产关系逐渐被封建制生产关系所取代。在奴隶制社会向封建制社会转型的过程中，社会动荡不已，发生了巨大变化。

春秋战国时期，周天子控制诸侯的权力日益减弱，势力较大的诸侯国之间开始争夺霸权。随着社会的转型，社会各阶层之间的流动日

益频繁，私学兴盛，形成了"士"阶层，对社会文化、教育的发展产生了重要影响。当时齐国的稷下学宫汇聚了一批学者，培养了一大批人才，他们提出了各种思想、观点，形成了"百家争鸣"的壮观场面。汉代司马谈按照诸子学说的倾向，把他们划分为阴阳、儒、墨、名、法、道六家。班固则把诸子百家分为儒、道、阴阳、法、名、墨、纵横、杂、农、小说十家。各家各派在学术观点和政治主张上尽管存在着不同程度的分歧和对立，但他们之间在相互批判中相互借鉴，客观上促进了中华优秀传统文化的发展。尤其是儒、墨、道、法四大学派，对中华优秀传统文化的影响是极其深远的。

四、秦汉文化：中华优秀传统文化的集成

公元前 221 年，秦国统一中国，建立了中国历史上第一个封建专制主义的中央集权国家。自此开始，中国成为一个疆域辽阔的统一的多民族国家。秦汉的大一统推动了中华文化的统一和定型，从而也成为中华优秀传统文化薪火相承、绵延不断的重要因素。

为了消除长期分裂割据所造成的地区性差异，巩固政治统一，秦始皇在秦国旧制的基础上，将全国的政治、经济、文化等制度统一，推动形成统一的文化共同体。一是"书同文"，统一文字；二是"度同制"，统一货币和度量衡；三是"行同伦"，统一思想；四是"车同轨"，统一车辙；五是"地同域"，统一国家版图。秦始皇的各种统一措施为中华文化共同体的形成奠定了坚实的基础。秦朝覆灭，随之而来的是汉朝的兴起。汉朝在摒除秦始皇苛政的同时，全面继承和发展了秦朝的皇帝制度、官僚制度、郡县制度、经济制度、法律制度等各项制度，与政治、经济上的统一相适应，推行文化、思想上的统一，以建立共同的文化，形成共同的文化心理。孔子创立的儒家学派，经过战国时期的发展，到汉武帝时期，董仲舒吸收和借鉴了黄老、法

家、阴阳家的思想，提出了"大一统"的政治主张、"天人感应"的哲学思想和"三纲五常"的伦理道德规范，并逐步把儒家学说发展成为封建社会的正统思想，对中华优秀传统文化的集成作出了贡献。除此之外，以汉赋和乐府诗为代表的文学作品，以及以《史记》《汉书》为代表的史学作品，在当时也有重要影响。在天文学方面，时人提出了盖天说、浑天说、宣夜说，各成一家之言，体现了古人对宇宙真理的探索精神。张衡创制的浑天仪、地动仪，是当时重要的科技文化成果。医学家张仲景总结了先秦以来的医学成就，写就了《伤寒杂病论》，奠定了中国医学的基础，标志着中医理论发展到新的高度。此外，算学、农学、造纸术也取得了重要成就，共同促进了中华文化的繁荣。

五、魏晋南北朝文化：中华优秀传统文化多元格局的形成

魏晋南北朝时期是中国历史上第二次民族大迁徙和民族大融合时期。随着各民族间的交往和融合，我国各民族先进的、优秀的物质文化和精神文化也交融汇聚。中华优秀传统文化中农耕和游牧两种不同经济基础的文化的碰撞和交融，为中华优秀传统文化的多元格局奠定了基础。

魏晋南北朝时期，政权林立，统治中心多元化，长期的分裂割据使得中国出现了多元并立的新的文化格局，诸如江南文化、中原文化、关陇文化、河西文化、巴蜀文化、岭南文化、西域文化等，异彩纷呈。

在思想文化方面，这一时期从尊崇儒学走向多元发展。从汉末起，儒学式微，魏晋玄学发展起来，成为当时社会的主要思潮。道教也逐渐走向成熟，佛教在中国立稳脚跟并得到迅速发展。儒、玄、道、佛、术、名、杂、墨、兵、纵横诸家思潮相互激荡，在互相诘难

中互相借鉴，从而使魏晋南北朝时期的思想文化呈现出活泼清新、洒脱俊逸的景象。这一时期，人们思想活跃，被看作是我国历史上的第二次"百家争鸣"。也正是在这一时期，经过各家不断碰撞和融合，形成中华文化中儒、释、道三家并立的多元文化格局。

魏晋南北朝时期文学、史学、艺术和科学技术等方面的成就也非常突出，为中华优秀传统文化增添了许多耀眼的光彩。"三曹""七子"的出现，以及山水田园诗和宫体诗的发展，为唐诗的繁荣奠定了坚实的基础。诗歌、散文、民歌、小说的繁荣，推动了文艺批评理论的形成和发展，《文心雕龙》《诗品》等优秀文艺批评著作问世。史学在这一时期摆脱了经学附庸的地位，成为一门独立的学问，其著作之多、体裁之杂、题材之广、种类之全，超过了以往任何一个历史时期。艺术方面更加绚丽多彩，书法、绘画、雕刻、音乐、舞蹈等，人才济济，成就卓然。王羲之、王献之、羊欣、智永等书法家，顾恺之、张僧繇、萧绎等画家，在中国艺术史上影响巨大。敦煌莫高窟、大同云冈石窟和洛阳龙门石窟，都是在这一历史时期开凿的，成为我国艺术史上的璀璨明珠。另外，天文学、地理学、医学、农学、机械制造等方面也成就斐然，开创了中国科技史的光辉一页。

六、隋唐文化：中华优秀传统文化的繁荣

从公元 581 年开始，到公元 907 年，中国历史上相继经历了隋朝和唐朝两个时代。隋唐时期，政治相对稳定，经济空前繁荣，隋代出现了"开皇之治"，唐代出现了"贞观之治"和"开元盛世"，成为中国封建社会的鼎盛时期。随着经济的迅速发展，文化的繁荣也接踵而来，开启了中华优秀传统文化发展的新时代。

公元 581 年，北周静帝禅让帝位于杨坚，杨坚遂立国号为"隋"，定都大兴城。公元 605 年，隋炀帝令宇文恺营建东都洛阳，并于次年

迁都洛阳。隋朝的建立，结束了自西晋末年以来长达 300 多年的分裂局面。隋炀帝由于过度消耗国力，最后引发了隋末民变和贵族叛乱。公元 618 年，隋恭帝杨侑禅让帝位于李渊，公元 619 年王世充废隋哀帝，隋朝灭亡。隋朝虽然仅仅存在了 38 年，但在政治、经济、文化及外交等方面却进行了大刀阔斧的改革。在政治上，隋朝确立了三省六部制，用来巩固中央集权制度；还建立政事堂议事制、监察制、考绩制，以强化政府机制。在人才选拔上，隋朝正式推行科举制度，选拔优秀人才，改变世族垄断仕官的现象。在军事上，继续推行和完善府兵制度。在经济上，一方面实行均田制并改定赋役，减轻农民生产生活压力；另一方面采取大索貌阅和输籍定样等清查户口的措施，以增加财政收入。这些政策成就了隋初的"开皇之治"。

隋末天下群雄并起，公元 617 年，唐国公李渊发动晋阳兵变，次年在长安称帝，建立起唐朝。唐太宗继位后，开创了"贞观之治"，成为历史上的盛世之一。唐玄宗即位后，励精图治，开创了经济繁荣、四夷宾服、万邦来朝的"开元盛世"。公元 878 年，爆发了黄巢起义，动摇了唐朝统治的根基。公元 907 年，朱温篡唐，唐朝灭亡，中国进入五代十国时期。

隋唐时期，在制度、哲学、宗教、文学、艺术、科技等方面都取得了长足进展。在制度方面，三省六部制的形成，标志着封建社会官僚制度的成熟；《唐律》作为封建社会的法典，也极具代表性；募兵制代替府兵制，是中国古代兵制的重大改革；科举制的进一步发展，为举荐人才开拓了新的途径。在思想方面，柳宗元、刘禹锡提出了"天论说"的朴素唯物主义思想和天人"交相胜""还相用"的朴素辩证法思想，在当时具有较大的影响；韩愈在《原道》《原性》《原人》《原鬼》等著作中也系统地阐述了他的"天命论""道统论""性三品说"等哲学思想，其中也不乏有价值的内容。在宗教方面，统治者实行"三教并尊"的政策，儒释道都有较大发展。尤其是佛教，发展到鼎盛时期，在中国形成了禅宗、天台宗、法相宗、华严宗、律宗、净土宗、密宗等主要宗派，高僧云集，经籍浩繁，颇为壮观。在文学艺术方面，也是万紫千红、百花争艳。唐诗是中国诗歌发展的巅峰，留下了许多千古传诵的名篇佳作。在科技方面，天文学家僧一行测量了子午线的长度，这在世界上是首次。他还发现了恒星位置移动的现象，并编修了当时世界上最先进的历法——《大衍历》；唐代孙思邈撰写的《千金方》，总结了唐代以前历代医学家的医学理论和治疗经验，为后世所称诵；雕版印刷在当时已经相当发达，刊印了《九经》《文选》等文化著作，为文化成果的积累与传播作出了重大贡献。

隋唐时期创造了辉煌灿烂的文化，造就了中华优秀传统文化的繁荣昌盛，在世界上有深远影响，对周边国家如日本、朝鲜、越南等也影响巨大。

七、宋元文化：中华优秀传统文化的鼎盛

宋朝和元朝时期，是中华优秀传统文化的鼎盛时期。公元960年，后周诸将发动陈桥兵变，拥立赵匡胤为帝，建立宋朝。赵匡胤为了避免唐朝晚期藩镇割据和宦官专权的乱象，采取重文轻武的施政方针，一方面加强中央集权，另一方面剥夺武将的兵权。宋太宗继位后统一全国，到宋真宗时期，与辽国缔结澶渊之盟后逐渐实现治世。公元1125年，金国大举入侵宋朝，制造了历史上的"靖康之耻"，宋室被迫南迁。赵构在南京建立南宋，与金国达成协议，以秦岭淮河为界。后期，又爆发宋元战争，元军于公元1276年攻占临安，公元1279年，元军在崖山与南宋军队进行了一场海战，最终南宋失败，南宋的统治宣告结束，元军统一中国，建立了新的王朝。

宋元时期，中国经济有了较大发展，农业、手工业都比较发达，

商品经济空前活跃，社会生产力的发展也大大促进了文化的繁荣，理学、文学、史学、艺术、科学技术各个领域都取得了显著的成就。学者邓广铭曾经指出："两宋期内的物质文明和精神文明所达到的高度，在中国整个封建社会历史时期之内，可以说是空前绝后的。"① 中华优秀传统文化在这个时期达到了一个相对的巅峰时期。

在思想界，北宋的理学研究非常突出。理学又称"道学"，是以儒学为主体，吸收了释、道哲学思想，形成的独特的思想理论体系。理学以"理"来代替人格化的"天意"，认为纲常之道就是天理，是不可抗拒的自然法则，教人"存天理，灭人欲"，使人们自觉地接受封建统治。理学自北宋的周敦颐奠基，经程颐、程颢的发展，至南宋朱熹完成，哲学史上因此称这一理论体系为"程朱理学"。除此之外，思想家陆九渊也自成体系，成为理学的一个重要流派。

宋代的文学艺术呈现出前所未有的繁荣景象。宋词是中国文学史发展的巅峰，一大批词人涌现出来，晏殊、欧阳修、柳永、苏轼、李清照、陆游、辛弃疾等人留下了大量的千古不朽的词作，为后世所传诵。书法、绘画达到了很高的水平，苏轼的《黄州寒食帖》、张择端的《清明上河图》、宋徽宗的《芙蓉锦鸡图》，都是当时书法、绘画的优秀作品。与藏书、金石、诗词、书法、绘画、音乐等"雅"文化同时发展起来的，还有民间的"俗"文化。特别是到了元代，杂剧成为当时文化艺术发展的最高成就。

北宋和南宋的史学研究也大大超过了前代研究的水平。史学家在这一时期人才辈出，史学体裁多样，断代史、通史、纪事本末体、纲目体等史书卷帙浩繁，方志大量编修，号称"四大类书"的《太平御览》《太平广记》《文苑英华》《册府元龟》熠熠生辉。

---

① 邓广铭：《谈谈有关宋史研究的几个问题》，《社会科学战线》1986 年第 2 期。

在科学技术方面，中国的四大发明除造纸术之外，其他三项发明即指南针、印刷术、火药的发明或应用都集中在这一时期。指南针在北宋末年已经应用于航海，为世界航海事业的发展作出了巨大贡献。毕昇发明了活字印刷术，在印刷史上是划时代的技术创新，为世界文化的发展作出了巨大贡献。北宋著名的科学家沈括，被誉为"中国科技史上的坐标"。宋慈的《洗冤集录》，是世界上第一部司法检验专著，韩公廉等人发明的水运仪象台是世界上最早的天文钟。元朝郭守敬主持编订的《授时历》，以 365.2425 天为一年，与地球绕太阳一周的回归年的实际周期只差 26 秒，是中国古代最精密的历法。这些科技成就说明了当时科学技术的迅速发展。

宋元时期是我国历史上继魏晋南北朝之后又一次民族大融合的时期，游牧文化与中原文化发生碰撞后融合。辽、夏、金、元等少数民族政权建立之后，都受到汉文化的影响，推崇儒家思想，效仿汉族政权建立官制，同时汉文化也受到少数民族文化的影响，加速了各民族文化的融合。

八、明清文化：中华优秀传统文化的绵延

明朝和清朝是中国封建社会的最后两个朝代。中华优秀传统文化在这两个时代虽有所发展，但面临着西方文化的冲击，在探索一条转型发展的道路。

明朝是中国历史上最后一个由汉族建立的大一统王朝。元末爆发红巾军起义，大大动摇了元朝的统治。公元 1368 年，朱元璋称帝，国号大明，定都应天府。公元 1420 年，朱棣迁都至顺天府，以应天府为陪都。明初历经洪武之治、永乐盛世、仁宣之治等治世，政治清明、国力强盛。明朝中期经土木之变由盛转衰，后经弘治中兴、嘉靖中兴、万历中兴国势复振。明朝晚期因东林党争和天灾外患，国力衰

退，爆发农民起义。公元 1644 年，李自成攻入北京，崇祯皇帝自缢殉国。明朝宗室在江南建立南明，随后清朝趁乱入关，击败大顺、大西、南明诸政权。公元 1662 年，永历皇帝被杀，南明灭亡。

清朝是中国历史上最后一个封建王朝。公元 1644 年，清军入关，定都北京，国号大清。康熙、雍正、乾隆三朝走向鼎盛时期，统一的多民族国家得到巩固，同时君主专制发展到顶峰。清朝中后期开始走向衰落，政治僵化、文化专制、闭关锁国、思想禁锢、科技停滞，与西方的差距逐渐拉大。1840 年，鸦片战争后，中国屡遭列强入侵，主权和领土严重丧失。清朝虽然谋求自强，开始洋务运动和戊戌变法，但最终仍沦为半殖民地半封建社会。1911 年，辛亥革命爆发，清朝统治瓦解，清帝颁布了退位诏书，清朝从此灭亡。

明太祖朱元璋大力推行崇正统、灭异端的文化专制。在思想界独尊程朱理学，规定朱熹注释的"四书五经"为官方读本和科举取士的准绳。到了清朝，统治者一方面借着整理典籍之名，大量销毁和删改旧书，剪除所谓的"异端邪说"；另一方面，大兴文字狱，加强思想钳制。这一时期，考据学、文献学兴盛，开展了对中国古代文献大规模的整理、考订、校勘、辨伪和辑佚工作，在历史文化整理、总结和研究上发挥了重要的作用。

明清两代是中华传统文化总结的时期。统治者先后组织大量人力、物力，对我国古代的文献进行整理考订，编订大型典籍。明代编纂的《永乐大典》和清代编纂的《古今图书集成》是我国著名的类书，乾隆年间编纂的《四库全书》，是我国历史上最大的一部丛书，《康熙字典》则是当时世界上收录字数最多的一部字典。

明清时期科技成果显著。李时珍所撰写的《本草纲目》一书，在药学和植物分类学方面都达到了当时世界的先进水平。徐光启所撰写的《农政全书》，是中国古代最完备的一部农学著作。宋应星所撰写的《天工开物》，是一部农业和手工业的百科全书。梅文鼎所撰写的《中西算学通》，几乎概括了当时世界上全部的数学知识。潘季驯所撰写的《河防一览》，总结了我国历代治河的经验，是一本专门研究黄河治理的著作。地理和地质学杰作《徐霞客游记》、方以智撰写的自然哲学专著《物理小识》，都是当时科学发展的代表作。

明清时期的文学成就主要体现在小说的创作上。《三国演义》《西游记》《水浒传》《红楼梦》是长篇小说的代表作，"三言两拍"和《聊斋志异》是短篇小说的代表作，在中国文学发展史上都有重要的地位。

明清的思想界有黄宗羲、顾炎武、王夫之等众多思想家，他们反对崇本抑末的封建政策，主张"工商皆本"，提倡"经世致用"，形成了具有朴素唯物主义思想的民族启蒙思想。明末清初，伴随着海上贸易的增加和利玛窦、艾儒略、汤若望等耶稣传教士来华，中西文化的碰撞和交流也在加剧。西方来的传教士在传播基督教教义的同时，也将西方的天文学、物理学、化学、植物学、动物学、水利、哲学、逻辑学、文学、音乐、绘画等方面的成果介绍到中国，他们充当了西学东渐的文化使者。同时，西方传教士也通过书信和翻译中国文化典籍等途径，向西方介绍中国的历史、地理、学术、典章制度、文学、艺术、建筑、道德规范和风俗习惯等，起到了传播中华优秀传统文化的作用。传教士介绍西方文化到中国，使中国知识界对西学有了初步认识，中西文化交流、融合的帷幕拉开了。中华优秀传统文化开始探索一条从传统到现代的发展道路。

九、近代文化：中华优秀传统文化的觉醒

中国近代史从 1840 年第一次鸦片战争开始，到 1949 年中华人民共和国成立。中国在近代逐渐沦为半殖民地半封建国家，人民饱受凌

辱，但又不屈不挠地抗争。一部中国近代史，是一部中国饱受磨难、落后挨打的屈辱史；也是一部中国人民探索救国之路，自强不息，英勇奋斗，追求民主和自由的奋斗史；同时还是一部中华民族抵抗外来侵略，推翻三座大山，建立新中国的胜利史。

1840 年，西方以炮舰打开了中国的国门，一方面给中国人民带来了深重的灾难，而另一方面也唤醒了中国人民的民族意识。从文化视角来看，与西方的鸦片、炮舰一起来到中国的还有西学，这为中国近代新学开启了新的道路。随着西学的冲击，传统的书院得到改制，新式书院、新式学堂如雨后春笋在全国各地涌现。近代报刊、出版机构、图书馆、博物馆也都应时而生。一大批新式知识分子和启蒙思想家活跃在社会中，他们奔走呼号，传播新思想、新观念，唤醒群众，主张维新。中国知识界围绕中学与西学在"体用""道器"方面的思考，产生了激烈的争论。社会上一批启蒙思想家，思考中华文化的前途与未来，预示着中华优秀传统文化的新觉醒。林则徐、魏源、康有为、梁启超、谭嗣同、严复、章太炎等启蒙思想家以卓越的眼光和开拓的勇气推进了中华优秀传统文化现代转型。革命先行者孙中山在肯定中华文化总体上落后于西方文化的前提下，对中西文化做了具体分析，提出要"发扬吾固有之文化，且吸收世界之文化而光大之"①，并提出了"三民主义"，即民族主义、民权主义、民生主义。孙中山提出的三民主义取中西文化之精华而融贯之，是中华优秀传统文化近代转型的典范。

十、现当代文化：中华优秀传统文化的弘扬

中华优秀传统文化继近代开始转型以来，遇到了各种各样的问

---

① 　孙中山：《孙中山全集》（第七卷），中华书局 1985 年版，第 60 页。

题，也遭受了各种挫折和磨难。"先进的中国人，经过千辛万苦，向西方国家寻找真理。……中国人向西方学得很不少，但是行不通，理想总是不能实现。"[①] 1911 年辛亥革命推翻帝制后，中国社会并没有像人们所想象的那样，一蹴而就地走向共和，而是一再重演复辟，军阀割据混战。在陈独秀、胡适等人率领下，中国开启了一场新文化运动。陈独秀发出"犹待吾人最后之觉悟"[②] 的呼号，以图唤醒国人，促进中华文化的觉醒。新文化运动的领袖主张高举"德先生"（民主）、"赛先生"（科学）这两面大旗，认为"只有这两位先生可以救治中国政治上、道德上、学术上、思想上一切的黑暗"[③]。新文化运动掀起了思想解放的浪潮，对"尊孔读经"的思想潮流予以反击和驳斥，鲜明地提出了"打倒孔家店"的口号。在新文化运动中，启蒙思想家热情介绍和传播西方思想文化，特别是宣传和传播马克思主义。马克思主义是一种先进思想文化，集科学性和革命性于一身，一经传入中国，立刻在中国知识分子中引起了巨大的波澜。

1921 年，中国共产党成立。中国共产党的早期领导人陈独秀、李大钊、毛泽东、恽代英等人在宣传马克思主义方面作出了重要贡献。这时，中国思想界也有学者提出了"中国本位文化"的观点，如梁漱溟就认为，中国不能走苏联的老路，只能通过乡村建设运动，保持儒家生活的态度不变，在儒家生活的态度基础上，接受西方的物质文化。"中国本位文化"的提法和观点虽有合理之处，但对待外来文化采取保守主义的态度，制约了马克思主义在中国的传播。与文化保守主义相对的，是文化激进主义，它针对封建文化复古主义提出了"全

---

① 毛泽东：《毛泽东选集》（第四卷），人民出版社 1991 年版，第 1469~1470 页。
② 陈独秀：《吾人最后之觉悟》，《青年杂志》第 1 卷第 6 号，1916 年 2 月 15 日。
③ 陈独秀：《〈新青年〉罪案之答辩书》，《新青年》第 6 卷第 1 号，1919 年 1 月 15 日。

盘西化"的观点。在"全盘西化"的文化激进主义和"中国本位文化"的文化保守主义的论争中，以毛泽东为代表的中国共产党人采取了科学对待马克思主义的态度，把马克思主义基本原理同中华优秀传统文化相结合，走出了一条坚持马克思主义指导，继承和弘扬中华优秀传统文化的道路。毛泽东同志认为，当马克思主义作为一股新鲜血液注入中华优秀传统文化时，"洋八股必须废止，空洞抽象的调头必须少唱，教条主义必须休息，而代之以新鲜活泼的、为中国老百姓所喜闻乐见的中国作风和中国气派。把国际主义的内容和民族形式分离起来，是一点也不懂国际主义的人们的做法，我们则要把二者紧密地结合起来"①。他主张马克思主义基本原理必须同中华优秀传统文化相结合，认为"我们这个民族有数千年的历史，有它的特点，有它的许多珍贵品。对于这些，我们还是小学生。今天的中国是历史的中国的一个发展；我们是马克思主义的历史主义者，我们不应当割断历史"②。同时他又指出"马克思主义必须和我国的具体特点相结合并通过一定的民族形式才能实现"③，强调马克思主义在中国的传播，必须结合中国的实际，必须使它具有中华民族特色。

中国共产党从成立之日起，就是中华优秀传统文化的忠实传承者。中国共产党人一以贯之地弘扬中华优秀传统文化，从毛泽东、邓小平、江泽民、胡锦涛一直到习近平，都非常重视中华优秀传统文化的继承和发展，在弘扬中华优秀传统文化方面作出了卓越贡献。毛泽东鲜明地提出："古为今用，洋为中用。"④ 邓小平也曾指出："我国古代的和外国的文艺作品、表演艺术中一切进步的和优秀的东西，

---

① 毛泽东：《毛泽东选集》（第二卷），人民出版社1991年版，第534页。
② 毛泽东：《毛泽东选集》（第二卷），人民出版社1991年版，第533~534页。
③ 毛泽东：《毛泽东选集》（第二卷），人民出版社1991年版，第534页。
④ 毛泽东：《关于"古为今用，洋为中用"的批示》，《毛泽东文艺论集》，中央文献出版社2002年版，第227页。

都应当借鉴和学习。"① 江泽民强调："有中国特色社会主义的文化，是凝聚和激励全国各族人民的重要力量，是综合国力的重要标志。它渊源于中华民族五千年文明史，又植根于有中国特色社会主义的实践，具有鲜明的时代特点；它反映我国社会主义经济和政治的基本特征，又对经济和政治的发展起巨大促进作用。"② 胡锦涛在党的十七大报告中指出："要全面认识祖国传统文化，取其精华，去其糟粕，使之与当代社会相适应、与现代文明相协调，保持民族性，体现时代性。"③ 他还指出："在我国五千多年文明发展历程中，各族人民紧密团结、自强不息，共同创造出源远流长、博大精深的中华文化，为中华民族发展壮大提供了强大精神力量，为人类文明进步作出了不可磨灭的重大贡献。"④ 习近平总书记在谈到社会主义核心价值观时说："中华文明绵延数千年，有其独特的价值体系。中华优秀传统文化已经成为中华民族的基因，植根在中国人内心，潜移默化影响着中国人的思想方式和行为方式。今天，我们提倡和弘扬社会主义核心价值观，必须从中汲取丰富营养，否则就不会有生命力和影响力。比如，中华文化强调'民惟邦本'、'天人合一'、'和而不同'；强调'天行健，君子以自强不息'、'大道之行也，天下为公'；强调'天下兴亡，匹夫有责'，主张以德治国、以文化人；强调'君子喻于义'、'君子坦荡荡'、'君子义以为质'；强调'言必信，行必果'、'人而无信，不知其可也'；强调'德不孤，必有邻'、'仁者爱人'、'与人为善'、

① 邓小平：《在中国文学艺术工作者第四次代表大会上的祝词》，《邓小平文选》（第二卷），人民出版社 1994 年版，第 210 页。

② 江泽民：《高举邓小平理论伟大旗帜，把建设有中国特色社会主义事业全面推向二十一世纪》，《江泽民文选》（第二卷），人民出版社 2006 年版，第 33 页。

③ 胡锦涛：《高举中国特色社会主义伟大旗帜，为夺取全面建设小康社会新胜利而奋斗》，《十七大以来重要文献选编》（上），中央文献出版社 2009 年版，第 27 页。

④ 胡锦涛：《中共中央关于深化文化体制改革推动社会主义文化大发展大繁荣若干重大问题的决定》，《光明日报》2011 年 10 月 26 日。

‘己所不欲，勿施于人’、‘出入相友，守望相助’、‘老吾老以及人之老，幼吾幼以及人之幼’、‘扶贫济困’、‘不患寡而患不均’；等等。像这样的思想和理念，不论过去还是现在，都有其鲜明的民族特色，都有其永不褪色的时代价值。这些思想和理念，既随着时间推移和时代变迁而不断与时俱进，又有其自身的连续性和稳定性。我们生而为中国人，最根本的是我们有中国人的独特精神世界，有百姓日用而不觉的价值观。我们提倡的社会主义核心价值观，就充分体现了对中华优秀传统文化的传承和升华。”① 习近平总书记在文艺工作座谈会上的讲话中指出：“历史和现实都证明，中华民族有着强大的文化创造力。每到重大历史关头，文化都能感国运之变化、立时代之潮头、发时代之先声，为亿万人民、为伟大祖国鼓与呼。中华文化既坚守本根又不断与时俱进，使中华民族保持了坚定的民族自信和强大的修复能力，培育了共同的情感和价值、共同的理想和精神。没有中华文化繁荣兴盛，就没有中华民族伟大复兴。一个民族的复兴需要强大的物质力量，也需要强大的精神力量。没有先进文化的积极引领，没有人民精神世界的极大丰富，没有民族精神力量的不断增强，一个国家、一个民族不可能屹立于世界民族之林。”② 习近平总书记在考察中国国家版本馆和中国历史研究院后指出：“在五千多年中华文明深厚基础上开辟和发展中国特色社会主义，把马克思主义基本原理同中国具体实际、同中华优秀传统文化相结合是必由之路。”③ 他特别强调，“第二个结合”是又一次的思想解放，让我们能够在更广阔的文化空间中，充分运用中华优秀传统文化的宝贵资源，探索面向未来的理

---

①　习近平：《青年要自觉践行社会主义核心价值观》，《十八大以来重要文献选编》(中)，中央文献出版社 2016 年版，第 5 页。

②　习近平：《在文艺工作座谈会上的讲话》，《人民日报》2015 年 10 月 15 日。

③　习近平：《在文化传承发展座谈会上的讲话》，《求是》2023 年第 17 期。

论和制度创新。习近平总书记深刻指出:"'结合'的结果是互相成就……造就了一个有机统一的新的文化生命体……让马克思主义成为中国的,中华优秀传统文化成为现代的,让经由'结合'而形成的新文化成为中国式现代化的文化形态。"① 由此可见,让中华优秀传统文化焕发新的时代光彩,需要不断赋予其新的时代内涵。我们必须坚持把马克思主义基本原理同中国具体实际相结合、同中华优秀传统文化相结合,推进中华优秀传统文化的创造性转化、创新性发展,把中华优秀传统文化的精华融入中国式现代化的伟大实践中。

第二节　中华优秀传统文化的精神标识

习近平总书记指出:"要把优秀传统文化的精神标识提炼出来、展示出来,把优秀传统文化中具有当代价值、世界意义的文化精髓提炼出来、展示出来。"② 他以深邃的历史眼光、恢宏的时代视野和深厚的民族情感对中华优秀传统文化的精神标识作出重要论述,为我们认识和把握中华优秀传统文化的精髓指明了方向。

精神标识是一个国家、一个民族、一个组织或团队在思想、精神、价值观、道德理念等方面所具有的独特气质,也是特征和个性的表现。对于中华优秀传统文化来说,精神标识既是中华民族的精神标识,也是中华文明的精神标识,对其进行提炼和概括尤为重要。因为

---

① 习近平:《在文化传承发展座谈会上的讲话》,《求是》2023 年第 17 期。
② 习近平:《举旗帜聚民心育新人兴文化展形象　更好完成新形势下宣传思想工作使命任务》,《人民日报》2018 年 8 月 23 日。

精神标识是中华优秀传统文化的精髓，具有重大的当代价值和世界意义。

一、天下为公、民为邦本的天下观

何谓"天下"？在《尚书》《易经》等中国古代典籍中已有关于"天下"的记载。《尚书·大禹谟》中写道："皇天眷命，奄有四海，为天下君。"古人在使用"天下"这一概念时，较多地是指某种多元一体的共同体，在中国先人的心目中，"天下"就是一种浑然天成的一体化系统。它是一种终极的、唯一的存在，在时间上最为久远，在空间上最为广袤。凡天之所覆、地之所载、海之所浮者，都为"天下"。"天下为公"承载着中国人对于"天下"内涵的理解，是中国人的一种社会理想和政治主张。"天下为公"的命题最早出现在《礼记·礼运》中："大道之行也，天下为公，选贤与能，讲信修睦。"古往今来，"天下为公"的理念在政治、社会、道德、文化等领域影响很大，它不仅是一种天下观，还是一种政治观、社会观和道德观。当然，它首先是一种"天下观"，它凝结了古代中国人对未来社会的政治主张和社会理想，是中国人的千年梦想。

"民为邦本"也是中国古代的一种"天下观"，是古代中国人对民本思想的一种表述。在中华民族五千多年的历史发展中，"民为邦本"的政治理念影响深远。中国古代典籍《尚书·五子之歌》就有记载："民可近，不可下；民惟邦本，本固邦宁。"汉代贾谊提出："故国以民为安危，君以民为威侮，吏以民为贵贱，此之谓民无不为本也。"（《新书·大政》）这些思想在发展中逐渐构成了中国"民为邦本"的天下观和政治范式，强调只有以老百姓为天下的根本，惜民、爱民，国家才得以安宁稳固、持续发展。这与马克思主义的唯物史观所强调的人民群众是社会历史的主体和创造者有很大契合性，是马克思主义基本原理同中华优秀传统文化相结合的范例。

把"天下为公""民为邦本"看作是中华优秀传统文化的一种"天下观"，是因为它们是广义的"政治观"，不仅仅表达了古代中国人对治国理政的认识，还表达了他们对世界历史的理想和主张。因此，这种天下观是世界观、历史观、政治观的综合。

二、为政以德、任人唯贤的政治观

"政治观"是人们对政治的认识和观点，包括对政治制度及政治活动的看法和评估标准，以及由此产生的政治主体的价值观和行为模式的价值取向。"为政以德""任人唯贤"实际上是一种狭义的"政治观"，指的是治国理政中的一种主张和方式。

"为政以德"是中国古代儒家德政思想的集中表述。最早见于《论语》，孔子说："为政以德，譬如北辰，居其所而众星共之。"（《论语·为政》）意思是说，统治者如果推行德治的话，就会像北极星一样，所有的星辰都围绕着它。孔子推崇德治，系统地阐述了德治的义理，建构起了以德政为中心的治理观、政治观。在他看来，一个国家是否能够国泰民安，关键在于君主能否实行德政。他强调为政者的德行教化在社会治理中具有示范作用："其身正，不令而行；其身不正，虽令不从。"（《论语·子路》）为了揭示德政的精神实质，孔子进一步指出："政者，正也。子帅以正，孰敢不正？"（《论语·颜渊》）他对于政治的本源式理解，开辟了中国式为政之道的先河，也为中国共产党的执政之道提供了文化滋养。

"任人唯贤"则是中国古代另一重要的政治智慧，出自《尚书·咸有一德》："任官惟贤材，左右惟其人。"意思是说，选择官员以贤能为标准，把那些德才兼备的人选拔到领导岗位上来。"任人唯贤"是古代中国的一种领导艺术和领导方式，当然它也是一种政治观和执政之道。中华民族自古以来在选人用人方面具有"尚贤""崇德"的文化传统。孔子比较系统地阐述了他的"举贤才"的思想，认为要治理好国家就必须选用贤才、发挥贤才的作用。他说："举直错诸枉，能使枉者直。"（《论语·颜渊》）这句话的意思是说，提拔正直无私的人，使他们的位置在不正直的人的上面，就能使不正直的人变正直，而且能使"民服"。管子也曾提出"举贤良"的思想，表达了他治国理政中举任贤才的政治观。墨子在"任人唯贤"方面也有很多丰富的论述。他认为贤人应是"厚乎德行，辩乎言谈，博乎道术者"（《墨子·尚贤》），强调"国有贤良之士众，则国家之治厚；贤良之士寡，则国家之治薄"（《墨子·尚贤》）。我国古人在"任人唯贤"的实践中积累了丰富的经验，为中国共产党治国理政的理论和实践提供了丰厚的文化资源。

三、天人合一、革故鼎新的宇宙观

宇宙观通常又称为世界观，是关于世界的整体认识和根本观点。中国古代的宇宙观总体上说是一种朴素唯物主义的宇宙观。大约在三千多年前的殷商时代就有人提出阴阳五行学说，把金、木、水、火、土五种元素看作是构成宇宙万物的本原，这其中包含着世界是物质的这一朴素唯物主义观点；同时古人又以阴阳二气的变化来解释世界的变化和发展，其中又有辩证法的萌芽。

"天人合一"思想是中华优秀传统文化中极为重要的关于宇宙观的精神标识，我国国学大师钱穆把"天人合一"看作是整个中国传统文化的归宿，其他的思想都可以从"天人合一"的思想中生发开来。在中华优秀传统文化中，"天人合一"思想最有价值的内容就是人与自然和谐统一的思想。这里的"天"是指大自然、宇宙万物。《易传》中明确说："天地之大德曰生。""生生之谓易。"这就是说，大自然孕育出生命，并且承载、维持着生命的延续。人是宇宙中的高级生命，是自然界长期演化、发展而来的。所以，人是自然界的一部分，人与自然是一体的。孟子从生成论的视角断言："天之生物也，使之一本。"（《孟子·滕文公上》）中国传统文化中的这一思想具有朴素唯物主义性质，揭示了人与大自然的和谐与统一。这一思想对于我们认识和理解人与世界、人与自然的关系提供了思路，也是我们当代进行生态文明建设的重要思想资源。

"革故鼎新"的思想本质上讲也是一种宇宙观。"革"和"鼎"分别是《周易》中两个相邻的卦，其中"革"就是要去除旧的，"鼎"就是要建立新的。这其实反映了对世界的一种认识和观点，即认为世界是变化的、发展的。"革故鼎新"的思想为后世历代思想家、政治家所传承，他们把这一思想融入各个领域。"革故鼎新"体现在政治领域，就是改革变法、除旧布新。体现在社会领域，就是要移风易俗、明德、"新民"。"新民"是宋代思想家朱熹提出来的，他将《大学》中的"亲民"改为"新民"，其意就是要革除旧弊、去其旧染、使民更新、教民向善，实现移风易俗。体现在文化领域，就是要不断进取、勇于创新。"革故鼎新"既是一种宇宙观，也是一种方法论，在中国古代、近代和现代发挥了推动社会发展的重要进步意义，也是新时代改革开放和进行中国式现代化建设的重要思想资源。

四、自强不息、厚德载物的人生观

人生观是指对人生的根本看法，也是人们对于自我生存的目的、价值和意义的认识。中国古代对人生的看法和观点非常多，有积极向上的，也有消极颓废的，但中华优秀传统文化中对于人生认识的主流观点则是"自强不息""厚德载物"。《周易》中说："天行健，君子以自强不息；地势坤，君子以厚德载物。"这句话的意思是说，天体运行刚健有力，人应该像天一样刚强奋发；大地的气势厚重和顺，人应该像大地一样宽容厚重、德行天下。"自强不息""厚德载物"不仅仅是中国人的精神象征，还是中华民族的精神标识。正如习近平总书记所指出的："正是这种'天行健，君子以自强不息'、'地势坤，君子以厚德载物'的变革和开放精神，使中华文明成为人类历史上唯一一个绵延5000多年至今未曾中断的灿烂文明。"①

"自强不息"一词虽然最早出现在《周易》中，但其思想可追溯到中国的远古时期。在中华民族漫长的精神追求和实践过程中，盘古开天、夸父逐日、精卫填海、愚公移山、大禹治水等这些耳熟能详的历史典故无不体现与印证着自强不息的精神。"自强不息"的奋斗精神，在春秋战国时期进一步得到了理性的升华。儒家学派的创始人——孔子，其一生正体现了自强不息的精神。他"发愤忘食，乐以忘忧，不知老之将至"，无论在什么样的困境和险境中，都保持着刚健自强的人生观。秦汉以后，中国古人在阐释、解读诸子百家尤其是儒家学说的过程中，不断传承、发展和弘扬着"自强""弘毅""日新""健动"等思想，从而使自强不息精神在中华优秀传统文化的发展过程中延续下来，成为激励中华民族奋发向上、不断进取的精神力量。

"厚德载物"也是《周易》中的重要思想，是中华优秀传统文化的重要精神标识，彰显了中华民族在其悠久的历史传统中形成的共同精神风貌和人生价值观，对中华民族的形成、发展产生了积极而深远的影响。"地势坤，君子以厚德载物"，高度赞扬了大地之柔顺，其德性之丰厚，哺育和容纳了世间万物。大地孕育了生命，"顺乎天应乎人"，人也应该有这样的品格，海纳百川、宽厚包容。也可以说，这是中华优秀传

---

① 习近平：《在庆祝改革开放40周年大会上的讲话》，《人民日报》2018年12月19日。

统文化对于人生价值的高度概括，也是人生道德修养的崇高境界。《周易口义》云："君子以厚德载物者，言君子之人，法地之道，以宽厚其德，使其器业广大弘博，无所不容，以载万物。使万物无不得其所，皆如地之容载也。"在新时代，"自强不息""厚德载物"具有非常重要的现实意义，是社会主义核心价值观的重要思想资源。

五、讲信修睦、亲仁善邻的伦理观

伦理观是人们对社会伦理的总体观点和认识，集中体现为处理人与人、人与团体、人与社会、群体与群体、国家与国家之间关系的准则。这种社会伦理观，不仅仅是个人对于伦理的认识和观点，也是团体、政党、国家、民族和社会关于伦理道德的认识和观点。"讲信修睦""亲仁善邻"，这是中华优秀传统文化的重要精神标识，是中华文明的智慧结晶，也是中华民族优良道德传统的重要维度，是中华民族处理人与人、群体、社会之间，群体与人、群体、社会之间，国家与个人、群体、社会之间关系的重要伦理道德原则和价值理念。

"讲信修睦"出自《礼记·礼运》，意思是说，人在社会中要讲信义、信用，与别人相处要友善、和睦。孔子在《论语·为政》中说："人而无信，不知其可也。大车无輗，小车无軏，其何以行之哉？"这就是说，一个人如果没有了信义、信用，不知他还可以做什么。犹如牛车没有輗，马车没有軏，如何能行进呢？人无信不立，国无信不兴。信义、信用对于一个人、一个群体、一个国家来说至关重要，人们应当像爱护生命一样爱护它。"睦"的意思是关系融洽、和好、亲近。"修睦"就是改善、调节人与人之间的关系，使之友好、和睦。中国自古以来就强调"讲信修睦"，在五千多年漫长的文明发展中，其成为一种文化传统和道德观念，是为人之本、处世之方、立国之基。在中华优秀传统文化中，无论是人与人之间，还是国与国之间，都要以

"信"为准则来调整和改善相互间的关系，力求达到一种友善、亲密、和睦的状态。

"亲仁善邻"一词最早见于《左传·隐公六年》："往岁，郑伯请成于陈，陈侯不许。五父谏曰：'亲仁善邻，国之宝也。君其许郑！'""亲仁善邻"的意思并不难理解，就是要亲近仁德友善的人、家庭、国家，对待邻居、邻国要持友好、和睦的态度。邻里、邻邦之间要相互帮助、相互扶持、命运与共、守望相济，只有这样才能构建和谐社会、和谐世界，才能构建人类命运共同体。习近平主席在联合国日内瓦总部的演讲中指出："邻居出了问题，不能光想着扎好自家篱笆，而应该去帮一把。"① 由此可知，以邻为善、邻里相助、和衷共济、睦邻友好的价值取向和亲诚惠容的外交理念，已经深深融入中华民族的血液之中，成为中华优秀传统文化的精神标识。

第三节　中华优秀传统文化的创造性转化、创新性发展

中华优秀传统文化是中华民族五千多年来生生不息的生命力、创造力之所在，是中国人赖以安身立命的精神家园，其精神标识集中体现了中国人的宇宙观、天下观、政治观、社会观、人生观、道德观等，是构筑中华民族自我认同、凝心聚力、奋发图强、永续发展的思想基础，已经深深地积淀在中华民族的思想深处，为中华民族精神的生生不息、薪火相传提供了丰厚的文化滋养。作为中华优秀传统文化的忠实继承者和弘扬者，中国共产党人在长期的革命、建设、改革过

① 习近平：《共同构建人类命运共同体——在联合国日内瓦总部的演讲》，《人民日报》2017 年 1 月 20 日。

程中，坚持把马克思主义基本原理同中华优秀传统文化相结合，推进了中华优秀传统文化的创造性转化、创新性发展，实现了马克思主义中国化的历史性飞跃。

一、中华优秀传统文化"两创"的深刻内涵

党的十八大以来，习近平总书记就弘扬中华优秀传统文化提出的"创造性转化、创新性发展"的方针，深刻揭示了文化发展的客观规律，积极回应了广大人民群众对精神文化生活的新期盼。"两创"是党中央治国理政新思想、新战略的重要内容，是继承和发展中华优秀传统文化的基本方针，也是建设社会主义文化强国的重要指导思想。

"两创"思想的提出，是中国共产党人继承和发展中华优秀传统文化的新思考、新判断、新方针，是建设社会主义文化强国实践认识上的飞跃。2013年12月30日，习近平总书记在主持十八届中央政治局第十二次集体学习时作了重要讲话，初步提出了"两创"的思想。他明确指出："要继承和弘扬我国人民在长期实践中培育和形成的传统美德，坚持马克思主义道德观、坚持社会主义道德观，在去粗取精、去伪存真的基础上，坚持古为今用、推陈出新，努力实现中华传统美德的创造性转化、创新性发展，引导人们向往和追求讲道德、尊道德、守道德的生活，让13亿人的每一分子都成为传播中华美德、中华文化的主体。"① 习近平总书记在以后的多次讲话中反复重申这一重要思想。2014年，习近平在纪念孔子诞辰2565周年国际学术研讨会暨国际儒学联合会第五届会员大会开幕会上的讲话中，明确提出并阐发了"传统文化的创造性转化、创新性发展"思想："传统文化在其形成和发展过程中，不可避免会受到当时人们的认识水平、时代条

---

① 习近平：《提高国家文化软实力》，《习近平谈治国理政》（第一卷），外文出版社2014年版，第160～161页。

件、社会制度的局限性的制约和影响，因而也不可避免会存在陈旧过时或已成为糟粕性的东西。这就要求人们在学习、研究、应用传统文化时坚持古为今用、推陈出新，结合新的实践和时代要求进行正确取舍，而不能一股脑儿都拿到今天来照套照用。要坚持古为今用、以古鉴今，坚持有鉴别的对待、有扬弃的继承，而不能搞厚古薄今、以古非今，努力实现传统文化的创造性转化、创新性发展，使之与现实文化相融相通，共同服务以文化人的时代任务。"① 在这里，习近平总书记不仅明确提出了"两创"的思想，而且阐明了"两创"的必要性和根本目的，以及"两创"的重大意义。2017 年，习近平总书记在党的十九大报告中论述发展中国特色社会主义文化时，将"传统文化的创造性转化、创新性发展"思想纳入其中，对此做了更完整的表述。他指出："中国特色社会主义文化，源自于中华民族五千多年文明历史所孕育的中华优秀传统文化，熔铸于党领导人民在革命、建设、改革中创造的革命文化和社会主义先进文化，植根于中国特色社会主义伟大实践。发展中国特色社会主义文化，就是以马克思主义为指导，坚守中华文化立场，立足当代中国现实，结合当今时代条件，发展面向现代化、面向世界、面向未来的，民族的科学的大众的社会主义文化，推动社会主义精神文明和物质文明协调发展。要坚持为人民服务、为社会主义服务，坚持百花齐放、百家争鸣，坚持创造性转化、创新性发展，不断铸就中华文化新辉煌。"② 在这一段论述中，习近平总书记强调了传统文化的创造性转化、创新性发展是发展中国特色社会主义文化的重要组成部分，界定了"两创"在发展中国特色社会主

---

① 习近平：《在纪念孔子诞辰 2565 周年国际学术研讨会暨国际儒学联合会第五届会员大会开幕会上的讲话》，《人民日报》2014 年 9 月 25 日。
② 习近平：《决胜全面建成小康社会　夺取新时代中国特色社会主义伟大胜利——在中国共产党第十九次全国代表大会上的报告》，《人民日报》2017 年 10 月 28 日。

义文化中的地位、作用和目标，要求人们在发展中国特色社会主义文化的总目标中把握传统文化的"两创"问题。党的十九届六中全会通过的《中共中央关于党的百年奋斗重大成就和历史经验的决议》中关于"两创"的问题也有一段重要的论述："中华优秀传统文化是中华民族的突出优势，是我们在世界文化激荡中站稳脚跟的根基，必须结合新的时代条件传承和弘扬好。我们实施中华优秀传统文化传承发展工程，推动中华优秀传统文化创造性转化、创新性发展，增强全社会文物保护意识，加大文化遗产保护力度。加快国际传播能力建设，向世界讲好中国故事、中国共产党故事，传播好中国声音，促进人类文明交流互鉴，国家文化软实力、中华文化影响力明显提升。"[1] 这段论述明确地阐明了"两创"在实施中华优秀传统文化传承发展工程中的重要地位和重要意义。习近平总书记在党的二十大报告中进一步指出："我们要坚持马克思主义在意识形态领域指导地位的根本制度，坚持为人民服务、为社会主义服务，坚持百花齐放、百家争鸣，坚持创造性转化、创新性发展，以社会主义核心价值观为引领，发展社会主义先进文化，弘扬革命文化，传承中华优秀传统文化，满足人民日益增长的精神文化需求，巩固全党全国各族人民团结奋斗的共同思想基础，不断提升国家文化软实力和中华文化影响力。"[2]

关于"两创"的深刻内涵，习近平总书记指出："创造性转化，就是要按照时代特点和要求，对那些至今仍有借鉴价值的内涵和陈旧的表现形式加以改造，赋予其新的时代内涵和现代表达形式，激活其生命力。创新性发展，就是要按照时代的新进步新进展，对中华优秀

---

① 习近平：《中共中央关于党的百年奋斗重大成就和历史经验的决议》，《人民日报》2021年11月17日。

② 习近平：《高举中国特色社会主义伟大旗帜 为全面建设社会主义现代化国家而团结奋斗——在中国共产党第二十次全国代表大会上的报告》，人民出版社2022年版，第43页。

传统文化的内涵加以补充、拓展、完善，增强其影响力和感召力。"①
习近平总书记在阐明"两创"思想深刻内涵的基础上，又进一步阐述
了"两创"的指导思想和基本依循、"两创"的内在根据、"两创"
的基本路径，系统地阐发了中华优秀传统文化"创造性转化、创新性
发展"的重要思想。

二、中华优秀传统文化"两创"的指导思想和基本依循

中华优秀传统文化的"创造性转化、创新性发展"必须有明确的
指导思想，这个指导思想就是马克思主义。习近平总书记在主持十八
届中共中央政治局第十二次集体学习时就明确强调，实现"两创"的
前提是"坚持马克思主义道德观、坚持社会主义道德观"；在党的十
九大报告中，习近平总书记也明确指出，"两创"是发展中国特色社
会主义文化的重要方式，必须坚持以马克思主义为指导。

首先，马克思主义是人类思想史上的优秀文化成果，对人类认识
世界和改造世界具有普遍的指导意义。对此，习近平总书记深刻地指
出："在人类思想史上，就科学性、真理性、影响力、传播面而言，
没有一种思想理论能达到马克思主义的高度，也没有一种学说能像马
克思主义那样对世界产生了如此巨大的影响。这体现了马克思主义的
巨大真理威力和强大生命力，表明马克思主义对人类认识世界、改造
世界、推动社会进步仍然具有不可替代的作用。"② 中华优秀传统文化
的"创造性转化、创新性发展"离不开马克思主义的指导，脱离了马
克思主义的指导，"两创"的目的、意义都无法实现。习近平总书记

---

① 习近平：《用社会主义核心价值观凝心聚力——关于建设社会主义文化强国》，
《人民日报》2016 年 5 月 5 日。

② 习近平：《继续推进马克思主义中国化时代化大众化》，《习近平谈治国理政》
(第二卷)，外文出版社 2017 年版，第 65 页。

指出："时代在变化，社会在发展，但马克思主义基本原理依然是科学真理。尽管我们所处的时代同马克思所处的时代相比发生了巨大而深刻的变化，但从世界社会主义500年的大视野来看，我们依然处在马克思主义所指明的历史时代。"①

其次，中国共产党是"两创"的主体，这也就决定了"两创"必须以马克思主义为指导。中国共产党在传承和发展中华优秀传统文化方面一直都保持着高度的文化自觉。在对待中华文明宝贵的历史遗产和继承中华优秀传统文化问题上，中国共产党秉持着历史唯物主义态度，坚决反对历史虚无主义。在中国近现代史上，中国共产党反对全盘西化论者主张的完全照抄照搬西方的态度和做法，也反对文化复古论者主张的不加分析的、完全复古的态度和做法，而是坚持以马克思主义为指导，坚持唯物史观的立场和观点，以科学的态度和方法对待中华文明和中国传统文化。1938年10月，毛泽东同志在提出马克思主义中国化的概念时就强调："学习我们的历史遗产，用马克思主义的方法给以批判的总结，是我们学习的另一任务。我们这个民族有数千年的历史，有它的特点，有它的许多珍贵品。对于这些，我们还是小学生。今天的中国是历史的中国的一个发展；我们是马克思主义的历史主义者，我们不应当割断历史。从孔夫子到孙中山，我们应当给以总结，承继这一份珍贵的遗产。"② 1943年5月，《中共中央关于共产国际执委主席团提议解散共产国际的决定》明确指出："中国共产党人是我们民族一切文化、思想、道德的最优秀传统的继承者，把这一切优秀传统看成和自己血肉相连的东西，而且将继续加以发扬光大。"③ 在新时代，习近平总书记

---

① 习近平：《继续推进马克思主义中国化时代化大众化》，《习近平谈治国理政》（第二卷），外文出版社2017年版，第66页。

② 毛泽东：《毛泽东选集》（第二卷），人民出版社1991年版，第533~534页。

③ 《中共中央关于共产国际执委主席团提议解散共产国际的决定》，《建党以来重要文献选编（1921—1949）》（第20册），中央文献出版社2011年版，第318页。

根据时代的特点和要求，进一步强调："中国共产党人是马克思主义者，坚持马克思主义的科学学说，坚持和发展中国特色社会主义，但中国共产党人不是历史虚无主义者，也不是文化虚无主义者。我们从来认为，马克思主义基本原理必须同中国具体实际紧密结合起来，应该科学对待民族传统文化，科学对待世界各国文化，用人类创造的一切优秀思想文化成果武装自己。在带领中国人民进行革命、建设、改革的长期历史实践中，中国共产党人始终是中国优秀传统文化的忠实继承者和弘扬者，从孔夫子到孙中山，我们都注意汲取其中积极的养分。"① 由此可见，传承和弘扬中华优秀传统文化是中国共产党的积极主张，也只有在中国共产党的领导和马克思主义的指导下，我们才能真正地传承和弘扬中华优秀传统文化，才能实现中华优秀传统文化的"创造性转化、创新性发展"。

再次，中华优秀传统文化"两创"的实践是以马克思主义方法论为指导进行的。马克思主义辩证法思想是中华优秀传统文化"创造性转化、创新性发展"的重要思想方法。只有坚持唯物辩证法，才能古为今用、以古鉴今、推陈出新，才能剔除其糟粕、吸取其精华。唯物辩证法的否定观是辩证地否定，是"扬弃"。在传承和弘扬中华优秀传统文化中要以唯物辩证法为指导，正确处理好继承和发展之间的关系。马克思主义唯物史观对中华优秀传统文化"两创"具有重要的方法论意义。只有坚持历史唯物主义的立场、观点和方法分析、认识中华优秀传统文化及中华文明史，才能实现中华优秀传统文化的"两创"。

最后，从"两创"在中国特色社会主义文化建设中的地位来看，中华优秀传统文化的"两创"必须坚持马克思主义的指导。中华优秀传统文化的"两创"是以发展中国特色社会主义文化为总目标的，是

---

① 习近平：《在纪念孔子诞辰 2565 周年国际学术研讨会暨国际儒学联合会第五届会员大会开幕会上的讲话》，《人民日报》2014 年 9 月 25 日。

中国特色社会主义文化建设的重要组成部分，而中国特色社会主义文化建设必须以马克思主义关于文化建设的思想为指导。习近平总书记在纪念马克思诞辰 200 周年大会上的讲话中指出："学习马克思，就要学习和实践马克思主义关于文化建设的思想。马克思认为，在不同的经济和社会环境中，人们生产不同的思想和文化，思想文化建设虽然决定于经济基础，但又对经济基础发生反作用。先进的思想文化一旦被群众掌握，就会转化为强大的物质力量；反之，落后的、错误的观念如果不破除，就会成为社会发展进步的桎梏。理论自觉、文化自信，是一个民族进步的力量；价值先进、思想解放，是一个社会活力的来源。国家之魂，文以化之，文以铸之。我们要立足中国，面向现代化、面向世界、面向未来，巩固马克思主义在意识形态领域的指导地位，发展社会主义先进文化，加强社会主义精神文明建设，把社会主义核心价值观融入社会发展各方面，推动中华优秀传统文化创造性转化、创新性发展，不断提高人民思想觉悟、道德水平、文明素养，不断铸就中华文化新辉煌。"[①] 因此，马克思主义关于文化建设的重要思想对中华优秀传统文化"两创"具有非常现实的指导作用。

三、中华优秀传统文化"两创"的内在依据

中华优秀传统文化为什么要进行"创造性转化、创新性发展"，这是由中国特色社会主义文化建设的规律所决定的。新时代中国特色社会主义文化建设需要传承和弘扬中华优秀传统文化，而传承和弘扬中华优秀传统文化必须进行和实现"创造性转化、创新性发展"。因此，中华优秀传统文化的"两创"具有可能性、必要性、重要性。

[①] 习近平：《在纪念马克思诞辰 200 周年大会上的讲话》，《人民日报》2018 年 5 月5 日。

（一）中华优秀传统文化"两创"的可能性

中华优秀传统文化实现"创造性转化、创新性发展"在新时代中国特色社会主义文化建设中具有现实可能性。也就是说，对于中华优秀传统文化能否实现创造性转化、创新性发展的问题，我们的回答是肯定的。对此，习近平总书记作了多方面的论述，指出传统文化尽管是古代的东西、过去的东西，但是今天的人们完全能够对其加以正确的取舍，使之实现古为今用、以古鉴今、推陈出新，从而实现"两创"。他以全国道德模范为例，指出积淀于传统文化中的中华民族的宝贵精神品格，能够转化为建设社会主义事业的精神力量。他指出："中华文明源远流长，蕴育了中华民族的宝贵精神品格，培育了中国人民的崇高价值追求。自强不息、厚德载物的思想，支撑着中华民族生生不息、薪火相传，今天依然是我们推进改革开放和社会主义现代化建设的强大精神力量。"[1] 他在谈到培育和践行社会主义核心价值观时也说："我们民族有一脉相承的精神追求、精神特质、精神脉络。……我们倡导的富强、民主、文明、和谐，自由、平等、公正、法治，爱国、敬业、诚信、友善的社会主义核心价值观，体现了古圣先贤的思想，体现了仁人志士的夙愿，体现了革命先烈的理想，也寄托着各族人民对美好生活的向往。"[2] 因此，培育和践行社会主义核心价值观，也是在传承中华民族的精神追求、精神特质、精神脉络，两者具有一致性和相通性。由此可见，中华优秀传统文化能在新时代中国特色社会主义文化建设中实现"创造性转化、创新性发展"，其根本原因就在于中华优秀传统文化是中国特色社会主义文化的"根"和

---

[1]　习近平：《为实现中国梦凝聚有力道德支撑》，《习近平谈治国理政》（第一卷），外文出版社 2014 年版，第 158 页。

[2]　习近平：《从小积极培育和践行社会主义核心价值观》，《习近平谈治国理政》（第一卷），外文出版社 2014 年版，第 181 页。

"魂"，中国特色社会主义文化与中华优秀传统文化是一脉相承的。同时，中华优秀传统文化也需要与时俱进，在中国共产党的领导和马克思主义的指导下，中华优秀传统文化的"创造性转化、创新性发展"完全可以实现。

（二）中华优秀传统文化"两创"的必要性

首先，中华优秀传统文化源于中国传统文化，是中国传统文化中的精华部分。而中国传统文化除了有精华，还有一些属于糟粕的东西；从中国传统文化中把精华的部分提取出来，剔除其糟粕的东西，需要去粗取精、去伪存真的改造。正如习近平总书记所指出："传统文化在其形成和发展过程中，不可避免会受到当时人们的认识水平、时代条件、社会制度的局限性的制约和影响，因而也不可避免会存在陈旧过时或已成为糟粕性的东西。"[①] 因此，习近平总书记对于新文化运动对新文化新思想的倡导和对旧文化旧思想的批判给予了积极肯定和高度评价。习近平总书记指出："五四运动前后，我国一批先进知识分子和革命青年，在追求真理中传播新思想新文化，勇于打破封建思想的桎梏，猛烈冲击了几千年来的封建旧礼教、旧道德、旧思想、旧文化。"[②] 传统文化的影响根深蒂固，中国共产党内也受到传统文化中一些负面东西的影响，如"圈子文化""码头文化"等，习近平总书记在党的十九大报告中把这些受旧文化旧思想影响的东西明确归入"坚决防止和反对"之列。由此可见，正确地对待中国传统文化，剔除其糟粕、吸取其精华是非常必要的。毫无疑问，中国传统文化必须经过"创造性转化、创新性发展"才能适应新时代中国特色社会主义文化

---

① 习近平：《在纪念孔子诞辰 2565 周年国际学术研讨会暨国际儒学联合会第五届会员大会开幕会上的讲话》，《人民日报》2014 年 9 月 25 日。

② 习近平：《在纪念五四运动 100 周年大会上的讲话》，《人民日报》2019 年 5 月 1日。

建设。习近平总书记深刻指出："这就要求人们在学习、研究、应用传统文化时坚持古为今用、推陈出新，结合新的实践和时代要求进行正确取舍，而不能一股脑儿都拿到今天来照套照用。要坚持古为今用、以古鉴今，坚持有鉴别的对待、有扬弃的继承，而不能搞厚古薄今、以古非今，努力实现传统文化的创造性转化、创新性发展，使之与现实文化相融相通，共同服务以文化人的时代任务。"①

其次，不仅中国传统文化需要"创造性转化、创新性发展"，中华优秀传统文化也需要"创造性转化、创新性发展"。诚然，从中国传统文化到中华优秀传统文化，已经有了一个很大的提升。中华优秀传统文化就是中国传统文化中积极的、有价值的内容，是剔除了糟粕的内容，是中国传统文化的精华部分。但是，作为中华优秀传统文化本身，也需要与今天的时代要求相适应。习近平总书记在讲到"创造性转化、创新性发展"时，对传统文化以及中华优秀传统文化都有所涉及。因此，不管是传统文化还是中华优秀传统文化，都需要"创造性转化、创新性发展"，只不过"两创"的内容和方式有所不同。

（三）中华优秀传统文化"两创"的重要性

中华优秀传统文化的"创造性转化、创新性发展"在新时代中国特色社会主义发展中具有重大意义，是中国特色社会主义文化建设的重要组成部分。习近平总书记指出："文化是一个国家、一个民族的灵魂。历史和现实都表明，一个抛弃了或者背叛了自己历史文化的民族，不仅不可能发展起来，而且很可能上演一幕幕历史悲剧。"② 这就是说，中华优秀传统文化对于一个国家、一个

① 习近平：《在纪念孔子诞辰 2565 周年国际学术研讨会暨国际儒学联合会第五届会员大会开幕会上的讲话》，《人民日报》2014 年 9 月 25 日。

② 习近平：《要有高度的文化自信》，《习近平谈治国理政》（第二卷），外文出版社2017 年版，第 349 页。

民族来说，并不是可要可不要的，并不是过了时的东西、没有生命力和影响力的东西，而是当代人们应该十分珍惜的东西。对于中华优秀传统文化在今天的作用、价值和意义，习近平总书记强调指出："中华文化积淀着中华民族最深沉的精神追求，是中华民族生生不息、发展壮大的丰厚滋养"①，"中华优秀传统文化是中华民族的突出优势，是我们最深厚的文化软实力"②，"站立在960万平方公里的广袤土地上，吸吮着中华民族漫长奋斗积累的文化养分，拥有13亿中国人民聚合的磅礴之力，我们走自己的路，具有无比广阔的舞台，具有无比深厚的历史底蕴，具有无比强大的前进定力"③。中国传统文化推陈出新，中华优秀传统文化"创造性转化、创新性发展"，对于传承和弘扬中华优秀传统文化、培育和践行社会主义核心价值观、建设中国特色社会主义文化强国；对于突出中华民族文化优势、进一步提高我国的文化软实力；对于建设中国式现代化、实现中华民族的伟大复兴，都有着非常重大的现实意义。

四、中华优秀传统文化"两创"的实现路径

在如何实现中华优秀传统文化的"创造性转化、创新性发展"问题上，习近平总书记不仅为我们指明了"两创"的指导思想和基本依循，阐明了"两创"的内在依据，而且为我们指明了实现"两创"的基本路径。

---

① 习近平：《把宣传思想工作做得更好》，《习近平谈治国理政》（第一卷），外文出版社2014年版，第155页。
② 习近平：《把宣传思想工作做得更好》，《习近平谈治国理政》（第一卷），外文出版社2014年版，第155页。
③ 习近平：《坚持和运用好毛泽东思想活的灵魂》，《习近平谈治国理政》（第一卷），外文出版社2014年版，第29页。

（一）注重发掘和整理中国历史文化

中国历史文化是中华优秀传统文化之源，必须高度重视中国历史文化的发掘和整理。习近平总书记非常重视中国历史文化的发掘和整理工作，作了一系列非常重要的论述。中国历史文化对中国人的精神生活有非常重要的影响，蕴含了中华民族特有的民族性格和民族精神，使当代的中国人从中得到启示、受到教益、提升境界，也使世界其他民族、其他国家的人民深入了解中国。习近平总书记指出："古人所说的'先天下之忧而忧，后天下之乐而乐'的政治抱负，'位卑未敢忘忧国'、'苟利国家生死以，岂因祸福避趋之'的报国情怀，'富贵不能淫，贫贱不能移，威武不能屈'的浩然正气，'人生自古谁无死，留取丹心照汗青'、'鞠躬尽瘁，死而后已'的献身精神等，都体现了中华民族的优秀传统文化和民族精神，我们都应该继承和发扬。"① 他还进一步指出，今天的中国人对于和平的热爱，是与自己的文化传统密切相关的，这可以从中华优秀传统文化中得到印证。他说："中国人自古就推崇'协和万邦'、'亲仁善邻，国之宝也'、'四海之内皆兄弟也'、'远亲不如近邻'、'亲望亲好，邻望邻好'、'国虽大，好战必亡'等和平思想。爱好和平的思想深深嵌入了中华民族的精神世界，今天依然是中国处理国际关系的基本理念。"② 他认为，孔子和儒学值得当代中国人认真研究，需要对其思想深入地发掘和整理："研究孔子、研究儒学，是认识中国人的民族特性、认识当今中国人精神世界历史来由的一个重要途径。"③ 重视发掘和整理中国历史

---

① 习近平：《依靠学习走向未来》，《习近平谈治国理政》（第一卷），外文出版社2014年版，第405~406页。
② 习近平：《在纪念孔子诞辰2565周年国际学术研讨会暨国际儒学联合会第五届会员大会开幕会上的讲话》，《人民日报》2014年9月25日。
③ 习近平：《在纪念孔子诞辰2565周年国际学术研讨会暨国际儒学联合会第五届会员大会开幕会上的讲话》，《人民日报》2014年9月25日。

文化，是习近平总书记一贯的思想。2023 年 6 月 2 日，习近平总书记在文化传承发展座谈会上曾经讲到了中华文明的五个突出特性，其中排在首位的就是"连续性"。他指出："中华文明的连续性，从根本上决定了中华民族必然走自己的路。如果不从源远流长的历史连续性来认识中国，就不可能理解古代中国，也不可能理解现代中国，更不可能理解未来中国。"[①] 2022 年 10 月，习近平总书记到河南安阳考察时指出："中华文明源远流长，从未中断，塑造了我们伟大的民族，这个民族还会伟大下去的。要通过文物发掘、研究保护工作，更好地传承优秀传统文化。"[②] 他强调，中华优秀传统文化是我们党创新理论的"根"，我们推进马克思主义中国化时代化的根本途径是"两个结合"。我们要坚定文化自信，增强做中国人的自信心和自豪感。

（二）把马克思主义基本原理同中华优秀传统文化的精髓融会贯通起来

在马克思主义辩证法和唯物史观的指导之下，我们需要对中华民族五千多年来创造的历史文化进行发掘和整理，辩证地分析中国历史文化的精华和糟粕，准确地认知和把握中国历史文化的思想脉络和精神基因，使之在新的历史条件下不断焕发出新的生机活力。

中国共产党对中国历史文化中"实事求是"命题的改造和创新，就是中华优秀传统文化"两创"的典型案例。"实事求是"最早出自我国东汉时期班固的《汉书·河间献王传》，其中讲道："河间献王德以孝景前二年立，修学好古，实事求是。从民得善书，必为好写与之，留其真，加金帛赐以招之。"河间献王刘德用大量的时间和精力进行古籍的整理和校勘工作，做学问一丝不苟，努力探索真知。毛泽

---

① 习近平：《在文化传承发展座谈会上的讲话》，《求是》2023 年第 17 期。
② 习近平：《全面推进乡村振兴 为实现农业农村现代化而不懈奋斗》，《人民日报》2022 年 10 月 29 日。

东同志赋予了"实事求是"以新的含义："'实事'就是客观存在着的一切事物，'是'就是客观事物的内部联系，即规律性，'求'就是我们去研究。我们要从国内外、省内外、县内外、区内外的实际情况出发，从其中引出其固有的而不是臆造的规律性，即找出周围事变的内部联系，作为我们行动的向导。"① 中国共产党人通过对"实事求是"的"创造性转化、创新性发展"，创立了中国共产党实事求是的思想路线。邓小平同志在新的历史条件下，解放思想，拨乱反正，重新恢复和确立了中国共产党实事求是的思想路线："实事求是，一切从实际出发，理论联系实际，坚持实践是检验真理的标准，这就是我们党的思想路线。"② 习近平总书记在中国特色社会主义新时代，提出了坚持实事求是的具体要求："坚持实事求是，就要深入实际了解事物的本来面貌。要透过现象看本质，从零乱的现象中发现事物内部存在的必然联系，从客观事物存在和发展的规律出发，在实践中按照客观规律办事。"③ 中国共产党人通过对"实事求是"的"创造性转化、创新性发展"，使实事求是成为中国共产党革命建设和改革取得伟大成功的思想基础，成为中国共产党宝贵的精神财富。

中国共产党对"小康""大同"等中国历史文化思想的"创造性转化、创新性发展"也取得了巨大的成功，使其成为中国共产党带领全国各族人民团结奋斗的理想目标和信念支撑。"小康"一词最早见于《诗经》："民亦劳止，汔可小康。"后来，"小康"逐渐成为儒家理想中政教清明、百姓安乐的社会局面，也指历史上禹、汤、文、武、成王、周公时期的政治。在社会主义革命和建设时期，"小康"概念

① 毛泽东：《毛泽东选集》（第三卷），人民出版社 1991 年版，第 801 页。
② 邓小平：《邓小平文选》（第二卷），人民出版社 1994 年版，第 278 页。
③ 习近平：《坚持和运用好毛泽东思想活的灵魂》，《习近平谈治国理政》（第一卷），外文出版社 2014 年版，第 25~26 页。

被中国共产党根据中国的现实情况加以改造，实现"创造性转化、创新性发展"，表征中国社会主义建设发展中介于温饱和富裕之间的比较殷实的生活状态，成为社会主义革命和建设所要达到的目标。1979年12月6日，邓小平在会见日本首相大平正芳时使用"小康"来描述中国式现代化。2000年10月，中国共产党十五届五中全会提出，从新世纪开始，我国进入了全面建设小康社会，加快推进社会主义现代化的新的发展阶段。2021年7月1日，习近平总书记在庆祝中国共产党成立100周年大会上庄严宣告，我们在中华大地上全面建成了小康社会。"大同"概念也是中国历史文化中的一个重要概念，最早见于《礼记》："大道之行也，天下为公，选贤与能，讲信修睦……是谓大同。""大同"的社会理想浸润在世世代代中国人的内心世界，不仅成为历代有识之士的价值目标，而且也成为社会大众对现实社会的评判标准，对中华民族的发展起着重要的作用。毛泽东同志在《论人民民主专政》中把共产主义学说与大同的社会理想联系起来，他指出：共产党人就是要领导人民经过长期奋斗，"阶级、国家权力和政党很自然地归于消灭，使人类进到大同境域"①，"经过人民共和国到达社会主义和共产主义，到达阶级的消灭和世界的大同"②。这就是在对中华优秀传统文化精髓的发掘中与共产主义远大理想相贯通、相融合，实现的"创造性转化、创新性发展"。

中国共产党人对"民惟邦本"的民本思想的改造，也体现了对中华优秀传统文化的"创造性转化、创新性发展"。"民惟邦本"一词最早出现在《尚书》："民可近，不可下，民惟邦本，本固邦宁。"中国古代的"民本"思想非常丰富，如管子提出"政之所兴，在顺民心，政之所废，在逆民心"（《管子·牧民》）的思想，孔子提出

---

① 毛泽东：《毛泽东选集》（第四卷），人民出版社1991年版，第1469页。
② 毛泽东：《毛泽东选集》（第四卷），人民出版社1991年版，第1471页。

"节用而爱人，使民以时"（《论语·学而》）的主张，孟子提出"民为贵，社稷次之，君为轻"（《孟子·尽心下》）的思想，柳宗元提出"吏为民役"的公仆思想等。中国共产党继承了民本思想的合理内容，按照马克思主义唯物史观对其进行改造和提升，牢牢树立了马克思主义的人民群众立场，创造性地提出了全心全意为人民服务的根本宗旨、以人民为中心的发展思想、人民主体地位的基本原则、人民至上的执政理念，并且把这些思想以人民民主专政的国家制度的形式巩固下来，形成了坚持人民当家作主、发展人民民主、密切联系群众、依靠人民群众推动国家发展等，不断保障和改善民生、增进人民福祉，走全体人民共同富裕的道路，使中国历史文化中的民本思想与马克思主义基本原理相贯通、相融合，彰显出了中华优秀传统文化的时代价值。

以上仅仅是几个典型的案例，用以说明马克思主义基本原理同中华优秀传统文化的精髓相融合、相贯通的路径。除此之外，还有大量的中华优秀传统文化的精神基因可以通过这样的路径进行"创造性转化、创新性发展"，如自强不息思想、厚德载物思想、知行合一思想、经世致用思想、天人合一思想，都可以通过创造、创新，成为中国共产党理论创新和实践创新的组成部分，在中国式现代化发展中释放出强大的思想力量。

（三）创新中华优秀传统文化的教育、宣传方式

实现中华优秀传统文化的"创造性转化、创新性发展"，必须创新教育、宣传方式，发挥广大人民群众的主体作用，使"两创"行之有效、落地生根。

实现中华优秀传统文化的"创造性转化、创新性发展"，要切实发挥国民教育、家庭教育和社会教育的教化作用。国民教育作为价值观教育的主渠道，在培养情感、态度、价值观、理想、信念等方面发挥着其他组织和途径不可替代的作用。通过学校教育实现中华优秀传统文化的"创造性转化、创新性发展",本质上是要发挥中华优秀传统文化的文化育人作用,通过潜移默化的文化养成,使学生形成文化认同和文化自觉。中华民族向来都非常重视家庭教育,通过"言传身教、德教为本"的家庭教育方法,培养优秀的人才。同时,要发挥家风、家训的作用,传承优秀的传统道德,使尊老爱幼、妻贤夫安、母慈子孝、兄友弟恭、耕读传家、勤俭持家、知书达礼、遵纪守法、家和万事兴等家庭道德发扬光大。要实现中华优秀传统文化的"创造性转化、创新性发展",还必须重视和创新社会教育。发挥社会教育的作用需要重视榜样的力量,营造良好的社会风气;还要重视乡规民约的作用,引导人们积极向善,用丰富多彩的形式充分发挥道德教化的作用。

中华优秀传统文化的"创造性转化、创新性发展"是以加强中华优秀传统文化的宣传和普及为基本路径的。中华优秀传统文化的宣传和普及首要任务是要向人民群众讲清楚中华优秀传统文化的核心思想理念、中华传统美德和中华人文精神;讲清楚中华优秀传统文化与社会主义核心价值观的内在联系,在大力弘扬和发展中华优秀传统文化中培育和践行社会主义核心价值观。立足中华美德的宣传和普及,运用中华优秀传统文化的丰厚资源,推进社会公德、职业道德和家庭美德的建设;立足中华人文精神的教育和普及,充分吸取中华优秀传统文化中的治国理政方略,提升全社会的人文道德修养水平,将抽象的文化价值原则与具体社会生活相融通,将中华优秀传统文化的精髓与人们的日常生活相融合,将中华优秀传统文化的核心价值理念、中华传统美德和中国人文精神传播至社会各个领域,潜移默化地影响人们的心灵。要拓展宣传和普及的方式与载体,实现宣传和普及的多样性与深刻性的统一。要创造性地使用宣传和普及的各种有效方式,将中

华优秀传统文化融入大众文化中去。善于用"小道理""小故事"彰
显主流意识形态的"大道理""大理论"，以小见大，由近及远，将中
华优秀传统文化的内容覆盖社会各个方面；要拓展宣传和普及载体的
多维性，综合运用各类载体，实现现实载体与虚拟载体、传统载体与
新媒体的有机融合，充分发挥电视、广播、报刊等传统媒体的作用，
注意发掘新媒体、自媒体的传播优势，实现"线上"与"线下"的融
合和互补，以更灵活多样的方式，将中华优秀传统文化传播到社会的
各个领域和公共生活的各个方面。

（四）创新中华优秀传统文化的话语体系

习近平总书记在中共中央政治局第三十次集体学习时强调，"讲
好中国故事，传播好中国声音，展示真实、立体、全面的中国，是加
强我国国际传播能力建设的重要任务"，并指出，"要加快构建中国话
语和中国叙事体系，用中国理论阐释中国实践，用中国实践升华中国
理论，打造融通中外的新概念、新范畴、新表述，更加充分、更加鲜
明地展现中国故事及其背后的思想力量和精神力量"①。习近平总书记
把构建中国话语体系放在突出位置，为推进新形势下实现中华优秀传
统文化的"两创"指明了方向，为中华优秀传统文化的大众传播和国
际传播指明了方向。

话语体系是指一定时代经济社会发展状态和文化传统的综合表
达，是反映文化传统、民族精神和时代精神的外在表达形式，蕴含着
一个国家的文化密码、价值取向，对一个国家、民族的文化自信、文
化认同具有不可低估的作用，对一个国家、民族的国际影响力也具有
重要的作用。讲好中国故事，必须有中华民族的话语体系。中国故事
能否讲得好、讲得真切动人，中国声音能否在全世界传播开来，关键

---

① 习近平：《加强和改进国际传播工作　展示真实立体全面的中国》，《人民日报》
2021 年 6 月 2 日。

在于我们的话语体系能否被接受和认同，我们讲的中国故事人们是否愿意听、听得懂、能接受。

构建中华优秀传统文化的话语体系是一项庞大的系统工程。如果我们将中华优秀传统文化的话语体系比作一幢思想的大厦，那么构成这座大厦的预制板块的就是概念和范畴；而概念和范畴是需要通过一定的语词、术语进行表达的。表达中华优秀传统文化的核心概念、范畴的核心语词、术语是中华民族在漫长的历史发展过程中形成的，体现着中国人特有的思维方式和理解结构。在中华优秀传统文化话语体系的"两创"中，概念、范畴的创造、创新固然很重要，但语词、术语的创造、创新也不可忽视。语词、术语是构成中华优秀传统文化话语体系的表达符号，这些符号是表述中国故事不可或缺的元素。中华优秀传统文化话语体系的核心语词、术语的发掘、阐释、表达、翻译，是中华优秀传统文化话语体系的知识构架和语义基础。习近平总书记在谈到构建中国话语体系时强调，要"打造融通中外的新概念、新范畴、新表述"，这为我们实现中华优秀传统文化话语体系的"两创"指明了基本路径。

第一章

天下为公

——中华民族大同梦

天下为公是中华民族一以贯之的精神理念和价值追求，是支撑中华民族前行的精神力量，是中华优秀传统文化的重要元素。天下为公的精神理念，不仅体现在传统文化的价值追求、道德要求等各个层面，还渗透于社会主义建设的各个方面，成为中国特色社会主义先进文化的重要组成部分。习近平总书记在党的二十大报告中指出，中华优秀传统文化中"蕴含的天下为公……是中国人民在长期生产生活中积累的宇宙观、天下观、社会观、道德观的重要体现，同科学社会主义价值观主张具有高度契合性"[①]。这一科学论断表明，中华优秀传统文化与科学社会主义之间的内在一致性，对于进一步深化中华优秀传统文化的现代性研究，充分挖掘中华优秀传统文化的时代价值，更好创造属于我们这个时代的新文化，在更高层面建设中华民族现代文明，具有重要的启示意义。

[①] 习近平：《高举中国特色社会主义伟大旗帜　为全面建设社会主义现代化国家而团结奋斗——在中国共产党第二十次全国代表大会上的报告》，人民出版社 2022 年版，第 18 页。

第一节 天下为公的思想渊源

"天下为公"这一思想在中华文明史上源远流长。"公"这一字，据学者考证，先于"私"出现，在早期甲骨文和金文中，先出现"公"，而"私"则是在"公"字出现之后所造。这也确证了马克思社会历史理论的正确性，即人类社会早期并不存在私有制，只有当人类社会发展到一定阶段，才产生私有制观念和私有制，进而产生阶级、国家和上层建筑。因此古人能够深刻把握公私之间的内在联系。《韩非子》中解释公："背私谓之公。"《说文解字》："公，平分也。从八，从厶。八，犹背也。"《诗经·小雅》："溥天之下，莫非王土；率土之滨，莫非王臣。大夫不均，我从事独贤。"统治者通过"绝地天通"的方式把公共之天收归私人所有，于是天下便成为统治者的天下，而普通百姓则成为统治者的私产；天子成了天的代言人，天之公转化为天子之公，即权力之公，又进一步转化为国家和政府之公，普通百姓相对于公而为私。"雨我公田，遂及我私"（《诗经·小雅》），《诗经》中的这种表述，让我们清楚地看到西周时期公天下到私天下的转变过程，并且当时社会上已经出现公私对立的现象。

从周朝到春秋战国时期，伴随着周朝统治的日益衰弱，各个诸侯国逐渐崛起。在权力和资源的争夺中，中国社会逐渐由群雄并起、诸侯争霸迈向统一。在这样的历史机遇下，各派兴起，著书立说，结合传统、时代阐发自己的思想。在天下观上，产生了多元化的思想内容，并在此基础上，深化了天下与公私之间的内在关系。从具体的学派来看，主要有四家，分别是道家、儒家、墨家与法家。道家注重天之自然，人法天而尚公；儒家注重自然之天与道德之天，因此儒家以仁配天，主张通过道德修养来实现"尽心、知性、知天"；墨家重天志，因此主张效法天道之公正无私，做到兼爱、尚同，解决社会各种纷争；法家另辟蹊径，把天的公正无私转化为人间的规范和秩序。这四个方面，代表了先秦时人对天下观的最高认识，成为《礼记》中"天下为公"这一命题的直接来源。

一、道家：以自然为公

道家看到了当时社会因为纷争而带来的种种弊病，反对儒家试图用仁义道德来救治社会的主张，而崇尚天地之自然，认为人应当效法天，做到自然、无为、谦下不争和公正无私，社会也应退回到自给自足、小国寡民的时代中去。具体到天下观上，道家把天作为最高的物质实体，作为人存在的自然基础。《道德经》："故飘风不终朝，骤雨不终日。孰为此者？天地。"《庄子·秋水》："牛马四足，是谓天；落马首，穿牛鼻，是谓人。"天最基本的特征就是自然性，而天道的运行也是符合自然性特征的，所以《道德经》中强调"人法地，地法天，天法道，道法自然"。这里的自然性，包括天地存在的客观性与暂时性，如上述的各种自然现象；包括柔弱、谦下不争的具体特性，如柔弱胜刚强、"知其雄、守其雌"等；包括公正无私等道德品质，如"天地不仁，以万物为刍狗；圣人不仁，以百姓为刍狗。天地之间，其犹橐籥乎"（《道德经》）。因此老庄之道，即天所运行的自然规律。道法自然，即道运行过程中所体现出的自然性的特征与品质。正如庄子所强调的："天道运而无所积，故万物成。"（《庄子·天道》）天地运行虽然符合自然之道，人却与天地不同，人是有限性和非自然性的集合体，如人的欲望、斗争、自主性与目的性等，与天地都是不一致的，"天之道，损有余而补不足"（《道德经》），而"人之道则不然，损不足以奉有余"（《道德经》）。所以老子寄希望于理想中的圣人，希望他们能够效法天地，拥有道的谦下不争、公正无私等美好特性，做到"后其身，而身先，外其身，而身存。非以其无私邪？故能成其私"（《道德经》）。正是因为圣人把自我置于普通人之后，才能够得到普通人的认同，也正是因其无私，才成就其最大的私。

老子把公与私统一起来，无私即公，因人无私，故而成就其最大的私。老子深刻认识到公私之间没有绝对的界限，奉献即意味着获取，无目的性意味着自然性，也就意味着无私性。因此对老子而言，天下为公就是以道为公，以自然为公，依照道的属性和要求，以自然无为、柔弱不争的方式从事各种具体活动，实现人与天合一的境界，这正是老子所强调的："归根曰静，是谓复命；复命曰常，知常曰明。不知常，妄作，凶。知常容，容乃公，公乃王，王乃天，天乃道，道乃久，没身不殆。"（《道德经》）只有了解常道，人才能做到自然无私，只有自然无私才能自我保全，才能与天道相统一。庄子改造了老子的圣人之道，提出了圣人、至人、真人等人格境界，这种人格是以遵循自然无为、天理天道的面貌出现的，是以与天为一的大我、无我之境，消解了老子思想中谦下、不争、公正、无私的道德特质。

二、儒家：以仁为公

儒家提倡仁义道德，他们看到了礼崩乐坏所造成的社会混乱，因此试图通过恢复外在的礼和内在的德而实现社会的和谐。儒家一方面把天作为人的价值之源和道德之根，另一方面则主张通过道德修养的方式来认识和感悟天，最终达到人与天同一的境界。在先秦儒家思想中，天有多种含义。一是天之自然义。如孔子："逝者如斯夫，不舍昼夜。"（《论语·子罕》）荀子："天行有常，不为尧存，不为桀亡。"

(《荀子·天论》)《周易·序卦》在强调天地的自然性基础上得出宇宙演化模式图："有天地然后有万物，有万物然后有男女，有男女然后有夫妇，有夫妇然后有父子，有父子然后有君臣，有君臣然后有上下，有上下然后礼义有所错。"不仅指出了天地为人类社会之根，而且指出了人类社会的道德之源。但是，儒家的自然与道家的自然并不相同。儒家主要强调在天的客观性的基础上注重天运行的规律性，强调在顺天的基础上注重用天，注重人的能动性。荀子强调要循道顺天："强本而节用，则天不能贫；养备而动时，则天不能病；修道而不贰，则天不能祸。"(《荀子·天论》)同时注重人在天面前的能动作用的发挥："从天而颂之，孰与制天命而用之?"(《荀子·天论》)而道家则是注重效法自然，顺应自然，与自然同一，缺乏对人的主体性与能动性的强调。二是天之主宰义。儒家思想中的天，仍然保留了上古时期天的神秘性。如孔子"天丧予"的感叹，"天之将丧斯文也"。三是天之道德义。《中庸》强调：天"博厚，所以载物也；高明，所以覆物也"。《孟子·告子上》："有天爵者，有人爵者。仁义忠信，乐善不倦，此天爵也；公卿大夫，此人爵也。"

天的道德性表现在人身上便化为具体的德性，而人要合天，则要不断通过具体的道德修养才能达到与天合一的境界。仁就是能够连接天、人的最高德性。孔子把仁从众德之中抽取出来，赋予仁以超凡意义，作为众德之总名。如孔子说："弟子入则孝，出则悌，谨而信，泛爱众而亲仁。"(《论语·学而》)认为孝悌只是近仁，而非仁本身。而仁作为道德之总名，则包含了义、礼、智等诸德。从具体内涵上看，首先，仁是人最内在的自然感情。孔子的弟子有子指出："孝弟也者，其为仁之本与!"(《论语·学而》)所以当宰我认为服丧三年太久时，其被孔子批评为"不仁"。其次，仁是普遍的道德规范。这体现了内在情感与道德理性自觉的统一。作为有仁德的人，既有内在感情，这种感情是由内而外、由亲至远的，同时也有道德理性，所以宰我问孔子，如果有人说井下有人，是该救还是不该救时，孔子答："何为其然也？君子可逝也，不可陷也；可欺也，不可罔也。"（《论语·雍也》）再次，仁是人生的道德境界。对于孔子而言，一个人的德性可以通过修养得到不断扩充，而扩充到极致就是天下归仁："一日克己复礼，天下归仁焉。"（《论语·颜渊》）通过克尽己私，恢复内心的天理，而使天下事事都符合仁的要求，就做到了"天下归仁"。这不仅是孔子对仁的理想追求，而且还是追求仁的最高境界，即圣人境界。所以子贡问孔子："如有博施于民而能济众，何如？可谓仁乎？"孔子回答说："何事于仁，必也圣乎！"（《论语·雍也》）由"克己"到圣人的转化过程，正是通过对仁不断追求，不断复归而实现的。因此，尽管管仲生活奢靡，又有越礼之嫌，但是其辅佐齐桓公，使天下太平，"民到于今受其赐"，所以孔子仍然许管仲以仁。这实际上是从"公天下"的角度来讲仁，即从个人与社会的关系上看，个人对社会的作用越大，仁德就越大，管仲的行为，使天下百姓"受其赐"，所以孔子虽然不轻易许人以仁，却对管仲毫不吝啬。孟子把仁推广到政治中，主张行仁政，天子只有做到安民爱民，才能得到百姓的支持和拥护，才能真正拥有天下："不仁而得国者，有之矣；不仁而得天下者，未之有也。"（《孟子·尽心下》）在个人道德修养上，孟子主张通过道德修养的方式实现个人德性的扩充，最终达致天下太平，所以他说："亲亲，仁也；敬长，义也。无他，达之天下也。"（《孟子·尽心上》）

三、墨家：以兼爱为公

墨家主要代表春秋战国时期手工业者的利益，其思想带有理想主义的色彩。他们希望天下和平与稳定，王侯不要滥用权力，同时能够选贤任能，使天下能够得到有效治理。所以天在墨家思想中是有意志、有主宰性的天，其主要功能是赏罚惩恶、维护人间秩序。治理天下，要以天为法，爱必兼爱，做到兴天下之利，除天下之害。从具体的各个行业看"亦皆有法"，所以治理天下者"不可以无法仪"（《墨子·法仪》）。而天的基本特征在于其德厚而无私："然则奚以为治法而可？故曰莫若法天。天之行广而无私，其施厚而不德，其明久而不衰，故圣王法之。既以天为法，动作有为必度于天，天之所欲则为之，天所不欲则止。"（《墨子·法仪》）以天为法，就是要体现出天公正无私的德性，人人做到兼爱无私："奚以知天之欲人之相爱相利，而不欲人之相恶相贼也？以其兼而爱之、兼而利之也。"（《墨子·法仪》）国家和社会混乱的根源就在于人们过度强调一己之私欲，而没有做到"兼相爱，交相利"。

对于人们而言，要主动服从天命天志，做到爱必兼爱，成不独成，国家和社会才能保持和谐与稳定。能够做到兼爱，必然是大公无私之人，譬如周公。《尚书·泰誓》赞美周文王："文考若日月之照临，光于四方，显于西土。"墨子解释为："即此言文王之兼爱天下之博大也，譬之日月，兼照天下之无有私也，即此文王兼也。"（《墨子·兼爱》）天下之治理，人才的选拔和任用尤为重要，人才不仅要有德，而且要有能，有德有能则上，这一方面要保证人才选拔的公平性，另一方面要保证治理天下的无私性。所以墨子总结说："故官无常贵，而民无终贱，有能则举之，无能则下之，举公义，辟私怨。"（《墨子·尚贤》）

四、法家：以天道天理为公

法家对天的诠释虽然承自道家，却注重天的统一性和秩序性，即万物共处于天之下，又表现出和谐共生的特征，而这种特征就是服从天道与天理。自然万物与人类社会都要服从天道天理。管子把道定义为在天地运行变化中的常理："无德无怨，无好无恶，万物崇一，阴阳同度，曰道。"（《管子·正》）只有遵守常道，才能顺应自然法则。韩非子著有《解老》《喻老》篇，认为道为万物之始和万物之根："道者，万物之所然也，万理之所稽也……天得之以高，地得之以藏。"（《韩非子·解老》）在注重天道的秩序性与统一性的基础上，法家把天道转化为人道，即人间的社会秩序，把道家的以道治国具体转化为法家的以法治国。

从道到法的转变，源于法家根据道的公正无私推论出国家治理中法的公正无私。所以管子对法的定义是："如四时之不贰，如星辰之不变，如宵如昼，如阴如阳，如日月之明，曰法。"（《管子·正》）强调法的客观性、自然性与公平无私性。对于统治者而言，"天下无私爱也，无私憎也"（《管子·枢言》），只有"任法而不任智，任数而不任说，任公而不任私，任大道而不任小物"，才能"身佚而天下治"（《管子·任法》）。韩非子把道称为"国之母"："母者，道也，道也者，生于所以有国之术。"（《韩非子·解老》）把法称为道法："守成理，因自然；祸福生乎道法，而不出乎爱恶；荣辱之责在乎己，而不在乎人。故至安之世，法如朝露，纯朴不散。"（《韩非子·大体》）在法家看来，只有任法，行事才能符合天理之公，同时只有任法，才能治国有度、治国有常，才能防止个人私欲私利对社会公义的侵害、个人权力在社会治理中的滥用，达到"奉法者强则国强"的目的。

从上述四个方面看，道家之公，体现了自然平等意识；儒家之公，体现了主体内在的道德意识和经世意识；墨家之公，体现了社会和平和博爱意识；法家之公，体现了社会的秩序性与规范性意识。而上述四家公私观的产生，则是基于他们对天的不同理解。道家从天之自然得出万物平等意识，圣人境界即自然之无私性；儒家从天的道德性得出人的道德性，人效法天就应当做到博施济众、大公无私；墨家从天之博爱得出人应做到兼爱无私；法家则从天的有秩序运行得出社会必以法为公。

可见，天下为公这一命题源于中华民族在认识世界和改造世界的过程中，对自然界、人类社会和人自身关系认识的不断深化。正是在这种复杂的关系中，天被赋予更多的含义和特征，人类社会也被赋予更多的意义，而天之公、道之公也转化为自然之公、社会之公、人之公和法之公，最终转化为天下为公这一新的思想命题。

第二节　天下为公的精神内涵

天下为公，既包含了天人关系中的天大公无私、公平正义的基本特征，也包含了人效法天，追求天下之公、国家之公和社会之公的含义，体现了人们将天下为公这一精神理念转化为大同社会的理想，实现了天下观、社会观和道德观的统一，成为中华民族所特有的精神理念和价值追求，并成为中华民族前进的精神动力。可以说，天下为公伴随着中华民族发展的全过程，不仅对过去、现在造成深刻影响，而且对中华民族的未来发展仍然产生至关重要的作用。因此在具体内涵上，我们首先以《礼记·礼运》为考察中心，揭示天下为公的本意，在此基础上，对天下为公进行历史性阐释，以揭示天下为公在中国传统文化中的丰富内涵，尤其是近代以来中国共产党对天下为公内涵的进一步丰富和拓展。

一、天下为公的原始意义——公天下的社会理想

天下为公最早出自儒家经典《礼记·礼运》。《礼运》是《礼记》

中的一篇重要文献。一是其强调了礼的形上性。"夫礼，必本于天，动而之地，列而之事，变而从时，协于分艺"，所以"先王以承天之道，以治人之情"。二是其注重礼的历史性与社会性。作者引用孔子"我欲观夏道，是故之杞，而不足征也，吾得《夏时》焉。我欲观殷道，是故之宋，而不足征也"之语，来说明每个时代对礼的要求是不一样的，因此要根据时代的需要来制定具体的礼；同时又指出了礼的社会性根源，认为礼一方面源于社会行为，所以"夫礼之初，始诸饮食"，另一方面源于具体的社会关系，如祭礼源于饮食，而丧礼源于家庭。三是其指出了礼的重要性。"故礼义也者，人之大端也，所以讲信修睦，而固人肌肤之会、筋骸之束也。所以养生、送死、事鬼神之大端也，所以达天道、顺人情之大窦也。"四是其强调了人在天地中的地位。人源于天地，"其天地之德、阴阳之交、鬼神之会、五行之秀气也"，所以人为天地之心。

天下为公正是《礼记·礼运》在对社会发展和礼的相关阐释中提出的。根据《礼记·礼运》全篇内容，可以看出天下为公的原始含义。一是从天人关系的角度看，天下与道相联系，三代以上是"大道之行"，三代以下是"大道既隐"。这里的道，是天道与人道的统一。天道，体现的是天之客观性、自然性。人效法天，人与天一致而为人道，因此三代以上，大道是符合天道的大道，而三代以下，则是背离天道的社会形态。人道要复归天道，就需要以礼来节制和规范。因此礼既是天道的表现形式，也是人道复归天道的具体路径。而天下为公，一方面说明天与天道之公，另一方面也说明人道与天道的一致性，即人道的应然之公。二是从历史的演变来看，从早期的"大道之行"到"大道既隐"，这一历史的变化是从"天下为公"到"天下为家"的过程转变。这一过程的变化表明了三代以上的天下是私有制和国家政权产生之前的天下，其特点是天下为社会、人民所共有，不存在个人之私利，一切都以社会公利为目的；而三代以下的天下，则是从无私有的社会和国家政权形式转变为家天下的社会结构，自然以家天下代替了公天下。这种看法虽然带有想象的色彩，却是中国历史演变的真实写照。

中国历史发展到五帝时代，已经进入原始社会末期，在社会形式上虽然存在公有制，但是在本质上，随着生产力的发展和分工的不断扩大，公有制逐渐向私有制转变，婚姻方式也由原来的对偶制向专偶制转变，个体私有家庭和家族成为主要的社会结构，当单个家庭取得天下政权并世代相承时，家天下的形式就替代了公天下的形式。《礼运》中对社会历史的描写，也是符合当时的社会状况的，如天下为公的社会状态是："选贤与能，讲信修睦。故人不独亲其亲，不独子其子，使老有所终，壮有所用，幼有所长，矜寡孤独废疾者皆有所养，男有分，女有归。货，恶其弃于地也，不必藏于己；力，恶其不出于身也，不必为己。是故谋闭而不兴，盗窃乱贼而不作，故外户而不闭。是谓大同。"而天下为家的社会状态则是"各亲其亲，各子其子，货力为己，大人世及以为礼，城郭沟池以为固，礼义以为纪，以正君臣，以笃父子，以睦兄弟，以和夫妇，以设制度，以立田里，以贤勇知，以功为己"。从引述中可以看到，从天下为公到天下为家的转变，正是中国社会从原始公有制到社会私有制的过程，并且这一过程伴随着社会规范和道德规范的日益强化，所谓规范，就是制礼作乐以约束社会大众。

所以从天下为公的提出可以看出，其最早的含义有二。一是在天人关系层面，首先注重天的属性与特征，注重天道的客观性、自然性、变化性和公正性，在具体表现形式上，体现出博爱性、规范性和秩序性；其次注重人与天的一致性，具体指人道对天道的统一性与服从性，以及圣人通过自觉能动性达到人道与天道的统一性。二是在社会发展层面上，天下为公是理想的社会状态，是对现实社会的自我否定。

《礼运》虽然提出天下为公的命题，但是并没有给予明确的诠释，我们只能根据文本内容进行解释，这也给了我们发挥的空间，暗含了天下为公的多元化解释路向。因此，对天下为公的理论阐释，从《礼记·礼运》开始，一直发展到近代，其精神内涵不断丰富和深化。

二、天下为公的价值观和社会理想

如上述所指出的，天下为公作为复杂的思想命题，包含了传统的天下观、道德观和社会观，存在诸多的解释路向。不同学派、不同阶层都可以根据自己的利益需要和价值取向，对天下为公这一命题进行阐释。从天下为公这一命题的历史演变来看，一是"天下"的含义越来越具体化，导致天下为公的内涵也越来越具体化；二是伴随着公天下的社会理想的出现，对公天下这一价值追求的践行日益转化为具体的道德境界。

（一）社会为公的价值理想

在社会观上，天下为公实质上是以社会为公，谋求社会的公平、公理与公义。天下不仅包含天地万物，而且包含各种社会形态。早在《周易》中就已经把天人分为天文与人文，人文实际上就是人类社会、人类文化和人类文明："观乎天文，以察时变，观乎人文，以化成天下。"人一方面认识客观世界的基本规律，另一方面认识人类社会自身的规律，从而达到认识和改造社会的目的。这里的"天下"，就是人类能到达的范围。反映在具体的社会组织中，天下为公就转化为以国家和社会为公，即社会中的土地、财物及政权等，都应当归天下之民所共有。《吕氏春秋》说："天下，非一人之天下也，天下之天下也。"朱熹在《孟子集注》中这样解释天下："天下者，天下之天下，非一人之私有。"既然天下为天下人所共有，那么天下就不能成为某个人或某个家族的私有财产。《论语》中回顾三代的天下："舜有天下，选于众，举皋陶，不仁者远矣。汤有天下，选于众，举伊尹，不仁者远矣。"《吕氏春秋》以尧舜禅让为例，认为"尧有子十人，不与其子而授舜；舜有子九人，不与其子而授禹，至公也"。这虽然是在复述三代的情况，但实际上是对天下为公的应然性表述，反映了儒家对理想社会的价值追求。因为在家天下的时代，天下已经是一家一姓之私产。

天下为公的社会理想体现在政治方面，一方面强调天下之公，天下是天下人之天下，另一方面必然要从限制王权入手。既然天下为天下人所共有，那么天下就不能成为某个人或某个家族的私有财产。对于治理天下的人而言，就不能只为一家一姓之私利，而应当以公天下的态度来治理天下。法家的慎子指出："立天子以为天下，非立天下以为天子也。立国君以为国，非立国以为君也。"（《慎子》）程颐也同样认为："人君当与天下大同，而独私一人，非君道也。"这一思想实际体现了鲜明的反专制色彩和现代民主思想特征。晚明王夫之总结说："一姓之兴亡，私也；而生民之生死，公也。"（《读通鉴论》）把国家看作一家一姓的私有财产，这显然是不符合天下为公这一精神理念的，因此公天下的思想在中国封建社会末期必然转化为反对封建专制统治的思想武器。黄宗羲在《明夷待访录》中，首先强调上古时代"不以一己之利为利，而使天下受其利"，但是到了家国天下的时代，"以天下之利尽归于己"，"以我之大私为天下之大公"，"久而安焉，视天下为莫大之产业，传之子孙，受享无穷"。黄宗羲还通过历史的变化来批评当时的政权："敲剥天下之骨髓，离散天下之子女，以奉我一人之淫乐，视为当然。"（《明夷待访录·原君》）可见，黄宗羲反对专制统治，但是由于时代的局限，他试图通过置相、立法、设学校等方式改变天下为私局面的设想，只能流于空想。

康有为托古改制，正是以《礼记·礼运》为改制的文献基础。康有为通过阐发大同社会的理想为建立资产阶级共和国做论证。他设想未来的社会是这样的："无所谓君，无所谓国，人人皆教养于公产，而不恃私产，人人即多私产，亦当分之于公产焉，则人无所用其私。"① 梁启超已经认识到天下为公与共产主义之间的内在联系。他分析说："'……天下为公……是谓大同。'此一段者，以今语释之，则民治主义存焉，国际联合主义存焉，儿童公育主义存焉，老病保险主义存焉，共产主义存焉，劳作神圣主义存焉。"②

孙中山试图通过天下为公的精神和社会理想来实现他的民主建国梦。孙中山认为要实现国富民强，就要改变当时落后的生产关系，就要用武力推翻腐朽的封建专制统治和反抗帝国主义对中国的侵略，进而民主建国，从而实现天下为公这一社会理想。孙中山设想建立资产阶级民主共和国，建立现代民主政治，通过民生、民享和民治，实现天下人之天下的大同社会。孙中山分析帝国与民国的差别时说："民国是和帝国不同的：帝国是由皇帝一个人专制，民国是由全国的人民作主；帝国是家天下，民国是公天下。"③ 孙中山虽然比康有为更进了一步，但是与康有为一样，由于阶级的局限性，"他没有也不可能找到一条到达大同的路"④。

中国共产党人也意识到共产主义与天下为公社会理想的联系。毛泽东在《论人民民主专政》中说，在中国共产党的领导下，建立了人民共和国，"这样就造成了一种可能性：经过人民共和国到达社会主

---

① 〔清〕康有为著，楼宇烈整理：《孟子微·礼运注·中庸注》，中华书局1987年版，第240页。
② 梁启超：《清代学术概论》，岳麓书社2010年版，第76页。
③ 孙中山：《孙中山全集》（第九卷），中华书局1986年版，第58页。
④ 毛泽东：《毛泽东选集》（第四卷），人民出版社1991年版，第1471页。

义和共产主义，到达阶级的消灭和世界的大同"①。毛泽东的总结，实际上指出了正是由于中国共产党人在坚持马克思主义的基础上，改造中国社会，才找到了实现天下为公的大同社会的现实道路。

（二）天下为公的精神境界

天下为公的社会理想与天下为公的精神境界是一致的。天下为公是中华民族的价值追求，必然要求以天下为公的态度对待天下和社会。这种态度就是天下为公的精神境界。如《尚书·周官》早就提出："以公灭私，民其允怀。"统治者以公心代替私情，才会得到百姓的信任。周朝时人们已经正确地看到了个人贡献与社会之间的具体关系：只有以公天下的态度对待社会，才能得到民众的支持。以公天下的态度治理天下，除了能够得到百姓的认可，最主要的是能够把天下治理好，保障社会的公平公正。

"昔先圣王之治天下也，必先公。公则天下平矣。平得于公。"（《吕氏春秋》）以公心代替私情，破除一己之私利私欲，才能保障天下的公平公正，才能实现天下为公。以尧舜禅让为例，"尧有子十人，不与其子而授舜；舜有子九人，不与其子而授禹，至公也"（《吕氏春秋》）。可见尧舜的禅让，正体现了大公无私的精神。虽然管仲不知礼，但孔子盛赞管仲，就是因为管仲所创立的历史伟业使百姓深受其惠。所以管仲被孔子赞许为"如其仁""必也圣乎"，实现了孔子所认为的圣人之境。这种圣人之境，便是无私、无我的天下为公的精神境界。老子云："非以其无私邪？故能成其私。"因人无私，故能成就其最大的私。孟子认为，尧舜是自觉地行仁义："尧舜，性之也；汤武，身之也。"（《孟子·尽心上》）

具体到社会层面来看，谋求社会之公，破除一己之私，也是天下

---

① 毛泽东：《毛泽东选集》（第四卷），人民出版社 1991 年版，第 1471 页。

为公的要求。柳宗元在《封建论》中指出，天下为公始自秦，其原因在于："秦之所以革之者，其为制，公之大者也；其情私也，私其一己之威也，私其尽臣畜于我也。然而公天下之端自秦始。"在柳宗元看来，秦以前实行分封制，天下属于一家一姓之私有，而秦及以后以郡县制代替了分封制，给了天下人治理天下的机会，这是历史的巨大进步。所以从历史上看，家天下最终会朝着公天下的方向发展。

从道德角度看，人类从私天下到公天下的过程，也是逐步实现社会公平正义的过程，即社会道德意识、道德水平与社会的发展具有同步性。这也正是马克思主义所认为的，人们的意识会随着人们的生活条件、社会关系、社会存在的改变而改变。人的行为要符合公理、公义，这是最基本的道德要求，如《尚书·洪范》云："无偏无党，王道荡荡。"在经济层面上，统治者要保障每一个人都能得到公平对待，防止"不患寡而患不均，不患贫而患不安"（《论语·季氏》）。在政治层面，统治者要注重公平公正。孔子云："政者，正也。"（《论语·颜渊》）韩非子云："义必公正，心不偏党也。"（《韩非子·解老》）即道义要以社会公正为基本原则，统治者要有一颗公心而不是私心，不是个人利益至上而是社会利益至上。

统治者要克服一己之私欲，以公心胜私欲，达到大我、无我的无私之境。中国传统文化虽然强调人性本善，但是无论是性善还是性恶，都不否认现实的不圆满性及个体私欲私利的存在。所以孟子说："人有鸡犬放，则知求之，有放心而不知求。"（《孟子·告子上》）现实的私欲与后天道德修养的缺乏，往往导致统治者以私心代替公心，以私利代替公义，因此圣人非常重视道德修养，如孔子强调"克己复礼"、老子强调"少私寡欲"、荀子强调"志忍私，然后能公"、宋明理学家强调"居敬穷理""知行合一"等。个人道德修养的目的在于不断克服自己身上的各种缺点，实现自然人向社会人的转化，在对待社会和处理各种关系时，能够以公天下的态度，达到大公无私的精神境界。因此，在中国传统文化中，大禹"三过家门而不入"、周公"一沐三捉发，一饭三吐哺"、孔子"知其不可而为之"、孟子"穷则独善其身，达则兼善天下"、诸葛亮"鞠躬尽瘁，死而后已"、范仲淹"先天下之忧而忧，后天下之乐而乐"、张载"民吾同胞，物吾与也"等，都体现出无私的大我之境。

三、中国共产党对天下为公思想内涵的新拓展

从天下为公的命题被提出后，经过历代思想家的不断丰富和发展，天下为公的思想内涵变得越来越丰富，不仅成为中华民族对家国天下的价值追求，而且也内化为个人的精神境界。但是，天下为公的理想在中国共产党诞生以前，却从未真正实现过，究其根源，在于长期的封建专制导致社会无法真正实现公平、正义，即便是试图通过民主建国而实现民生、民治和民享的孙中山，最后仍然以失败而告终。而中国共产党作为中国人民和中华民族的先锋队，一方面坚持以马克思主义为指导，另一方面践行天下为公的精神，解决中国实际问题，在马克思主义中国化的过程中不断丰富着天下为公的精神内涵。

第一，共产党人以马克思主义为基础，给天下为公注入了新的内涵，使天下为公的价值追求有了新的活力。马克思主义是为无产阶级追求解放而创立的思想学说，是无产阶级的世界观和方法论。《共产党宣言》指出了无产阶级政党的历史使命："共产党人不是同其他工人政党相对立的特殊政党。他们没有任何同整个无产阶级的利益不同的利益。他们不提出任何特殊的原则，用以塑造无产阶级的运动。"[1]在马克思、恩格斯看来，无产阶级政党所代表的是无产阶级整体的利

---

① 马克思、恩格斯：《共产党宣言》，人民出版社 2018 年版，第 41 页。

益，并且自身没有任何私利，在根本利益上无产阶级政党与无产阶级是一致的，而无产阶级政党为了实现无产阶级的共产主义而不断奋斗。在这种社会条件下，生产力高度发展，社会财富极大丰富，生产资料归全体人民共同所有，真正实现按需分配。

对于无产阶级政党而言，以解放全人类为目的，并且只有先解放全人类，才能实现自身的解放。这与天下为公的精神具有内在一致性。在具体目的上，天下为公即以谋求天下之公为目的，而马克思主义正是以全人类的共同解放为目的；在具体内容上，共产主义能够实现真正的生产资料公有，按需分配，人与人之间真正平等，这正是中国传统天下为公思想的具体表现形式。因此，马克思主义的共产主义理想与中国天下为公的精神具有内在一致性。

中国共产党在指导思想上坚持马克思主义，秉持天下为公的精神品质，把马克思主义、共产主义纳入天下为公的精神当中。如前所述，"为"具有目的性；"天下"具体指国家、民族、人民与世界；"公"，一方面是指民族独立、解放，一方面是指人民幸福，即谋求社会的公平、正义，最后达到世界之公。因此，习近平总书记在党的二十大报告中再次提及中国共产党的初心使命："中国共产党是为中国人民谋幸福、为中华民族谋复兴的党，也是为人类谋进步、为世界谋大同的党。"[1] 这一"谋"字，正是天下为公之"为"，"中国人民""中华民族"与"世界"，正是"天下"内涵的不断拓展，而为人民谋幸福、为民族谋复兴、为人类谋进步和为世界谋大同正体现了谋求天下之公的崇高境界。因此习近平总书记指出："'不私，而天下自公。'不谋私利才能谋根本、谋大利。"[2]

---

① 习近平：《高举中国特色社会主义伟大旗帜　为全面建设社会主义现代化国家而团结奋斗——在中国共产党第二十次全国代表大会上的报告》，人民出版社 2022 年版，第 21 页。

② 中共中央党史和文献研究院、中央"不忘初心、牢记使命"主题教育领导小组办公室编：《习近平关于"不忘初心、牢记使命"论述摘编》，党建读物出版社、中央文献出版社 2019 年版，第 162 页。

第二，共产党人对天下为公精神的自觉践行，使中华民族完成了从站起来、富起来到强起来的历史性转变。中国共产党自诞生之日起，就以马克思主义为指导，秉持天下为公的崇高理想。党的一大通过的《党纲》明确提出消灭私有制的口号，党的二大提出党的最高纲领与最低纲领。共产党人把共产主义与民族独立、人民解放、国家富强统一起来。在这一初心使命的指引之下，我们党始终以人民、民族和国家的利益为出发点。刘少奇同志在《论党》中指出，"我们的党从最初建立时起，就是一个完全新式的无产阶级政党，是全心全意为中国人民服务而在最坚固的中国化的马克思列宁主义理论的基础上建立起来的党"，因此"我们党……集合了中国工人阶级与劳动人民中最忠实、最勇敢、最觉悟与最守纪律的代表，从而使它成为中国工人阶级的先进的有组织的部队"[1]。

中国共产党始终坚守初心使命，经过浴血奋战，推翻了压在中国人民头上的三座大山，实现了民族独立与人民解放；经过三年的经济恢复和四年的社会主义改造，为实现国家富强和人民幸福奠定了社会条件；经过社会主义建设与改革，在不断解放生产力的基础上发展生产力，从基本解决人民群众温饱问题到逐步实现小康。伴随着社会主要矛盾的转变，我们进入了新的历史时代，在完成第一个百年奋斗目标的基础上朝着第二个百年奋斗目标迈进，以中国式现代化把我国建设成为社会主义现代化强国，实现中华民族伟大复兴和人民共同富裕，并且在为民族谋复兴和为人民谋幸福的同时，提出推动构建人类命运共同体的设想，践行为世界谋大同的历史使命。

四、中国共产党人崇高的精神境界

中国共产党人具有崇高的精神境界，一方面打破空间界限，打破

---

[1] 刘少奇：《刘少奇选集》（上卷），人民出版社1981年版，第315页。

国家界限，提出了推动构建人类命运共同体的设想和"和平、发展、公平、正义、民主、自由"的全人类共同价值；另一方面始终坚持人民至上，以人民为中心，提出要以百姓心为心的价值追求。这些都体现出共产党人崇高的精神境界，即《党章》强调的那样，"党除了工人阶级和最广大人民群众的利益，没有自己特殊的利益"①。

中国共产党始终把人民作为一切工作的出发点和落脚点，这从党的历史中能够清楚地看到。毛泽东在《为人民服务》中强调："中国人民正在受难，我们有责任解救他们，我们要努力奋斗。要奋斗就会有牺牲，死人的事是经常发生的。但是我们想到人民的利益，想到大多数人民的痛苦，我们为人民而死，就是死得其所。"② 邓小平也曾深情地说："我们有我们的责任，要对世界上五分之一的人负责，要发展经济，使他们生活得更好。"③ 习近平总书记强调："我们要始终以实现好、维护好、发展好最广大人民根本利益为最高标准，带领人民创造美好生活，让改革发展成果更多更公平惠及全体人民。"④

中国共产党人始终把人民放在心中最高的位置，也就意味着个人能够破除一己之私，始终以天下之公为个人的价值追求和崇高理想，把一己之我融入天下之大我，以小我成就大我，最终实现大我、无我之境。如周恩来同志"一生心底无私、天下为公的高尚人格，是中华民族传统美德和中国共产党人优秀品德的集中写照，永远为后世景仰"⑤。邓小

① 《中国共产党章程》，人民出版社 2022 年版，第 21 页。

② 毛泽东：《毛泽东选集》（第三卷），人民出版社 1991 年版，第 1005 页。

③ 邓小平：《邓小平文选》（第三卷），人民出版社 1993 年版，第 326 页。

④ 中共中央党史和文献研究院、中央"不忘初心、牢记使命"主题教育领导小组办公室编：《习近平关于"不忘初心、牢记使命"论述摘编》，党建读物出版社、中央文献出版社 2019 年版，第 14 页。

⑤ 习近平：《在纪念周恩来同志诞辰 120 周年座谈会上的讲话》，《人民日报》2018年 3 月 2 日。

平同志"始终把党和国家前途命运放在心中最高的位置，从不计较个人得失"，因此"邓小平同志真正做到了心底无私天地宽"①。而习近平总书记则以"我将无我、不负人民"的态度对待党的事业。正是这种天下为公的价值追求，彰显了共产党人大公无私的精神境界和共产党队伍的先进性。

第三节　天下为公的当代价值

几千年来，天下为公的精神理念成为中华民族不断前进的深层动力，也为社会的进步和发展提供了强大的精神动力。因此，天下为公的精神理念在每一个历史时代，都有着重要的历史地位和现实意义。这一精神理念，也成为中国共产党发动工人群众改变现实世界，谋求民族解放、国家富强、人民幸福和世界大同的思想武器。在新时代新征程，中国共产党仍然要坚持以马克思主义为指导，坚持共产主义的崇高理想与中国特色社会主义共同理想相结合，坚持马克思主义基本原理同中华优秀传统文化相结合，坚持天下为公的精神品质，把这一精神理念渗透到当前中国式现代化建设的各个层面，真正实现国家富强、民族振兴、人民幸福和世界大同。

一、天下人之天下与社会主义民主法治

如前所述，中国古代的思想家很早就认识到天下的公共性，即天下是天下人之天下，天下非一家一姓所有，而应为天下人所共有。这

---

① 习近平：《论中国共产党历史》，中央文献出版社 2021 年版，第 87 页。

种共有体现在政治上，表现为享有社会权利的公平性和权力的公共性。但在历史演变中，家天下代替了天下共有。在这种社会形态下，天下是一家一姓的天下，而人民因为等级、地位和身份的差异无法真正平等地享有权利。因此，在古代社会，天下人之天下这一命题要求统治者进行自我道德约束。孔子云："政者，正也。子帅以正，孰敢不正？"（《论语·颜渊》）孟子云："乐民之乐者，民亦乐其乐；忧民之忧者，民亦忧其忧。乐以天下，忧以天下，然而不王者，未之有也。"（《孟子·梁惠王下》）在《贞观政要》中，唐太宗说："若安天下，必须先正其身，未有身正而影曲，上治而下乱者。"对于统治者而言，己身正才能正人，才能做到以百姓心为心，才能保证社会治理的公平正义。在中国古代社会，虽然没有出现过真正的民主政治或民主政权，但社会中有潜在的民主意识，比如法律作为上层建筑的重要组成部分，尽管以维护专制王权为目的，其法律精神和法律思想优秀成分仍可以为社会主义民主法治建设所用。

民主建国、还政于民是近代历史发展的主流。西方资产阶级共和国以民主、法治为价值核心，这也源于西方民主法治的历史文化传统。在特定的历史文化传统和近代人权觉醒的条件之下，西方资产阶级建立民主共和国，通过共和民主、宪政民主等一系列制度保障公民权利。新中国成立以前，中国传统文化一方面包含着根深蒂固的君主专制思想，另一方面包含着民主思想的基本精神。这一精神，集中体现在天下为公之中：一是社会公有，即社会为全体人所有；二是天道无私，这决定了社会必然走向公平正义，一方面要注重公民权利平等，另一方面要注重公民权利的维护和保障。从太平天国提出的"无处不均匀，无人不饱暖"的口号到资产阶级建立民主共和国，都离不开天下为公这一精神理念，但是由于阶级局限性，他们所代表的利益只是少数人的利益，无论是维新还是革命，都不可能实现天下为公的政治追求。

中国共产党始终代表的是工人阶级的利益，始终代表的是最广大人民群众的根本利益。人民是国家的主人。早在抗日战争时期，毛泽东同志就认识到人民的主体地位和人民的巨大力量，他强调："人民，只有人民，才是创造世界历史的动力。"① 刘少奇同志也曾转引毛泽东同志的话强调："只有人民群众，才是历史的真正创造者，真正的历史是人民群众的历史。"所以"我们只有依靠了人民群众，才是不可战胜的"②。新时代，习近平总书记多次强调人民至上、以人民为中心，这都是强调人民群众的主体地位。他指出："中国共产党的一切执政活动，中华人民共和国的一切治理活动，都要尊重人民主体地位，尊重人民首创精神。"③

人民群众的主体地位决定了我国实行社会主义民主政治。恩格斯在《共产主义原理》一文中指出："无产阶级革命将建立民主的国家制度，从而直接或间接地建立无产阶级的政治统治。在英国可以直接建立，因为那里的无产者现在已占人民的大多数。"④ 因此我国在《宪法》中明确规定了一切权力属于人民，在国体上实行人民民主专政，在政体上实行人民代表大会制度，保障人民当家作主的政治权利。党的二十大报告强调："我国是工人阶级领导的、以工农联盟为基础的人民民主专政的社会主义国家，国家一切权力属于人民。人民民主是社会主义的生命。"⑤

在新时代，保障人民当家作主的基本权利，要注重以下几点：

一是加强协商民主。习近平总书记强调："民主不是装饰品，不

---

① 毛泽东：《毛泽东选集》（第三卷），人民出版社 1991 年版，第 1031 页。
② 刘少奇：《刘少奇选集》（上卷），人民出版社 1981 年版，第 350 页。
③ 习近平：《习近平著作选读》（第一卷），人民出版社 2023 年版，第 273 页。
④ 中共中央马克思恩格斯列宁斯大林著作编译局编：《马克思恩格斯选集》（第一卷），人民出版社 1995 年版，第 239 页。
⑤ 习近平：《习近平著作选读》（第一卷），人民出版社 2023 年版，第 30 页。

是用来做摆设的，而是要用来解决人民要解决的问题的。"① 而民主协商是符合中国国情、符合中华文化传统的，是保障人民主体地位、充分保证各方权利公平享有的一种民主形式。因此，习近平总书记指出："协商民主是中国社会主义民主政治中独特的、独有的、独到的民主形式，它源自中华民族长期形成的天下为公、兼收并蓄、求同存异等优秀政治文化，源自近代以后中国政治发展的现实进程，源自中国共产党领导人民进行革命、建设、改革的长期实践。"② 他指出了协商民主所蕴含的文化传统，包括天下为公的价值取向、和而不同的君子人格等。民主权利的广泛性决定了协商形式的广泛性，因此，要秉持天下为公、兼收并蓄和求同存异的精神，做到有事好商量，既尊重多数人的意见，又照顾好少数人的合理要求，求出"最大公约数"，维护好、实现好和保障好人民群众的根本利益。

二是推进全过程人民民主。天下者，天下人之天下。天下为天下人所共有，这决定了治理天下的人，要以天下为天下，以百姓心为心。中国共产党执政，就是要尊重人民的主体地位，保障人民实现民主权利。因此，要充分发展社会主义民主政治，实行全过程人民民主，充分保障人民当家作主的权利。这种权利落实到政治、经济、文化、社会等各个层面，是真实的、有用的民主。习近平总书记在党的二十大报告中强调："全过程人民民主是社会主义民主政治的本质属性，是最广泛、最真实、最管用的民主。"③ 社会主义民主与资本主义民主有着本质的不同，资本主义民主是形式上的民主，并不能保证人民享有真实的民主权利，因此，习近平总书记一针见血地指出："如果人民只有在投票时被唤醒、投票后就进入休眠期，只有竞选时聆听

---

① 习近平：《习近平著作选读》（第一卷），人民出版社 2023 年版，第 273 页。
② 习近平：《习近平著作选读》（第一卷），人民出版社 2023 年版，第 271 页。
③ 习近平：《习近平著作选读》（第一卷），人民出版社 2023 年版，第 30 页。

天花乱坠的口号、竞选后就毫无发言权，只有拉票时受宠、选举后就被冷落，这样的民主不是真正的民主。"① 而社会主义民主不仅仅体现在政治参与或者政治选举上，更体现在社会治理的各个层面，贯穿到民主协商、民主决策、民主管理、民主监督等各个方面，以保障公民的民主地位和民主权利。

三是推进依法治国。法治是天下为公的重要体现。传统法家把天道的客观性、公平性和无私性推广到人类社会，要保障人类社会的秩序性、公平性，这就需要运用法律。《黄帝四经》提出："道生法。法者，引得失以绳，而明曲直者也。"即法的根源在于道，法是社会的准绳，"生法而弗敢犯也，法立而弗敢废也"。中国古代学者看到了法在国家治理中的重要作用，如韩非子云："国无常强，无常弱。奉法者强则国强，奉法者弱则国弱。"但专制制度决定了在治道上，君主往往以人治替代法治，法治只是统治阶级的工具。因此，在新中国成立之前的社会形态下，是无法保证权力运行的客观性、人民的主体性和社会的公平性的。

民主与法治不可分割。在社会主义条件下，人民是国家的主人，享有广泛的政治、经济、文化和社会权利，并且社会主义公有制属性决定了人与人之间的平等性。要保障人民民主，促进社会公平，加强权力制约，就必须坚持依法治国，把法治落实到社会治理的各个层面。20 世纪 70 年代，邓小平同志就敏锐地意识到，"为了保障人民民主，必须加强法制。必须使民主制度化、法律化，这种制度和法律不因领导人的改变而改变，不因领导人的看法和注意力的改变而改变"②。在 1997 年，党的十五大提出依法治国方略，建设社会主义法治国家；党的十八届四中全会则提出全面依法治国，坚持法治国家、

① 习近平：《习近平著作选读》（第二卷），人民出版社 2023 年版，第 530 页。
② 邓小平：《邓小平文选》（第二卷），人民出版社 1994 年版，第 146 页。

法治政府和法治社会一体建设。全面依法治国，保障人民民主权利，要增强全社会法治意识，做到全民守法。法律是人民共同意志的体现，是共同的行为约束，任何人都没有超越于法律之上的特权，任何人都应当在法律所规定的范围内履行自己的义务、行使自己的权利，任何人触犯了法律，都应当受到法律的制裁。这也体现了法律的平等精神和公平性原则。培养公民法律意识，需要公民通过学法，把法律内化于心，使法成为每个人行为的基本准则，做到知法、懂法、守法、敬法。全面依法治国，保障人民民主权利，还要注重司法公正。司法公正是维护社会公平正义的最后一道防线。司法是对公民权利的基本保障，司法的目的就是要让每一位公民感受到公平正义，因此司法部门要以法律为根据，以事实为准绳，做到合情合理、客观公正，保证公民的正当权益不受侵害。对于司法工作者而言，自身要一心为公，做到清廉自守，这正如管子所说："凡法事者，操持不可以不正。操持不正，则听治不公。"（《管子·版法解》）习近平总书记强调："公正是法治的生命线；司法公正对社会公正具有重要引领作用，司法不公对社会公正具有致命破坏作用。"①

二、天下为公与实现全体人民共同富裕

实现共同富裕是科学社会主义的基本内容。根据马克思主义唯物史观，人类在进入私有制社会之前，属于原始公有制，人人平等，平均分配。当人类社会由公有制进入私有制之后，少部分人占有大多数生活资料，而大多数人则占有极少数生活资料。共产主义是对资本主义的扬弃，体现为物质财富的极大丰富、生产资料公有制、人与人之间的平等地位，以及全体人民的共同富裕。马克思指出："共产主义

---

① 习近平：《关于〈中共中央关于全面推进依法治国若干重大问题的决定〉的说明》，《人民日报》2014年10月29日。

是对私有财产即人的自我异化的积极的扬弃，因而是通过人并且为了人而对人的本质的真正占有；因此，它是人向自身、也就是向社会的即合乎人性的人的复归，这种复归是完全的复归，是自觉实现并在以往发展的全部财富的范围内实现的复归。"① 马克思、恩格斯在《共产党宣言》中强调："在资产阶级社会里是过去支配现在，在共产主义社会里是现在支配过去。"② 即在资产阶级社会中是资本支配劳动，而在未来社会中则是财富被全社会成员共同支配，资本主义生产为未来的共产主义提供了坚实的物质基础，这反映到分配方式上就是"各取所需，按需分配"。

马克思主义的社会共同富裕思想，与中华民族传统的天下为公思想有着深刻的一致性。共同富裕也是天下为公的应有之义。如前所述，古人认为，天下是天下人的天下，这种天下是天下人所共有的天下，因此人与人之间应当是平等关系。天下为公要以天道为根据，社会要符合公平和正义的基本原则。因此，在《礼记·礼运》中描写了儒家理想的社会形态。在这一社会形态中，在政治上选择德才兼备的人进行社会管理；在伦理道德上注重社会平等与社会治理的公共性；在经济上注重财货的社会共有。可见，天下为公的精神，一方面蕴含着原始平等精神，而另一方面也包含着财富共有、共享的精神内涵。一是平均主义思想，即不患寡而患不均，不患贫而患不安。《周易》就体现了这种平等精神："君子以裒多益寡，称物平施。"君子如天地，能够权衡各种事物。《道德经》云："天之道，其犹张弓与？高者抑之，下者举之，有余者损之，不足者补之。天之道，损有余而补不足。"强调天道对于万物的平等性。在分配上，也应当做到公平和合理。《左传》中说："衣食所安，弗敢专也，必以分人。"当然，这种分配方式并非出于财富增多或者制度保

---

① 马克思：《1844年经济学哲学手稿》，人民出版社2018年版，第77~78页。
② 马克思、恩格斯：《共产党宣言》，人民出版社2018年版，第44页。

障，而是出于内在的道德情感。在生产力水平低下的社会条件下，这种财富共享的愿望最终流于老子所主张的小国寡民的社会形态中。二是共富思想。既然不患寡而患不均，那么最好的方式就是共富，这样才能彻底解决患不均的问题。因此古人十分重视共富思想，如《论语·子路》记载："子适卫，冉有仆。子曰：'庶矣哉！'冉有曰：'既庶矣，又何加焉？'曰：'富之。'曰：'既富矣，又何加焉？'曰：'教之。'"即人口众多时，为了社会的稳定，首先要使百姓富裕，才能保障社会稳定，在此基础上再进行教化。法家管子也同样主张："凡治国之道，必先富民。民富则易治也，民贫则难治也。"（《管子·治国》）荀子、孟子等对富民均有过相似的论述。这种均贫富的思想也反映到中国历代的农民起义中，如陈胜、吴广提出"苟富贵，无相忘"，东汉末年太平道提出"致太平"，宋朝刘小波起义提出"吾疾贫富不均，今为汝辈均之"等。这种思想一直延续到近代太平天国提出"无处不均匀，无人不饱暖"的革命口号。但是，这些口号在新中国成立之前只能作为一种无法实现的梦想。

中国共产党以马克思主义作为指导思想，坚持以人民为本，在革命和社会主义建设实践中不断实现好、维护好和发展好人民群众的根本利益。在进入社会主义社会之后，我们党就意识到要大力发展生产力，尽快摆脱国家贫穷落后的面貌，并提出实现四个现代化的目标任务。20世纪80年代，邓小平同志以科学社会主义为理论依据，从中国具体国情出发，多次强调"社会主义要消灭贫穷，贫穷不是社会主义"。而人民生活水平的提高，正是发展社会主义生产力和消灭贫穷的具体目的。在此基础上，邓小平提出共同富裕的思想，具体表现为以下几个方面。一是全民共同富裕。在邓小平看来，社会主义也要讲富裕，社会主义的致富与原来所认为的致富有着根本区别，社会主义也要发展生产力，也要不断满足人民群众的生活需要，但是社会主义主张的致富是全体人民的共同富裕。邓小平同志强调："致富不是罪过。但我们讲的致富不是你们讲的致富。社会主义财富属于人民，社会主义的致富是全民共同致富。社会主义原则，第一是发展生产，第二是共同富裕。"① 第二，共同富裕是社会主义的本质内容。邓小平在"南方谈话"中概括出社会主义的本质："解放生产力，发展生产力，消灭剥削，消除两极分化，最终达到共同富裕。"② 解放和发展生产力是社会主义的根本任务和基本路径，共同富裕则是社会主义发展的最终目的。三是注重富裕的全面性。富裕既包括物质上的富足，也包括精神上的富裕。邓小平强调："我们要在建设高度物质文明的同时，提高全民族的科学文化水平，发展高尚的丰富多彩的文化生活，建设高度的社会主义精神文明。"③ 四是明确富裕不是同步富裕，不是同时富裕，必定包含了差异性和过程性在其中。根据唯物辩证法，任何事物的发展都不是一帆风顺的，都要经过平衡、不平衡最后到重新平衡的过程。这也正是毛泽东所讲的："不平衡—平衡—再一个不平衡—再一个平衡，以至无穷，这就是规律。"④ 因此，共同富裕需要一个先富带动后富，最后达到共同富裕的过程。邓小平同志为中华民族的共同富裕提供了总体原则和基本路径：以中国式的四个现代化和小康社会的目标逐渐过渡，最终实现全体人民的共同富裕。

　　经过长期的奋斗，在 2021 年，习近平总书记庄严宣告，我们全面建成小康社会，实现了第一个百年奋斗目标，为实现共同富裕创造了良好条件。习近平总书记在建成小康社会的实践中继承和丰富了邓小平同志的共同富裕思想，明确了实现共同富裕的一系列原则要求。

---

① 邓小平：《邓小平文选》（第三卷），人民出版社 1993 年版，第 172 页。
② 邓小平：《邓小平文选》（第三卷），人民出版社 1993 年版，第 373 页。
③ 邓小平：《邓小平文选》（第二卷），人民出版社 1994 年版，第 208 页。
④ 薄一波：《若干重大决策与事件的回顾》（下），中共中央党校出版社 1993 年版，第 649 页。

第一，强调共同富裕是社会主义的本质要求，邓小平同志曾经指出："社会主义最大的优越性就是共同富裕，这是体现社会主义本质的一个东西。"[1] 党的十八大以来，习近平总书记对共同富裕作了进一步概括，多次提出共同富裕是社会主义的本质要求，在党的二十大报告中又一次指出："共同富裕是中国特色社会主义的本质要求，也是一个长期的历史过程。"[2] 如前所述，社会主义的本质体现为生产力与生产关系的统一。社会主义既要有较高的生产力水平，也要有解放和发展生产力的能力，在不断发展生产力水平的基础上，不断满足人民群众的物质需要和精神需要，同时不断消灭剥削和两极分化。这也决定了实现共同富裕是发展社会主义的最终目的，是社会主义本质的具体表现形式，体现了社会主义条件下人民主体性原则。同时也反映出共同富裕的实现不是一蹴而就的，必然是一个长期的历史过程。这正是习近平总书记所强调的："在全面建设社会主义现代化国家新征程中，我们必须把促进全体人民共同富裕摆在更加重要的位置，脚踏实地、久久为功，向着这个目标更加积极有为地进行努力。"[3]

第二，实现共同富裕是一个系统性工程。实现共同富裕是前无古人的事业，也是复杂的系统性工程，既涉及物质富裕与精神富裕的关系，也涉及先富与共富的关系，更涉及新发展理念、高质量发展、具体路径，以及发展、效率与公平等一系列问题。因此，在实现共同富裕的道路上，要有全局性观念、系统性思维。习近平总书记强调："像全面建成小康社会一样，全体人民共同富裕是一个总体概念，是对全社会而言的。"[4] 对此习近平总书记有过诸多相关论述。在发展阶段上，把实现

---

① 邓小平：《邓小平文选》（第三卷），人民出版社 1993 年版，第 364 页。
② 习近平：《习近平著作选读》（第一卷），人民出版社 2023 年版，第 19 页。
③ 习近平：《习近平著作选读》（第二卷），人民出版社 2023 年版，第 444 页。
④ 习近平：《习近平著作选读》（第二卷），人民出版社 2023 年版，第 506 页。

共同富裕的阶段和步骤具体化，提出到"十四五"末，居民收入和消费水平差距逐渐缩小；到 2035 年，全体人民共同富裕取得更为明显的实质性进展，基本公共服务实现均等化；到本世纪中叶，基本实现共同富裕。在具体方式上，明确发展与保障公平之间的内在联系，先把"蛋糕"做大，然后再切好"蛋糕"，即处理好高质量发展与社会初次分配、再分配和三次分配之间的关系，保障社会的公平正义。习近平总书记深刻指出："实现共同富裕的目标，首先要通过全国人民共同奋斗把'蛋糕'做大做好，然后通过合理的制度安排正确处理增长和分配关系，把'蛋糕'切好分好。"① 在具体路径上，要把乡村振兴作为推动高质量发展和实现共同富裕的重中之重，没有乡村的富裕就没有中华民族的共同富裕，一方面通过高质量发展促进乡村富裕，实现乡村产业、人才、文化、生态、组织振兴；另一方面进一步缩小城乡差距。要把创新作为发展的第一动力，不断实现经济的高质量发展，把经济体量进一步做大；注重协调发展，进一步缩小城乡差距、地区差距及教育、医疗等各方面的差距，充分保障社会公平正义。要坚持以人为本，注重绿色发展，实现发展成果由人民所共享，不断实现人民群众在精神和物质上的共同富裕，不断实现人的全面发展。

第三，实现共同富裕要坚持的基本原则。共同富裕的实现，不可能一蹴而就，必须经过长期的艰苦奋斗，在这一过程中必须秉持具体的原则要求。鼓励勤劳创新致富，强化致富的内生动力；坚持基本经济制度，发挥公有制经济在促进共同富裕中的重要作用，同时促进非公有制经济的健康发展；要量力而行，把保障和改善民生建立在经济发展和财力可持续的基础之上，不能提过高目标，防止落入福利主义的陷阱；注重循序渐进，对共同富裕的长期性、艰巨性和复杂性要有

---

① 习近平：《习近平著作选读》（第二卷），人民出版社 2023 年版，第 575 页。

充分估计，要一件事情接着一件事情办，提高发展的实效性，抓好共同富裕示范区建设，鼓励各地因地制宜探索路径，并总结经验。

三、天下为公与推动构建人类命运共同体

天下可以指代社会与国家，也可以超越家国范围，指代世界之天下，如《山海经》中提出"六合之间""四海之内"，《尚书》中提出九山、九川、九泽和九州的天下结构。中国传统社会向往天下美好，早在《尚书》中就有"百姓昭明，协和万邦"的美好愿望，即人民和睦，邦国之间和平相处。以天下为公为理解视角，可以看出天下的基本特质。一是统一的天下秩序。《墨子·尚同》："一同天下之义，是以天下治也。"二是求同存异的价值主张。《周易·系辞下》："天下同归而殊途，一致而百虑。"三是崇尚正义与和平。《道德经》："天下有道，却走马以粪。天下无道，戎马生于郊。"《孟子·尽心上》："天下有道，以道殉身；天下无道，以身殉道。"四是共同发展，天下大同。如《礼记·中庸》："万物并育而不相害，道并行而不相悖。"这些有关天下的观念，至今仍有着重要的现实意义。

此外，马克思在对资本主义深刻研究的基础上，也提出了世界历史的重要思想。马克思、恩格斯以历史唯物主义为基础，揭示了人类社会随着物质财富的不断增加、消费的不断增多、市场的不断扩大，将逐渐打破封闭和狭隘的生活状态，人类历史便越来越成为世界历史。马克思、恩格斯在《共产党宣言》中分析说："资产阶级除非对生产工具，从而对生产关系，从而对全部社会关系不断地进行革命，否则就不能生存下去。"[1] 并进一步总结说："资产阶级，由于开拓了世界市场，使一切国家的生产和消费都成为世界性的了。"[2] 马克思以

---

[1] 马克思、恩格斯：《共产党宣言》，人民出版社 2018 年版，第 30 页。
[2] 马克思、恩格斯：《共产党宣言》，人民出版社 2018 年版，第 31 页。

资本主义生产方式为基础，科学分析了资本主义的生产力与生产关系的变革所引起的世界性变革。在这种变革中，首要力量是资本扩张的力量。这种力量打破了社会和国家的界限，一切国家和民族都被迫卷入这种全球化范围内，"它使未开化和半开化的国家从属于文明的国家，使农民的民族从属于资产阶级的民族，使东方从属于西方"①。因此，随之而来的是资本主义对落后国家和民族人民的剥削与奴役。这既是历史发展的必然趋势，也是落后国家和民族被迫卷入世界历史的必然结果。而这样的世界，不是一个公平正义的世界，因此，天下为公、世界大同应当成为全世界人民的共同追求。

天下为公是中华民族传统的价值追求，然而这一价值追求只是作为一种精神理念，只是作为社会发展过程中的深层动力，这种理想状态在具体历史发展过程中从未真正实现过。而在马克思对于资本主义历史发展的具体分析中，却让我们看到了天下为公不仅是中华民族的社会理想，也是全人类的共同愿望，是可以实现的具体社会状态。

人类进入世界历史已经有几百年的时间，资产阶级对全世界的控制不断增强。从自由竞争资本主义到帝国主义，再到今天的经济全球化，资本主义的影响遍及全球。当前，霸权主义和强权政治依然存在，殖民主义由原来的暴力掠夺变为现在的生态殖民，一系列全球性问题，如生态污染、安全问题等越来越严重。在如此严峻的国际形势下，越来越凸显天下为公这一理想追求的宝贵。

习近平总书记立足实际，根据马克思主义世界历史理论，秉持天下为公的精神理念，提出构建人类命运共同体的价值主张，把天下看作一家，把中国梦与世界梦相贯通："中国梦需要和平，只有和平才能实现梦想。天下太平、共享大同是中华民族绵延数千年的理想。历经苦难，

---

① 马克思、恩格斯：《共产党宣言》，人民出版社2018年版，第32页。

中国人民珍惜和平，希望同世界各国一道共谋和平、共护和平、共享和平。"① 在党的二十大报告中，习总书记强调中国共产党是"为中国人民谋幸福、为中华民族谋复兴的党，也是为人类谋进步、为世界谋大同的党"②。我们要秉承天下为公的精神，尊重各国文明，尊重各国发展道路，不断维护世界公平正义，实现人类大同的美好愿望。

一是尊重文明的多样性。文明是各个民族历史文化的积淀，是一个民族最鲜明的文化标识，是支撑一个民族生存发展的深层动力。"物之不齐，物之情也。"世界的多样性正是源于各自文明的多样性，世界的丰富多彩正是源于各文明之间的丰富多彩。世界上没有定于一尊的统一文明，也没有定于一尊的文明形态，更没有超越于其他文明之上的特殊形态。"万物并育而不相害，道并行而不相悖。"推动构建人类命运共同体，首先要注重各国之间的平等交流，尊重各国文明的多样性，这正如习近平总书记所指出的："我们要尊重文明多样性，推动不同文明交流对话、和平共处、和谐共生，不能唯我独尊、贬低其他文明和民族。"③ 倡导不同文明之间交流互鉴、和谐共生，要做到以平等的心态、开放的胸怀，主动吸收不同文明的优势和长处，不断为我所用，做到取长补短，不断提高本民族的文明程度。

二是尊重差异，共同发展。发展是世界历史的基本趋势，也是当今全世界各个国家的共同愿望，更是实现天下大同的必经之路。只有各个国家都发展了，才能解决贫穷落后、发展不平衡等问题。全世界有两百多个国家，每一个国家文明形态不同、历史文化不同、现实情况不同，这决定了每一个国家的发展道路、发展模式也不相同。因

---

① 习近平：《论坚持推动构建人类命运共同体》，中央文献出版社 2018 年版，第 84 页。
② 习近平：《习近平著作选读》（第一卷），人民出版社 2023 年版，第 18 页。
③ 习近平：《论坚持推动构建人类命运共同体》，中央文献出版社 2018 年版，第 133 页。

此，在发展道路上要做到求同存异，尊重各国发展模式，做到共同发展，这就需要各国在谋求自身发展时，积极促进其他国家共同发展，让发展成果更好惠及各国人民；做到南北合作与南北对话，通过增强发展中国家自主发展能力，进一步缩小发达国家与发展中国家之间的差距；坚持合作共赢，互利互惠，要补台不要拆台，积极树立"双赢、多赢、共赢的新理念，摒弃你输我赢、赢者通吃的旧思维"，最后实现"各美其美，美人之美，美美与共，天下大同"的理想世界。①

三是追求世界公平正义。公平正义也是天下大同的重要内容。大同世界应当是建立在民享、民治、民生基础上的，习近平总书记引用"大道之行也，天下为公"来说明"公平正义是世界各国人民在国际关系领域追求的崇高目标"。② 这也体现了习总书记提出的"和平、发展、公平、正义、民主、自由"的全人类共同价值。推动世界公平正义，必须树立平等理念，坚持各国一律平等，尊重各国主权和发展道路；必须坚持民主理念，推动国际关系民主化，做到有事好商量，共同应对全球性问题，做到"世界的命运必须由各国人民共同掌握，世界上的事情应该由各国政府和人民共同商量来办"③；必须树立法治思维，法律是天下之准绳，是统一的标准，公平合理的国际秩序也需要各国共同遵守。因此"我们应该共同维护国际法和国际秩序的权威性和严肃性，各国都应该依法行使权利，反对歪曲国际法，反对以'法治'之名行侵害他国正当权益、破坏和平稳定之实"④。

---

① 习近平：《论坚持推动构建人类命运共同体》，中央文献出版社 2018 年版，第 132~133 页。

② 习近平：《论坚持推动构建人类命运共同体》，中央文献出版社 2018 年版，第 133 页。

③ 习近平：《论坚持推动构建人类命运共同体》，中央文献出版社 2018 年版，第 133 页。

④ 习近平：《论坚持推动构建人类命运共同体》，中央文献出版社 2018 年版，第 134 页。

第二章

民为邦本

——本固邦宁江山秀

民为邦本思想是中华优秀传统文化精神标识之一，它最初萌发于中国古代尧、舜、禹时期，历经夏、商、周，形成于春秋战国时期，从汉朝一直到唐、宋、元、明、清时期，这一思想不断发展，形成了较为系统的理论体系。民为邦本思想经过历代开明政治家、思想家的发掘和整理，已经成为中国传统政治文化中的重要思想，内化成中华民族的文化精神，成为中华文明的文化基因。中国共产党对中国古代民为邦本思想进行了创造性转化、创新性发展，使之与马克思主义唯物史观的"人民群众是历史的创造者"融合在一起，创造性地提出了"全心全意为人民服务""以人民为中心"等重要思想。民为邦本这一中华优秀传统文化的重要思想在新时代发挥出了重要作用。

第一节　中国古代政治思想的精华

"民为邦本"一词原作"民惟邦本"，最早见于《尚书·五子之歌》："皇祖有训，民可近，不可下，民惟邦本，本固邦宁。"相传夏启之子太康沉迷享乐，不问政事，老百姓不愿服从其统治。太康的五个弟弟为表怨愤，放歌于洛水之畔，吟咏祖训，"民为邦本"于此衍生。此语是充满了启发意义和借鉴价值的表述，讨论了君民关系及社会历史的主体力量，揭示了治国理政的基本规律，道出了民本思想的核心内涵，意即"人民是国家的根基，人民安定团结，国家才能稳固太平"，告诫人们"得众则得国，失众则失国"。

一、三代至夏商周：民本思想的渊源回溯与雏形萌生

民本意识在中国古已有之，其萌芽可上溯至三代。原始社会时期，生产工具简单落后，生产力极其低下，生存环境恶劣。人们意识到社会的发展必须依靠集体的力量，于是实行原始公有制，以民意为依据选拔部落首领并使其参与群体劳动。由此原始社会自然地产生了重视民众力量的思想意识，并形成了以尧、舜、禹的"三代之治"为代表的无阶级之治[①]。此外，相传皋陶在传授舜帝为政之道时曾言："在知人，在安民。""安民则惠，黎民怀之。"（《尚书·皋陶谟》）其中已有重民之意。禹亦有"训戒"，"民可亲近，不可卑贱轻下。令其

---

① 张国祚、兰卓：《从古代的民本思想到中国共产党人的人民立场》，《思想理论教育导刊》2020 年第 6 期。

失分"（《尚书正义》），即人君能敬畏小民，才能得民心。虽然古文《尚书》被视为后人伪作，从中却也可知"民本"观念起源甚早，可能在尧、舜、禹三代之时就已经有了。

随着原始公有制的解体，社会平等观念开始被颠覆。统治者为强化自身特权，开始神化自身权力，宣扬天命。但是，尧、舜、禹时期所萌发的民本思想并未因此被扼杀。相反，夏朝作为我国阶级社会的开端，国家政权及君民关系的重要性升到前所未有的高度。众多问题出现在新生统治阶级面前，等待着被思考和被解决。《尚书·泰誓上》在记载夏王朝史迹时指出："惟天地万物父母，惟人万物之灵。亶聪明，作元后，元后作民父母。"认为统治者应敬民、爱民、惠民，想要维持政权的长久稳定，必须以人民为本。商朝建立以后，商王汤从现实的政治争斗尤其是夏桀亡国的教训中初步看到了民众的力量。因此，商汤在立国之初，极力宣扬以仁义道德化民、教民，以取得民众的拥护。"汤出，见野张网四面，祝曰：'自天下四方皆入吾网。'汤曰：'嘻，尽之矣！'乃去其三面，祝曰：'欲左，左；欲右，右。不用命，乃入吾网。'"（《史记·殷本纪》）商汤施仁德于禽兽，夏民深受感动，遂拥护商汤的统治。贤君盘庚此后亦提到"古我前后，罔不惟民之承保"。《尚书·商书》的《高宗肜日》也有"王司敬民，罔非天胤"一语。商周以前的原始民主风尚和人道主义，以及早期社会的重民保民思想构成了中国传统民本思想的基本精神，同时也促成了中国早期社会的人本主义色彩。①

周朝以降，鉴于"小邦周"灭"大邦殷"的历史教训，人们对"神权万能"萌生怀疑，认识到民心向背才是决定国家兴亡的根本因素，民本思想真正开始具备"民本"意味②。周人提出"天畏棐忱，

---

① 王保国：《两周民本思想研究》，学苑出版社 2004 年版，第 9 页。
② 青觉：《"以人民为中心"：新时代民族事务治理的情境与路径》，《中南民族大学学报（人文社会科学版）》2019 年第 5 期。

民情大可见"（《尚书·康诰》），表明民情犹如一面镜子，可以反映出上天的喜怒哀乐和对人间帝王的评判。其实，"皇矣上帝，临下有赫"（《诗经·大雅·文王之什》），周人也承认殷人的"上帝"是维护统治的力量，但"上帝"是天下人共同拥有的，"皇天无亲"（《尚书·蔡仲之命》）。周人进一步把殷人宗族性的"上帝"转化为更加客观而天下共之的"天""天命"，从而以"天命"为政权合法性的最终根据，并以"天命靡常"（《诗经·大雅·文王之什》）来解释汤武的革命。统治者应该考虑的是自己如何与天命相配，"永言配命，自求多福"（《诗经·大雅·文王之什》）。相比于商代，周代的君民之间更亲近，"价人维藩，大师维垣"（《诗经·大雅·板》）与"垣，援也。人所依阻以为援卫也"（《释名·释宫室》）强调政权的建立和存在得不到"大师"（即民）的"援卫"是不行的。西周政治家、思想家、改革家周公提出一系列缓和社会矛盾、推动社会发展的政治主张，这些主张都可归结到取得民心上。他认为"惟命不于常"，而民众的态度是导致天命改变的重要原因。商汤得民众拥戴，因此得天命，商纣被民众憎恨，因此失天命。周公一再告诫其兄弟子侄，"人，无于水监，当于民监"（《尚书·酒诰》），第一次在理论上论证了民众在政治生活中的位置[1]，并把民心与天命连接起来，借助天命渲染民众的重要性。他坚信"民之所欲，天必从之""天视自我民视，天听自我民听"（《尚书·泰誓》），认为"皇天无亲，惟德是辅""敬德"才可以"保民"，并进一步提出"敬德保民""以德配天""聿修厥德，永言配命，自求多福"。其中"德"包括敬天、敬宗、保民三方面，尤其要"怀保小民"，舍此难保天祚。在周公等人的观念中，"民意"被视为"天意"，统治者想要自己的政权长治久安，就必须重

---

[1] 王保国：《两周民本思想研究》，学苑出版社 2004 年版，第 59 页。

视民意①。自周人的"敬天保民"思想产生开始，人的生命存在从神的束缚中解脱出来，"天命"与某个人或某个王朝的固化关系也被打破。政权的转移、政治的安定与否，最终的决定力量不再是虚无缥缈、不可捉摸的具有意志的天，而是人民。中国古代"民本思想"于此萌芽，后世的"民本思想"无不由此生发。

二、春秋至秦汉：民本思想的百家思潮与汉代合流

春秋战国时期，中国社会从奴隶制向封建制转变，传统奴隶主阶级日趋式微，地主阶级兴起。冶铁业的迅速发展和铁制生产工具的广泛使用大大提高了农业生产者的劳动生产率，在提高土壤经济价值的同时也提高了劳动力的使用价值，民众的重要地位愈加凸显。诸子百家争鸣，将"民"作为社会发展的基础和国家存在的根本，进一步发展了中国的民本传统，奠定了中国传统政治思想的主题和基调。

在诸子百家中，儒家学派开创者所提出的民本论最为突出，是中国传统文化由神本位向民本位过渡的里程碑。他们提出了中国传统民本思想的一系列基本论点和命题，形成了完整、系统而又典型的理论框架，并使其成为中国传统社会占主导地位的统治思想和历代统治者普遍采取的治国之术。儒家坚持将民本和君本兼顾，"德治"和"仁政"一体推进，大力宣扬为民谋利，主张"得民心""顺民意"是维持政权稳定的基本路径。"德治"与"仁政"既是国家长治久安的基石，也是区分"仁君"和"暴君"的准绳。而要使"德治""仁政"得到贯彻落实，必须以"安民富民""先教后刑""以德去刑""德刑并用"等一系列法理措施来予以保障②。"得天下有道：得其民，斯得

---

① 金耀基：《中国民本思想史》，法律出版社 2008 年版。
② 冯天瑜：《中华元典精神》，湖北人民出版社 2017 年版。

天下矣；得其民有道：得其心，斯得民矣；得其心有道：所欲与之聚之，所恶勿施尔也。"（《孟子·离娄上》）统治者抓住民之所欲与所恶至关重要。

具体来说，孔子适时应势地对传统周礼文化进行了新的提炼和改造，形成了"仁者爱人"的仁学思想体系，并将民本思想蕴含其中。孔子认为"民到于今受其赐"（《论语·宪问》），也就是把民众的福祉作为衡量仁的标准。在他看来，政治的首要条件和目标即在于得民心，不能失信于民，民心的得失是政治稳定与否的根本。"子贡问政。子曰：'足食，足兵，民信之矣。'子贡曰：'必不得已而去，于斯三者何先？'曰：'去兵。'子贡曰：'必不得已而去。于斯二者何先？'曰：'去食。自古皆有死，民无信不立。'"（《论语·颜渊》）由此可以看出政治稳定的根本在于不失信于民。孔子强调为政者要"节用而爱人，使民以时""因民之所利而利之"。"子适卫，冉有仆。子曰：'庶矣哉！'冉有曰：'既庶矣，又何加焉？'曰：'富之。'曰：'既富矣，又何加焉？'曰：'教之。'"（《论语·子路》）这段关于富民的论述体现了三层意思：第一，富民是为政者的第一施政要务；第二，为政者在富民基础上要对民众进行教化；第三，富民是礼乐教化的基础，只有先"富之"，然后才能"教之"。

孟子在孔子仁学思想体系基础之上进一步把民本思想发展为"民为贵，社稷次之，君为轻"（《孟子·尽心下》）的"民贵君轻"说，将民、君主、社稷放置于同一地位，甚至将民提升到高于社稷、君王的地位，告诫统治者"爱民""利民"，轻刑薄赋，听政于民，与民同乐。孟子也看到了"民心"在政治兴亡中的重要性，发展出"仁政"的思想，提醒统治者注意民心的得失。"桀纣之失天下也，失其民也。失其民者，失其心也。得天下有道：得其民，斯得天下矣；得其民有道：得其心，斯得民矣。"（《孟子·离娄上》）国家能否长治久安的根本依然在于能否得民心，"得民心者得天下"。孟子指出："得其心有道：所欲与之聚之，所恶勿施尔也。"（《孟子·离娄上》）"乐民之乐者，民亦乐其乐；忧民之忧者，民亦忧其忧。"（《孟子·梁惠王下》）意即只有给人民以实际利益，与人民同忧乐，才能真正得到人民的支持。孟子还指出："黎民不饥不寒，然而不王者，未之有也。"欲使百姓丰衣足食，需"制民之产"，"有恒产者有恒心"（《孟子·滕文公上》），只有让民众拥有属于自己的合法财富，民众才会对国家忠诚与依赖。这进一步阐明了如何得民心。

荀子继承了孟子的民本思想并进一步发展，提出了著名的"舟水之喻"："君者，舟也；庶人者，水也。水则载舟，水则覆舟。"（《荀子·王制》）对民众与国家兴亡的关系进行了本质性说明，将"民"提升到前所未有的高度，形成了相对完整的民本思想。荀子提出"天之生民，非为君也；天之立君，以为民也"（《荀子·大略》），将民的地位置于君之上，认为君是为民而存在的。同时他主张"下贫则上贫，下富则上富"（《荀子·富国》），为此，应当实行藏富于民的"裕民""惠民"政策。荀子还说："有社稷者而不能爱民，不能利民，而求民之亲爱己，不可得也。"（《荀子·君道》）强调君主只有爱民、利民，才能得到人民的拥戴。此外，《左传》中的邾国国君曹蘧蒢（即邾文公）亦有"民高于君"的意识。他认为，"天生民而树之君"，君之"命"在"养民"，而不必计较个人"命"之长短，"利于民"也是"君之利"。季梁也曾提出"夫民，神之主也。是以圣王先成民而后致力于神"（《左传·桓公六年》）。

道家主张"贵以贱为本，高以下为基"（《道德经》）。在现实的政治法律关系中，君居于雄、刚、强、先的地位，民居于雌、柔、弱、后的地位。但这种关系不是一成不变的，"天下之至柔，驰骋天下之至坚"（《道德经》）。君主应以谦虚的态度对待下民，争取民众的拥护和辅助。"恃于民而不轻，因于物而不去"（《庄子·在宥》），民虽然地位卑微，但统治者不能轻视他们。"圣人无常心，以百姓心为心"（《道德经》），老子告诫为政者治理国家的关键在于察民情、顺民意，"治国有常，而利民为本"（《淮南子》）。"故君子不得已而临莅天下，莫若无为。无为也而后安其性命之情。故贵以身于为天下，则可以托天下；爱以身于为天下，则可以寄天下"（《庄子·在宥》），生命远贵于名利荣宠，统治者要清心寡欲，然后可以受天下之重任，而为万民所托命。管子亦明确指出，"夫霸王之所始也，以人为本；本理则国固，本乱则国危"（《管子·霸言》），"欲为天下者，必重用其国，欲为其国者，必重用其民，欲为其民者，必重尽其民力"（《管子·权修》），人民对于政权稳定、国家富强、战争胜利和称霸天下都是决定性的力量，因此统治者必须做到"顺民""富民""爱民"。要做到"顺民"，不但要充分考虑人民的物质需求，还要尽量满足他们的精神需求。在管子提出的思想和主张中，"仓廪实则知礼节，衣食足则知荣辱"（《管子·牧民》）是人们较为熟知的观点之一。管子认为，如果想治理好一个国家，"富民"是第一要务。一方面，国家应当为劳动者的生产创造有利的条件，以鼓励生产力的发展。另一方面，在促进生产发展的同时，还必须节制消费，才能增加财富积累，使人民真正富足起来。"爱民"，从一定意义上说，就是实行"德治"和"仁政"，包括关心人民的疾苦、对人民施以教化和慎用刑罚。管子指出，一个好的统治者，对于人民要"必知其疾，而忧之以德"（《管子·小问》），要能够"匡其疾"和"振其穷"。

墨子的民本思想包含了平等的观念，认为君主不是高高在上的统治者，而是为民众服务的人。墨子立足于平民立场，主张到民间选拔贤能人才，使出身低微的普通民众也有为国尽力的机会。在墨家治国理政的法理架构中，"节用"主张表现为崇尚节俭，体现了对民力的保护；"尚贤"主张表现为尊重有才德的人，体现了对民智的重视；"非攻"主张明确反对攻伐之战，体现了对民命的珍惜。《墨子》全书中关于爱民、利民、为民的一系列论述，构成了墨家民本思想的特色。

法家常被认为主张"弱民""贫民""愚民"（《商君书》），但这只是法家思想的一部分。法家学派中的李悝等主张为了实施法治，必须提升国家的经济实力，让民众过上富裕的生活。即使是商鞅和韩非也认为，为了治理好国家，必须重视"民本"。法家的民本思想强调君主统治，维护国家利益，是与强化国家本位相适应的实用主义民本观。

在中国封建社会的发展历程中，民本思想在肯定民众的生命价值和社会地位、约束专制制度、促进封建社会经济发展等诸多方面发挥着重要的历史作用。秦汉时期，中国进入大一统社会，君主专制政治制度已成，民本思想也成为儒学的重要组成部分，诸多知识分子坚持和阐发民本思想。

秦二世而亡的教训给汉朝统治者和知识分子以启迪，汉朝借此创造性地将民本思想融入正统意识形态。西汉贾谊道："闻之于政也，民无不为本也。国以为本，君以为本，吏以为本。故国以民为安危，君以民为威侮，吏以民为贵贱。"（《新书·大政上》）倡导"故夫民者，至贱而不可简也；至愚而不可欺也""故夫民者，大族也，民不可不畏也"（《新书·大政上》），认为民为国家社稷的根本，主张"保民而王"，使民本思想发展到新的高度。贾谊还认为，"一民或饥，曰此我饥之也；一民或寒，曰此我寒之也；一民有罪，曰此我陷之也"（《新书·修政语上》），主张统治者实行民本政治，必须奉行利民、爱民和富民的政策。董仲舒发扬了儒家的民本思想，主张民为国之本，认为为政者应采用以民为本的统治策略。"受命之君，天之所大显也。"(《春秋繁露》)"且天之生民，非为王也；而天立王，以为民也。故其德足以安乐民者，天予之，其恶足以贼害民者，天夺之。"(《春秋繁露》)董仲舒将君、臣、民的关系置于"天人合一"的理论框架中，认为天道主宰人间万物运转，在强调君权天授的同时，提出重民、保民的具体措施。董仲舒也阐释了民与君主的关系，认为"君者，民之心也；民者，君之体也""天立王，以为民也"。他强调君主作为上天的代言人，理应遵从上天意旨，以民为本。在董仲舒的建议下，汉武帝把儒家学说定为官方意识形态，并且施行配套的宣传措施。由此，儒家学说的正统地位被确立起来，民本思想也伴随着持续而广泛的宣传不断深入人心，成为社会各阶层的共识。

三、唐初至明清：民本思想的实践拓展与理论完善

随着中国封建社会进入全盛时期，民本思想在唐朝也处于大发展阶段。唐初统治者和知识分子深刻吸取前朝农民起义的教训，从农民起义中认识到群众的力量，将"民"置于更高的位置，民本思想趋于法制化。唐太宗李世民否定了天命神授的命题，认为民众才是君主得以即位的基础，主张"君依于国，国依于民"。他意识到"日所衣食，皆取诸民者也"，要维护国家安定，就要让人民过得富足。通过"水能载舟，亦能覆舟"的权力认识和开放包容的政策实践，唐太宗开创了"四方之民归之"的贞观盛世，既留下了从谏如流的美誉，也留下了爱民、利民及教民的诸多佳话。李世民提出"天子者，有道则人推而为主，无道则人弃而不用，诚可畏也"(《贞观政要·政体》)，"为君之道，必须先存百姓"(《贞观政要·君道》)，表明要深怀畏民意识。这是较为明智的统治者出于维护封建国家长治久安的需要，对君民关系的深层感悟。唐代的柳宗元在《送薛存义之任序》中进一步阐述："凡吏于土者，若知其职乎？盖民之役，非以役民而已也。"其认

为官吏应是人民的仆役，其职责就是要给人民带来实际的利益。

宋代以来，传统民本思想日臻完善。北宋著名思想家李觏主张"立君者，天也；养民者，君也。非天命之私一人，为亿万人也"（《盱江集》）。司马光认为国家必须以民为本，提出"民者，田也；国者，苗也"（《传家集·才德论》）。张载提出"民吾同胞，物吾与也"（《正蒙·乾称篇》）和"为天地立心，为生民立命，为往圣继绝学，为万世开太平"（《张子语录》）的理学宗旨，要求关注百姓生活，传承先贤学问，开创太平盛世，展现出知识分子的志向与追求，将儒家学者的家国情怀和"民为政治之本体"的理念呈现到极致。程颢、程颐两位理学家也倡导"为政之道，以顺民心为本，以厚民生为本，以安而不扰为本"（《二程集》）。朱熹提出："天下者，天下之天下，非一人之私有故也。"（《四书章句集注》）恤民的关键在于关注民生，指出"国以民为本"，要求"置民以产"，实行"经界""社仓"等措施，来满足百姓的需要①。朱熹在集注《孟子》时，更是主张以道统来对抗势统，大力阐发孟子思想中的民本观念。南宋陆九渊也是孟子思想的忠实继承者，指出："有仁心仁闻，而民不被其泽者，不行先王之政也。仁心之兴，固未足以言政。孟子之兴其仁心者，固将告之以先王之政也。"（《象山外集》）宋末元初时期思想家邓牧尖刻抨击封建专制主义，认为统治者的高位都是暴力得来的，正是在暴君与酷吏的压迫下，人民无法生活才奋起斗争。此时的民本思想较之以往的民本思想前进了一大步，极具批判性和革命性。

由于专制皇权的腐败和衰落，中原政权无法抵御外敌入侵，以致宋亡于元、明亡于清。同时，随着经济社会的发展，西学东渐，民本思想原有的内涵发生变化。于是，深受刺激的仁人志士和思想家们开

① 商志民：《论党的"群众路线"》，华东师范大学 2008 年硕士学位论文。

始反思君主专制的弊端，对传统意义上的君民关系进行重新定位，对儒家的民本主义重新加以阐释，其中蕴藏着鲜明的民主因素。明代的张居正系统提出了安民、保民、恤民的为政之道，主张"治理之道，莫要于安民"（《答福建巡抚耿楚侗言致理安民》）。他提出"伏望皇上，轸念民穷，加惠邦本""以节财爱民为务"（《陈六事疏》），还主张"窃闻致理之要，惟在于安民，安民之道，在察其疾苦而已"（《请蠲积逋以安民生疏》）。黄宗羲认为"盖天下之治乱，不在一姓之兴亡，而在万民之忧乐"（《明夷待访录·原臣》），把"万民之忧乐"视为"天下之治乱"的决定因素，倡导君臣为万民排忧造福。他指出"（君主）以为天下利害之权皆出于我"，主张"天下为主，君为客"（《明夷待访录·原君》），突破了民本与君本必在同一体系的藩篱，抨击君主是国家的祸患，将民众置于国家社稷的主体地位，将民本思想发展到了新的高度。显然，黄宗羲的民本思想已经包含了资产阶级"民主""平等"思想的萌芽。同时期的王夫之、顾炎武也对民本思想多有发挥。王夫之从区分"公"与"私"入手，宣称："一姓之兴亡，私也；而生民之生死，公也。"（《读通鉴论》）"人无易天地、易父母，而有可易之君。"（《尚书引义》）。顾炎武云："为民而立之君，故班爵之意。"（《日知录·周室班爵禄》）君主治国理政是其自身的职责，民众可以诛放暴君。这一时期的思想家开始倡导近代意义上的"民权""平等"思想，把斗争矛头直接指向封建君主专制制度，从而在早期传统民本思想的基础上产生了民主主义的萌芽，也使传统民本思想带上了理性和思辨的色彩。这掀起了中国传统民本思想演变的波澜，中国传统民本思想开始向近代转型。

民本思想贯穿中国古代社会，其强调在获得民众支持的前提下统治者权力的合法性才可能确立，国家的繁荣昌盛才可能实现。民本思想强化了民众之于治国安邦的重要性，是古代无数仁人志士的精神支柱与价值追求。同时历代统治者在历史事件的警示下愈发认同民本思想，达成"民为邦本"的价值共识，并亲身实践以促进解决民生问题，保障民众的生存与发展，优化国家治理以求长治久安。我国古代社会就是在民本思想的不断发展下，波浪式地曲折前进。中国古代史上的大治之世，如果仔细寻绎，其间都有"民本思想"的痕迹。历经千年间士人学子、英明君主的诠释、补充、阐发与积淀，在阶段性繁荣兴盛与衰败凋敝的交替作用下，民本思想的内涵不断丰富，内容也不断得到创新。民本思想作为中华政治文明生生不息的文化基因，其不断升华、延续于后世，启蒙了无数思想家，昭示了中华民族的无限生命力。对民本思想进行创造性转化和创新性发展以指导后世社会治理实践，将为中华民族伟大复兴提供充足动力与丰厚滋养，亦将促使中华民族积极参与文明对话，融合中西文明传统之优长，走向不同于西方社会的独特发展道路。

第二节　从民为邦本到以人民为中心

民本思想是中国传统政治思想的核心与象征，是后世学者进行理论阐述的立论基础。作为核心和原理论，"民为邦本"奠定了中国古代民本思想的主基调。"立君为民"是民本思想的根本依据，其脱胎于商周时期对于"天、君、民"三者关系的论述，这也从政治本体论的角度论述了民在政治生活中的地位，即国家、社稷、君主皆为民设①。"贤能政治"和"政在养民"是"立君为民"命题的重要推论，

---

① 张分田、张鸿：《中国古代"民本思想"内涵与外延刍议》，《西北大学学报（哲学社会科学版）》2005 年第 1 期。

也是民本思想在政治实践中的基本举措。通过对执政之道的探索及对生民、养民等概念的解释，学者提出了安民和富民等一系列社会治理之策。这四个命题相辅相成、互推互证，共同构成了中国古代封建王朝治理理念的支点，"轻徭薄赋""明德慎罚"等传统政治智慧皆可在其中找到源头。经过历代古圣先贤、仁人志士的发展演绎，尤其是儒家学者对民本思想的革新性发展，"民为邦本"被赋予新的生命力，成为中华民族优秀传统文化的核心内容之一，是古人留给我们的一笔弥足珍贵的遗产。

一、立君为民：民本思想的根本依据

在中国古代，权力被认为来源于上天，即天治观。"天佑下民，作之君"（《尚书·泰誓》），上天创造人类，关爱民众，故设立制度，选立君主，让他协助自己治理天下，安定民生。王身担君师之责，主要任务是管理群众，教化百姓，养育庶民。简言之，"王代天牧民"，故君主名号为"天子"。"有夏服天命，惟有历年"（《尚书·召诰》）、"天命玄鸟，降而生商"（《诗经·商颂》）均有此意，认为天子受天命而王，承天命而治，具有朴素的君权神授色彩。及至武王克殷，周代的天命观出现了具有思辨色彩的转变，其认为夏桀、商纣等统治阶级的无道触犯了天命，以致天怒人怨，"天命靡常"，故天屡屡警告继任统治者敬德保民。《尚书·泰誓》载："民之所欲，天必从之。""天视自我民视，天听自我民听。"把民意视作"天命"的依据。如此，周人便在殷人"以神为本"的思想里融入了重民的内容，孕育了"以民为本"的思想。《左传·桓公六年》载，楚国侵伐随国，两军相交，楚国诈退，随侯想要追击，大夫季梁谏止。随侯认为祭祀礼备，祭品丰盛，肯定可以胜楚。季梁则说："夫民，神之主也。是以圣王先成民而后致力于神。"由是随侯醒悟，致力修政，楚国亦不敢再侵伐。

季梁以"先成民而后致力于神"一句引出"民为神本"的论点，与"国将兴，听于民；将亡，听于神"（《左传·庄公三十二年》）不谋而合。

随着社会的发展，神的地位下降，人的地位提升，由此，民本与神本相对自然过渡到民本与君本相对。《吕氏春秋·制乐》中载，宋景公时，荧惑守心，时太史子韦曰："荧惑者，天罚也；心者，宋之分野也。祸当于君。虽然，可移于宰相。"景公拒绝之后，子韦又建议移给百姓、年岁。景公曰："岁害则民饥，民饥必死。为人君而杀其民以自活也，其谁以我为君乎？是寡人之命固尽已，子无复言矣。"宋景公重民而轻君，认为民为人君之本，说明其已有了朴素的民本思想。虽然宋景公的以民为本仍是在神人相对的背景下提出的，但其主张的民本思想已明显具有与君本相对的色彩。

"天下非一人之天下也，天下之天下也"（《吕氏春秋》），其中第三个"天下"是泛指，并不是指任何一人，而是指广大黎民百姓，将人民视作政治的目的与主体，这是中国古代民本思想的要义和主基调。孔子在为《易传》中"上九，亢龙有悔"作注时这样解释，"贵而无位，高而无民，贤人在下位而无辅，是以动而有悔也"。孔子将"无民"作为"有悔"的重要因素，体现了对"民"的力量的重视。由此可见，在中国古代政治思想中，虽然亦讲神（即天命）、国、社稷、君，但上述皆为政治中的虚位，民才是实体。然而，民本思想与神本、君本等理念并不是完全对立的。在中国古代政治思想体系中，天、君、民是一个循环论证的关系，其中，天是形而上的，是政治合法性建构的终极来源；民是形而下的，是政治的最终实现对象。神本与民本、天命与民意可以相互依存、互证，并由此引申出了"立君为民"这一命题①。

---

① 张分田：《论"立君为民"在民本思想体系中的理论地位》，《天津师范大学学报（社会科学版）》2005 年第 2 期。

在中国古代，"天立君为民"观念一直居于主流地位。《左传·襄公十四年》有"天生民而立之君，使司牧之，勿使失性"的记载。《左传》《国语》所记载的各种与民本思想有关的内容，也大多与"天立君为民"观念有关。自孔子以来，历代儒者"祖述尧舜，宪章文武"，汲取了《尚书》《诗经》等先秦经典中的精华，并在注疏经典中进一步阐发民本思想，提出了许多影响深远的思路和命题。

《孟子》载："昔者尧荐舜于天而天受之，暴之于民而民受之……天子不能以天下与人。"此言不仅表明天下非一人之私有，同时远承上古"天视民视，天听民听"之思想，主张以民代天，以民意代天意。正所谓，"天聪明，自我民聪明；天明畏，自我民明畏""天视自我民视，天听自我民听""天畏棐忱，民情大可见""民之所欲，天必从之"，所以身为上天在人间代理的天子，其最大义务名为"秉承天命"，实则"秉承民命"①。因此，孟子认为"得乎丘民而为天子"，主张以人民为社稷之根本、天下之主人，政府行政须秉承民意。荀子的政治思想虽不同于孟子，但在其思想中也有明确的以民为本、立君为民之意。"天之生民，非为君也，天之立君，以为民也。故古者列地建国，非以贵诸侯而已；列官职，差爵禄，非以尊大夫而已。"（《荀子·大略》）

由此观之，与天治观相结合的立君为民思想早在先秦时期就成为中国古代的普遍政治意识。一方面，中国古代的天治观宣扬君权神授，为王朝统治提供了合理的依据；另一方面，天治观又宣扬"天从民欲"，将"民欲"也就是民意作为天命的依据。如果受命而王的统治者不能得民心，那么上天就要"坠厥命"，即"皇天上帝，改厥元子"（《尚书·召诰》）。革命观念的提出便是典型例证。天命与革命

---

① 金耀基：《中国民本思想史》，法律出版社 2008 年版。

共同构成君权神授的基本理论结构，其基本思路是：天子受命于天，天为民立君，但"天命靡常"，"天从民欲"，民心向背会导致天命的转移。西周"德"观念的发展便是对"天命靡常"论的回应，这一观念的出现，使得重民思想开始有了实践的可能。

二、贤能政治：民本思想的为政要旨

中国传统的民本思想是通过说明人民在国家的各个方面都具有重要作用以形成对统治者的劝谏和约束。"民意"即"民心"这一概念是对统治者形成约束的主要依托，其不仅是当朝政权统治正当性的依据与前提，也是中国现实政治实践的核心内容。贤能政治是以"民为邦本"为主体的民本思想和"民心所向"的结合，其根本依据是民本思想，思想立场是表达民意，同时具有调节君民的优势。①

民本思想是贤能政治的根本依据。首先，贤能的标准注重以民为本②。《尚书·皋陶谟》中有"九德"之言，《太公六韬》中有"六守"之说，《管子·立政》亦载："一曰德不当其位，二曰功不当其禄，三曰能不当其官。此三本者，治乱之原也。"中国古代对于执政者的要求是以德为先、德才兼备。这表达了当时百姓对统治者和官僚队伍两个层面的期待，一为"修己"，二为"治人"，二者的共同落脚点在于树立正确的民本理念。孔子将其道德学说运用到了政治领域，用道德的视角衡量君主的称职与否及君主所具有的道德人格力量③。所以，为政者欲有所作为，就必须先"正其身"，时刻秉持"民者，万世之本也，不可欺"的善政理念。其次，选贤的立足点在于以民为本。《论语·为政》载："视其所以，观其所由，察其所安，人焉廋

---

① 孙昌鹏：《民为邦本：儒家政治思想的要旨研究》，《经济师》2022 年第 10 期。
② 张冬利、蒋舟：《儒家民本社会治理研究》，中国社会科学出版社 2020 年版。
③ 王杰：《先秦儒家政治思想论稿》，人民出版社 2011 年版。

哉？人焉廋哉？"孔子据此将人分为庸人、士人、君子、贤人、圣人五类，只有能够鉴别这五类人，才算得上真正掌握了治人之道。荀子也深谙此道，故曰"主道知人，臣道知事。故舜之治天下，不以事诏而万物成"，并提出考察人才的重点在于"德音足以填抚百姓，其知虑足以应待万变"，这论述了执政者的"道德修养"与"智识谋略"两个维度。儒家的政治理想是实现仁政，希望天下人都能自发地践行道德、存有良知，其核心是通过仁政引导民众自发实现关于道德仁义的目标和理想，使得道德化成民俗，成为民众的一种习惯和自觉。所以前者表明执政者的行为首先要合乎礼仪道德的要求，起到表率作用，后者希望执政者拥有解决疑难的能力，从而维护社会统治稳定，为国家社稷谋利。最后，人人都有机会成为贤能之士为贤能政治奠定了民众基础。"人皆可以为尧舜"是"贤能政治"的价值旨归，选贤任能的实质就是打破血缘宗法关系下的世卿世禄制而根据个人的贤能程度来录用人才，或通过科举考试，以布衣之身跻身卿相之列。这在当时是具有进步意义的政治举措。同时，儒家认为"有教无类"，《孟子》载："圣人之于民，亦类也。"荀子也曾言"圣人者，人之所积而致矣"。儒家学者从人性的角度论证了人人都有机会成为贤能之士，为贤能政治的展开奠定了坚实的理论和群众基础。

表达民意是贤能政治的重要思想立场。民本思想的最大特征就是期待明君贤相治理国家。在民众看来，好的执政者就是贤能之士，而执政者好坏的标准就是能否代表民意。班固在《汉书·循吏传》中曾对循吏做出如下评价："所居民富，所去见思，生有荣号，死见奉祀，此廪廪庶几德让君子之遗风矣。"其之所以能得到当地老百姓的追念，颜师古在为《史记·循吏列传》作注时说明了原因："循，顺也，上顺公法，下顺人情也。"循吏能够将体察民情作为执政的重要任务，真正表达民众的诉求，为百姓谋福，也说明了百姓对于能代表民意的贤能之士的期盼。贤能之士在执政的过程中要重视民意，善于倾听民意，但并不是说盲从民意。《群书治要·体论》中载："夫听察者，乃存亡之门户、安危之机要也。若人主听察不博，偏受听信，则谋有所漏，不尽良策。若博其观听，纳受无方，考察不精，则数有所乱矣。"所以，执政者要广泛地听取意见，明察百姓所需，适时调节政策，这是国家生存发展的关键。苏东坡亦言："天下治乱，出于下情之通塞。至治之极，小民皆能自通；迫于大乱，虽近臣不能自达。"为维护统治，贤明君主都会广开言路，保证制定正确的政策。贤臣便是民情民意"上传"的重要主体，他们对民意的上传下达甚至可能直接影响到君主的决策，正所谓"上不信则无以使下，下不信则无以事上"。君臣"信"的基础是仁政与爱民，《吕氏春秋·适威》中有言："古之君民者，仁义以治之，爱利以安之，忠信以导之，务除其灾，思致其福。"爱民与利民是国家长治久安的根本之道，这就要求臣如实陈民情民意于君主，而君主也要化民意为惠民利民的政策。

调节君民是贤能政治的独特优势。首先，贤能政治能够更加畅通地实现民意的上传下达。在政治实践的过程中，贤能之士通常能更好地接收民众诉求，并且通过理性分析给予合理的反馈。贤能之士聆听民意，在君与民之间建立起了沟通的桥梁，通过对民意的采集，使得君主能够"因民制宜"，由此很好地调节了君民关系。其次，儒家主张"欲为君，尽君道"，"君道"即民本之政治，是中国古代衡量君王执政能力的重要依据。大部分的贤能之士具有诤臣的素质和气魄，敢言直谏。从"举孝廉"到"科举"，察举和考试制度的施行奠定了中国古代社会的"布衣卿相"之局。部分官僚士人出身平民，最知民众之需要，从而最能将民众的想法上达君主，一定程度上缓和了中国古代的阶级矛盾。最后，作为中国古代的一大创举，科举制度不仅为国家执政队伍提供了源源不断的人才，增强了政府的执政能力，而且也以一种相对公平的方式为底层民众向上层社会的流动打开了通道，客观上促进和维护了国家与民族的统一，成为一种特殊的社会整合和凝聚机制。为维护思想统一，历代统治者通常以儒家经典、圣贤之道制定教育内容和考试标准，保证了民本思想在中国古代王朝政治中的传承和延续。

三、政在养民：民本思想的价值体现

儒家通过赋予"天"以人格化的形象，主张效法天道，注重人道。儒家学者接续三代之言论，并在其中融入了现实的民本思想，为现实中最高权力转移模式提供了完备的理论依据，从而使君主成为虚构的大众利益代表。上古时期的天治观，本质上仍是希望从价值观的层面约束君主，并未提出制度层面的具体运行规则。儒家学者主张民为邦本，不仅承继了商周以来从神本思想中衍生出的民本思想，而且他们也认识到民众是构成国家的基本要素之一。《荀子·致士》载："国家者，士民之居也，川渊枯则鱼龙去之，山林险则鸟兽去之，国家失政则士民去之。无土则人不安居，无人则土不守，无道法则人不至。"中国古代学者认识中的"民"，是当时人们所能想见的天下所有民众的集合。从现实意义而言，"民"作为一个整体，其地位和价值高于君主甚至高于国家。这要求统治者通过施行"惠民""富民"的政策，保障人民安居，扶助人民制产，实现长治久安。

首先，儒家从治国理政的层面来理解敬民与爱民的政治内涵。孟子发展了西周以来的"德"观念，并将其与哲学上的性善论相结合，提出了仁政论。仁政是中国古代政治的最高境界，即以"不忍人之心"行"不忍人之政"。"不忍人之政"表现为推恩于民，即"老吾老以及人之老，幼吾幼以及人之幼"。国家发政施令，必先顾及鳏寡孤独者。同时，孟子还明确提出了民贵君轻的思想。《孟子·尽心下》

载:"民为贵,社稷次之,君为轻。是故得乎丘民而为天子,得乎天子为诸侯,得乎诸侯为大夫。诸侯危社稷,则变置。牺牲既成,粢盛既絜,祭祀以时,然而旱干水溢,则变置社稷。"孟子认为,君以人民为根本,社稷亦为人民而立,故人民为贵;君有赖于社稷民生,故社稷次之,君为轻;君与社稷有轻重之分。对于民在国家社会中的重要作用,荀子也有深刻论述。《荀子·王霸》载:"用国者,得百姓之力者富,得百姓之死者强,得百姓之誉者荣。三得者具而天下归之,三得者亡而天下去之;天下归之之谓王,天下去之之谓亡。"荀子认为,民心向背直接决定着国家的命运,如果统治者能够得民力,百姓愿意为之效死并且真心地称誉他,那么他就会"王天下",反之,国家就会灭亡。孟、荀都劝诫统治者顺应民心,以保民而保天下,以安民而安政。《孟子·离娄上》有言:"桀纣之失天下也,失其民也。失其民者,失其心也。得天下有道:得其民,斯得天下矣。"《荀子·王制》中载:"马骇舆则君子不安舆,庶人骇政则君子不安位。马骇舆则莫若静之;庶人骇政则莫若惠之。选贤良,举笃敬,兴孝弟,收孤寡,补贫穷,如是,则庶人安政矣。庶人安政,然后君子安位。"荀子将君与民的关系比作马之于舆、水之于舟:马如果不安则车舆不安稳,民不安则国家政治不安定;民如水,君如舟,水能载舟,亦能覆舟,如统治者为民所仇视,则有被推翻的可能。因此,荀子得出结论:"故君人者欲安,则莫若平政爱民矣。"荀子"水则载舟,水则覆舟"的观点对后世影响深远,唐魏徵在《谏太宗十思疏》中用此来提醒唐太宗,深得太宗赞赏,并常以此与臣下共勉。太宗一朝君臣共同开创了"贞观之治"的盛世,可谓民本思想在中国古代现实政治中的优秀实践。

其次,儒家认为百姓富足是国家富足、社会稳定的基础,提出"制民之产"的理论。"民"在国家社会中的重要作用,不仅体现在政治层面，也反映在经济领域。在这一点上，孔子已经有了比较明确的认识。《论语·子路》载："子适卫，冉有仆。子曰：'庶矣哉！'冉有曰：'既庶矣，又何加焉？'曰：'富之。'曰：'既富矣，又何加焉？'曰：'教之。'"孔子一向看重教化在社会政治中的作用，认为其是建立良好社会秩序的最佳方式。但是，孔子把民富作为教化的前提，可见，在孔子看来，没有民富作保障，教化根本行不通。《论语·颜渊》记载了孔子的学生有若同鲁哀公之间的一段对话："哀公问于有若曰：'年饥，用不足，如之何？'有若对曰：'盍彻乎？'曰：'二，吾犹不足，如之何其彻也？'对曰：'百姓足，君孰与不足？百姓不足，君孰与足？'"其表明要解决财用不足的问题，根本在于使人民富足。孟子对于富民有更为深刻的认识，其将仁政、民贵君轻等理念融汇于富民的经济政策之中，使民本思想有了真正的意义。胡适认为，孟子的政治理论中含有一定的乐利主义意味，其不但提倡民贵君轻、敬民爱民，还要使百姓享受乐利。孟子将经济基础视作社会稳定的前提，《孟子·滕文公上》载："民之为道也，有恒产者有恒心，无恒产者无恒心。苟无恒心，放辟邪侈，无不为已。"为了保证人民拥有恒产，孟子提出了"制民之产"的理论，并对这份"恒产"的规模做出了规定："是故明君制民之产，必使仰足以事父母，俯足以畜妻子，乐岁终身饱，凶年免于死亡；然后驱而之善，故民之从之也轻。"（《孟子·梁惠王上》）综观《孟子》七篇，其论养民之说，深切著明，为先秦鲜见。

荀子承孟子之意，认为经济关系是一切社会关系的基础，国富与民富的关系实质上是国与民最基本的关系。"君者，何也？曰：能群也。能群也者，何也？曰：善生养人者也。"（《荀子·君道》）荀子将生民、养民作为为君"四统"之一，认为满足人的欲望才能达到止乱致治的目的。荀子从性恶论的视角出发，阐明了"礼者，养也"的重要作用："先王恶其乱也，故制礼义以分之，以养人之欲，给人之求，使欲必不穷乎物，物必不屈于欲。"荀子将"轻田野之税，省刀布之敛，罕举力役，无夺农时"等数事称为裕民之政，与孟子的制民之产相似，其又提出"增民之产"理论。《荀子·王制》载："泽人足乎木，山人足乎鱼，农夫不斫削、不陶冶而足械用，工贾不耕田而足菽粟。"荀子从置产业的视角提出了养民的政策，不仅要使人民衣足饭饱，还要使人民安乐无忧，"出入相掩，必时臧余"。同时，荀子还从国家社稷的视角论及养民之说。《荀子·王制》载："故王者富民，霸者富士，仅存之国富大夫，亡国富筐箧，实府库。筐箧已富，府库已实，而百姓贫，夫是之谓上溢而下漏。"荀子把富民作为国富的前提，如果统治者能够致力于"以政裕民"，并且"以礼节用"，国家就会财货如丘山，用之不尽。统治者如能富民，就能王天下。相反，如果统治者横征暴敛，那很快就会招致亡国之祸。

儒家谈"义利之辨"，反对的是个人之私利，而非社会之公利。西汉董仲舒认为："天不重与，有角不得有上齿，故已有大者，不得有小者，天数也……故明圣者象天所为为制度，使诸有大奉禄，亦皆不得兼小利、与民争利业，乃天理也。"此言论证了为民谋利的政治合法性，也成为儒家所倡导的君道的重要原则和评判标准。

四、民本思想的民主精神与现代转向

近代以来，由于西方民主与自由思想的传入，学者展开了关于中国古代传统民本思想与现代民主理想的大讨论。1958 年，牟宗三、徐复观、张君劢、唐君毅联名发表《为中国文化敬告世界人士宣言——我们对中国学术研究及中国文化与世界文化前途之共同认识》，宣言中指出，不能说中国文化中无民主思想之种子。此言表明中国古代儒家的民本思想为国人接受西方近代民主传统提供了思想衔接点。《孟子》中载："左右皆曰贤，未可也，诸大夫皆曰贤，未可也；国人皆曰贤，然后察之，见贤焉，然后用之。"孟子将上古遗志加以发挥，一定程度上有现代民主国家"诉之于民"的意味。所以徐复观认为"民治的制度实为孟子所未闻，但民治的原则，在《孟子》中已可看出其端绪"。因此，中国古代传统的民本思想本就包含民主与民治的精神和原则，只是并未形成民主的制度与法规。黄宗羲提出"古者以天下为主，君为客，凡君之所毕世而经营者，为天下也"（《明夷待访录·原君》），从政治地位上明确区分了本末的关系①。同时，在黄宗羲看来，君臣应当是民众的仆役，民众则必须是君臣们的主人。黄宗羲不仅有理论的阐释，还设计了一些相应的政治制度来表达民本观念，"必使治天下之具皆出于学校，而后设学校之意始备"，主张以学校为舆论、议政的场所来发扬民意，从而通过民意来限制君权以治天下②。顾炎武发扬传统儒家的乐利主义，提倡"利国富民"，并提出了"善为国者，藏之于民"的立论，认为应该藏富于民。顾炎武大胆怀疑君权，认为君主权力的无限扩张是社会治理混乱的重要因素。顾炎武又提出了"众治"主张，具有早期民主启蒙思想色彩。在中国古代的民本思想中，民众通常作为社会治理对象而存在，在传统的君民结构中，处于非常明显的客体地位，民众主体性意识缺失。而明末士大夫群体虽然并未提出更为有效的政治体制且付诸实践，但是其对君权的质疑和批判无疑是封建时代的强音，具有一定的唤醒民智的作用。

孙中山一方面发扬中国古代民本思想之所长，另一方面撷取西方

---

① 王中江：《权力的正当性基础：早期儒家"民意论"的形态和构成》，《学术月刊》2021 年第 3 期。

② 张城：《如何落实悬置的民意——儒家视域下民主政治的当代建构》，《华南师范大学学报（社会科学版）》2015 年第 1 期。

民主主义之精华，以人学为民学之源，提出"民族、民权、民生"的三民主义理论。孙中山在解释三民主义时曾说："何谓三民主义呢？简单的说，便是民有、民治、民享。详细的说，便是民族主义、民权主义和民生主义。这三项主义的意思，是要把全国的主权都放在本族人民手内。一国的政令，都是由人民所出；所得的国家利益，由人民共享。"并着重提出了"三大主义皆基本于民"的观点。同时，孙中山对《大学》之道推崇备至，明确表达了民本思想对于三民主义的启发意义，曾言："《大学》的八项条目，由内在德智的修养到外发的事业之完成，为一贯不断进取开展的过程，可说是本末兼赅，体用令一，修己治世，明体达用之道……可以说政治上一切基本的原理都不外此。"可以说，中国古代传统民本思想是三民主义重要的思想源泉。但是，三民主义具有一定的时代局限性和阶级局限性，其虽强调"主权在民"，对于民的核心内涵究竟为何，革命和建设究竟依靠谁、为了谁的问题，并没有得到理论和实践上的解决①。

中国共产党在革命的过程中也同样意识到了西方的民主并不具有普世价值，一切关于民主的理论和实践都应是历史的、具体的，所以毛泽东同志继承了马克思、恩格斯、列宁的群众史观的精华，并将中国传统的民本思想融入其中，为"人民"一词赋予了新的内涵、注入了理论活力，并提出了"人民群众是历史的创造者"的伟大论断。毛泽东同志曾指出，"工人、农民、独立劳动者、自由职业者、知识分子、民族资产阶级以及从地主阶级分裂出来的一部分开明绅士，这就是我们所说的人民大众"。中国共产党始终高度重视人民群众的主体地位，自诞生之日起便将"为中国人民谋幸福"写进党章，确定了"为人民服务"的根本宗旨，坚持群众观点和群众路线，"民"由

---

① 赵璐璐：《民为邦本：中国的民本思想及其恒久价值》，《百年潮》2023 年第 2 期。

"子民"变为"人民",由被统治阶层变为国家的主人。毛泽东在《为人民服务》中指出,"我们这个队伍完全是为着解放人民的,是彻底地为人民的利益工作的"。在"为人民服务"的根本宗旨的指导下,中国共产党始终秉持着唯物史观的"人民群众是历史的创造者"的观点,实现了从传统"用民"思想向"为民"思想的转变。例如在《论持久战》中,毛泽东指出,实施持久战的基础在于广大民众。抗日民族统一战线广泛发动了群众、武装了群众,最大限度地团结了全国可抗战力量,让人民看到了实现民族独立、人民民主、国家富强的希望。在人民解放战争时期,美国支持下的国民党反动派妄图独享抗战胜利果实,阻挠民主改革,抵制新民主主义国家的建立。中国共产党一方面聚集各方力量,紧紧依靠人民大众推翻了国民党的反动统治,另一方面在解放区开展了更普遍深入的土地制度改革,废除封建地主土地所有制,赢得了人民的拥护和爱戴。"淮海战役的胜利是人民群众用小车推出来的",解放战争中三大战役的胜利,也是人民战争的伟大胜利,各解放区人民以无比巨大的热情,以源源不断的人力、物力给予前线空前规模的支援。在社会主义建设时期,社会主义根本政治制度——人民代表大会制度的确立,意味着我国真正实现了人民当家作主。人民群众真正成为国家政治的主角,国家权力真正掌握在人民手中,由此开辟了真正意义上的人民民主时代。

从上述对民本思想的基本论述和近代学者对传统民本思想的评价中可以看出,中国古代民本思想已融合了民享、民有两个理念,并且民享、民有理念已经付诸中国古代政治实践。虽然中国传统民本思想并未包含具体的民治原则和制度,但已经包含了民治和民主的相关精神,这表明其蕴含着丰富的政治智慧与可贵的政治理性。民本思想在古代社会得到广泛认同,与其包含的爱民、重民、富民、养民理念相关,同时,其在价值层面所凝练的以民为本、贤能政治、政在养民等理念，是具有普遍意义的社会治理之道，为后人探索中国民主政治提供了思路。中国的民本思想是建设中国特色社会主义民主政治最基本的政治理念，由此观之，中国传统的民本思想仍具有重要的时代价值。

第三节　民为邦本的现实意义

我国的社会主义民主是中国传统民本思想和马克思主义民主思想相结合的产物，在民本思想影响下，中国共产党历经多年实践探索形成了中国特色社会主义理论体系。邓小平以正确认识马克思主义、毛泽东思想为理论起点，从中华人民共和国成立后中国社会主义建设所经历的曲折历程及人民所受的困苦中，提出了社会主义发展必须与人民利益紧密结合，"中国共产党的含意或任务，如果用概括的语言来说，只有两句话：全心全意为人民服务，一切以人民利益作为每一个党员的最高准绳"。人民群众的意愿往往代表着社会生产力发展的趋向，代表着历史发展的潮流。邓小平认为："群众观念，就是使群众自己争得利益，使群众真正懂得自己的力量，相信自己的力量和自己的领袖。"邓小平的民主理念充分认识到了人民群众的主体地位，是中国特色社会主义理论体系的重要组成部分。以江泽民为代表的中国共产党人立足于新旧世纪交替的重要时期，面对复杂的国际国内形势，始终坚持人民群众的主体地位，"广大党员和干部只有紧紧依靠人民群众，从人民群众中获得支持和力量，才能生存，才能发展，否则就会失败"。江泽民重视促进人的全面发展，"既要着眼于人民现实的物质文化生活需要，同时又要着眼于促进人民素质的提高"。进入 21 世纪以来，社会实现了飞速发展，以胡锦涛为代表的中国共产党人对于中国特色社会主义具有了更为深刻的认识，提出了科学发展观，认为社会主义的根本追求是"以人为本"。胡锦涛指出："引导党员干部深刻理解科学发展观的核心是以人为本，我们推动发展的根本目的是让人民群众过上更好生活。"改革开放以来的共产党人以马克思主义为旗帜，在马克思主义中国化的过程中始终秉持着以人民为中心的执政理念，并在实践过程中不断丰富其理论内涵，为中国社会主义民主作出了重大的理论贡献。

一、以人民为中心：民本思想的现代阐释

党的十八大以来，以习近平同志为代表的中国共产党人将马克思主义基本原理同中国具体实际相结合、同中华优秀传统文化相结合，要求中国共产党人将民本思想视为中华优秀传统文化的重要组成部分，不断探索面向未来的理论和制度创新，谱写了马克思主义中国化、时代化的新篇章。在此时代背景下，习近平总书记在系列讲话中多次引用"民惟邦本，本固邦宁"的名言，提出了诸多集全面性和动态性于一体的重要思想论述，实现了对中国传统民本文化片面性和静态性的突破，并持续探索对传统民本思想进行超越性继承的实现路径，形成了内容丰富的科学体系①。

2013 年 12 月 26 日，习近平总书记在纪念毛泽东同志诞辰 120 周年座谈会上指出，"坚持群众路线，就要坚持人民是决定我们前途命运的根本力量"。2014 年 5 月 4 日，在北京大学师生座谈会上的讲话中，习近平主席生动阐述了"民为邦本"对中华文化的重要性。2015 年 10 月 20 日，习近平主席在英国议会发表讲话指出，"在中国，民本和法制思

---

① 王永力、杨先农：《习近平对中国优秀民本文化的三重发展》，《广西社会科学》2020 年第 4 期。

想自古有之，几千年前就有'民惟邦本，本固邦宁'的说法"。在继承全心全意为人民服务宗旨的基础上，习近平总书记在党的十八届五中全会上首次提出以人民为中心的发展思想，这是中国共产党将唯物史观同中国传统民本思想相结合而提出的创新性理论成果，既是中国共产党对新时代中国特色社会主义丰富实践经验的科学总结，也是根据新时代要求对中国传统民本思想进行的创造性阐释，证明中国传统民本思想与当代政治理念高度契合，使其在新时代获得升华。

以人民为中心的发展思想彰显了人民至上的价值取向，其核心内容就是要维护人民根本利益，增进民生福祉，坚持发展为了人民、发展依靠人民、发展成果由人民共享，让现代化建设成果更多更公平惠及全体人民。2016 年 1 月 18 日，习近平总书记在省部级主要领导干部学习贯彻党的十八届五中全会精神专题研讨班开班式上强调："以人民为中心的发展思想，不是一个抽象的、玄奥的概念，不能只停留在口头上、止步于思想环节，而要体现在经济社会发展各个环节。"2016 年 11 月 19 日，习近平主席在亚太经合组织工商领导人利马峰会上发表主旨演讲，其中提到中国政府正在大力推进"脱贫攻坚战""健康中国建设"，"让人民切实感受到发展带来的生态效益"，尽显人民主体地位。2016 年 11 月 29 日，习近平总书记在纪念朱德同志诞辰130 周年座谈会上的讲话明确要求要"把人民拥护不拥护、赞成不赞成、高兴不高兴、答应不答应作为衡量一切工作得失的根本标准""使我们党始终拥有不竭的力量源泉"。在党的十九大报告中，"坚持人民当家作主"被列为新时代坚持和发展中国特色社会主义的十四个基本方略之一。习近平总书记曾指出："尊重人民主体地位，保证人民当家作主，是我们党的一贯主张。"[1] 在党的二十大报告中，习近平

---

① 习近平：《在庆祝中国共产党成立 95 周年大会上的讲话》，《人民日报》2016 年7 月 2 日。

总书记把"坚持以人民为中心的发展思想"作为前进道路上必须牢牢
把握的"五个重大原则"之一，指出"人民群众是发展的主体，也是
发展的最大受益者。如果发展不能满足人民的期待，不能让群众得到
实际利益，这样的发展就失去意义，也不可能持续"①。习近平总书记
始终将维护和发展人民群众的根本利益作为最高目标，将促进人的全
面发展作为党治国理政的根本出发点和落脚点，始终坚持和发扬党的
群众观点和群众路线。他强调"坚持以民为本、以人为本。要树立以
人民为中心的工作导向"②。总结古往今来的历史发展经验，习近平总
书记指出，"历史充分证明，江山就是人民，人民就是江山，人心向
背关系党的生死存亡。赢得人民信任，得到人民支持，党就能够克服
任何困难，就能够无往而不胜。反之，我们将一事无成，甚至走向衰
败"③，"做到老百姓关心什么、期盼什么，改革就要抓住什么、推进
什么，通过改革给人民群众带来更多获得感"④，"保障和改善民生没
有终点，只有连续不断的新起点，要采取针对性更强、覆盖面更大、
作用更直接、效果更明显的举措，实实在在帮群众解难题、为群众增
福祉、让群众享公平"⑤。习近平总书记在赋予中华优秀民本文化新时
代内涵的过程中，也为其未来的发展注入了新鲜血液，推动了中国优
秀民本文化的历史演进。同时，中华优秀民本文化也为习近平总书记
一系列治国理政思想注入了丰富的文化元素，使得马克思主义的人民

---

① 中共中央宣传部编：《习近平新时代中国特色社会主义思想三十讲》，学习出版
社 2018 年版，第 224 页。

② 习近平：《胸怀大局把握大势着眼大事　努力把宣传思想工作做得更好》，《人民
日报》2013 年 8 月 21 日。

③ 习近平：《在党史学习教育动员大会上的讲话》，《求是》2021 年第 7 期。

④ 《习近平主持召开中央全面深化改革领导小组第二十三次会议》，《人民日报》
2016 年 4 月 19 日。

⑤ 《习近平春节前夕赴江西看望慰问广大干部群众》，《人民日报》2016 年 2 月 4
日。

性具有了更加肥沃的中国文化土壤。

二、执政为民：以人民为中心的治国方略

"政之所兴在顺民心，政之所废在逆民心。"（《管子·牧民》）此言道出了民心与执政相辅相成的关系。习近平总书记鲜明地指出："一个政党，一个政权，其前途命运取决于人心向背。人民群众反对什么、痛恨什么，我们就要坚决防范和纠正什么。"① 习近平总书记在庆祝中国共产党成立 100 周年大会上再次强调"中国共产党根基在人民、血脉在人民、力量在人民"。"人视水见形，视民知治不"（《史记·殷本纪》），人民对于执政的重要性不言而喻。中国共产党将马克思主义群众观同中华优秀传统文化中的民本思想相结合，确立了"立党为公，执政为民"的执政理念。党的十八大以来，习近平总书记始终坚持以人民为中心，把这一执政理念贯穿到治国理政的全过程，开创了中国共产党治国理政的新境界。

中国共产党执政为民，坚持以人民为中心的中国特色社会主义民主理念，从中国传统政治思想中汲取了优秀文化基因，充分发挥了文化的支撑作用。习近平总书记在治国理政的实践中批判地吸收了中国传统民本思想，引经据典，古为今用，为中华优秀传统文化赋予了新的时代价值，同时也为党的执政理念注入了深厚的文化底蕴。从"治国有常，而利民为本"到"治理之道，莫要于安民；安民之道，在于察其疾苦"，习近平总书记认为群众利益无小事，执政为民必须做到切实维护群众利益，并经常以此告诫全党。由于时代和制度的局限，传统的民本思想与以人民为中心的发展思想虽然在出发点上有所不同，但二者的价值目标有一定的相通之处，两者都强调人民在国家发

① 习近平：《决胜全面建成小康社会 夺取新时代中国特色社会主义伟大胜利——在中国共产党第十九次全国代表大会上的报告》，《人民日报》2017 年 10 月 28 日。

展中的重要作用，是中国共产党实现执政为民的理论支撑和文化支撑。

中国共产党执政为民，坚持人民的主体地位，坚定中国特色社会主义制度自信，充分发挥了社会主义政治制度的优越性。习近平总书记在党的十九大报告中指出，"我国社会主义民主是维护人民根本利益的最广泛、最真实、最管用的民主。发展社会主义民主政治就是要体现人民意志、保障人民权益、激发人民创造活力，用制度体系保证人民当家作主"。人民是中国共产党执政的力量源泉，党在执政的各个时期都能实现我国社会的发展与政治制度的创新，来源于对中华优秀传统文化的继承，来源于对中国特色社会主义制度的自信，更来源于对广大人民群众的信任和对中国社会实际的深刻体察。2019 年 11 月，习近平总书记在上海考察时指出，"我们走的是一条中国特色社会主义政治发展道路，人民民主是一种全过程的民主"。中国特色社会主义制度为实现全过程民主提供了完整的制度程序和参与实践，包括民主选举、民主协商、民主决策、民主管理、民主监督。人民在参与全过程民主的实践中，不断提升自身的民主素养，加深对党的各项政策措施的理性认识，有助于我国人民以更加积极、更加热情的态度参与到我国民主政治的实践中去。我国的全过程民主具有显著的优越性，实现了传统民本思想中民意政治和贤能政治的创造性转化和创新性发展，使得民意不再空悬，真正做到了人民民主。

中国共产党执政为民，坚持全面从严治党，积极主动推动政务公开，充分发挥社会监督和舆论监督的作用。毛泽东同志曾指出，"中国共产党是为民族、为人民谋利益的政党，它本身决无私利可图"。但是，权力是一把双刃剑，在具体的政治实践中，部分人在"利民"还是"利己"中犹豫，从而出现贪污腐化、以权谋私等腐败问题。所以中国共产党需要走自我革命推动社会革命的道路。一是要改进自身作风，提高自身修养，发挥党员的先锋模范作用。习近平总书记描绘了新时代好干部的群体肖像：信念坚定、为民服务、勤政务实、敢于担当、清正廉洁，积极推动党风廉政建设。在党的十八大上，中国共产党制定并颁布了改进作风的"八项规定"，在全党开展党的群众路线教育实践活动，重点解决形式主义、官僚主义、享乐主义、奢靡之风"四风"问题，做到清廉为政，取信于民，秉公用权，赢得民心。

二是要坚持政务公开并自觉接受组织、制度、社会舆论的监督。坚持政务公开是人民当家作主地位的重要体现，是现代民主政治的重要特征。政务公开是党和政府与人民群众之间沟通的纽带，既是人民群众了解政务的窗口，便于参与民主政治生活；也是党和政府体察民意的桥梁，能够汲取人民的智慧和力量。毛泽东同志曾指出，"共产党员要善于同群众商量办事，任何时候也不要离开群众。党群关系好比鱼水关系。如果党群关系搞不好，社会主义制度就不可能建成；社会主义制度建成了，也不可能巩固"。政务公开是践行群众路线的必然要求，也是社会主义民主政治内涵的具体体现。舆论监督作为真实准确反映人民群众意见和呼声的渠道，是保障权力在阳光下运行的重要民主体系。《中国共产党党内监督条例》第三十九条规定，"各级党组织和党的领导干部应当认真对待、自觉接受社会监督，利用互联网技术和信息化手段，推动党务公开、拓宽监督渠道，虚心接受群众批评"。人民有没有得到实惠、生活是否得到改善、权益能否得到保障，政府部门需要通畅的渠道来听取民声。广开言路、善纳谏言是中国古代政治传统在新时代的实践与运用，听民意、解民忧、顺民心，充分发挥社会监督和舆论监督的作用，为深入推进全面从严治党提供有力的制度保障。

三、共同富裕：民生建设的价值追求

中国共产党在革命、建设和改革的过程中不断解放人民群众，从根本上改变了人民群众的地位，维护和保障了人民群众的利益。在新时代改革和发展的进程中，以人民能过上美好幸福生活为目标，是中国共产党人全心全意为人民服务的具象化表达。在党的十九大报告中，习近平总书记要求全党"永远把人民对美好生活的向往作为奋斗目标"，这一具有中国特色社会主义民主色彩的民生理念，与中国新时代主要矛盾的转化相适应。中国特色社会主义进入新时代，我国社会主要矛盾已经从人民日益增长的物质文化需要同落后的社会生产之间的矛盾，转化为人民日益增长的美好生活需要和不平衡不充分的发展之间的矛盾。这是基于我国社会经过改革开放几十年的发展，生产力水平显著提高，人民物质文化需要得到一定满足，人民日益增长的物质文化需要同落后的社会生产之间的矛盾总体上得到有效解决的情况而得出的深刻认识。与此同时，人民对于美好生活的需求日益殷切，发展不平衡不充分问题逐渐凸显，以更平衡更充分的发展满足人民日益增长的美好生活需要是中国共产党与时俱进的重大判断。习近平总书记在《坚持人民至上》一文中指出，"我们推动经济社会发展，归根到底是为了不断满足人民群众对美好生活的需要。要始终把人民安居乐业、安危冷暖放在心上，用心用情用力解决群众关心的就业、教育、社保、医疗、住房、养老、食品安全、社会治安等实际问题，一件一件抓落实，一年接着一年干，努力让群众看到变化、得到实惠"。新时代中国共产党人撷取中国传统民本思想的精华，以中国特色社会主义民主理念为指导，结合中国实际，走出了具有中国特色的民生道路。

共同富裕是社会主义的本质要求，其实现必须以消除贫困为前

提，并在此基础上不断提高民众的生活水平。2012 年，党的十八大召开，以习近平同志为核心的党中央把脱贫攻坚作为全面建成小康社会的底线任务和标志性指标。党中央突出强调，"小康不小康，关键看老乡，关键在贫困的老乡能不能脱贫"，承诺决不能落下一个贫困地区、一个贫困群众，新时代的脱贫攻坚工作由此启航。只有打赢"扶贫攻坚战"，才能消灭"绝对贫困"的存在，保障贫困群体的"适足生活水准权"。十八大以来，我国政府坚持消除贫困、改善民生、逐步实现共同富裕，持续开展以农村扶贫开发为中心的减贫行动，努力实现农村脱贫致富。至 2020 年，我国的脱贫攻坚工作已取得了决定性的胜利，为乡村振兴战略打下了坚实的基础。习近平总书记在决战决胜脱贫攻坚座谈会上说："脱贫摘帽不是终点，而是新生活、新奋斗的起点。"摆脱绝对贫困意味着解决贫困问题的重点将转向解决相对贫困问题，最终实现共同富裕。

实现全体人民的共同富裕离不开农村农民的富裕，乡村振兴战略作为解决"三农"问题的重要战略部署，是实现共同富裕的必由之路。坚持推进乡村振兴战略不仅可以让人民共享发展成果，也为实现以人民为中心奠定了坚实的物质基础。农业、农村、农民问题一直是我国民生问题的重中之重，解决好三农问题，全面实现农业强、农村美、农民富是党和政府一直以来的工作目标。习近平总书记在全国脱贫攻坚总结表彰大会上指出："坚持把解决好'三农'问题作为全党工作重中之重，坚持农业农村优先发展，走中国特色社会主义乡村振兴道路。"我国目前发展不平衡不充分主要体现在城乡发展不平衡、农村发展不充分，我国农村经济基础相对薄弱、农村基本公共服务相对供给不足、农民抵御风险能力较弱等现实问题依然没有得到彻底解决。在十九大之前，我国一直通过工业支持农业、城市反哺农村、先富带动后富的方法提高农民收入，但仍然需要激发乡村内生动力才能真正实现城乡的均衡发展。于是，在十九大上，党中央提出了乡村振兴战略，现已取得阶段性成就。在下一阶段中，我国"三农"问题的核心任务将是在巩固脱贫成果的基础上，实现其与乡村振兴的有机衔接①。乡村振兴战略是一项系统性工程，其包含着"产业、人才、文化、生态、组织"五位一体的全面振兴，总体要求是"产业兴旺、生态宜居、乡风文明、治理有效、生活富裕"。这一战略正是对当前农村社会主要矛盾的及时回应，满足了亿万农民的期许，承担着均衡城乡发展的使命。实现共同富裕与乡村振兴统一于中华民族伟大复兴的征程中，两者在时代发展中相互成就。

党的二十大报告对今后我国经济社会发展的现代化进程做了总体部署，分两大步、两个阶段实现：从二〇二〇年到二〇三五年基本实现社会主义现代化；从二〇三五年到本世纪中叶把我国建成富强、民主、文明、和谐、美丽的社会主义现代化强国；到二〇三五年人民生活更加幸福美好，居民人均可支配收入再上新台阶，中等收入群体比重明显提高，基本公共服务实现均等化，农村基本具备现代生活条件，社会保持长期稳定，人的全面发展、全体人民共同富裕取得更为明显的实质性进展。报告中明确指出了共同富裕的基本问题是人的需要和人的全面发展的问题，其价值指向也是人的全面发展，所以新时代推进共同富裕，归根结底是要以人民为中心，谋民生之利、解民生之忧，着力解决发展不平衡不充分的问题，在发展中保障和改善民生，不断实现人民对美好生活的向往，这与我国古代富而后教的民本思想异曲同工。

新时代以来，中国共产党始终坚持以经济建设为中心，解放和发展生产力，实现了从安民、富民到利民、乐民。我国要实现的共同富

---

① 黄花：《共同富裕导向下的乡村振兴之路》，《四川行政学院学报》2023 年。

裕不是单一的、片面的财富上的增长，而是"全面富裕"，一方面满足人民群众在物质方面的需求，另一方面实现人民群众在精神和生活方面的全面发展。习近平总书记曾指出："我们的人民热爱生活，期盼有更好的教育、更稳定的工作、更满意的收入、更可靠的社会保障、更高水平的医疗卫生服务、更舒适的居住条件、更优美的环境。"这是传统民本思想在现代社会的革新，也是人民主体性的体现。首先，教育是民生之基，可以促进人民群众获得知识、开阔视野，实现个人的全面发展。党的十八大以来，党中央从保障、改善民生的角度优先发展教育，坚持人民至上，从教育公平、素质教育、终身教育等层面提出了一系列政策与措施，做到教育普及民生、惠及民生。其次，党中央积极推进健康中国建设，强调医疗体制改革就是要坚持以人为本，改善民生，从人民利益出发，在保障人民群众基本健康的基础上，推动生命健康产业的高质量发展，对预防医学予以高度重视，努力实现多样化、多层次的健康中国建设。最后，党中央将生态文明建设增加至总体布局之中，把生态文明建设摆在民生发展的重要位置。习近平总书记指出："良好生态环境是最普惠的民生福祉。"因此，重视和保障人民的生态需求就是重视和保障人民的民生需求。与此同时，还要加强生态文明教育引导，坚持生态为民的民生观。习近平总书记指出："生态文明建设同每个人息息相关，每个人都应该做践行者、推动者。"在新时代，中国共产党坚持以人民为中心，实现了民生建设的协调发展、绿色发展。中国传统民本思想中蕴含的民生理念是新时代的宝贵精神财富，中国共产党继承了传统民生理念中养民、富民、裕民的基本原则，并在人民当家作主、社会财富显著增加的新时代着重强调了注重人的全面发展这一新理念，努力增进民生福祉。这反映了中国共产党人民观的进步，表明中国共产党始终从当今中国发展的时代需要出发，实现马克思主义基本原理同中华优秀传统文化相结合，夯实马克思主义中国化、时代化的历史基础和群众基础。

"民亦劳止，汔可小康。"《诗经》中百姓们传唱千年的愿望终于在党和人民的自强不息、接续奋斗中成为现实。新发展理念、可持续发展战略也在同步推进，促进人民的全面发展、建设生态可持续的美丽家园、实现社会主义现代化，是功在当代、利在千秋的伟大事业，也是"民为邦本"传统思想在当代的重要体现。"天地之大，黎元为本"，自中国共产党成立以来，人民始终是我们党治国安邦的基石和指向标。江山就是人民，人民就是江山。中国共产党领导人民打江山、守江山，守的是人民的心。治国有常，利民为本，为民造福是立党为公、执政为民的本质要求，我们必须坚持在发展中保障和改善民生，鼓励共同奋斗创造美好生活，不断实现人民对美好生活的向往。历史的发展印证了中国共产党为人民而生、因人民而兴，中国共产党始终与人民心心相印、与人民同甘共苦、与人民团结奋斗，也将团结人民、依靠人民创造更加美好的未来。

第三章

为政以德

——众星拱北方向明

为政以德最早见于《论语·为政》："为政以德，譬如北辰，居其所而众星共之。"意思是统治者如果推行德治的话，就会像天上的北极星一样，受到满天星辰的拱卫。这是孔子"述而不作"，总结祖先们的政治智慧而提炼出来的。为政以德自发轫以来绵延千年，受到历代统治者、思想家的重视，产生了极大影响。尤其是在马克思主义传入中国后，在其同中国具体实际和中华优秀传统文化"两个结合"的百年历程中，为政以德发生了深刻的创造性转化，体现了极其重要的时代价值，成为中华民族独有的精神标识之一。

第一节　中国历史上的为政以德

考查、梳理为政以德思想，必须从中华文明的源头讲起。唯其如此，我们才能明晰为政以德思想在中国这块沃土上产生、发展的内在逻辑。根据考古发现与研究，中华文明起源于农耕文明，早期农耕文明的核心区域位于以黄河流域为中心的中原地区。农耕文明与游牧文明有着明显的区别，农业生产离不开集体活动，往往强调团体、纪律。同时，在农耕文明的发源地——中原地区，黄河及其支流是先民们最重要的生产、生活地，但黄河这条中华民族的"母亲河"以善淤、善决、善徙闻名，往往"三年两决口，百年一改道"。在这样一个充满挑战性的自然环境中发展农业生产、维持生计，促使先民们必须养成一种集体主义精神，在能力超群、品德服众的首领带领下，团结协作，共同战胜困难。在这样的条件下，也促使中华民族为政以德思想的产生和发展。

根据有关文献记载，为政以德思想最早可以追溯到原始社会末期。尧、舜为传说中的"五帝"，他们的事迹在《尚书》中已有记载。《尚书·尧典》描述尧："钦明文思安安，允恭克让，光被四表，格于上下。克明俊德，以亲九族。九族既睦，平章百姓。百姓昭明，协和万邦。黎民于变时雍。"意思是：尧敬谨、明达、文雅，有计谋而又温和，诚实恭敬；他的光辉普照四方，以至于天地。他能够任用族中德才兼备的人，使各大家族都和睦融洽；家族既已和睦，就来确定各级官员的职守；全体官员的职守都明确，各邦国就都协调和顺，民众们也都变得和善。这段话为我们展现了一幅生动的尧帝治理天下图，其中关键的一句是"克明俊德"，即尧帝是有德之君，能够行德政，所以"百姓昭明，协和万邦"。对于尧帝为政以德的事迹，孔子也称赞不已。《论语·泰伯》道："大哉！尧之为君也，巍巍乎，唯天为大，唯尧则之。"

尧帝以德治国，在接班人的选择上也非常看重道德修养。大舜以其孝行打动了尧帝，尧帝先是将自己的两个女儿许配给了舜，后将帝位禅让给了他。关于大舜的孝行，汉刘向《新序·杂事》中有记载："昔者，舜自耕稼陶渔而躬孝友。父瞽瞍顽，母嚚，及弟象傲，皆下愚不移。舜尽孝道，以供养瞽瞍。瞽瞍与象，为浚井涂廪之谋，欲以杀舜，舜孝益笃。出田则号泣，年五十犹婴儿慕，可谓至孝矣。"舜帝无论为人处世，还是治国理政，均以德为先导。对此，郭店楚简中的《唐虞之道》记载："爱亲忘贤，仁而未义也；尊贤遗亲，义而未仁也……爱亲尊贤，虞舜其人也。"对于舜帝在"为政以德"方面的功绩，《史记·五帝本纪》评价道："天下明德，皆自虞帝始。"后世学者则干脆将舜帝称为道德文化的鼻祖。

夏商周时期是中华文明的肇始期，在这个时期，国家初步建立，逐渐摆脱了原始部落社会的管理模式。由此，伦理与政治的关系问题也愈发现实而重要。先秦文献中对于"德"与"政"的记录也丰富了起来。根据出土的甲骨文资料，商代统治者信鬼神，重占卜，每事必占。《礼记·表记》："殷人尊神，率民以事神，先鬼而后礼。"他们信奉血统天命观，认为王室是根据天的旨意来统治万民的，只有敬鬼神，上天才会一直护佑商王朝。商朝的最后一个君主纣王，统治极其残暴，当有人向他指出，如果不做出改变，必将导致灭亡时，他说："我生不有命在天乎？"（《史记·殷本纪》）认为自己有天命在身，即使不行德政，商朝也不会倾覆。

面对纣王的残酷统治，文王、武王实施"翦商"之政策，牧野之战时，商朝奴隶临阵倒戈，终于推翻了商朝。周朝能够成功代商，是因为行德政："克明德慎罚……天乃大命文王。"（《尚书·康诰》）西周建立后，统治者吸取商朝覆亡的教训，明确提出了"敬德保民"和"明德慎罚"的德治思想。在周公看来，上天不再按照自然法则来决定王朝的更替，而是"天视自我民视，天听自我民听"，"民之所欲，天必从之"。《尚书·周书·蔡仲之命》云："皇天无亲，惟德是辅。"上天不会格外亲近谁，只会庇佑有德之人。由周代商，中国的政治文明发生了极大转变。王国维先生在《殷周制度论》中指出："中国政治与文化之变革，莫剧于殷、周之际。"① 古老的政德观由此得以彰显和光大，并影响到后世各个朝代。

春秋战国时期，社会生产力提高，井田制逐渐瓦解，原有的政治秩序也一步步解体，价值观念出现了大裂变、大组合。在这个礼崩乐坏的时代，孕育了中华文化的第一个高峰。经过百家争鸣的洗礼，以孔子、孟子、荀子为代表的儒家学者，系统地论述了"为政以德"思想。

孔子认为，统治者必须是有德之君。他提出："君子之德风，小人之德草，草上之风，必偃。"（《论语·颜渊》）为政以德，首先要爱民。在《论语》《礼记》中，有很多孔子弟子问政的记载，其中可见孔子的爱民思想。如《礼记·哀公问》中记载子张问政时，孔子说："古之为政，爱人为大。"他教育子张："尊五美，屏四恶，斯可以从政矣。"所谓"五美"，就是"惠而不费，劳而不怨，欲而不贪，泰而不骄，威而不猛"；所谓"四恶"，就是"不教而杀谓之虐，不戒视成谓之暴，慢令致期谓之贼。犹之与人也，出纳之吝，谓之有司"。其

---

① 王国维：《殷周制度论》，《观堂集林》卷十，河北教育出版社 2003 年版，第 231 页。

中，孔子将惠民视为"五美"之首，而暴政、苛政则为"四恶"之最。可见，爱民是孔子为政以德思想的基础。为政以德，其次要富民。孔子一方面主张应允许人民求利致富，另一方面认为统治者也应节用薄敛，"节用而爱人，使民以时""因民之所利而利之"，由此才能出现"足食足兵，民信之矣"的良好局面。他辩证地看待民富与国富的关系，主张以民富为基础，国富应建立在民富基础之上，即"百姓足，君孰与不足；百姓不足，君孰与足"（《论语·颜渊》）。为政以德，还要以德教民。《论语·为政》中说："道之以政，齐之以刑，民免而无耻。道之以德，齐之以礼，有耻且格。"意思是，如果只用政令、刑法来治理百姓，他们只求免于犯罪而不受惩罚，却没有廉耻之心；如果用道德来教化百姓，用礼制来同化百姓，他们不仅有羞耻之心，而且会有归服之心。为政以德，要求为政者必须以身作则。孔子认为，如果君主加强自身德行修养，品行端正，则无须下命令，百姓也会按规章制度去行事；但如果自身德行不端，那么即使三令五申，也没有人服从。《论语·颜渊》云："政者，正也。子帅以正，孰敢不正？"可谓一语中的。

孟子是历史上第一位系统提出"仁政"学说的思想家，实现了对孔子为政以德思想的继承和超越。孟子的为政以德思想主要集中在仁政、民本和德育三个方面。一是仁政思想。《孟子·离娄上》云："三代之得天下也以仁，其失天下也以不仁。国之所以废兴存亡者亦然。"孟子认为，夏商周三代得天下是因为"仁"，失天下则是因为"不仁"，所以君主治理天下必须满足"仁"这个道德要求，即要施行"仁政"。为政者"行仁政而王，莫之能御也"。同时，君主行仁政必须要有仁心，"人皆有不忍人之心。先王有不忍人之心，斯有不忍人之政矣。以不忍人之心，行不忍人之政，治天下可运之掌上"（《孟子·公孙丑上》）。为政者以仁心行仁政，国家自然能长治久安。二是民本思想。孟子看到了民心向背对于维护统治的决定性作用，明确提出"民为贵，社稷次之，君为轻"（《孟子·尽心下》）。像夏桀、商纣这样的暴君，就是"残贼""一夫"，人民可以推翻他们，这是符合天意的。孟子"民贵君轻"的思想，给君权神授带来巨大的冲击，也极大地影响着后世的政治治理。三是德育思想。孟子认为，人性本善，大家皆有恻隐之心、羞恶之心、辞让之心、是非之心，注重德育教化，"人皆可以为尧舜"。在德育教化的过程中，为政者应该加强道德修养，知耻好善，以德服人，以身垂范，"行有不得者，皆反求诸己，其身正而天下归之"（《孟子·离娄上》）。

荀子是战国时期儒家的另一位代表人物，他的为政以德思想既与孔孟一脉相承，也有自己的鲜明特色。荀子从民本思想出发，认为实行德政必须"重民""惠民"。他认为，"天之立君，以为民也"（《荀子·大略》），为政者应明白这个道理。《荀子·王制》云："王者之等赋、政事，财万物，所以养万民也。田野什一，关市几而不征，山林泽梁以时禁发而不税。相地而衰政，理道之远近而致贡，通流财物粟米，无有滞留，使相归移也。"为政者使民众生活富裕，安居乐业，才能巩固统治，否则"水则载舟，水则覆舟"。

荀子还特别强调为政者在实施德政的同时，也应重视法治的作用，理想的国家治理模式是德治与法治并重。荀子认为人性恶，"人之性恶，其善者伪也"（《荀子·性恶》），认为道德教化不是万能的，因此治国理政要"隆礼""重罚""起法正以治之，重刑罚以禁之，使天下皆出于治，合于善也"（《荀子·性恶》），从而达到天下有序、社会稳定的目的。荀子礼法并重的国家治理思想对后世影响极大。

公元前 221 年，秦始皇横扫六合、削平宇内，建立了中国历史上第一个统一的多民族中央集权封建国家——秦朝。秦朝延续"任法重刑，任功重罚"的国家治理特点。司马迁评价道："刚毅戾深，事皆决于法，刻削毋仁恩和义，然后合五德之数。于是急法，久者不赦。"（《史记·秦始皇本纪》）秦始皇虽然在具体行政上主张严刑重罚，但也主张以德治为补充手段。在琅琊刻石中，他以"忧恤黔首，朝夕不懈。除疑定法，咸知所辟"来夸耀自己在德治方面的成就。同时，朝廷也通过选拔任用有德之吏以加强吏治。在出土的睡虎地秦墓竹简中有一篇文献《为吏之道》，明确提出官员应有"五善"，即"一曰忠信敬上，二曰清廉毋谤，三曰举事审当，四曰喜为善行，五曰恭敬多让"，就是说为官者要做到忠信、清廉、行善政，可见秦朝对官员道德品质有一定的考核要求。纵览秦朝二世之治，"法令诛罚日益刻深，群臣人人自危，欲畔者众"（《史记·李斯列传》）。最终，陈胜、吴广揭竿而起，天下云集而响应，导致秦朝仅仅统治了十五年而亡。

汉承秦制，对秦之早亡进行了深刻反思。汉贾谊《过秦论》中说："一夫作难而七庙堕，身死人手，为天下笑者，何也？仁义不施，而攻守之势异也。"明确指出，秦朝不施仁义、不行德政而致二世而亡。故汉初行黄老之术，为政者推行"无为而治"，薄赋轻敛，与民休息。历经文景之治，这种无为而治的统治方式取得了一定的成功，但其弊病也越来越明显，分封的诸侯国尾大不掉，割据之势日渐明显。为巩固封建大一统，汉武帝采纳董仲舒"天人三策"，并实行"诸不在六艺之科、孔子之术者，皆绝其道，勿使并进"（《汉书·董仲舒传》）。从此，儒学成为封建社会的正统思想。但是，这时的儒学已经有别于先秦儒学，成为经过董仲舒改造的"新儒学"，这也决定了汉代德政思想的理论基础。

董仲舒的为政以德思想主要由以下几个部分组成。一，君要有德。董仲舒认为，天子必须有德，"德侔天地者，皇天右而子之，号称天子"（《春秋繁露》）。而且，德行是为君者的统治之术，"文德为贵，而威武为下，此天下之所以永全也"（《春秋繁露》）。君主有德方可以正天下，"故为人君者，固守其德，以附其民；固执其权，以正其臣"（《春秋繁露》）。二，加强对民众的教化。董仲舒提倡"性三品"制，他把人性分为上、中、下三品。上品为"圣人之性"，不需要教化；下品为"斗筲之性"，不可教化；只有"中民之性"，其性中有善质，这些人经过教化可以行善事。如何对"中民"进行教化，董仲舒认为应该设立专门的教化机构和人员，"立辟雍、庠序，修孝悌敬让，明以教化，感以礼乐，所以奉人本也"（《春秋繁露》）。三，德刑并存，以德为主。董仲舒认为"天道之大者在阴阳"，阳为德，阴为刑，天亲阳而疏阴，故任德而不任刑。"阳者天之德也，阴者天之刑也"，"天数右阳而不右阴，务德而不务刑"（《春秋繁露》），所以德与刑的关系是"刑者，德之辅"。董仲舒对德政进行了系统论述，在孔孟为政以德思想的基础之上，又加入了新的元素，对后世影响深远。

唐太宗吸取隋炀帝统治残暴、二世而亡的教训，虚心纳谏，改革吏治，以"舟与水"的关系看待君与民，继承和发扬了古代为政以德的思想，成就了历史上赫赫有名的"贞观盛世"。"德礼为政教之本"，唐太宗认为治理国家离不开德礼与刑罚，但应以德礼为本，以刑罚为用。《贞观律》中，废除了很多残酷刑罚，对于死刑的判决也格外慎重。贞观七年（633），唐太宗视察朝廷大狱，因为悲悯死刑犯，做出了一个令所有人吃惊的决定，竟"纵使归家，期以来秋来就死"（《资治通鉴》），来年，390名死刑犯无一人逃匿，全部按期返回，结果"上皆赦之"，留下了一段千古佳话。为加强对官员的道德管理，朝廷制定了更加完善、严密的课考制度，称为"四善二十七最"，其中"四善"为："一曰德义有闻，二曰清慎明著，三曰公平可称，四曰恪勤匪懈。"（《新唐书·百官志》）对官员的道德品行进行专门考核。唐太宗认为治理国家"必须抚之以仁义"（《贞观政要》），他撰写了

《帝范》一书，指出帝王要"倾己勤劳，以行德义"。同时，他经常自省自检，鼓励大臣进谏。据史书记载，贞观年间有三十余位大臣多次向他进谏，有效减少了执政之误。

儒学发展至宋代，在借鉴吸收玄学、道教、佛教思想的基础之上，出现了重义理阐释、兼谈性命的理学。朱熹为宋代理学之集大成者，他对为政以德思想做出了新的阐释，提出了一整套具体的德治标准和行为准则。一，正君心为大本。朱熹认为，人君更应该修身，端正言行，"人主之心正，则天下之事无一不出于正，人主之心不正，则天下之事无一得由于正"（《晦庵集》）。因此，君主的正心修身是行德政的前提。二，为政以德的目的是养民、得民心。他提出"天下国家之大务，莫大于恤民"（《晦庵集》），统治者要爱惜民力，"若不认百姓是自家百姓，便不恤"（《朱子语类》），反对对人民过分地、无休止地压榨。三，用人以德。选拔官员，重其德行，这是朱熹为政以德思想的重要组成部分。"才者，德之资也；德者，才之帅也"（《资治通鉴》），如果"德不称其任，其祸必酷"（《潜夫论》）。朱熹说道："小人无才尚可，小人有才，鲜不为恶。"（《朱子语类》）所以，任用官员，一定要把德行放在首位。四，重视德育。朱熹认为，社会长治久安的实现，需要建立在良好、淳朴的社会风气之上。他花费极大心力，将儒学经典《大学》《中庸》《论语》《孟子》编为"四书"，并在对其注释的过程中，进一步阐发为政以德思想，如把"为政以德"中的"政"解释为"正"——"政之为言正也，所以正人之不正也"（《四书章句集注·论语集注》）。他还编写了《近思录》，将其作为推行德育的教材。

元代文学家、一代名臣张养浩，山东济南人，因一阕关心民众疾苦的《山坡羊·潼关怀古》而名垂千古。他历仕元代世祖、成宗等朝，始终廉洁奉公，为民谏言，撰写了《牧民忠告》《庙堂忠告》

《风宪忠告》，合称《三事忠告》。他认为，为政以德重在省己修身，必须重视官员自身私德的养成。他在《牧民忠告》的开篇就谈到"省己"——"命下之日，则拊心自省"，即任命下达之日起，就要开展发自内心的自省和反思。同时，"戒贪""自律"，对容易犯错之处要主动加以克服、纠正。为政以德还须举贤爱民。人才是为政之基，张养浩认为："夫士有公天下之心，然后能举天下之贤。盖天下之事，非一人所能周知，亦非一人所能独成，必兼收博采，治理可望焉。"（《三事忠告》）另一方面，他认为朝廷一定要"重民"，是否"重民"决定了统治的稳固与否，"国之所以昌，四夷之所以靖，朝廷之所以隆，宗庙社稷所以血食悠久者，微民不能尔也"（《三事忠告》）。《三事忠告》在明代颇受重视，《四库全书总目》也予以高度评价："其言皆切实近理，而不涉于迂阔。盖养浩留心实政，举所阅历者著之。"

明代著名思想家王阳明创立的阳明心学，是对先秦儒学、宋代理学的继承和发展，将儒家思想推向了又一个高峰。阳明心学的核心观点是"致良知""知行合一"。在此基础之上，形成了具有鲜明特色的为政以德思想。一，致良知以安百姓。《传习录》载："吾教人致良知，在格物上用功，却是有根本的学问。"说明致良知是阳明心学的基础性概念。王阳明认为："孔子言'修己以安百姓'，'修己'便是'明明德'，'安百姓'便是'亲民'。"（《传习录》）明明德即明白自心之良知的过程，亲民就是安百姓。如果不放松修身的要求，那么就可以实现安百姓、天下大治的目标。二，知行合一以为政。王阳明主张知行合一，即要求明理与实践必须统一起来。他认为，在为政上更要做到知行合一。"真知即所以为行，不行不足谓之知。"王阳明的为政以德思想最可贵之处就在于其实践精神。他自科举入仕，始终坚持"明德亲民"，无论是在任地方官时，还是主持军务时，均重视实践的作用，令无数后人折服。魏禧评价道："王文成公以道学立事功，为三百年一人。"

明末清初，市民经济的繁荣及社会政局的动荡、巨变，促使以黄宗羲、顾炎武、王夫之为代表的士人阶层对明代弊政及宋明理学进行反思，开始对传统为政以德思想进行重新认识，提出了具有鲜明时代特色的观点。他们反对传统的"君为臣纲"的官德理论，批判君主专制。在《明夷待访录》中，黄宗羲提出"天下为主，君为客"，既然天下与君主是主客关系，那么君臣之间也就不是传统的"君为臣纲"的关系，而是一种平等的关系。他们还认为各种官职的设定，目的是分担君主的职责，而不是满足君主的私利，为官者为民行德政比对君尽忠更重要，"盖天下之治乱，不在一姓之兴亡，而在万民之忧乐"。这种君臣平等、共同为民服务的思想，闪耀着动人的光辉。顾炎武特别推崇"空谈误国，实干兴邦"的主张，反对"竹林七贤"式的清谈。他提倡读书与考察相结合的学习修身之法，由此开启了有清一代实学之风。王夫之主张实事求是，倡导实用主义，认为"民胜于天"，注重民生保障。他指出："卿大夫不仁，则有宗庙而宗庙不保矣，诛夷之祸随之矣。"顾炎武认为，天下兴亡，匹夫有责，亡国是指政权的更替，而亡天下则指社会道德的沦亡，"是故知保天下，然后知保其国。保国者，其君其臣，肉食者谋之；保天下者，匹夫之贱与有责焉耳矣"（《日知录》）。顾炎武认为，社会大众无论高低贵贱，都有维护社会道德的责任，都应该以国家事业为己任，而抨击那种自甘为君主奴仆的行为。他们改革封建社会时弊的思想，是对传统德治思想的扬弃，在历史发展过程中，这些思想凝结为中华民族优秀传统美德的重要组成部分，具有跨时代的意义。

第二节　为政以德的深刻内涵

历史上其他民族和国家，从未如同中国一样，把道德和政治结合得如此紧密，并形成了一整套"为政以德"思想体系。为政以德成为儒家政治思想的核心命题，经过几千年的发展，中国古代的政治、经济、法律、文化和教育等均深深地打上了为政以德的烙印。为政以德作为一种政治与道德思维模式，成为中华民族政治文化的独有特征及重要精神标识。

一、为政以德思想产生的历史根源及内在逻辑

孔子所处的春秋末期是一个"礼崩乐坏"的时代，其显著特点是：西周王室衰落，"礼乐征伐自天子出"变为"礼乐征伐自诸侯出"，封建宗法统治及家国一体的政治架构逐步走向解体。在这样一个大的社会背景下，以孔子、孟子为代表的儒家学派，开始深入思考道德与政治的关系，提出自己的政治主张。他们纷纷把道德社会作为自己追求的理想社会。何谓儒家的理想社会？孔子在《论语·八佾》中说："周监于二代，郁郁乎文哉！吾从周。"孔子认为，周借鉴、吸收了夏商统治的经验教训，并加以改革创新，形成了完备的礼法制度，是接近于理想社会的朝代。孟子在《孟子·梁惠王上》中描绘了这样一幅理想画卷："谨庠序之教，申之以孝悌之义，颁白者不负戴于道路矣。七十者衣帛食肉，黎民不饥不寒，然而不王者，未之有也。"孟子心目中的理想社会是推行仁政、讲求伦理道德的和谐社会。

在另一部儒家重要典籍《礼记·礼运》中对理想社会有更为直接的描述："大道之行也，天下为公，选贤与能，讲信修睦。故人不独亲其亲，不独子其子，使老有所终，壮有所用，幼有所长，矜寡孤独废疾者皆有所养，男有分，女有归。货，恶其弃于地也，不必藏于己；力，恶其不出于身也，不必为己。是故谋闭而不兴，盗窃乱贼而不作，故外户而不闭。是谓大同。"在这段话中，大同社会就是无数仁人志士孜孜以求的理想社会，而这个理想社会最重要的特点就是"天下为公"。"公"主要是指政治学意义的公平、正义，着重强调了对为政者道德方面的要求。

由以上典籍中所征引的史料可以看出，虽然孔子、孟子对各自心目中理想社会的描述有所不同，但可以概括出理想社会的共同特征——为政者道德高尚、修己正人，社会有序，人民安居乐业。从这个角度上，我们可以将儒家所追求的大同社会称为"道之以德"的社会，即道德社会。那么，这样的理想社会如何才能变成现实呢？儒家学者经过深刻思考，找到了一个答案：为政者必须推行德治，即为政以德。

为政以德思想源自儒家学者对殷商"君权神授""我生不有命在天"的天命观的反思。在此视角下，天不再是宗教意义上的天，而转化为有生命意义和伦理价值的自然存在。由此，"德"变成了连接天与人的纽带，是否推行德政也成为君主能否获得天命的唯一标准。《尚书·蔡仲之命》曰："皇天无亲，惟德是辅。"天只护佑有德之君，即推行为政以德的人。《尚书·召诰》曰："肆惟王其疾敬德，王其德之用，祈天永命。"就是说，君主应该为政以德，用德政来祈求天命。

儒家认为，天命在身的有德之君推行德治是实现理想社会的根本途径。为政者愿意推行德政，并以身作则，就会收到良好的效果。《论语·颜渊》曰："子为政，焉用杀？子欲善而民善矣。君子之德风，小人之德草，草上之风，必偃。"孔子认为为政者在道德方面做出表率具有重要意义。《孟子·离娄上》曰："君仁，莫不仁；君义，莫不义；君正，莫不正。一正君而国定矣。"孟子也对君主的修身及推行德治予以最大的肯定。《荀子·君道》曰："君者，仪也，仪正而景正；君者，盘也，盘圆而水圆；君者，盂也，盂方而水方。"荀子对为政者的表率作用也非常重视。从另外一个方面讲，假如为政者不推行为政以德，而仅仅依靠政令、刑罚，那么天下大同的理想社会是无法实现的。对此，孔子在《论语·为政》中分析道："道之以政，齐之以刑，民免而无耻。"《孟子·公孙丑上》中表述得更为直接："以德行仁者王，王不待大。汤以七十里，文王以百里。以力服人者，非心服也，力不赡也；以德服人者，中心悦而诚服也，如七十子之服孔子也。"商汤、周文王因推行德政，百姓像七十子服膺孔子一样心悦诚服，所以可以建立王道乐土；而以力服人者，虽然可以得到百姓一时的臣服，但危机可能随时到来。

通过以上论述，我们可以认识到，儒家认为为政以德是实现理想社会的根本途径，是因为他们意识到刑罚、酷法只能暂时性地获得民财、民力，而无法取得民心，当然也就没有办法去建立理想社会了。

二、为政以德内涵的剖析

为政以德的"政"字从词义学的角度解析有两种含义，一是动词含义——"使……正"；一是名词含义，指代为国家事务。所以为政以德的内涵可以从两个层面来解读，即"政者，正也"（《论语·颜渊》）及"己欲立而立人，己欲达而达人"（《论语·雍也》）。这一方面指为政者必须时时检视自己的思想与言行，使其符合"德"的要求；另一方面指为政的目的，即满足为政对象的需要。因此，论述"为政以德"的具体内涵应围绕为政者的个人修身（修己，即为政在人）与治国理政（治人，即以民为本）两方面展开。

"为政在人"出自《中庸》："故为政在人，取人以身，修身以道，修道以仁。"讲述了哀公向孔子问政的故事。孔子总结周文王、周武王的经验，指出为政的根本在于人（尤其是为政者自身），为政者必须通过不断地修养身心，才能行仁政、成大业。具体说来，主要有以下三个方面：

1. 修身立德。修身是中国人安身立命的起点。《礼记·大学》云："格物，致知，诚意，正心，修身，齐家，治国，平天下。"这不仅是普通士人的理想，也是为政者追求"内圣外王"之道所必经的各个阶段，其中的顺序是不能颠倒的。明成祖仁孝皇后在《内训·修身》中如此论述："夫身不修，则德不立，德不立而能成化于家者盖寡焉，而况于天下乎？"朱熹也说："民心归向处，只在德上，却不在事上。许多事都从德上出。若无德而徒去事上理会，劳其心志，只是不服。"（《朱子语类》）他也认为为政者应该先修养好自己的德性，再处理政事。

为政者必须带头修身养性，为民众树立榜样，要求别人做到的，自己首先做到、做好，这样才能治理好国家。孔子说："苟正其身矣，于从政乎何有？不能正其身，如正人何？"（《论语·子路》）意思是说，如果能够修身立德，那么从政的话还有什么难处呢？如果不能端正自身，那么如何端正别人呢？孔子又说："其身正，不令而行；其身不正，虽令不从。"（《论语·子路》）为政者如果修身立德，品行端正，不用下命令臣民也会行动；如果自身品行不端，那么即使下命令臣民也不会服从。所谓"君子之德风，小人之德草，草上之风，必偃"，说的就是这个道理。同时，为政者应把修身立德视为努力追求的目标。在《论语·为政》中就有这样一段对话："子路问政。子曰：'先之，劳之。'请益，曰：'无倦。'"

我国有丰富的"官箴""家训"文化，东汉马融的《忠经》、南北朝时期颜之推的《颜氏家训》、宋代吕本中的《官箴》、元代张养浩的《三事忠告》等书籍对为政者的修身立德产生了积极影响。

2. 清正廉洁。清廉是为政以德中最具特色的部分。《管子·牧民》中说："国有四维，一维绝则倾，二维绝则危，三维绝则覆，四维绝则灭。倾可正也，危可安也，覆可起也，灭不可复错也。何谓四维？一曰礼，二曰义，三曰廉，四曰耻。"管仲认为，清正廉洁是对为政者的基本要求，廉同礼、义、耻诸德相同，是维系国家存亡的基石，甚至在某种程度上，清正廉洁是评价为政者的最重要的标准，超越了能力、政绩等。所以，《晏子春秋》中说："廉者，政之本也。"在晏子看来，国家长治久安的前提是为政者的清正廉洁。如果为政者做不到清正廉洁，而以骄奢享受为追求，那么必然导致统治的腐败，就像《汉书·宣帝纪》中说的那样："吏不廉平，则治道衰。"为政者要想做到清正廉洁，必须戒贪止欲。《老子》中说："祸莫大于不知足，咎莫大于欲得。"意思是说，灾祸没有比不知足更大的了，罪过没有比贪得无厌更大的了。戒贪止欲，应做到俭约自守、力戒奢华。为政者不控制自己的欲望，甚至放纵自己的欲望，去简朴求奢华，其后果是极其严重的。《左传·庄公二十四年》总结道："俭，德之共也；侈，恶之大也。"韩非子在《喻老》篇中讲了一个令人深思的故事：商纣王命人做了一双精美绝伦的象牙筷子，他的叔叔箕子知道以后非常害怕，因为有了象牙筷子就要配套相应的食器及美味，享用美食的人对衣着、住所的要求也会越来越高……奢侈之风就会逐渐泛滥开来，最终导致意想不到的恶果。果然，几年之后，商纣王酒池肉林，诛杀敢于进谏的忠臣，商朝很快就遭受了灭顶之灾。

为政者要清正廉洁，还必须做到慎独、自律。《中庸》曰："是故君子戒慎乎其所不睹，恐惧乎其所不闻。莫见乎隐，莫显乎微，故君子慎其独也。"意思是说，有道德修养的人在独处时，也不会做不道德的事。历史上，为官者坚持慎独、自律的事例不胜枚举，其中最出名的莫过于"杨震暮夜却金"。《后汉书·杨震传》载："所举荆州茂才王密为昌邑令，谒见，至夜怀金十斤以遗震。震曰：'故人知君，君不知故人，何也？'密曰：'暮夜无知者。'震曰：'天知，神知，我知，子知。何谓无知！'密愧而出。"清正廉洁是我国政德文化中的宝贵遗产，激励着无数后来者"两袖清风，一心为民"。

3. 居安思危。安不忘危、治不忘乱的忧患意识是一种可贵的为政之德，反映了为政者对事物发展规律的深刻把握，表现为为政者始终在政治上、思想上保持清醒。《周易·系辞下》曰："君子安而不忘危，存而不忘亡，治而不忘乱，是以身安而国家可保也。"这就指明了居安思危对于保国保家的重要意义。其实，对于事物发展中危与机、存与亡的转化，古人早就有清醒的认识。《诗经·大雅》曰："靡不有初，鲜克有终。"《左传·庄公十一年》曰："禹、汤罪己，其兴也勃焉；桀、纣罪人，其亡也忽焉。"为政者没有做到居安思危，最终像孟子说的那样"生于忧患，死于安乐"。

唐太宗李世民时刻不忘居安思危，特地设置了"论隋日"来提醒自己，"动静必思隋氏，以为殷鉴"（《贞观政要·刑法》）。因为有居安思危的忧患意识，唐太宗能够做到谨慎为政，他对侍臣说："治国与养病无异也。……天下稍安，尤须兢慎，若便骄逸，必至丧败。今天下安危，系之于朕。故日慎一日，虽休勿休。"也正因为有这种忧患意识，唐太宗能勤政爱民，善于纳谏，力行德政，开创了名垂青史的"贞观盛世"。唐代另一位著名的皇帝唐玄宗在其统治前期励精图治，提倡文教，改革吏治，任用贤臣，使唐朝的国力达到鼎盛，"忆昔开元全盛日，小邑犹藏万家室"（杜甫《忆昔二首》）；在其统治后期，自恃承平，以为天下无忧，疏离朝政，近小人、远贤臣，沉溺于

声色之中，终于酿成安史之乱的大祸，大唐盛世戛然而止。这正如
《左传·昭公四年》所云："或多难以固其国，启其疆土；或无难以丧
其国，失其守宇。"由此可见居安思危的忧患意识对于为政者的重
要性。

以上主要从为政者的角度分析了为政以德的基本要求，现在转换
一下视角，从为政对象即民众的角度来解读实现为政以德的具体途
径，这主要集中在道德教化、以民为本和德主刑辅三个方面。

1. 道德教化。道德教化对于社会治理有重要意义，只有通过提升
人民的德性修养，培养民众的君子人格，规范秩序，才能为推行为政
以德奠定坚实的基础。

《论语·子路》曰："子适卫，冉有仆。子曰：'庶矣哉！'冉有
曰：'既庶矣，又何加焉？'曰：'富之。'曰：'既富矣，又何加焉？'
曰：'教之。'"从这段话中，我们可以看到孔子对道德教化的重视，
他认为对民众施以教化是实现天下大治的前提条件。在《孟子·公孙
丑上》中也可以看到类似的记载："孔子曰：德之流行，速于置邮而
传命。"意思是德政的推行，比通过驿站传达命令还要迅速。所以为
政者必须要重视教化的重要作用。汉儒对道德教化也有着深刻的认
识，如贾谊在《新书》中说："教者，政之本也。""有教，然后政治
也。"董仲舒也说："教，政之本也；狱，政之末也。"(《春秋繁
露》)。儒家思想推崇"仁""义"，以"仁""义"调整人际关系；主
张"礼治"，即以等级制度来规范社会秩序，约束人们的行为，化民
成俗。"仁""义""礼治"虽然是统治者的统治手段，但也使普通民
众产生了认同感、归属感，从而能够自觉约束自己的行为，促进了社
会的和谐统一。儒家主张"修身、齐家、治国、平天下"，鼓励个人
积极入世，有所作为，将个体和社会紧密相连。儒家还推行礼乐之
教，以此实现社会道德教化的目的。总体来说，中国古代社会非常注

重道德教化的正面引导作用，一方面编撰了大量关于教化的书籍，如《大学》《中庸》《孝经》《菜根谭》《二十四孝》等；另一方面，在举荐选拔人才时，也通过"举孝廉"的制度，引导社会大众淳化风俗。由此，既助力了为政以德治理思想的推行，也对中华民族传统美德的构建起到了极大推动作用。

2. 以民为本。以民为本是为政以德思想在国家治理中的具体要求，从本质上来讲，是要求为政者认识到人民在国家中的重要地位，认识到民心向背对于国家兴亡的重要意义，从而把民生问题作为政治治理的重点和关键，把富民、节用薄敛、使民以时等作为追求的目标。

富民。在《论语》中，子张向孔子请教从政的条件，孔子说需要有"五美"，首要就是"惠而不费""因民之所利而利之"（《论语·尧曰》）。孔子把富民看作国家富强的基础，他说："百姓足，君孰与不足？百姓不足，君孰与足？"孟子也主张应让老百姓家有恒产，"是故明君制民之产，必使仰足以事父母，俯足以畜妻子，乐岁终身饱，凶年免于死亡"。荀子指出："不富无以养民情。"（《荀子·大略》）魏晋时期的傅玄则从深层次分析道："民富则安，贫则危。"将富民的重要意义清晰地表述出来。

节用薄敛。"温、良、恭、俭、让"是孔子大力提倡的"礼"，其中俭就是"节用"。他把"节用"看作是为政者必备的美德，认为"道千乘之国"，必须"节用而爱人"。即使在国家祭祀活动这种重大仪式上，他也不主张奢侈浪费，认为"礼，与其奢也，宁俭"（《论语·八佾》）。可见，孔子对于"节用"的重视。薄敛与节用是国家治理的一体两面，二者是相辅相成、互为依托的关系。孔子是先秦时期较早提倡轻徭薄赋的思想家，他明确提出"敛从其薄"，把薄敛作为一项基本国家政策来论述，剖析了薄敛对于稳定统治、促进生产的意义。当他知道冉求为季氏敛财而导致百姓负担增加时，非常生气地说："非吾徒也，小子鸣鼓而攻之，可也。"可见，孔子对向百姓横征暴敛的行为深恶痛绝。唐代魏徵力主"薄赋敛，轻租税"，他向唐太宗进谏："君何以名？为君尊天事地，敬社稷，保四国，慈爱万民，薄赋敛，轻租税，臣亦与焉。"（《贞观政要·政体》）认为国君施政，最重要的是做到爱民，而具体的做法之一就是薄敛。

使民以时。"时"是中国传统文化中非常重要的一个概念，是指不论干什么事情，都要在适合的时间去做。在封建社会时期，徭役是除税赋以外老百姓的另一大负担。如果为政者不行德政，不以民为本，只为满足自己的私利私欲，横征苛役，百姓疲于奔命，就可能导致社会动乱。秦末陈胜、吴广起义就是由此导致的一场农民起义。富民、节用薄敛、使民以时等是以民为本的具体内容，在当下仍有可资借鉴的不朽价值。

3. 德主刑辅。为政以德思想提倡"仁政""德政"，毫无疑问，是将道德教化视为治理民众最重要的手段，但该思想并没有否认法治、刑罚在国家治理中的作用。《孔子家语·刑政》中说："圣人之治化也，必刑政相参焉。太上以德教民，而以礼齐之，其次以政焉导民，以刑禁之，刑不刑也。化之弗变，导之弗从，伤义以败俗，于是乎用刑矣。"意思是说，上古的圣君教化民众，注重刑罚与政令相互配合，用刑罚的目的是不用刑罚。这清晰地论述了孔子心目中理想的治理模式，即以德教为主，如果德教不起作用，则要采用刑罚，德刑相互配合才能稳定统治秩序。政令和刑罚虽然可以使民众屈服，但民众往往只有恐惧之心而无羞耻之心。在一个没有羞耻之心、缺乏道德教化的国度，欲求天下大治、长治久安，无异于缘木求鱼、水中捞月。"以法为教，以吏为师"的秦朝就是最好的例证，秦始皇、秦二世一味"专任刑罚"，结果引起了民众的反抗，结果秦朝二世而亡。

只有德主刑辅、德法相济，才能收到"宽以济猛，猛以济宽，政是以和"（《左传·昭公二十年》）的良好效果。到了汉代，董仲舒将天人感应理论运用于政治领域，为德主刑辅思想提供了理论基础。他认为治国之道犹如阴阳交替，阳为德，阴为刑，天重阳而轻阴，因此君主施政也应该重德教而轻刑罚。当然，董仲舒并不否认刑罚的作用，而是要求在德治的前提下，适当运用刑罚。董仲舒的理论适应了当时政治及儒学自身发展的需求，对后世产生了深远影响。

第三节　为政以德的创造性转化

中国共产党是中华优秀传统文化的忠实传承者和弘扬者，格外重视马克思主义基本原理同中国具体实际、中华优秀传统文化的结合问题。毛泽东同志在 1938 年党的六届六中全会上指出："我们是马克思主义的历史主义者，我们不应当割断历史。从孔夫子到孙中山，我们应当给以总结，承继这一份珍贵的遗产。"[①] 党的十八大以来，以习近平同志为核心的党中央高度重视对中华优秀传统文化的传承和发展，开辟了马克思主义基本原理同中华优秀传统文化相结合的新境界。为政以德是中华优秀传统文化的重要组成部分，在新时代的伟大实践中，其实现了与马克思主义的深刻结合，产生了深远影响。

1. 由传统的修身立德向"明大德、守公德、严私德"转化。

人无德不立，官无德不为，国无德不兴。共产党人历来重视党员

---

① 毛泽东：《毛泽东选集》（第二卷），人民出版社 1991 年版，第 534 页。

干部的道德修养问题，在实现中华民族伟大复兴的征程上，从认识的高度、实践的措施等方面完成了对传统为政以德思想的转化和超越。

习近平总书记指出，领导干部要讲政德，政德是整个社会道德建设的风向标。立政德，就要明大德、守公德、严私德。大德就是指共产党人的理想信念。明大德即要坚定理想信念、锤炼坚强党性，在大是大非面前旗帜鲜明，在风浪考验面前无所畏惧，在各种诱惑面前立场坚定。习近平总书记强调，对马克思主义的信仰，对社会主义和共产主义的信念，是共产党人的政治灵魂，是共产党人经受住任何考验的精神支柱。"种树者必培其根，种德者必养其心。"（《传习录》）新时代的党员干部必须在"立志"方面下功夫，不断增强党性修养，自觉做习近平新时代中国特色社会主义思想的坚定信仰者和忠实实践者。

就党的领导干部而言，他们既是社会普通群众中的一员，也是党组织中的一员，所以不但要遵守社会对公民的道德要求，还要遵守党组织对党员干部的道德要求——强化宗旨意识，全心全意为人民服务，恪守立党为公、执政为民理念，做到心底无私天地宽。守公德是党员干部党性修养的核心内容，也是检验共产党员自我教育、自我改造、自我提高和自我完善的重要标尺。习近平总书记在党的二十大报告中强调："坚持以严的基调强化正风肃纪。"这是从保持党同人民群众血肉联系、保证国家长治久安的高度，对领导干部守公德、加强作风建设提出的要求。私德指私人生活中的道德规范。严私德，就是说党员干部要严格约束自己的操守和行为，对党员干部来说，私德不仅仅是个人的私事，它还会影响到整个社会风气，事关事业成败和国家发展，可不慎乎？党的十八大以来，习近平总书记反复强调，"打铁必须自身硬"，所有党员干部都要戒贪止欲、克己奉公，既要思想硬、本领硬，又要作风硬、纪律硬，切实把人民赋予的权力用来造福人民。严私德，还要高度重视家风建设。严格约束家人，廉洁修身、廉洁齐家，防止"枕边风"成为贪腐的导火索，防止子女借自己的名义违法乱纪。

党的十八大以来，以习近平同志为核心的党中央高度重视党员干部队伍的道德修养、作风建设及纪律建设，站在推进党的自我革命的高度，先后组织开展了党的群众路线教育实践活动、"三严三实"专题教育、"两学一做"学习教育、"不忘初心、牢记使命"主题教育、党史学习教育、学习贯彻习近平新时代中国特色社会主义思想主题教育等六次集中性学习教育活动，统一了思想，提高了认识，增强了本领，为打造一支"忠诚、干净、担当"的高素质干部队伍打下了坚实基础。

2. 由传统的清正廉洁向一体推进不敢腐、不能腐、不想腐转化。

清廉是中国传统为政以德思想中最具特色的部分，清官文化在中国历史上源远流长，为国家政治建设留下了丰厚的遗产。在新时代，我们共产党人一方面吸收廉政文化中的养分，另一方面着眼于新形势和任务，以敢于刀刃向内、刮骨疗毒、壮士断腕的大无畏勇气，推进反腐倡廉工作，形成了一体推进不敢腐、不能腐、不想腐的方针战略，成功走出了一条依靠制度优势、法治优势反腐败之路。

反腐败斗争关系民心得失，是一场输不起也绝不能输的重大政治斗争。党的十八大以来，以习近平同志为核心的党中央把全面从严治党纳入"四个全面"战略布局，开展了史无前例的反腐败斗争，以"得罪千百人，不负十四亿"的使命担当，"打虎""拍蝇""猎狐"多管齐下，反腐败斗争取得了压倒性胜利。党的二十大报告指出，"坚决打赢反腐败斗争攻坚战持久战"，在新的历史节点，党对反腐败工作提出明确要求——坚持不敢腐、不能腐、不想腐一体推进。不敢腐，侧重于惩治和威慑，党中央坚持无禁区、全覆盖、零容忍，始终保持惩治腐败高压态势；不能腐，侧重于制约和监督，我们党先后制定修订了《关于新形势下党内政治生活的若干准则》《中国共产党廉洁自律准则》《中国共产党党内监督条例》等，形成了一整套比较完善的党内法规体系和反腐败法律体系；不想腐，侧重于教育和引导，党中央坚持不懈用马克思主义中国化最新成果武装全党，推动形成全方位党性教育链条，筑牢拒腐防变防线。不敢腐、不能腐、不想腐三者必须同时发力、同向发力、综合发力，把不敢腐的强大震慑效能、不能腐的刚性制度约束、不想腐的思想教育优势融于一体，从而取得更多制度性成果和更大治理效能。反腐败斗争是最彻底的自我革命，也是共产党人超越历史、超越其他阶级政党以永葆青春的法宝，不能丝毫松劲歇脚，必须永远吹冲锋号。

3. 由传统的居安思危向增强忧患意识、坚持底线思维、构建新安全格局转化。

中华民族是一个善于居安思危的民族，传统的为政以德思想中蕴含着丰富的居安思危理念，这些理念影响深远、历久弥新。共产党人作为中华优秀传统文化的继承者，坚持把马克思主义基本原理同中华优秀传统文化相结合。习近平总书记指出，我们"要从保持红色江山永不变色的战略高度来认识，要有居安思危、知危图安的忧患意识"[1]，"我们共产党人的忧患意识，就是忧党、忧国、忧民意识，这是一种责任，更是一种担当"[2]。习近平总书记关于增强忧患意识的重要论述，激活了传统居安思危思想的生命力，推动了这一思想的创造性转化、创新性发展，彰显了中华优秀传统文化的深厚底蕴和时代风采。

中国共产党是生于忧患、成长于忧患、壮大于忧患的政党。在百年的艰苦奋斗历程中，忧患意识给予共产党人战胜困难、超越自我的

---

[1] 习近平：《党旗所指就是团旗所向》，《论党的青年工作》，中央文献出版社 2022 年版，第 156 页。

[2] 中共中央纪律检查委员会、中共中央文献研究室编：《习近平关于党风廉政建设和反腐败斗争论述摘编》，中央文献出版社、中国方正出版社 2015 年版，第 8 页。

勇气，给予共产党人"不忘初心"带领中华儿女实现中华民族伟大复兴的磅礴动力。1949年3月，在即将取得革命胜利的前夕，毛泽东同志郑重提出"两个务必"，强调夺取全国胜利只是万里长征走完的第一步，提醒共产党人要有"进京赶考"的意识，不要当李自成。党的十八大以来，中国特色社会主义进入新时代，在朝着中华民族伟大复兴逐梦前行、砥砺奋进的征程上，习近平总书记围绕坚持底线思维、增强忧患意识作出系列重要指示："我们的事业越前进、越发展，新情况新问题就会越多，面临的风险和挑战就会越多，面对的不可预料的事情就会越多。我们必须增强忧患意识，做到居安思危。"① "我们必须增强忧患意识，坚持底线思维，做到居安思危、未雨绸缪，准备经受风高浪急甚至惊涛骇浪的重大考验。"② 习总书记的这些重要指示，既是对世界百年未有之大变局、国内外各种风险挑战的清醒认识，也是对党内可能滋生的骄傲自满、精神懈怠而敲响的警钟，是传统的居安思危思想在新时代新形势下的转化和升华。

所谓底线，是指最低的条件和限度，而底线思维作为一种思维方式，则是新时代中国共产党人应对重大考验的重要方法论支撑。其内涵，就是习总书记强调的"凡事从坏处准备，努力争取最好的结果，做到有备无患、遇事不慌，牢牢把握主动权"③。底线思维源于古代优秀传统文化中"安而不忘危，存而不忘亡，治而不忘乱"（《周易·系辞下》）的居安思危思想，是马克思主义基本原理同中华优秀传统文化相结合，并进行创造性转化和创新性发展而形成的科学方法论。底线

---

① 习近平：《关于坚持和发展中国特色社会主义的几个问题》，《求是》2019年第7期。

② 习近平：《高举中国特色社会主义伟大旗帜 为全面建设社会主义现代化国家而团结奋斗——在中国共产党第二十次全国代表大会上的报告》，人民出版社2022年版，第26页。

③ 《习近平治国理政关键词（51）：底线思维 应对复杂形势的科学方法》，《人民日报·海外版》2017年2月13日。

思维是新时代中国共产党人应对风险挑战的重要法宝，并成为推进伟大事业发展的重要举措。国家安全是民族复兴的根基，是人民安居乐业的保证，也是我们增强忧患意识、坚持底线思维的目标追求。当前，国家安全形势出现新变化、新趋势，逆全球化思潮抬头，局部冲突和动荡频发，世界进入新的动荡变革期。我们改革发展面临不少深层次矛盾，来自外部的打压遏制随时可能升级，国家安全问题的复杂程度、艰巨程度明显加大。面对世界之变、时代之变、历史之变，我们党居安思危，坚持底线思维，在党的二十大报告中对推进国家安全体系和能力现代化，坚决维护国家安全和社会稳定作出战略部署，提出以新安全格局保障新发展格局。这是传统居安思危观念在时代背景下的最新转化，具有重大的政治意义、理论意义、实践意义。

4. 由传统的道德教化向新时代公民道德建设工程转化。

传统为政以德思想高度重视对民众的道德教化，认为只有厚风俗、淳人心，才能为推行德政奠定基础。由此，在几千年的历史发展中，我们形成了爱国爱家、尊老爱幼、知恩图报、勤劳节俭等传统美德。中国共产党人领导人民在革命、建设和改革开放进程中，坚持马克思主义对人类美好社会的指导，继承和发扬中华传统美德，形成了引领中国社会发展进步的社会主义道德体系。

对于如何在新时代继承和发展传统道德、传统美德，习近平总书记有明确指示："要坚持古为今用，去粗取精、去伪存真，继承和弘扬中华民族优秀文化，促进社会主义核心价值体系建设，促进社会公德、职业道德、家庭美德、个人品德教育，弘扬中华传统美德，弘扬时代新风。"[1] 在 2001 年颁布的《公民道德建设实施纲要》基础之上，针对世情、国情、党情发生的重大变化，特别是中国特色社会

---

① 习近平：《在党的十八届四中全会第一次全体会议上关于中央政治局工作的报告》，2014 年 10 月 20 日。

主义进入新时代，对新时代公民道德建设提出了新的要求，2019 年10 月，中共中央、国务院印发《新时代公民道德建设实施纲要》。《纲要》明确提出，要坚持马克思主义道德观、社会主义道德观，倡导共产主义道德，以为人民服务为核心，以集体主义为原则，以爱祖国、爱人民、爱劳动、爱科学、爱社会主义为基本要求，始终保持公民道德建设的社会主义方向。此外，新时代公民道德建设工程的重要任务主要有以下几个方面。一是筑牢理想信念之基。要坚持不懈用习近平新时代中国特色社会主义思想武装全党、教育人民，在全社会广泛开展理想信念教育，深化社会主义和共产主义宣传教育，引导人们不断增强道路自信、理论自信、制度自信、文化自信。二是培育和践行社会主义核心价值观。社会主义核心价值观是当代中国精神的集中体现，是凝聚中国力量的思想道德基础，要持续深化社会主义核心价值观宣传教育，树立鲜明导向，强化示范带动，引导人们把社会主义核心价值观作为明德修身、立德树人的根本遵循。三是传承中华传统美德。中华传统美德是中华文化精髓，要充分发掘文化经典、历史遗存、文物古迹承载的丰厚道德资源，弘扬古圣先贤、志士仁人的嘉言懿行，让中华文化基因更好植根于人们的思想意识和道德观念中。四是弘扬民族精神和时代精神。以爱国主义为核心的民族精神和以改革创新为核心的时代精神，是中华民族生生不息、发展壮大的坚实精神支撑和强大道德力量，要深化四史教育，弘扬四种伟大精神，构筑中华民族共有精神家园。

习近平总书记在二十大报告中指出："实施公民道德建设工程，弘扬中华传统美德，加强家庭家教家风建设，加强和改进未成年人思想道德建设。"[1] 今天，中国人民正在全面建设社会主义现代化的征程

---

[1] 习近平：《高举中国特色社会主义伟大旗帜 为全面建设社会主义现代化国家而团结奋斗——在中国共产党第二十次全国代表大会上的报告》，人民出版社 2022 年版，第 44 页。

上勇毅前行，实施公民道德建设工程，是把中国建设为富强民主文明和谐美丽的社会主义现代化强国的必然要求。只有我们每个人都从自身做起，以信仰为引领，以行动来传承美德，不断提升道德水准和文明素养，才能在全社会形成崇德向善的良好氛围，从而更好地助力中国式现代化的建设。

5. 由传统的以民为本向坚持以人民为中心的发展思想转化。

以民为本的民本思想是为政以德在国家治理中的具体体现。人民性是中国共产党的鲜明品格，人民立场始终是中国共产党的根本政治立场，一部中国共产党的奋斗史，就是一部以人民为中心的奋斗史、奉献史。2013 年 6 月，习近平总书记在十八届中央政治局第七次集体学习时指出："毛泽东同志要求全党同志必须全心全意为人民服务，邓小平同志要求我们做工作必须考虑群众拥护不拥护、赞成不赞成、高兴不高兴、答应不答应，江泽民同志提出我们党要始终代表中国最广大人民根本利益，胡锦涛同志提出必须把实现好、维护好、发展好最广大人民根本利益作为一切工作的出发点和落脚点，我们这一届党中央明确提出'人民对美好生活的向往，就是我们的奋斗目标'，是一以贯之的。"① 在带领人民发展中国式现代化道路的过程中，共产党人始终坚持人民至上，以人民为中心，在政治、经济、社会生活等方面实现了对传统以民为本思想的跨越式转化与升华，体现了社会主义无可比拟的先进性。

在政治生活方面，中国共产党坚持以人民为中心的发展思想，尊重人民主体地位，提出了极具中国特色、时代标识、世界意义的全过程人民民主理念。在传统的政治理念中，"民为贵，社稷次之，君为轻"（《孟子·尽心下》）、"天之生民，非为君也；天之立君，以为民也"

---

① 习近平：《习近平谈治国理政》（第二卷），外文出版社 2017 年版，第 40 页。

（《荀子·大略》）、"天下为主，君为客"（《明夷待访录·原君》）等思想闪烁着智慧的光芒，但只有到了社会主义阶段，进入新时代伟大征程，才成功孕育发展出全过程人民民主理念。全过程人民民主体现在民主程序环节的"全链条"，人民不仅参与投票选举，还参与公共事务商议、公共权力运行监督等，在政治生活中拥有持续、广泛、深入的参与权利；体现在民主领域范围的"全方位"，旨在保障和实现广大人民群众在政治、经济、文化、社会等诸多领域的广泛权利；体现在民主主体内容的"全覆盖"，在党的全面领导下，社会多元主体平等参与。习近平总书记在党的二十大报告中指出："全过程人民民主是社会主义民主政治的本质属性，是最广泛、最真实、最管用的民主。"①

在经济、社会生活方面，中国共产党人牢牢坚持以人民为中心的发展思想，立党为公、执政为民，时刻不忘维护人民根本利益，增进民生福祉，不断实现发展为了人民、发展依靠人民、发展成果由人民共享，让现代化建设成果更多更公平惠及全体人民。在几千年的历史发展中，第一次全面取消农业税；普及九年义务制教育；建成世界上规模最大的社会保障体系，以基本养老制度、基本医疗制度和最低生活保障制度为支柱的覆盖全民的多层次社会保障体系日益完善；初步实现人人享有基本医疗卫生服务，居民健康素质等一些主要指标已经达到世界中等发达国家水平。2021年7月1日，习近平总书记在庆祝建党100周年大会上庄严宣告，我们在中华大地上全面建成了小康社会，无数仁人志士千百年来为之奋斗的理想，在党的领导下终于得到实现。2021年2月25日，习近平总书记在北京召开的脱贫攻坚总结表彰大会上宣告，我国脱贫攻坚取得了全面胜利，8年来，近1亿人

① 习近平：《高举中国特色社会主义伟大旗帜　为全面建设社会主义现代化国家而团结奋斗——在中国共产党第二十次全国代表大会上的报告》，人民出版社2022年版，第37页。

脱贫，832 个贫困县全部摘帽，这是彪炳史册的人间奇迹，也是共产党人坚持以人民为中心，不忘初心、牢记使命的生动写照。共同富裕是社会主义的本质要求，是人民群众的共同期盼，党的二十大报告提出"中国式现代化是全体人民共同富裕的现代化"，将"实现全体人民共同富裕"纳入中国式现代化的本质要求。共产党人所办的一件件实事、大事，既有对传统以民为本思想的借鉴吸收，又有对其跨时代的转化和升华，其中凝结着中华文明古老而又现代的治理智慧，为世界贡献着中国方案。

6. 由传统的德主刑辅向坚持依法治国与以德治国相结合转化。

传统为政以德思想认为治理国家应推行德政、仁政，将道德教化视为治理民众的重要手段，而法治、刑罚则起辅助作用。在新的历史条件下，共产党人对道德与法律在社会治理中的作用有了更深刻的认识，传统的德主刑辅理念实现了向坚持依法治国与以德治国相结合的转化。

法律是成文的道德，道德是内心的法律。依法治国，就是广大人民群众在党的领导下，依照宪法和法律规定，通过各种途径和形式管理国家事务，管理经济文化事业，管理社会事务，保证国家各项工作都依法进行，逐步实现社会主义民主的制度化、法律化，使这种制度和法律不因个人意志而改变。以德治国，就是广大人民群众在党的领导下，大力加强社会主义道德建设，使社会主义道德在调节人与人之间的关系，在调节国家、集体、个人利益方面发挥越来越大的作用，为社会主义法制建设提供坚实的基础。改革开放以来，共产党人深刻总结我国社会主义法治建设的成功经验和深刻教训，把依法治国确定为党领导人民治理国家的基本方略，把依法执政确定为党治国理政的基本方式，走出了一条中国特色社会主义法治道路。这条道路的一个鲜明特色，就是坚持依法治国和以德治国相结合，强调法治和德治两手都要抓，两手都要硬。这是对传统德主刑辅理念的辩证扬弃，深刻阐明了道德与法治在治国理政中相互倚重、不可偏颇的关系，是新中国治国方略的完善和发展。坚持依法治国与以德治国相结合，要强化道德对法治的支撑作用，要重视发挥道德的教化作用，提高全社会文明程度，为全面依法治国创造良好的人文环境；要在道德体系中体现法治要求，发挥道德对法治的滋养作用，努力使道德体系同社会主义法律规范相衔接、相协调、相促进；要在道德教育中突出法治内涵，注重培育人们的法律信仰、法治观念、规则意识，引导人们自觉履行法定义务、社会责任、家庭责任，营造全社会都讲法治、守法治的文化环境；要以法治保障道德，法律可以通过强制性规范人们行为、惩罚违法行为来引导道德风尚；要注意把一些基本道德规范转化为法律规范，使法律法规更多体现道德观念和人文关怀，通过法律的强制力来强化道德作用，确保道德底线，推动全社会道德素质提升。

党的十八大以来，我们党大力推进依法治国与以德治国相结合，这是坚持走中国特色社会主义法治道路的内在要求，也是建设中国式现代化的必然要求。在此观念引领下，社会主义核心价值观和中华优秀传统文化得到大力弘扬，法律面前人人平等的法治理念深入人心，以社会公德、职业道德、家庭美德、个人品德为代表的公民道德建设工程深入推进，全社会的法治素养、道德素养得到普遍提高。实践充分证明，坚持依法治国与以德治国相结合，增强法安天下、德润人心的功效，是新时代坚持和发展中国特色社会主义治理体系的必然途径。

中华优秀传统文化是我们最深厚的文化软实力。以为政以德思想为代表的中华优秀传统文化在与马克思主义基本原理的"结合"中，实现了转化和升华，产生了新的飞跃，造就了一个有机统一的新的文化生命体。而形成的新文化成为中国式现代化的文化形态，成为中华文明独特的精神标识，从而为中华民族的伟大复兴提供了源源不断的精神支撑和不竭动力。

第四章

革故鼎新

——苟日新后又日新

五千年中华文明，是世界上唯一没有中断的原生型文明。在中华民族发展的历史长河中，以"革故鼎新"为代表的求新、求变、求发展是永葆生机活力的内在基因密码。有"六经之首，大道之源"之称的中华民族文化元典《易经》，就是专门阐述变化之道的，认为"穷则变，变则通，通则久"。中华民族在历代的发展中始终保持着伟大的创造精神和强大的创新能力。习近平总书记指出："中华民族是富有创新精神的民族。我们的先人们早就提出：'周虽旧邦，其命维新。''天行健，君子以自强不息。''苟日新，日日新，又日新。'可以说，创新精神是中华民族最鲜明的禀赋。"[1]革故鼎新作为中华文明历史演进的内在动力之一，已经成为中华民族的思想基因，融入中国历史和现实发展进程，也成为中华文明永恒的精神气质，过去是、现在是、将来也一定会是实现中华民族伟大复兴中国梦的文化基因和强大动力。

---

[1] 习近平：《在中国科学院第十七次院士大会、中国工程院第十二次院士大会上的讲话》，《人民日报》2014 年 6 月 10 日。

第一节　中国文化典籍中的革故鼎新

"在几千年历史长河中，中国人民始终革故鼎新、自强不息，开发和建设了祖国辽阔秀丽的大好河山，开拓了波涛万顷的辽阔海疆，开垦了物产丰富的广袤粮田，治理了桀骜不驯的千百条大江大河。"①"革故鼎新"最初的含义是朝政变革或改朝换代，后来逐渐演变成为治国理政的重要方法和基本要求。从《礼记》中的"苟日新，日日新，又日新"，到《诗经》中的"周虽旧邦，其命维新"，"维新""鼎新"日益成为历朝历代发展的内在动力。

一、"革故鼎新"的思想渊源

"革故鼎新"最早见于先秦《周易·杂卦》："革，去故也；鼎，取新也。""革"与"鼎"是《易经》六十四卦中相邻的两个卦，革卦是《易经》六十四卦的第四十九卦。泽火革（革卦）是异卦（下离上兑）相叠。离为火、兑为泽，泽内有水。水在上而下浇，火在下而上升。火旺水干，水大火熄。二者相生亦相克。鼎卦是《易经》六十四卦的第五十卦，燃木煮食，化生为熟，有除旧布新的意思。二者卦形相反，彼此互为综卦，"革"是去旧，"鼎"是更新，后世据此引申出成语"革故鼎新"。

我们再从"革"和"鼎"两个字的本义角度来进行解析。"革"

---

① 习近平：《习近平谈治国理政》（第三卷），外文出版社 2020 年版，第 140 页。

字最初的含义指兽皮，"革，兽皮治去其毛"（《说文》），革是去毛后的兽皮。到这里，读者就会产生疑问，兽皮和变革怎么会有联系呢？随着野兽的成长，其毛羽也是不断变化的。《尚书·尧典》中说："日永、星火，以正仲夏。厥民因，鸟兽希革。"意思是说，夏季鸟兽毛羽稀疏。《尚书正义》注曰："革，改也。"到这里，"革"就有了改变的意思。我们还可以进一步挖掘："鼎"为什么有"新"的含义呢？《周易·序卦》说："革物者莫若鼎，故受之以《鼎》。"意思是说，革变事物没有比鼎器化生为熟更为明显的，所以革卦后接着是鼎卦。鼎之所以有"取新"之义，在于其有作为煮器的最基本功能：化生为熟。这一点，可以从鼎卦的卦象看出。《周易·鼎卦·象传》曰："木上有火，鼎；君子以正位凝命。"木上有火焰，象征鼎器在烹煮；君子因此效法鼎象端正位次，严守使命。《周易·杂卦》将求新变通的精神概括为革故鼎新，表明社会发展要顺天应人，而非陈陈相因，固步自封。新事物如鲜花盛开，旧事物如枯叶纷落，革故鼎新引导新故相推，日生不滞。因此，《周易·革卦·象辞》中说："天地革而四时成，汤武革命，顺乎天而应乎人，革之时大矣哉！"

二、"无为而无不为"思想的嬗变

时代画卷翻过一页又一页，历史脚步走过一程又一程，革故鼎新始终是推动社会前进的重要力量。然而，人类社会的变革是复杂而深刻的，其中，以平等自由、顺应自然为特征的无为之世是道家学派梦寐以求的理想社会，"无为之治"也成为道家思想的重要特征。东晋诗人陶渊明《桃花源记》中描绘的"世外桃源"，是道家所追求的理想社会的写照。

以"无为"作为治国谋略的思想肇始于道家的代表人物老子和庄子。老子创立的道家强调"无为而治"，为"革故鼎新"思想发展提供了新方向。老子探索出宇宙最本质的存在、最深刻的规律就是"道"。"道生一，一生二，二生三，三生万物。"道产生天地万物，赋予宇宙和万事万物相同的特性和发展变化规律。道的运动规律的最大特点就是向着相反的方向发展，"反者道之动，弱者道之用"表明了事物发展到极限，就要走向反面。老子强调"人法地，地法天，天法道，道法自然"，认为作为客观规律的"道"是自然无为的。在这种天道自然思想的基础上，老子主张治理天下应效法自然，采取无为而治的治世策略。《道德经》云："不尚贤，使民不争；不贵难得之货，使民不为盗；不见可欲，使民心不乱。是以圣人之治，虚其心，实其腹，弱其志，强其骨。常使民无知无欲。使夫知者不敢为也。为无为，则无不治。"不尊重贤能，就能使人民不争名夺利；不珍惜难得的货物，就能使人民不偷盗；不显现贵重的物品，就能使民心不惑乱。因此国君治国，要净化人民心灵，满足人民的温饱，减少他们的欲念，强健他们的体魄。常使人民无知无欲，纵使有智之民亦不敢妄为，天下就能太平了。"道常无为而无不为，侯王若能守，万物将自化。"（《道德经》）道处无为之事，行不言之教，看似无所作为，其实却无所不为。王侯如果能坚守大道，万物众生将会自我化育，自作自息，安居乐业。庄子继承了老子自然无为的思想，在庄子看来，人都有自己的天生性情，如果社会能够顺应人的天性，那么人们就会感到逍遥快乐。"故君子不得已而临莅天下，莫若无为。无为也，而后安其性命之情。"（《庄子·外篇·在宥》）君子在不得已的情况下去统治天下，那就不如无为而顺应自然。道家的无为主义，表面上守弱处静，无所作为，实际上遵循万物的本性而不违逆，顺应自然之道而知足知止，就已经是有所作为，也能无所不为。

老庄崇尚自然、无为而治的思想，随着历史的变化而发展出不同的形态，发挥着不同的功能。黄老之术最初是作为战国诸子中的一个学派而存在的，到了汉初，统治者鉴于秦王朝推行法家严峻刑法而迅速覆灭的历史教训，为恢复社会生产力，将黄老思想作为治理天下的指导思想。黄老之学源于道家，但对道家思想又有所改造，其是以道家"清静无为"思想为主体，吸收了阴阳、儒、法等各家思想而形成的理论，对老庄"无为而治"的主张进行了新的解释。司马谈在《论六家要旨》中说："其术以虚无为本，以因循为用。无成势，无常形，故能究万物之情；不为物先后，故能为万物主。"司马谈认为，人应以虚无为理论基础，以顺应自然为实用原则；认为事物没有既成不变之势，没有常存不变之形，所以人能够探求万物的情理；认为人不做超越物情的事，也不做落后物情的事，所以能够成为万物的主宰。司马谈还认为要在把握事物规律的基础上顺应事物的变化规律，通过这一理论，使用"无为"的手段达到"有为"的目的。《黄帝内经》中指出"人以天地之气生，四时之法成"，是说人和宇宙万物一样，是禀受天地之气而生、按照四时的法则而生长，进一步强调了顺应客观规律的重要性。《淮南子》对"无为"之论做了精辟而通俗的解释。书中举例说："夫地势，水东流，人必事焉，然后水潦得谷行。禾稼春生，人必加功焉，故五谷得遂长。听其自流，待其自生，则鲧、禹之功不立，而后稷之智不用。"由此得出结论："若吾所谓无为者，私志不得入公道，嗜欲不得枉正术，循理而举事。"意思是说，处理问题时不能掺杂个人的主观意志，一己的私欲不能妨害公道，根据自然规律办事，这就是"无为"。上述主张在西汉得以实践，汉初统治者在加强中央集权的基础上，根据当时的社会情况，"纵民之欲""与民休息""顺民之情""顺流而与民更始"，后出现了"文景之治"的盛世。

魏晋时期，玄学之风渐起，一部分玄学家重提老庄思想，要求把名法之治转到无为而治的轨道上来，其中以王弼为代表。王弼玄学的

"无为而治"是对老庄及汉初黄老思想的重大改造和发展。王弼指出："从事于道者，以无为为君。"（《老子注》）治理天下之道，必须把无为作为根本，通过无为实现有为的目的。王弼并不是不要"有为"，也不是片面强调"无为"，而是推崇崇本举末。崇本举末要求无形本质不能离开有形之物，但又不让有形物遮蔽了本质，意即以有形的万物作为无形本质的实现，这是本末之分的实质所在。"守母以存其子，崇本以举其末，则形名俱有而邪不生"（《老子注》），所谓"母""本"，即指无为，"子""末"即指有为，"形名"指仁义礼法之类。统治者掌握了无为的奥妙，也就掌握了问题的本质。这一思想当时未能受到统治者重视，却对魏晋玄学的发展产生了深刻影响。

三、"通权达变"思想的演化

"权变思想"肇始于孔、孟，是一种从实际出发进行权衡、变通的方法论和辩证思想。"权变思想"也可简单地说成是"权"的思想。"权"的本意是称锤，"称谓之铨，锤谓之权"（《广雅》），"权，称锤也"（《广韵》），称锤随物之轻重而移动变化，"权者，变也"，后又引申为权衡、权变、变通。葛荣晋在《中国古代经权说的历史演变》一文中认为，"权"作为一个哲学概念被提出来，"发端于孔子"，后儒基本上是在论释孔子之"权"，理解了孔子的"权"就理解了儒家的"权"。《论语·子罕》云："可与共学，未可与适道；可与适道，未可与立；可与立，未可与权。"意思是说，孔子认为，可以同他一道学习的人，未必可以同他一道取得某种成就；可以同他一道取得某种成就的人，未必可以同他一道事事依礼而行；可以同他一道事事依礼而行的人，未必可以同他一道通权达变。"未可与权"中的"权"字即"通权达变"，就是在某种情况下对事物进行权衡，采取一种权宜之计。《论语·里仁》云："君子之于天下也，无适也，无莫也，义之与比。"意思是君子对于世上的事情，没有非要怎样做，也没有非不能怎样做，而是怎样合于义就怎样做。孔子这句话明确指出，权变是君子必备的一项品质，也指出了"权变思想"的本质就是变化，就是因地制宜的变化。孟子继承了"权变思想"："权，然后知轻重；度，然后知长短。物皆然，心为甚。"（《孟子·梁惠王上》）并进一步发展了"权变思想"，将"权""礼"并称。《孟子·离娄上》云："男女授受不亲，礼也；嫂溺，援之以手者，权也。"男女授受不亲，是需要遵守的礼；嫂子掉入水里有生命危险时，应该施以援手，是权；"嫂溺不援，是豺狼也"，嫂子溺水而不施以援手，只顾"男女授受不亲"的礼，而罔顾生命之大义，是禽兽行为。这里就再次体现了"权变思想"。世事复杂、变化万千，因而需根据实际情况在礼与义之间进行权衡变通，这体现出儒家"权变思想"原则性与灵活性的特点。只有深刻理解"权变思想"，才能理解革故鼎新的必要性和重要性，从实际出发进行权衡变通、创新创造。

至战国时期，秦国商鞅提出了"不法古，不修今"的变法论。他认为："礼法以时而定，制令各顺其宜。"（《商君书·更法》）社会是不断发展变化的，制度和命令都必须合时宜，如果不适合形势的需要，就应该加以改变。又云："法者，所以爱民也；礼者，所以便事也。是以圣人苟可以强国，不法其故；苟可以利民，不循其礼。"认为只要可以达到强国利民的目的，可以不必仿效旧法、沿用旧制。关于如何变法，商鞅明确提出"圣人不法古，不修今。法古则后于时，修今则塞于势"，认为效法古代就会落后于时代，就会跟不上形势的发展。商鞅认为制定政策和法律，必须立足于时代特点和社会现状，"明世俗之变""察治民之情"，所以《商君书·壹言》云："因世而为之治，度俗而为之法。故法不察民之情而立之，则不成；治宜于时而行之，则不干。"只有根据时代的特点制定与之相适应的政策与法律，才能法理好国家。总之，商鞅的变法思想是一种顺应历史发展的进步思想，成为变法革新、革故鼎新的有力依据。韩非子继承发展出了"不期修古，不法常可"（《韩非子·五蠹》）的变法思想，主张"世异则事异，事异则备变"。韩非子变法思想的理论基础是历史进化观，"上古竞于道德，中世逐于智谋，当今争于气力"（《韩非子·五蠹》），将历史分为上古、中世和当今三个阶段，认为历史是向前发展的，当代必然胜过古代，并用这种发展的观点去分析人类社会。他认为当今之世还赞美"尧、舜、汤、武之道"，必被人耻笑，"今欲以先王之政，治当世之民，皆守株之类也。"（《韩非子·五蠹》）把守旧之人讽刺为守株待兔的愚蠢之人。他还认为"时移而治不易者乱"（《韩非子·心度》），时代变化了，治理措施如果不变，国家就要混乱。那么如何进行变革呢？"圣人不期修古，不法常可，论世之事，因为之备。"无需遵循旧制，无需效法陈规，而是按照现实研究实际情况，制定相应的措施。法家的历史进化观和"不法古"的变革思想是具有进步性的，不仅对于社会改革有重大促进作用，还对革故鼎新、改革创新本身的内涵进行了发展，对后世变法、创新产生了深远的影响。

至汉代，董仲舒提出了"更化""改制"的建议，更新了大汉王朝的治国理念，对实现封建"大一统"国家长治久安起到了尤为重要的作用。"更化"是更新与教化的统一，"改制"既包括迁国都、更称号、改正朔、易服色，又蕴含经济、政治、法律、教育等体制的改良。"今临政而愿治七十余岁矣，不如退而更化；更化则可善治，善治则灾害日去，福禄日来。""为政而不行，甚者必变而更化之，乃可理也。当更张而不更张，虽有良工不能善调也；当更化而不更化，虽有大贤不能善治也。故汉得天下以来，常欲善治而至今不可善治者，失之于当更化而不更化也。"（《天人三策》）在董仲舒眼中，"更化"对于治国理政，对于实现"善治"具有一种决定性的作用。在"更化"对策中，董仲舒郑重地提出了自己的观点："《春秋》大一统者，天地之常经，古今之通谊也。今师异道、人异论，百家殊方，指意不同，是以上亡以持一统；法制数变，下不知所守。臣愚以为，诸不在六艺之科、孔子之术者，皆绝其道，勿使并进。邪辟之说灭息，然后统纪可一而法度可明，民知所从矣。"（《天人三策》）这段话的要旨是用"尊崇儒术"来更替汉初的"黄老无为"，实现思想统一，这是董仲舒革新思想的核心内容。

在董仲舒看来，汉初政治制度并不健全，必须加以改革和完善，这就涉及"新王必改制"的命题。"今所谓'新王必改制'者，非改其道，非变其理，受命于天，易姓更王，非继前王而王也。若一因前制，修故业，而无有所改，是与继前王而王者无以别。"（《春秋繁露·楚庄王》）从本质上说，董仲舒的"新王改制"思想主要体现了一种"继乱世者其道变"的改革精神。为了加深汉武帝对其革故鼎新思想的认识，董仲舒举了个例子："夫周道衰于幽、厉，非道亡也，幽、厉不繇也。至于宣王，思昔先王之德，兴滞补弊，明文、武之功业，周道粲然复兴，诗人美之而作，上天佑之，为生贤佐，后世称诵，至今不绝。此夙夜不懈行善之所致也。"（《天人三策》）在董仲舒看来，周宣王之所以能够"复兴"西周礼乐，关键就在于他能够及时"更化"，果断地对治国之道做出重大调整，从而实现史家所谓"宣王中兴"的局面。由此可知，在董仲舒的理论体系中，"革故鼎新"的精神实质是指决策者要及时改弦更张，顺应时代潮流，反映人心向背。

在魏晋南北朝时，玄学盛行；唐朝基本上以儒家思想为主导；宋朝时儒学发展为理学，后取得官方地位。宋代多改革，其涉及范围广、时间长、内容多，先有北宋庆历新政、王安石变法两次大的改革运动，后有南宋时期孝宗的中兴改革、理宗的"端平更化"变革运动。可以说，改革一直是宋代政治生活的主旋律，围绕变法所进行的学理与实践的辩论也一直没有停止。"革天下之弊，新天下之事，处而不行，是无救弊济世之心，失时而有咎也。"(《二程集》)面对改革大潮的到来，"二程"(程颐、程颢)充满改革弊治的决心。程颐以天地自然论证社会人事的求变之理，"推革之道，极乎天地变易，时运终始也。天地阴阳推迁改易而成四时。万物于是生长成终，各得其宜，革而后四时成也。时运既终，必有革而新之者"(《二程集》)。这些深奥抽象的义理并非空论，面对国家危机四伏、内外交困的严峻局面，从熙宁元年开始，程颢先后上书皇帝《论王霸札子》《论十事札子》《谏新法疏》《再上疏》，陈述变法的主张和意见。"二程"的革新思想很注重实际，他们认为改革变法关系国家政局，要谨慎小心。程颐说："变革，事之大也。必有其时，有其位，有其才，审虑而慎动，而后可以无悔。"(《二程集》)这就是说，"革天下之弊，新天下之治"必须具备时、位、才三个基本条件，即变法革新的时机要成熟、变法的地位要稳固、进行变法的才干要充足，三者缺一不可。相反，在不具备条件时，如果只顾眼前的利益，不能对思想、风气和制度进行全面审视，采用实用主义策略改革，只会带来更大的祸事。观"二程"的改革思想，不难看出他们始终强调改革指导思想的道义性，这既不同于安于守旧的保守做法，也非大刀阔斧的激进策略，他们力图建立一种政治与道德互为关联又保持张力的平衡理论。

晚明至清初，在儒家思想内部酝酿着一股改革的思潮。以顾炎武、黄宗羲、王夫之等人为代表，他们在肯定人性自私及土地私有的思想前提下，以"公天下"的政治理想为目标，分别提出了如何分散最高皇权、限制最高皇权的改革理想，展示了中国传统社会后期儒家思想的内在活力及其向现代转化的内在可能性。顾炎武在《郡县论》中论述了改革的理想，其著名的改制纲领是："寓封建之意于郡县之中。"（《顾亭林诗文集·郡县论一》）他的这一政治纲领是基于一种宏观考察而提出的："知封建之所以变而为郡县，则知郡县之敝而将复变。然则将复变而为封建乎？曰，不能。有圣人起，寓封建之意于郡县之中，而天下治矣。"（《顾亭林诗文集·郡县论一》）由此可知，所谓"寓封建之意于郡县之中"，乃是综合封建与郡县两种政治制度之优长，而避免各自的缺陷，从而创立一种新的政治制度。这一命题的精神实质是制度的"综合创新"，是向未来看，而不再是回到理想中的远古时代，可以说顾炎武的思想已经具有了朦胧的历史进步性。相对于顾炎武，黄宗羲则更为全面、明确，也更为激烈地抨击了君主专制的弊端，提出了具有近代意义的为民谋福利的政治理想，"盖天下之治乱，不在一姓之兴亡，而在万民之忧乐"（《明夷待访录·原臣》）。明确地将"万民之忧乐"，设定为政治活动的目标。在具体的政治、军事、经济（田赋、货币）、吏制等政策改革方面，黄宗羲都有一系列的设想，如经济政策就包含了"追求国民财富"的新经济思想，直接与"公天下"的民主政治理想相关。在反对皇权专制的问题上，王夫之与顾炎武、黄宗羲的基本思想是相同的，他提出"分兵民而专其治，散列藩辅而制其用"（《黄书·宰制第三》）的分权而治的思想，体现了晚明清初儒家改革思潮与历史要求相吻合的特征。同时，王夫之在政治上反对"法祖从王"，提倡"趋时更新"，在经济上主张扶持工商业，坚持改革开放，其思想不同于过去的那些以延续封建统治为目的思想，是我国革新思想发展到明清之际的一大进步。

1840 年以后，中国逐渐沦为半殖民地半封建社会，不少仁人志士开始思考中华民族被动挨打的原因，探索救亡图存之路，他们得出了一条共识，就是要改变亡国灭种的命运，只有变法图强。以洪秀全为代表的农民运动领袖提出了一系列以农业小生产为基础的方案，集中地反映了广大贫苦农民要求废除剥削、获得自由、实现平等的美好愿望，但其指导思想是平均主义和禁欲主义，所谋划的社会蓝图终究是一纸空想。以曾国藩、李鸿章等为代表的"洋务派"，其改革的主观目的是维护封建统治，不求改变封建专制制度，单纯学习技术，其失败命运不可避免。以康有为、严复等为代表的资产阶级改良派提出一些改革思想，具有进步意义，但由于资产阶级的软弱性，也缺乏坚强的组织领导，脱离广大人民群众，只寄希望于没有实权的皇帝和极少数的官僚，最终也没有实现改革目标。与"维新派"相比，孙中山的革命思想前进了一步。不过，按照他的办法，中国只能走资本主义道路，而且也不能达到人人平等、人人幸福的理想目标。虽然其中包含有不少极为可贵的革命理论，但仍与科学社会主义有着本质区别。如何挽救民族危机，这一重大使命责无旁贷地落到了无产阶级身上，只有马克思主义政党能够做出科学回答，这是历史发展的必然。

第二节　革故鼎新的深刻内涵

《韩非子》中有一个"守株待兔"的故事，用来讽刺那些泥古不变、因循守旧之人，《吕氏春秋》中亦有"刻舟求剑"的故事。其实，两个故事都包含着一个深刻的道理，世变事异、循理顺势，正确把握"革故鼎新"的内涵、规律，是走向成功的不二法门。当今，世界之变、历史之变、时代之变正以前所未有之势展开，机遇和挑战同在，困难和希望并存，只有不断挖掘"革故鼎新"的深刻内涵，才能准确识变、科学应变、主动求变，才能应时代之变迁、领时代之先声、立时代之潮头，解答时代发展提出的新课题。

一、准确把握"革故鼎新"的历史和实践规律

先秦以降，历代政治家、思想家对"革故鼎新"思想不断进行阐释和弘扬。如今，只有深刻领会蕴含其中的认识论、方法论、实践论，才能准确把握"革故鼎新"的深刻内涵。

在政治领域，主要表现在改革制度、顶层设计。历代思想家和改革者不断改革变法、除旧布新，对生产关系和上层建筑进行局部或根本性的调整，进一步解放和发展生产力，有力促进了经济和社会进步。从商鞅的"治世不一道，便国不法古"，到韩非子的"世异则事异，事异则备变"，从"戊戌变法"到"辛亥革命"，政治领域的变革效果有强有弱，结局有成有败。事物发展总是波浪式前进、螺旋式上升，由量变到质变，积少成多，聚沙成塔，改革的洪流势不可挡。

在经济领域，主要表现在优化生产、富国强民。经济发展是强国之基，一个国家要想富强首先要经济富足。中央与地方、国营与私有、稳定与发展，中国历代经济改革都是在两者之间权衡利弊。管仲改制，使得齐国一跃成为霸主，傲视群雄；王安石新政，使大宋一时国库充实、风头无两；张居正变法、雍正铁腕改革造就了明朝和清朝短暂的繁荣。纵观历史，两千多年间中国经历了数次重大经济变革，大大促进了生产力的发展，强化了国之根基，对历史进程产生了重大影响。

在思想领域，主要表现在与时俱进、吐故纳新。"一定的文化（当作观念形态的文化）是一定社会的政治和经济的反映"①。中国历代思想的发展呈现出流派众多、异彩纷呈的特点，思想领域的革新往往和时代的发展紧密相连，与社会政治、经济发展密切相关。从"百

---

① 毛泽东：《毛泽东选集》（第二卷），人民出版社 1991 年版，第 663 页。

家争鸣"到"焚书坑儒",从西汉初年"黄老无为"到汉武帝"尊崇儒术",从向西方学器物、学制度到提倡新文化、新思想,中国人的思想不断解放,探索中国的富强之路也贯穿其中。纵观历史长河,每一代思想家都站在前人的肩膀上,勇于创新、求新求变,成为中华民族强大生命力的动力之源。

在文化领域,主要表现在百家争鸣、百花齐放。中国文学作品中的汉赋、唐诗、宋词、元曲、明清小说等,以其独特的韵味和文化内涵广受世人推崇。中国的书法艺术独树一帜,隶书、楷书、行书等不同字体各具特色,展现了中华文明的博大精深。造纸、印刷、纺织、陶瓷、冶铸等中国人引以为豪的发明创造无不带有鲜明的实用烙印,中国古代发明享誉中外,展现了中华民族在科技领域的卓越成就。激荡在中华民族血液中的文化底蕴,被一代又一代中华儿女薪火相传、革新图变,中华民族灿烂文化历久弥新、熠熠生辉,成为世界文化宝库中的瑰宝。

在社会领域,主要表现在以人为本、止于至善。在历史上,中国社会经历了一系列转型,从春秋战国时期封建社会形成,到明清时期资本主义萌芽;从中华人民共和国成立后向社会主义过渡,再到改革开放以来中国特色社会主义不断发展,社会领域改革与经济领域改革相互促进、稳中有变。进入新时代,人民对美好生活的向往成为社会领域改革的目标,教育、医疗、养老、文旅、体育等社会领域改革融合发展,国家社会治理体系和治理能力现代化水平不断提升。

由上观之,"革故鼎新"具有丰富内涵,主要包括尊重规律、循理顺势、开放包容、勇于探索、敢于创新等方面的内容。通过改革创新增加动力之源、增强实力之基,凝聚起推动历史发展进步的强大力量,需要的是一种顺应时代大趋势、反映创新主旋律、遵循改革主方向的历史主动，一种"天变不足畏，祖宗不足法，人言不足恤"的巨大勇气，一种"苟日新，日日新，又日新"的责任担当。

二、深刻领会"革故鼎新"的精神特质

实践是精神产生的基础。"革故鼎新"有独特的深刻内涵，显示了中华民族特有的智慧与文明，顺应了时代发展的潮流和方向。

（一）辩证性

"革故"和"鼎新"是事物变化发展中不可分割的两个重要过程，"革故"是前提，"鼎新"是结果，充满了唯物辩证法的科学思想。"旧的不去，新的不来"强调的是"革故"，"青出于蓝而胜于蓝"说的是"鼎新"。"革故鼎新"也体现了马克思主义的辩证否定观，是新事物对旧事物的批判和继承，是既克服消极因素又保留积极因素，是"庐山烟雨浙江潮"的新旧更替，更是"病树前头万木春"的自我重生。中华文明永葆生机活力的重要原因之一，就在于充分发挥革故鼎新在促进社会发展、完善制度机制等方面的重要作用。一方面，改变旧有的、落后的制度和思想观念，革除制约发展的陈规旧章和顽瘴痼疾，建立起新的适应社会发展需求的制度；另一方面，并不一味地否定旧有的制度和观念，强调在改变和创新的同时，继承并发扬旧有的优秀传统。

（二）系统性

从语义上来说，系统是指由不同要素按照一定的秩序和关系组合而成的整体，而革故鼎新的系统性就是把改革创新作为一个由若干领域、方面、环节组成的系统工程，处理好各个部分与其他部分的关系，并在谋划局部改革的过程中确保其他各个部分的结构在整个系统中保持动态平衡，以实现综合效益为最佳。这种系统性反映在各个子系统之间的相互促进和相互制约之中，要重视和研究每一个领域与其

他领域的关联性，提高不同领域之间的契合度，从而更好地推动改革向前发展。各领域的改革不是简单叠加组合，而是要在复杂的改革工程中找到各个子系统之间的契合点，处理好改革涉及的各种重大关系，"使各项改革举措在政策取向上相互配合、在实施过程中相互促进、在实际成效上相得益彰"①。

（三）协同性

改革创新的协同性强调各项措施的相互配合，要求各领域的改革相互交织、相互衔接、相互支撑，形成良性互动模式。在历朝历代的改革实践中，任何一个领域、方面、环节的改革既是自变量，也是因变量，每一项改革都需要其他改革的配合，同时又可能成为引发其他改革的重要因素。在新时代，改革创新的问题并不是只属于某一个领域或某几个领域，而是每一个领域都需要其他领域改革的协同配合。同时，每一个领域在改革中新出现的问题也都应该得到其他领域的重视，比如，社会领域的改革就关联着经济、政治、文化、生态文明的发展，与其他领域的各项改革互为充要条件。因此，新时代的革故鼎新必须有效衔接各个领域和环节，促进各领域、各环节的良性互动与相互配合。

（四）斗争性

革故鼎新是推动社会发展的重要力量之一，但改革不是一帆风顺的，过程中必然会面临各种困难和挑战，如既得利益者的反对、人们传统思想观念的固守等。这意味着新事物要通过斗争而诞生，也要通过斗争而发展，这是革故鼎新斗争性特质的内涵旨归。革故鼎新精神是一种开天辟地、敢为人先的首创精神，是坚定信念、百折不挠的革命精神，是具有特定内涵、特定要求的奋发有为精神。面对改革的重

---

① 中共中央文献研究室编：《习近平关于全面深化改革论述摘编》，中央文献出版社 2014 年版，第 39 页。

重阻力，既要有敢于正视自我弊端的勇气，又要有敢于"壮士断腕"的坚定决心。可见，改革需要不断地进行试错和调整，不断地进行反思和总结，要时刻准备付出艰苦的努力、进行艰险的斗争，不仅要敢想敢干，还要善作善成，善于寻找社会利益的最大公约数，以最小的代价取得最大成果。

（五）实践性

实践是检验真理的唯一标准。没有实践的改革创新是没有生命力的，缺少了实践这一环，其他的原则也会"变形"甚至被误用，比如协同性就会变成孤立性。所以，实践性是革故鼎新的一项重要精神特质和根本原则，它的贯彻与否，直接关系到其他方面的贯彻与否。改革要真正转化为解决问题的办法，需要从实际出发，理论联系实际，有思路、有办法，去落实、去实干，才能激活改革创新本身蕴含的机遇与可能。革故鼎新所蕴含的时代机遇要求我们不仅要做改革的促进者，而且还要做改革的实践者，只有每个人都争当改革的促进派、实干家，改革才会成为每个人的思想自觉、行动自觉，成为一种常态、一种习惯、一种内在需要。

三、党的理论创新为"革故鼎新"注入新内涵

实践没有止境，理论创新也永无止境。理论创新是中国共产党一路披荆斩棘的重要法宝，是党取得辉煌成就的必要保障，指引着中国革命不断从胜利走向胜利，党的每一次理论飞跃都为"革故鼎新"注入了新的内涵。

（一）换了人间：中华民族进步发展开启新纪元

"中国产生了共产党，这是开天辟地的大事变"[1]，中国共产党一

---

[1]　毛泽东：《毛泽东选集》（第四卷），人民出版社1991年版，第1514页。

经成立，就把改革创新刻进了骨子里。毛泽东作为中国共产党第一代领导集体的核心，把马克思主义基本原理同中国具体实际相结合，积累形成了一系列创新性经验。从"枪杆子里出政权"到"星星之火可以燎原"，从《反对本本主义》中的"没有调查，没有发言权"到《论持久战》中的"保存自己，消灭敌人"，毛泽东同志带领早期中国共产党人结合中国实际，创新性地开辟了农村包围城市、武装夺取政权的正确革命道路，创立了毛泽东思想，党的"七大"将其写入党章。我们党第一次有了自己的创新理论。在毛泽东思想的指引下，党领导人民取得了新民主主义革命的伟大胜利，建立了中华人民共和国。

中华人民共和国成立后，毛泽东同志教育全党要继续保持和发扬实事求是的优良传统和作风。在《改造我们的学习》的报告中，毛泽东第一次对"实事求是"做了崭新的科学解释，从而赋予了它新的含义，首次把辩证唯物主义和历史唯物主义的思想路线概括为"实事求是"四个字。"实事求是"的思想路线从理论和实践相结合的角度，把握了马克思主义的世界观和方法论，既反对了经验主义，又反对了教条主义，创造性地发展了马克思主义，这也正是"革故鼎新"实践性的突出表现。正是在实事求是思想的指引下，经过全党全国人民的共同奋斗，到1956年，我国的社会主义改造和社会主义建设都取得了巨大的成就，成功地实现了从新民主主义到社会主义的伟大转变，完成了中华民族有史以来最为广泛而深刻的社会变革，为当代中国的一切发展进步奠定了根本政治前提和制度基础。

（二）改革开放：从站起来到富起来的伟大飞跃

邓小平同志作为党的第二代领导集体的核心，深刻总结了新中国成立以来正反两方面经验，围绕什么是社会主义、怎样建设社会主义这一根本问题，借鉴世界社会主义历史经验，在新的历史阶段的伟大实践中，立足国情，创立了邓小平理论。在道路、发展阶段、政治保证、祖国统一等问题上，邓小平提出一系列创新性思想，特别是"改革开放"这一融合了新时期"革故鼎新"内涵的关键性决策的提出，开创了中国特色社会主义新阶段。从小岗村 18 户农民按下的 18 个手印，到经济特区的辉煌崛起；从"一个中心、两个基本点"基本路线提出，到社会主义市场经济体制改革目标确立，改革开放是决定当代中国命运的关键一招，从此以后中国共产党和人民更加锐意进取、努力奋斗，整个国家焕发出了勃勃生机，中华大地发生了历史性的伟大变化，社会生产力获得新的解放，实现了中华民族从站起来到富起来的伟大飞跃。

邓小平同志在实践中把党的思想路线发展为"解放思想、实事求是"，这为全党和全国人民冲破思想束缚，开拓中国特色社会主义建设道路提供了强有力的思想武器。在十一届三中全会闭幕式上，邓小平同志作了《解放思想，实事求是，团结一致向前看》的重要讲话，会议审议通过的《关于建国以来党的若干历史问题的决议》，实现了拨乱反正，开启了改革开放历史新时期。1992 年，邓小平同志视察武昌、深圳、珠海、上海等地，发表重要谈话，引起强烈反响，掀起了新一轮改革开放的热潮，唱响了新时期改革开放"春天的故事"。

（三）与时俱进：中国特色社会主义走向新世纪

党的十三届四中全会以后，以江泽民同志为主要代表的中国共产党人，加深了对什么是社会主义、怎样建设社会主义和建设什么样的党、怎样建设党的认识，积累了治党治国新的宝贵经验，形成了"三个代表"重要思想。"三个代表"重要思想捍卫了中国特色社会主义，确立了社会主义初级阶段的基本经济制度和分配制度，开创了全面改革开放的新局面，推进了党的建设新的伟大工程，成功把中国特色社会主义推向了 21 世纪。

面对新世纪、新阶段和新任务，江泽民同志在继承"解放思想、实事求是"的思想路线基础上，又进一步发展了党的思想路线，概括为"解放思想、实事求是、与时俱进"，这是以江泽民同志为代表的当代中国共产党人对党的思想路线所作出的新贡献。"要运用马克思主义的宽广眼界观察世界，运用当代最新知识丰富自己，不唯本本，不守教条，与时俱进，不断推进理论创新、体制创新、科技创新"，江泽民同志在新的历史条件下，坚持马克思主义与时俱进的理论品质，不断丰富党的思想路线，为我们运用"革故鼎新"思维，不断在实践中推进理论创新打开了新视野、拓展了新思路。

（四）以人为本：加快推进全面协调可持续发展

以胡锦涛同志为主要代表的共产党人提出科学发展观，在新的历史起点上坚持和发展了中国特色社会主义。科学发展观的创新性在于以更准确、更通俗、更简洁、更易于为人民大众所接受的表达方式，指导着实践发展。以人为本，树立全面、协调、可持续的科学发展观，为中国社会发展中出现的社会、城乡、地区经济发展严重不平衡的问题，经济的过快发展给自然资源、生态环境带来严重威胁的问题，经济的发展给社会带来许多新的矛盾问题等，明确提出了解决途径。科学发展观深刻认识和回答了新形势下实现什么样的发展、怎样发展等重大问题，成功在新的历史起点上坚持和发展了中国特色社会主义。

胡锦涛同志反复强调"坚持解放思想、实事求是、与时俱进，以科学态度对待马克思主义，用发展着的马克思主义指导新的实践"，提出"求真务实"是辩证唯物主义和历史唯物主义一以贯之的科学精神，是我们党思想路线的核心内容。科学发展观的每个组成部分、每个重要观点都贯穿和体现了"解放思想、实事求是、与时俱进、求真务实"的精神品质，体现了坚持与发展的统一、继承与创新的统一，也让人们深深感受到"革故鼎新"思维随着时代、实践和科学的发展而不断迸发的强大生命力。

总之，党的历届领导集体高度重视在创新中实践、在实践中不断进行理论创新，同时也根据时代发展的新要求和人民群众的新期盼，为新时代"革故鼎新"提供了丰厚的思想理论滋养。

第三节　革故鼎新的当代价值

进入新时代，以习近平同志为核心的党中央高度重视"革故鼎新"的时代价值，强调"中国要前进，就要全面深化改革"①。在新的历史起点推进中国式现代化，建设中国特色社会主义现代化强国，更加需要弘扬和践行"革故鼎新"精神，坚定不移地推进全面深化改革，让"革故鼎新"在新时代注入新内涵、焕发新风采。

一、新时代全面深化改革的新实践

2013 年 11 月 9 日至 12 日，党的十八届三中全会胜利召开，通过了《中共中央关于全面深化改革若干重大问题的决定》，开启了全面深化改革的新时代。2013 年 12 月成立中央全面深化改革领导小组，至 2017 年 11 月，共召开 39 次领导小组会议。2018 年 3 月成立中央全面深化改革委员会，至 2023 年 7 月，共召开 29 次委员会会议。新时代改革正在全面发力、多点突破、蹄疾步稳、纵深推进，实现了由局部探索、破冰突围到系统集成、全面深化的重大转变。

---

① 中共中央宣传部编：《习近平新时代中国特色社会主义思想学习纲要》，学习出版社、人民出版社 2019 年版，第 81 页。

（一）坚持稳中求进工作总基调，着力推动经济高质量发展

党的十八大以来，以习近平同志为核心的党中央针对事关我国经济发展全局的一系列方向性、根本性、战略性问题，作出一系列重大判断、重大决策和重大部署。一是构建高水平社会主义市场经济体制。2018 年 3 月成立中央财经委员会，加强经济体制改革顶层设计；坚持"两个毫不动摇"，深化国有企业改革，支持民营经济发展。2023 年 7 月，中共中央、国务院出台《关于促进民营经济发展壮大的意见》，即"民营经济 31 条"，进一步明确了民营经济的政治和经济地位；深化金融体制改革，实施积极的财政政策和稳健的货币政策；健全金融监管体系。2023 年 3 月，组建中央金融委员会。加强国家创新体系建设，深化科技体制改革，中国进入创新型国家行列。二是着力构建现代化产业体系。坚持把发展经济的着力点放在实体经济上，推进新型工业化，加快建设制造强国、质量强国、航天强国、交通强国、网络强国、数字中国；推动战略性新兴产业融合集群发展，构建优质高效的服务业新体系，促进数字经济和实体经济深度融合。三是全面推进乡村振兴。深化农村土地制度改革，深化农村集体产权制度改革，加快建设农业强国；打赢了人类历史上规模最大的脱贫攻坚战，全面建成小康社会。四是促进区域协调发展。推进京津冀协同发展、长江经济带发展、长三角一体化发展，推动黄河流域生态保护和高质量发展；高标准、高质量建设雄安新区；推进实施粤港澳大湾区建设国家战略。五是推进高水平对外开放。推动共建"一带一路"高质量发展，加快建设中国（上海）自由贸易试验区、海南自由贸易港。通过以上经济改革措施，我国经济实力实现历史性跃升，成为全球第二大经济体。

（二）发展全过程人民民主，推进法治中国建设

坚持党的领导、人民当家作主、依法治国有机统一，持续推进社会主义民主政治制度化、规范化、程序化。加强人民当家作主制度保障，提高基层人大代表比例，在人大设立代表联络机构，完善代表联系群众制度。深化工会、共青团、妇联等群团组织改革和建设，有效发挥桥梁纽带作用。全面发展协商民主，完善协商民主体系，统筹推进政党协商、人大协商、政府协商、政协协商、人民团体协商、基层协商以及社会组织协商。积极发展基层民主，健全基层党组织领导的基层群众自治机制，加强基层组织建设，完善基层直接民主制度体系和工作体系。巩固爱国统一战线，"找到最大公约数，画出最大同心圆"①。发挥我国社会主义新型政党制度优势，加强同民主党派和无党派人士的团结合作。以铸牢中华民族共同体意识为主线，让各族人民"像石榴籽那样紧紧抱在一起"②。坚持全面依法治国，把全面依法治国纳入"四个全面"战略布局。2018年3月成立中央全面依法治国委员会，全面依法治国总体格局基本形成。2020年5月28日，十三届全国人大三次会议表决通过《中华人民共和国民法典》，此法典被称为"社会生活的百科全书"，是新中国第一部以法典命名的法律。深化机构和行政体制改革。2018年3月至2023年3月，两次推进党政机关机构改革，转变政府职能，深化简政放权，建设人民满意的服务型政府。

（三）创造时代新文化，建设中华民族现代文明

坚持古为今用、推陈出新，守正不守旧、尊古不复古，推动中华优秀传统文化创造性转化、创新性发展，文明古国阔步迈向文化强国。2023年6月2日，党中央召开文化传承发展座谈会，强调在新的

---

① 习近平：《决胜全面建成小康社会　夺取新时代中国特色社会主义伟大胜利——在中国共产党第十九次全国代表大会上的报告》，《人民日报》2017年10月28日。

② 习近平：《坚持依法治疆团结稳疆长期建疆　团结各族人民建设社会主义新疆》，《人民日报》2014年5月30日。

起点上继续推动文化繁荣、建设文化强国、建设中华民族现代文明，是我们在新时代新的文化使命。大力传承弘扬中华优秀传统文化。中国国家版本馆让中华文化种子基因"藏之名山、传之后世"。《关于实施中华优秀传统文化传承发展工程的意见》首次以中央文件形式推动延续中华文脉、传承中华文化基因，长城、大运河、长征、黄河、长江国家文化公园建设打造中华文化重要标志，文化传承、文化创造与文化自信相得益彰、相互激荡。着力弘扬社会主义核心价值观，弘扬以伟大建党精神为源头的中国共产党人精神谱系，用好红色资源，深化爱国主义、集体主义、社会主义教育。深入开展党史、新中国史、改革开放史、社会主义发展史宣传教育，引导人民知史爱党、知史爱国，不断坚定中国特色社会主义共同理想。建设新时代文明实践中心，弘扬中华传统美德，加强家庭家教家风建设，不断提高全社会文明程度。繁荣发展文化事业和文化产业。2014 年 10 月 15 日，党中央召开文艺工作座谈会，为新时代中国特色社会主义文化发展锚定价值航向。加快构建现代公共文化服务体系，文化产业体系逐步健全完善。推动文化遗产保护利用，深入实施中华文明探源工程、中华古籍保护计划、中国传统工艺振兴计划等，文化遗产进一步"活起来"。增强中华文明传播力、影响力。2023 年 3 月 15 日，在中国共产党与世界政党高层对话会上，习近平总书记面向世界首次提出全球文明倡议。2023 年 5 月 18 日至 19 日，中国—中亚峰会在西安举行，进一步展现了中华文化兼纳百川、包容四海的雍容气度。此外，在孔子出生地曲阜尼山举办的尼山世界文明论坛，讲好中国故事、传播中国声音，展现中国形象，为人类文明作出了中国贡献。

（四）坚持以人民为中心，推进国家治理体系和治理能力现代化

"全面深化改革必须以促进社会公平正义、增进人民福祉为出发点和落脚点。"① 坚持以人民为中心的发展思想，推进社会领域制度创新，加快形成科学有效的社会治理体制，确保社会既充满活力又和谐有序。一方面，着力保障和改善民生。注重加强普惠性、基础性、兜底性民生建设，在幼有所育、学有所教、劳有所得、病有所医、老有所养、住有所居、弱有所扶上持续用力。完善分配制度，实施就业优先战略，健全社会保障体系，推进健康中国建设，建成世界上规模最大的教育体系、社会保障体系、医疗卫生体系，共同富裕取得新成效。另一方面，着力加强和创新社会治理。2019 年 10 月 31 日，中国共产党第十九届中央委员会第四次全体会议通过《中共中央关于坚持和完善中国特色社会主义制度、推进国家治理体系和治理能力现代化若干重大问题的决定》，对社会建设领域改革作出全面部署。健全党组织领导的自治、法治、德治相结合的城乡基层治理体系。2013 年 11 月，成立中央国家安全委员会，全面贯彻落实总体国家安全观，更好统筹发展和安全，以新安全格局保障新发展格局。

（五）全面建设美丽中国，加快推进人与自然和谐共生的现代化

坚持"绿水青山就是金山银山"，出台《关于加快推进生态文明建设的意见》《生态文明体制改革总体方案》；建立健全环境保护"党政同责"和"一岗双责"等制度，建立起生态文明制度体系的"四梁八柱"。实行最严格的源头保护制度、损害赔偿制度、责任追究制度，完善环境治理和生态修复制度，用制度保护生态环境。在国际上率先实施生态保护红线制度，编制完成首部"多规合一"的国家级国土空间规划。党中央印发《关于全面加强生态环境保护坚决打好污染防治攻坚战的意见》，提出坚决打赢蓝天、碧水、净土三大保卫战。把碳达峰、碳中和纳入生态文明建设整体布局，构建和实施"双碳"政策

---

① 习近平：《习近平著作选读》（第一卷），人民出版社 2023 年版，第 184 页。

体系。2023 年 7 月，党中央召开全国生态环境保护大会，开启了全面推进美丽中国建设、加快推进人与自然和谐共生的现代化的新篇章。

（六）不忘初心，牢记使命，全面从严治党永远在路上

"勇于自我革命，从严管党治党，是我们党最鲜明的品格。"① 把全面从严治党作为新时代党的建设的鲜明主题，推动党的建设新的伟大工程不断深入发展。以党的政治建设为统领，旗帜鲜明坚持和加强党的领导，严肃党内政治生活，净化修复政治生态，推动全党增强"四个意识"、坚定"四个自信"、做到"两个维护"，紧密团结在党中央周围，实现党的团结统一。以党的科学理论筑牢思想根基，坚持用习近平新时代中国特色社会主义思想凝心铸魂，弘扬伟大建党精神，持续开展党内集中教育，使党员干部补足精神之钙，坚守共产党人精神家园。贯彻新时代党的组织路线，明确新时代好干部标准，突出政治素质要求、树立正确用人导向。加强基层建设鲜明导向，整顿软弱涣散党组织，推动各级党组织全面进步、全面过硬。把党的纪律挺在前，全面加强纪律建设，两次修订党纪处分条例。提出和实践监督执纪"四种形态"，实现由"惩治极少数"向"管住大多数"拓展。把制度建设贯穿党的各项建设，与时俱进完善党章，形成比较完善的党内法规体系，把权力关进制度的笼子，为新时代党的建设提供根本性、全局性、稳定性、长期性保障。开展史无前例的反腐败斗争，坚持无禁区、全覆盖、零容忍，不敢腐、不能腐、不想腐一体推进，反腐败斗争取得压倒性胜利并全面巩固。找到了自我革命这一跳出治乱兴衰"历史周期率"的第二个答案，风清气正的党内政治生态不断形成和发展。

---

① 习近平：《习近平著作选读》（第二卷），人民出版社 2023 年版，第 21 页。

二、新时代"革故鼎新"的时代价值

"时代是思想之母，实践是理论之源。"新时代，我们党取得了举世瞩目的历史性成就，实践充分证明，改革开放作为新时代"革故鼎新"的新实践，具有重大现实意义和深远历史意义。

改革开放是决定当代中国命运的关键一招。当前，我国站在开启全面建设社会主义现代化国家新征程及向第二个百年奋斗目标迈进的历史关口。我国过去40多年的快速发展靠的是改革开放，我国未来发展也必须坚定不移地依靠改革开放。在未来，破解发展面临的各种难题，化解来自各方面的风险和挑战，更好发挥中国特色社会主义制度优势，推动经济社会持续健康发展，除了深化改革开放，别无他途。改革开放只有进行时没有完成时。没有改革开放，就没有中国的今天，也没有中国的明天。中国特色社会主义进入新时代，改革开放也到了一个新的重要关头，改革开放的旗帜必须继续高高举起，中国特色社会主义道路的正确方向必须牢牢坚持。

改革开放是发展中国特色社会主义的必由之路。中国特色社会主义制度是推进党和国家事业的根本保障。经过改革开放以来的不懈探索，中国特色社会主义制度基本确立，但还不够完善，必须随着党和国家事业发展而不断健全。"中国特色社会主义在改革开放中产生，也必将在改革开放中发展壮大。"[1] 改革开放是中国特色社会主义道路的起点，是中国特色社会主义制度的鲜明特征，进一步拓展这条道路，增强这一制度的生机活力，必须全面深化改革。只有以更大的政治勇气和智慧，不失时机深化重要领域和关键环节改革，更加注重改革的系统性、整体性、协同性，才能构建系统完备、科学规范、运行

---

[1] 习近平：《全面贯彻落实党的十八大精神要突出抓好六个方面工作》，《求是》2013年第1期。

有效的制度体系，使中国特色社会主义各方面制度更加成熟、完善。

改革开放是展现大国担当的战略自信。当前，世界百年未有之大变局加速演进，新一轮科技革命和产业变革深入发展，单边主义、保护主义明显上升，世界经济复苏乏力，局部冲突和动荡频发，全球性问题加剧，世界进入新的动荡变革期。一方面，面对外部环境不稳定不确定带来的挑战，只有深入推进改革创新，坚定不移扩大开放，才能破解深层次体制机制障碍，不断取得新突破新发展，才能更好辐射周边国家，为世界发展作出中国贡献。另一方面，"中国开放的大门不会关闭，只会越开越大。"① 我国正以自身的发展为世界创造出更多机遇，为维护地区和世界的和平稳定作出努力，构建起了以合作共赢为核心的新型国际关系，更是胸怀天下，展现了"达则兼善天下"的负责任大国的形象。

改革开放是实现共同富裕的重要途径。共同富裕是社会主义的本质要求，是中国式现代化的重要特征。习近平总书记强调，随着我国全面建成小康社会、开启全面建设社会主义现代化国家新征程，我们必须把促进全体人民共同富裕摆在更加重要的位置。要实现共同富裕这一目标，必须进一步解放思想，坚定不移全面深化改革，扩大高水平对外开放，不断在关键性基础性重大改革上突破创新，在更高起点、更高层次、更高目标上推进经济体制改革及其他各方面体制改革，使14亿中国人民的活力充分激发出来，从而创造更多社会财富，追求更加美好的生活，最终逐步迈向共同富裕。

改革开放必将揭开中国式现代化的新篇章。党的二十大报告提出："以中国式现代化全面推进中华民族伟大复兴。"中国式现代化是人口规模巨大的现代化，是全体人民共同富裕的现代化，是物质文明

---

① 习近平：《共建创新包容的开放型世界经济》，《人民日报》2018 年 11 月 6 日。

和精神文明相协调的现代化，是人与自然和谐共生的现代化，是走和平发展道路的现代化。中国式现代化是强国建设、民族复兴的正确道路，沿着这条道路，中国不仅大踏步赶上了时代，而且成为当今世界经济增长的稳定器和动力源。进入新时代，踏上新征程，必须在新的历史起点上进一步全面深化改革，依靠全面深化改革开放向最难处发力、向最关键处挺进，才能为不断谱写中国式现代化新篇章注入动力、活力。

三、新时代弘扬和践行"革故鼎新"精神的路径

当前改革已进入攻坚期和深水区，更加需要进一步传承和弘扬新时代"革故鼎新"精神，探索新的途径，创新实践方法，进一步增强全面深化改革的政治自觉、思想自觉和行动自觉。

（一）把握"革故鼎新"的基本遵循

全面深化改革点多、量大、面广，是一项系统工程，牵一发而动全身，在新时代继续弘扬和传承"革故鼎新"精神，需要把握好以下几个方面的原则。

坚持党的领导。中国共产党领导是中国特色社会主义最本质的特征，"党政军民学，东西南北中，党是领导一切的"①，"只有中国共产党才能领导中国"②。推进全面深化改革向纵深发展，必须始终坚持党的领导，结合实际创造性开展工作，把党中央关于改革开放的决策部署落到实处、见到实效，始终在思想上、政治上、行动上同以习近平同志为核心的党中央保持高度一致，牢牢把握工作正确方向。

坚定理想信念。信仰是生命的绿洲，理想信念是指引方向的航标

---

① 习近平：《习近平著作选读》（第二卷），人民出版社 2023 版，第 131 页。
② 习近平：《高举旗帜团结一致锐意进取　为夺取新时代中国特色社会主义伟大胜利不懈奋进》，《人民日报》2019 年 9 月 24 日。

灯。改革开放进入深水区，"容易的、皆大欢喜的改革已经完成了，好吃的肉都吃掉了，剩下的都是难啃的硬骨头"①，改革道路上充满着荆棘和曲折，需要极大的勇气与决心。只有坚定理想信念，增强斗争精神，才能增强改革的动力、定力，要"明知山有虎，偏向虎山行"，敢于啃硬骨头，敢于涉险滩，敢于向积存多年的顽瘴痼疾开刀，"杀出一条血路来"，才能打好全面深化改革这场攻坚战。

尊重基层创新创造。人民群众是历史的创造者。回溯过往，新生事物的产生和发展、思想认识的深化和突破、实际经验的创造和积累，无不来自亿万人民的劳动和智慧。实践证明，许多改革都起源于基层，来自于群众，可以说"基层是创新的源头活水，是改革千帆竞发、百舸争流的动力之源"②。要始终尊重人民群众主体地位和首创精神，把亿万人民的智慧和力量凝聚到推动经济社会发展中，汇聚到全面建设社会主义现代化国家的宏伟目标上，成为推动改革创新的强大势能、强劲动能。

坚持守正创新。守正创新是我们党在新时代治国理政中的重要思维方法，是中国共产党在理论领域和实践领域不断取得历史性突破的重要原因。守正与创新相辅相成、动态平衡，体现了变与不变、继承与发展、原则性与创造性的辩证统一。只有在创新基础上的守正，才不会故步自封；只有在守正基础上的创新，才不会偏离方向。坚持以守正为创新，凝心铸魂，坚持以创新为守正，注入活力，就能始终沿着正确方向前进。

理论联系实际。理论联系实际，是我们党的三大优良作风之一，是党的思想路线的重要体现和根本要求。理论是行动的先导，马克思主义理论是我们的看家本领，要学懂、弄通、悟透。但是，"纸上得

---

① 《习近平接受俄罗斯电视台专访》，《人民日报》2014年2月9日。
② 《尊重基层首创　鼓励大胆创新》，《中国绿色时报》2021年1月20日。

来终觉浅"，改革不能"纸上谈兵"，要发挥科学理论对实践的巨大指导作用，做到干中学、学中干，既要用学到的理论知识指导新的实践，又要在实践中丰富发展理论，做到学以致用、用以促学、学用相长，不能夸夸其谈、陷于"客里空"，要切实把学到的知识转化为谋划工作的思路、促进发展的举措和改进工作方法的本领。

（二）探讨"革故鼎新"的实践路径

问题是时代的声音。新时代更好地弘扬和践行"革故鼎新"精神，需要的是一种在"乱花渐欲迷人眼"中的清醒，一种"不畏浮云遮望眼"的视野，一种"乱云飞渡仍从容"的战略定力，不断开辟新路径，探索新领域，形成和推动全面深化改革的时代新风。

注重在解放思想中统一思想。"改革开放的过程就是思想解放的过程。没有思想大解放，就不会有改革大突破。"① 思想解放不是异想天开，不是主观想象，更不是莽撞蛮干，而是要保持头脑清醒、统一思想、步伐坚定，正确、准确、有序、协调推进改革，实现理论和制度、思路和对策、举措和方法的"革故鼎新"。新时代全面深化改革不是轻轻松松、敲锣打鼓就能顺利推进的，需要解决的矛盾问题很多，更需要通过解放思想实现思想统一，一步一个脚印、稳扎稳打向前推进改革，积小胜为大胜，积跬步致千里。

注重从中华优秀传统文化中汲取营养。"问渠那得清如许？为有源头活水来。"中华优秀传统文化积累了宝贵财富、蕴含着丰富智慧，是"革故鼎新"的重要思想基础和传承渊源。中华优秀传统文化中"革故鼎新"的案例、思想、方法，在今天仍有重要价值。取其精华、去其糟粕，深入研究传统文化，深入挖掘思想文化资源，凝练出其中的优秀因子和思想精髓，激发创新思维和创造力，就能够为进一步全

---

① 习近平：《在庆祝海南建省办经济特区 30 周年大会上的讲话》，《人民日报》2018 年 4 月 14 日。

面深化改革提供源泉灵感、深厚底蕴和强大动力。

注重方式方法，做到分层次推进。在社会层面，把创新摆在突出位置，为创新创业提供良好的平台，鼓励多元化和包容性的创新；在学校层面，推进中华优秀传统文化进课本、进课堂、进校园，引导学生"革故鼎新"；在家庭层面，挖掘优秀家风家教成果，发扬家礼家训等，用家庭教育激活"家力量"，培养孩子的好奇心和求知欲，引导孩子学会独立思考、提高解决问题的能力。同时，适应信息革命、大数据时代的新形势，注重借助现代化、信息化手段来研究改革、推进改革、深化改革。

注重在交流互鉴中取长补短。五千年中华文明绵延不断，我们要始终秉持开放包容态度，古有玄奘西行取经、郑和七下远洋等佳话，新时代有"一带一路"等倡议。在国际交流交往中，中华优秀传统文化中蕴含的"革故鼎新"理念，对解决人类共同面临的挑战具有重要价值。新时代全面深化改革更需要海纳百川、胸怀天下，坚持"走出去""引进来"相结合，坚持平等、互鉴、对话、包容的文明观，推动各领域改革交流互鉴、取长补短，继续为丰富世界文明"百花园"贡献中国改革力量。

注重营造全面深化改革的良好氛围。良好的创新氛围是激发个人创造活力、提升组织创新能力、推动社会进步发展的丰厚土壤。加强舆论宣传，挖掘改革开放过程中的重大事件、典型人物，提炼改革创新精神，讲好"革故鼎新"故事，营造正能量。建立健全容错纠错机制，为敢于改革、勇于改革者担当，努力营造"鼓励创新、宽容失败"的良好氛围。"惟进取也，故日新"，加强理论研究，不断深化拓展"革故鼎新"的内涵，为新时代全面深化改革提供科学理论支撑。

回顾历史，我们清楚地看到：中华民族能一往无前地走到今天，很重要的一个方面是我们这个民族坚持不懈地改革和创新，一次又一次从逆境中崛起。在今后中华民族伟大复兴的过程中，我们也只有坚持改革和创新，才能解决前进中的困难和问题，才能凝聚起十四亿中华儿女的斗志和力量。因此，革故鼎新永远在当下，革故鼎新永远在路上！

第五章

任人唯贤

——选贤与能大业兴

习近平总书记强调，德才兼备、以德为先、任人唯贤的方针是新时期党的组织路线的基本依循，这明确了中国共产党选人用人的原则就是既重视才干，更重视品德。任人唯贤是中华优秀传统文化的重要精神标识，是中华文明生生不息的文化基因。历史与现实反复证明，能否任人唯贤，关乎国家的治乱兴衰，关乎事业的成败得失。中国共产党自成立以来，继承和弘扬中华优秀传统文化，高度重视选人用人上的任人唯贤，树立了正确的选人用人导向。在全面建设社会主义现代化国家新征程中，任人唯贤具有重要理论与实践意义，是实现中华民族伟大复兴的重要保障。

第一节　任人唯贤的历史智慧

中华民族数千年文明史的延续与辉煌，始终绕不开选人用人的问题。毛泽东同志曾指出："在这个使用干部的问题上，我们民族历史中从来就有两个对立的路线：一个是'任人唯贤'的路线，一个是'任人唯亲'的路线。"① 从尧、舜、禹的"禅让贤才"，到奴隶社会、封建社会关于"任人唯贤"和"任人唯亲"两种不同观念的曲折斗争，思想政治家们聚焦这一问题，进行了一系列阐述和政治实践探索，形成了内容丰富且有深远价值的思想精华与政治智慧。

一、任人唯贤的思想沿革与历史传承

任人唯贤思想，源远流长。上古黄帝及尧、舜、禹时代的"传贤"思想观念，是任人唯贤思想生成的萌芽。《尚书》中就专章介绍了圣贤们"禅让传贤"的故事：帝曰："咨！四岳。朕在位七十载，汝能庸命，巽朕位？"岳曰："否德忝帝位。"曰："明明扬侧陋。"师锡帝曰："有鳏在下，曰虞舜。"帝曰："俞？予闻，如何？"岳曰："瞽子，父顽，母嚚，象傲；克谐以孝，烝烝乂，不格奸。"帝曰："我其试哉！"（《尚书·尧典》）尧将贤能作为选用接班人的基本条件，并锻炼舜的品格，体现了任人唯贤、选贤与能的观念。上古时代的这些故事传说，突出了选贤与能的正当性、重要性，也成为后世阐发、

---

① 毛泽东：《毛泽东选集》（第二卷），人民出版社1991年版，第527页。

践行任人唯贤思想的重要来源与依据。

先秦是任人唯贤思想形成与发展的关键时期，诸子百家提出并阐述了选贤任能的各种思想观点。任人唯贤思想在"百家争鸣"中实现了淬炼升华，建构形成了较为系统的学说体系。其中，具有代表性的儒家的"尊贤任能"、墨家的"尚贤"、法家的"尚功"、兵家的"择人任势"等，对任人唯贤思想的形成与发展起到重要作用。

先秦儒家把"尊贤任能"作为仁政思想的核心内容，孔子及其后继者回答了何谓"贤"、何以"贤"、何能"贤"等贤能标准问题，也明确提出"举贤才""尊贤使能""得贤必用"等任人唯贤的主要思想。孔子说："不逆诈，不亿不信，抑亦先觉者，是贤乎！"（《论语·宪问》）就是要把德行好、有才能的人视作贤人。孔子在《礼记》中描绘未来大同社会美好理想时曾言："大道之行也，天下为公，选贤与能。""选贤与能"成为孔子期许的贤能政治的重要方面。《论语》中也记载："仲弓为季氏宰，问政。子曰：'先有司，赦小过，举贤才。'"孔子把"举贤才"视为国家治理的重要内容，他甚至还和学生一起论证了"举贤才"的重要性。孔子曾言："举直错诸枉，能使枉者直。"（《论语·颜渊》）就是要提拔正直的人，这样就能使邪恶的人变得正直。孔子甚至对任人唯贤的方法也进行了探讨，他曾明确提出："君子不以言举人，不以人废言。"（《论语·卫灵公》）其认为举荐贤才时不能"以人废言"。他又提出任人唯贤切忌求全责备，《论语》中有言："君子不施其亲，不使大臣怨乎不以，故旧无大故，则不弃也，无求备于一人。"（《论语·微子》）孔子的"举贤才""赦小过""不求全责备""不以人废言"等诸多思想，成为后世任人唯贤、选贤与能思想的核心观点，对任人唯贤思想的发展起到了奠基性的作用。先秦儒家学派大哲孟子也提出了"贤人政治"的思想。他说："尊贤使能，俊杰在位，则天下之士皆悦，而愿立于其朝矣。"（《孟子

·公孙丑上》)他倡导让贤人管理社会以实现理想社会。战国时期儒家学派的代表人物、"百家争鸣"的集大成者荀子更加强调任人唯贤，他提出"故人主用俗人，则万乘之国亡"，"用大儒，则百里之地久，而后三年，天下为一，诸侯为臣"（《荀子·儒效》）。这里荀子正是强调了尚贤则治的思想，即"尚贤使能，则主尊下安"（《荀子·君子》）。在此基础上，荀子承继了孔子"举贤才"的思想，提出了"唯才是取"的观点，主张"虽王公士大夫之子孙也，不能属于礼义，则归之庶人。虽庶人之子孙也，积文学，正身行，能属于礼义，则归之卿相士大夫"（《荀子·王制》），明确了"无德不贵，无能不官"（《荀子·王制》）的选任贤能标准，最终提出"得贤必用"的思想。

先秦诸子百家如墨家的"尚贤事能"、法家的"贤臣明法"、兵家的"知人善用"等，也都从不同角度丰富了任人唯贤的思想。墨家学派创始人墨子高度肯定贤才作为国家社稷之"珍佐"的重要性，揭示了"国有贤良之士众，则国家之治厚；贤良之士寡，则国家之治薄"（《墨子·尚贤》）的历史规律，主张破除一切尊卑、贫富差异，完全依据"能"选人用人，甚至提出"选天下之贤可者，立以为天子"（《墨子·尚同》），使"贤"与"能"更加紧密关联，明确了"善为君者，劳于论人"（《墨子·尚贤》）的观点。法家学派代表人物韩非子提出"任人以事，存亡治乱之机也"（《韩非子·八说》），肯定"贤智"在辅佐君事中的作用，但是韩非子深刻省思战国时期的弑君篡位问题，激烈批判"上贤任智无常"的现象，甚至认为"今夫上贤任智无常，逆道也。而天下常以为治，是故田氏夺吕氏于齐，戴氏夺子氏于宋，此皆贤且智也，岂愚且不肖乎？是废常上贤则乱，舍法任智则危"（《韩非子·忠孝》）。基于此，他高度重视贤能"明法"，认为："所谓贤臣者，能明法辟，治官职，以戴其君者也。"（《韩非子·忠孝》）这些观点对于当今任人唯贤思想具有重要的警示作用，即选贤任能要有法度，以法治官，突出强调对贤能的考核监督，使其依法行政，各司其职，各尽所能。先秦兵家代表人物孙武、吴起等从军事斗争的角度论述了任人唯贤的重要性，他们认为"夫总文武者，军之将也"（《吴子·论将》），孙武甚至明确提出了军事贤才的标准，他说："将者，智、信、仁、勇、严也。"（《孙子兵法·计篇》）孙武还认为"不知三军之事而同三军之政者，则军士惑矣；不知三军之权而同三军之任，则军士疑矣"（《孙子兵法·谋攻篇》），这实际上进一步丰富了任人唯贤思想。总之，先秦诸子百家从不同立场、角度进一步丰富、发展、完善了任人唯贤、选贤与能思想。这一历史时期各种各样的尚贤思想，构成了后世任人唯贤思想的框架和主流观点。

中国历史上第一个统一的封建王朝秦之后，任人唯贤思想在政治变革与社会发展中得以进一步发展，尤其是汉唐时期，任人唯贤策略对巩固国家统一、恢复社会稳定、促进经济发展起到重要作用。这一历史时期的思想家如贾谊、董仲舒、司马迁、班固、王充、韩愈等，都阐释了任人唯贤思想，形成了任人唯贤思想发展的又一个高峰。思想家贾谊从维护西汉王朝长治久安的视角出发，强调"贤人不举，而不肖人不去"（《新书》），突出任人唯贤是君主的职责，故又提出"故王者取吏不妄，必使民唱，然后和之。故夫民者，吏之程也，察吏于民，然后随之"（《新书》），认为君王应从士民中选吏。董仲舒抨击吏治腐败、任人唯亲弊病，严厉指出"观乎世卿，知移权之败"（《春秋繁露·王道》），认为"天积众精以自刚，圣人积众贤以自强……故天道务盛其精，圣人务众其贤"（《春秋繁露·立元神》），将是否任用贤能同异象相关联，进而又在人才考绩上提出新观点，形成"任贤考绩"的重要思想，从人才考核的视角不断完善了任人唯贤的思想。司马迁从历史的视角描绘了诸多贤相能臣的事迹，承继发扬了孔子等人的尚贤思想，重视贤能的德才兼备，提倡"主圣臣贤，天下之盛福也"的贤人治国观,并深刻反思历史上亡国悲剧发生的内在规律,即"国之将兴,必有祯祥,君子用而小人退。国之将亡,贤人隐,乱臣贵,使楚王戊毋刑申公,遵其言,赵任防与先生,岂有篡杀之谋,为天下僇哉?贤人乎,贤人乎!"(《史记·楚元王世家》),突出强调了能否善用贤臣关系到国家兴亡。"人才"概念第一次在思想家王充所著的《论衡》中出现,其原文为"人才高下,不能钧同"。王充又进一步提出了"人有知学,则有力矣"的人才学成论、"采玉者破石拔玉,选士者弃恶取善"的人才识用论、"长巨之物,强力之人乃能举之"的选人主体论、"人生莫不有力,所以为力者,或尊或卑"的人才价值论等,极大完善了任人唯贤的思想学说。到了唐代,大文学家和思想家韩愈《马说》中的"世有伯乐,然后有千里马;千里马常有,而伯乐不常有",洞察了选人用人中"伯乐"与"千里马"之间的辩证关系,希望为政者善于发现人才、任用人才,达到人尽其才、才尽其用的理想;在《师说》中韩愈提出了"是故弟子不必不如师,师不必贤于弟子。闻道有先后,术业有专攻,如是而已"的人才成长论,进一步全面升华了任人唯贤的思想,对后人践行任人唯贤思想提供了参考。可见,汉唐时期思想家们对任人唯贤思想不断丰富发展,对后世产生深远影响。

宋元明清时期,思想家们仍然进一步发展了任人唯贤思想,代表人物有王安石、吕公著、司马光、王守仁、黄宗羲、王夫之等人。王安石在《材论》中就认为:"夫材之用,国之栋梁也,得之则安以荣,失之则亡以辱。"这里他实际阐述了"患才不用"的观点。他还明确提出"使大者小者、长者短者、强者弱者无不适其任者焉"的唯才所宜论等,其立足于当时吏治弊端,形成了许多新的任人唯贤观念。明末清初思想家黄宗羲则提出了"取士""用士"的选贤任能观,倡导"行良知""学贵适用"的经世致用的人才观念,将严于用人摆在任人唯贤思想的核心位置，突出人才考核评价的重要性。清朝龚自珍则写下了"我劝天公重抖擞，不拘一格降人材"的著名诗句，反映了知识分子对选贤任能的希冀与诉求。这一阶段思想界对任人唯贤的认知，传承了自孔孟以来的核心观念，在任人唯贤与任人唯亲的激烈碰撞中坚持了选贤与能的主流用人价值方向。

鸦片战争以降，面对日益加深的民族危机与社会矛盾，一些知识分子立足国情、汲取西方观念，形成了许多关于任人唯贤的新的重要观点，代表人物有康有为、梁启超、蔡元培等。戊戌维新运动领袖、思想家康有为倡导当时中国之贤才应为"通才"，而非"腐儒"，他明确提出"博采西学之切于时务者实力讲求，以救空疏迂谬之弊……以成通经济变之才"的新人才标准；提倡建立"蔓草去而立苗疏，斯地力不分，可以植嘉谷矣；冗员裁而设官少，斯廉俸给足，可以养真才矣"的人才能上能下新机制；主张裁撤冗员、起用新人，谭嗣同、刘光第等大批出身低微的人士被起用，有力推动了改革进程。此外，他特别强调要注重人才的培养，通过办学校、促进留洋等培养"通才"，明确提出要"广设武备学校……仍多派强健才武有志之学生，就学德、日兵校……然后归教兵学，且统戎旅，兵事乃可得而整理也"。这些举措对促进晚清社会发展进步有一定积极意义。思想家梁启超提出影响深远的"兴学校、养人才，以强中国"（《饮冰室合集》）的思想，突出人才在社会历史进程中的主导性地位，提出"有才千人，国可以立，有才万人，国可以强"（《饮冰室合集》），把人才视为强国的主导。同时，他激烈抨击旧的选任制度的弊病，提出变法的重点在于兴人才、开学校，改变旧的科举制度，"停止八股试帖，推行经济六科，以育人才而御外侮"（《饮冰室合集》），探索新的选贤任能机制。这些都反映了救亡图存道路上先进知识分子试图选任契合时代发展需求之贤能的迫切需要和实践探索，是选贤任能思想发展史上的重要篇章。蔡元培一生致力于教育事业，始终倡导人才治国理念，他曾悲叹"国内学术界觉得人才不足，是无可讳言的"①，由此提出注重科技人才的培养；他也认为学术问题应"任吾人自由讨论"，对待人才不能求全责备，主张兼容并蓄、学术自由，为人才的培养提供宽松的环境。这些观点反映了近现代先进知识分子在独特历史背景下选贤与能的实践探索。

总之，任人唯贤是中华民族政治思想史的精华，不同时代的思想家立足不同的历史条件，阐述了各具特点、精彩纷呈的思想观点，构成了中华优秀传统文化中的任人唯贤思想智慧。

二、任人唯贤的政治传统与生动实践

任人唯贤作为中华文明的智慧结晶，并非仅存在于思想理论家们的学说谱系之中，亦存在于历朝历代治国理政的政治实践之中。纵观中国历史，任人唯贤、选贤与能始终是春秋战国至清末民初传统政治实践的重要内容，不同时期的著名统治者和改革家重视任人唯贤思想的实践，丰富了这一思想的内涵与外延，由此出现了诸多为人熟知、引人深思、给人启迪的历史典故与生动事例，是今人汲取古人选人用人历史智慧的重要来源。

"争天下者必先争人"是春秋战国时期任人唯贤政治实践的生动写照。"春秋五霸""战国七雄"的历史功绩背后都是尚贤、求贤、举贤、用贤的结果，"李悝变法""吴起变法""商鞅变法"等政治变革都突出了任人唯贤的重要性。管子就曾感慨道："夫争天下者，必先争人。明大数者得人，审小计者失人。得天下之众者王，得其半者霸。是故圣王卑礼以下天下之贤而王之，均分以钓天下之众而臣之。"（《管子·霸言》）

---

① 蔡元培：《在北大话别会演说词》，《蔡元培经典》，当代世界出版社 2016 年版，第 88 页。

以"春秋五霸"之首齐桓公为例，在同公子纠争夺王位时，公子纠的老师谋臣管仲不仅为公子纠出谋划策，即便在齐桓公登上王位后仍联同鲁国军队攻打齐国，但是当管仲被囚禁至齐国时，齐桓公的老师鲍叔牙亲自请求赦免之，曾言："臣之所不如管夷吾者五：宽惠爱民，臣不如也；治国不失秉，臣不如也；忠信可结于诸侯，臣不如也；制礼义可法于四方，臣不如也；介胄执枹，立于军门，使百姓皆加勇，臣不如也。"（《管子·小匡》）并力举管仲为相，自愿副之，齐桓公听从劝告，重用管仲。后来管仲提出"尊王攘夷"的政治口号，建立了官吏选拔的新机制，"匹夫有善可得而举也"（《国语·齐语》），普通农民也可突破身份限制参政，齐国人才济济，齐桓公也成为春秋时期第一个霸主。在战国的政治变法中也出现了一系列任人唯贤的重要政治举措与思想。"变法鼻祖"李悝提出"夺淫民之禄，以来四方之士"（《说苑·政理》），主张废除奴隶主贵族的世卿世禄制度，招揽四方才学之士，建立了任人唯贤的新机制，这成就了"战国七雄"魏国的繁荣兴盛，也对后世的政治改革起到参照作用。战国时期政治家商鞅提出"国以功授官予爵，此谓以盛知谋，以盛勇战"（《商君书·靳令》）"缘法而治，按功而赏"（《商君书·君臣》）"论荣举功以任之"（《商君书·算地》）等，根据对国家的贡献授予官职；贤能掌握国家法令，营造了良好的选贤与能的条件，明确了法治在任人唯贤中的不可替代性，对实现政权的兴盛起到重要作用，对促进秦朝统一天下也有重要影响。当然，春秋战国时期的诸国国君强调"选贤任能"，核心目的是掌握外交与军事斗争主动权，巩固政权稳定、实现战争的胜利、促进自身发展，虽蕴含丰富的历史智慧，但也有一定的历史局限性，值得深入思考研究。

"盖有非常之功，必待非常之人"描绘了汉唐时期任人唯贤思想在实践中的运用，这一时期，任用贤才思想与成功的政治实践相融互促。汉高祖刘邦、汉武帝刘彻、唐太宗李世民等政治家的尊贤用人实践，推动了封建中国"任人唯贤"思想的不断发展。

秦大一统后日渐摒弃"明知而忠信，宽厚而爱人，尊贤重士"（《史记·秦始皇本纪》）的政治风尚，统治者任人唯亲、听信谗言，最终暴政亡国。汉高祖刘邦曾省思"吾所以有天下者何？项氏之所以失天下者何"这一重大问题，他自答道："夫运筹策帷帐之中，决胜于千里之外，吾不如子房；镇国家，抚百姓，给馈饷，不绝粮道，吾不如萧何；连百万之军，战必胜，攻必取，吾不如韩信。此三人者，皆人杰也，吾能用之，此吾所以取天下也。"（《史记·高祖本纪》）刘邦在秦末农民起义中，认识到"皆待贤人而成名"（《汉书·高帝纪下》）是帝王成事之基，不论出身地位，选任大量贤能，有"时时问邑中贤豪"（《汉书·郦陆朱刘叔孙传》）的搜罗人才的观念，知人善用，赏罚分明，最终实现了西汉王朝的建立与汉初政治经济的发展。"文景之治"时期，汉文帝与汉景帝明确"举贤良方正能直言极谏者，以匡朕之不逮"（《汉书·文帝纪》）等用人政策，延续了西汉初年休养生息政策，实现了国家经济社会的发展进步。汉武帝作为汉代乃至整个中国历史上功绩显赫的君王，准确认识到识贤用贤的重要性，他直言："何世无才，患人不能识之耳，苟能识之，何患无人！"（《资治通鉴·汉纪》）汉武帝的任人唯贤政策有两大新特点，一是善于破格提拔，不论出身尊卑，提拔卫青、霍去病等青年军事人才，甚至被俘匈奴休屠王太子的金日磾也因出色的才能被破格选拔为光禄大夫，甚至成为皇帝托付后事的大臣；二是重用各行业人才，选任儿宽开凿郑国渠上游的"六辅渠"促进农业发展，提拔铁商孔仅、盐商东郭咸阳等担任盐铁官员等，促进了国家整体实力的大发展。唐太宗深刻认识到贤能人才的重要性，明确提出"为政之要，惟在得人；用非其才，必难致治"（《贞观政要·崇儒学》）的重要思想，倡导"才行是任"的选贤与能原则，发现了魏徵、马周、长孙无忌等人才。在魏徵死后，太宗哭言："夫以铜为镜，可以正衣冠；以史为镜，可以知兴替；以人为镜，可以明得失。朕常保此三镜，以防己过。今魏徵殂逝，遂亡一镜矣。"（《旧唐书·魏徵传》）足见太宗用人所长、尊重人才的高尚品质。"房谋杜断"、任用魏徵、起用贫寒人士马周及重用少数民族才俊阿史那·社尔等，已经成为警示后人的典故，也为中华民族任人唯贤思想内涵的丰富作出了重要贡献。

在宋元明清时期，任人唯贤与任人唯亲两种不同的思想路线激烈斗争，影响着中国政治的历史进程与国家政权的安定团结。王安石在《材论》中说："天下之患，不患材之不众，患上之人不欲其众；不患士之不欲为，患上之人不使其为也。夫材之用，国之栋梁也，得之则安以荣，失之则亡以辱。"

宋朝前中期尤为重视选贤任能，范仲淹、欧阳修、王安石、苏轼、曾巩、司马光等才华横溢的文臣能士得到重用，对士大夫的重视及鼓励谏臣直言成为宋朝的一大特色，对宋朝经济、政治、文化的高度发展起到重要作用。其中，欧阳修被称为"千古伯乐"，举荐了苏洵、苏轼、苏辙、曾巩、王安石、张载、程颢、吕大钧、包拯、韩琦、文彦博、司马光等一大批青年才俊，以至于《宋史》评价欧阳修"奖引后进，如恐不及；赏识之下，率为闻人"，这也为后人选贤任能、举荐贤良提供了参照。元代自成吉思汗时期就基于军事斗争需要起用大量军事人才，忽必烈也能够重用汉族在内的各民族人才，让元初的统治得到有效巩固，但是元后期的残暴统治及任人唯亲的政策，是引发元灭亡的重要原因。到了明代，任人唯贤与任人唯亲政策交织成为明朝吏治的特点之一，"洪武之治""永乐盛世""仁宣之治"是任人唯贤、选贤与能的盛世时代，"土木堡之变"、杀害袁崇焕"自毁长城"的英宗、思宗时期则是任人唯亲、恣意用人的动乱时期。朱元璋虽在洪武后期实行了虐杀贤才的政策，但从起义到当政期间坚持了"贤才，国之宝也"（《明史·选举志》）"朕惟治国以教化为先，教化以学校为本"（《明史·选举志》）等任人唯贤的思想。政治家张居正在政治改革中倡导"广罗英俊""旁求贤哲，共熙帝载"（《张太岳集》）等尚贤观念，主张"才有可用，孤远不遗"（《张太岳集》）的求贤观，甚至提出了不以个人好恶为出发点、凡有一技之长皆可用之、反对求全责备的"核名实"三原则，为"万历中兴"提供了坚实的人才支撑。及至清代，康熙帝强调"国家以用人为要"，大量选拔汉人担任要职，主张从德、才两个维度考量人才，甚至提出了"论才则必以德为本，故德胜才谓之君子，才胜德谓之小人"（《康熙政要》）这一著名的"以德为本"思想。康熙帝待贤臣"宽仁有容"，提出了"问之于民"的人才考核机制，重视各类科技人才，"凡有一技之能者，往往召直蒙养斋"（《清史稿》）。这些重要的政治思想实践为"康乾盛世"奠定了基础，也是任人唯贤思想智慧的历史结晶。

"贤能多不得志"是鸦片战争以来近代中国的社会现实，半殖民地半封建社会的中国历经"太平天国""戊戌变法""洋务运动""辛亥革命"等一系列变革变法，形成了诸多关于任人唯贤的政治智慧。太平天国时期，洪秀全提出了"无论何色人，上至丞相，下至听使，均准与考"（《金陵省难纪略》）的人才选拔观念，重视妇女贤能，主张"民女通墨者"亦可以为官，具有重要的历史进步意义。光绪皇帝大胆起用变法维新人士，又准许官民上书言事，这些举措是任人唯贤思想的历史实践，却因封建顽固势力的阻挠，导致了进步维新人士谭嗣同等"戊戌六君子"惨遭杀害，变法最终失败。孙中山在革命实践中始终把选贤与能放在重要位置，他明确指出"立国之道，在于立本，立本之道，在于任贤"①，重视男女平等接受教育，提出平等使用人才的理念，实现"人尽其才"，主张"借才于外党"的开放人才政策，形成了大革命时期独特的任人唯贤政治思想，具有开拓性、开创性。

总之，任人唯贤是中华民族优秀政治思想的具体体现，不同的时代任人唯贤政治实践各具特点，甚至任人唯贤与任人唯亲路线的政治斗争史，也给后人诸多启示，形成了诸多经得起时间检验与实践检验的优秀思想观点，也成为任人唯贤历史智慧的重要组成部分。

三、任人唯贤的制度探索与曲折发展

任人唯贤制度是政治思想实践的外化形式。为了更好地招揽贤能，中国古代王朝都探索建立了一系列的人才选拔举荐制度，体现了不同历史时期人们对任人唯贤思想的具体实践，是研究任人唯贤历史智慧必须要深入探究的重要内容。

春秋战国前后，"世卿世禄制"是官员选任的主要依据，官吏根据血缘关系承继封地、爵位及禄田等，由此维系着政权的稳固。社会大变革大动荡时期的诸侯国纷争，也催生了"客卿制度"这一全新的选贤任能制度。"客卿"如《资治通鉴音注》中所描绘的那样："秦有客卿之官，以待自诸侯来者，其位为卿，而以客礼待之也。"各诸侯国广泛招徕人才，待之为客，正如清代史学家赵翼所言："或一言契合，立擢卿相。"（《陔余丛考》）"客卿"依靠才能可拜将入相，突破了血缘等级对选贤的束缚，有效推动了贤能的选拔使用。商鞅变法更将此制度作为强秦的重要手段，"宾客群臣有能出奇计强秦者，吾且尊官，与之分土"（《资治通鉴》），秦网罗天下英才而用之，最终统

---

① 中国科学院近代史研究所史料组编辑：《辛亥革命资料》，中华书局 1961 年版，第 136 页。

一六国，"客卿制度"也成为古人早期选贤任能的重要制度探索。至秦大一统后，仍然延续了"客卿制度""仕进之途，唯辟田与胜敌而已"等制度，军功、事功成为选纳贤良的重要标准。

察举制是两汉至魏晋南北朝时期主要的选贤与能制度，是一种自下而上选拔"孝廉""贤良""茂才""异人"的人才制度。"孝以选民，廉以察吏"的"举孝廉"制将儒家学说理念转化为政治制度，重视贤良人才的思想品德修养，对全社会养成孝廉文化有重要作用；不定时由朝廷下诏要求地方官举荐的"贤良"，多是"习先圣之术""明当世之务""通于人事之终始""敦厚有行义，能直言"的人才，皇帝甚至亲自主持考试，"对策者，显问以政事经义，令各对之，而观其人文辞定高下也"（《汉书》颜师古注），以期达到"求贤图治"的政治目的。正如汉武帝所诏："盖有非常之功，必待非常之人。故马或奔踶而致千里，士或有负俗之累而立功名。夫泛驾之马，跅弛之士，亦在御之而已。其令州郡察吏民有茂材异等，可为将相及使绝国者。"（《汉书·武帝纪》）特科"茂才"旨在求寻"可为将相及使绝国"者；选拔特殊人才的"异科"，只为选拔对"兵法""道术""法典""民政""水治""阴阳""历法"等通晓者。察举制打破了"世卿世禄制"的任人唯亲，拓宽了选任贤良的渠道。与此同时，征辟制成为汉代选贤任能的制度补充，皇帝和高级官员征聘、辟除贤良人才作为顾问或辅吏，"以高才重名蹑等而升者，辟召也；故时人犹以辟召为荣"（《文献通考》），这也是任人唯贤思想的制度探索，蕴含着古人选人用人的政治智慧。

肇始于曹魏时期的九品中正制，探索回答了选贤任能中"谁来选"的问题。该制度由各州郡的"中正官"依据德才名望对本地区的士人进行举荐考察，重点品评士人"家世""行状"，确定"上上、上中、上下、中上、中中、中下、下上、下中、下下"等九个品级，授予相应的官吏品级。九品中正制探索了"唯才是举"的政治选贤任能机制，明确了德才兼备的人才选拔标准，但是后期因大小中正官为"著姓士族"担任，出现了"上品无寒门，下品无士族"的现象。

隋唐时期，为了巩固中央集权统治，科举制日渐成为选贤与能的主要机制。1947年，美国学者克拉克曾提出："以科举考试为核心的中国文官行政制度的创立，是中国对世界的最重要贡献之一。"隋炀帝时始置进士科，唐代有"常举""制举""武举"，后又分乡试、会试、殿试等。科举制给人才的跨阶层流动提供了途径，也给封建政权带来了活力，甚至影响了新罗、高丽、日本等东亚文化圈的国家，"四方儒士负书而至者盖以千数。俄而，吐蕃及高昌、高句丽、新罗等诸夷酋长亦遣子弟请入于学"，东亚各国亦模仿举行科举，体现了古人选贤任能的政治智慧与外在影响。科举制虽然在后期逐渐僵化，危害了封建社会人才的精神思想，但不可否认的是，科举制确立的"一切以程文为去留"的考核制度、舞弊者"于举场前枷号一月，满日问罪革为民"的惩戒制度、"公车银两"的人才资助制度等，反映了古人对选贤任能的探索，对今天选人用人有重要启示。

总之，我国古代不同时期的选官制度，实际上体现了人们对任人唯贤思想的实践，其主要目的是维护王朝统治、优化人才结构、促进社会发展，蕴含了丰富的选贤与能政治智慧，是中华优秀传统文化的思想结晶，我们应该深刻理解制度建构背后的积极内容，如怎样确保任人唯贤的制度公平性、如何避免任人唯贤制度中的唯亲倾向，以及什么是有全球影响力的任人唯贤机制，这些问题在古代任人唯贤的制度探索中都有或多或少的回答，值得我们进一步研究深思。

第二节　中国共产党的用人原则

中国共产党是中华优秀传统文化的继承者、弘扬者与践行者，从成立之日起中国共产党便立足时代条件与实践要求，坚持马克思主义的立场、观点、方法，推动了任人唯贤传统思想观念的历史传承与现代转化，既锻造了一批又一批优秀人才队伍，也创造性转化、创新性发展了任人唯贤思想，在新民主主义革命时期、社会主义革命与建设时期、改革开放与社会主义现代化建设时期、中国特色社会主义新时代，形成了一整套契合现实需要的任人唯贤新观点、新理念、新思想。

一、新民主主义革命时期的任人唯贤思想与实践

在新民主主义革命时期，为了实现民族独立与人民解放，以毛泽东同志为代表的中国共产党人，将马克思主义人才观与中国古代任人唯贤思想相结合，立足革命实践需要，形成了重才、成才、选才、用才的选贤与能思想，进一步丰富发展了中国古代任人唯贤思想，是实现中华优秀传统文化创造性转化、创新性发展的典范。

（一）人才的价值："人是第一个可宝贵的"

1949 年中华人民共和国成立前夕，毛泽东同志在《唯心历史观的破产》中指出："世间一切事物中，人是第一个可宝贵的。在共产党领导下，只要有了人，什么人间奇迹也可以造出来。"基于历史唯物主义的视角，毛泽东同志把贤能人才看作中国革命胜利的根本条件，

不仅重视军政干部人才，也高度肯定知识分子的价值，还明确提出"需要大批的人民的教育家和教师，人民的科学家、工程师、技师、医生、新闻工作者、著作家、文学家、艺术家和普通文化工作者"①。毛泽东同志高度重视干部人才在革命斗争中的决定性作用，甚至说"政治路线确定之后，干部就是决定的因素"②，"指导伟大的革命，要有伟大的党，要有许多最好的干部"③。他也始终把民族的前途命运同人才问题紧密相连，将人才问题视作关乎国家兴衰与民族解放的大问题。毛泽东提出："工人中间应该教育出大批的干部，他们应该有知识，有能力，不务空名，会干实事。没有一大批这样的干部，工人阶级要求得解放是不可能的。"④ 这实际上阐明了工人阶级中的贤能人才对解放自身的重要性。这些思想延续了古人对贤良的重视，赋予了贤良人才更丰富的内涵，又将任人唯贤同民族复兴、阶级解放、革命斗争胜利等结合起来，拓宽了任人唯贤的价值向度。

（二）人才选任的标准：才德兼备、以德为先

在新民主主义革命时期，毛泽东同志沿用古人关于贤能人才标准的界定，明确提出了"才德兼备"的选人用人标准。他说："中国共产党是在一个几万万人的大民族中领导伟大革命斗争的党，没有多数才德兼备的领导干部，是不能完成其历史任务的。"⑤ 他也进一步阐释何为"才德兼备"，提出"我们党的组织要向全国发展，要自觉地造就成万数的干部，要有几百个最好的群众领袖。这些干部和领袖懂得马克思列宁主义，有政治远见，有工作能力，富于牺牲精神，能独立

---

① 毛泽东：《毛泽东选集》（第三卷），人民出版社 1991 年版，第 1082 页。
② 毛泽东：《毛泽东选集》（第二卷），人民出版社 1991 年版，第 526 页。
③ 毛泽东：《毛泽东选集》（第一卷），人民出版社 1991 年版，第 277 页。
④ 毛泽东：《毛泽东选集》（第二卷），人民出版社 1991 年版，第 728 页。
⑤ 毛泽东：《毛泽东选集》（第二卷），人民出版社 1991 年版，第 526 页。

解决问题，在困难中不动摇，忠心耿耿地为民族、为阶级、为党而工作"①。从中我们也可以看出，革命战争年代用人原则中的"德"主要是指有坚定的思想政治素养、"忠心耿耿地为民族、为阶级、为党而工作"的牺牲奉献精神、"在困难中不动摇"的坚定理想信念，而不局限于古人提出的"私德"；革命战争年代选人原则中的"才"则是指"有工作能力""能独立解决问题"，主要是指具备完成中国共产党交办的具体工作任务的能力，这实际上继承了古人关于任用贤能的观点。

（三）识人用人的科学性："必须善于使用干部"

识人用人是任人唯贤思想的核心观点，中国共产党领导夺取新民主主义革命胜利的重要原因就是善于识人用人，由此形成了诸多富有深远指导意义的重要思想。

一是掌握识人的好办法。识人是用人的前提基础。毛泽东同志明确提出了识别干部的方法，他指出"不但要看干部的一时一事，而且要看干部的全部历史和全部工作，这是识别干部的主要办法"②，这实际上是运用了唯物辩证法联系、发展、全面的观点识别人才，体现了马克思主义的人才观。同时，毛泽东也提出要正确看待人才的特点，他认为："一个人，才有长有短，性情习惯有恶点亦有善点，不可执一而弃其一。"③ 基于此，在新民主主义革命时期，大量优秀杰出的军事人才脱颖而出。

二是明确反对任人唯亲。反对任人唯亲是古人对选才用才乱象的反思。在新民主主义革命时期，毛泽东同志明确将其归为"不正派的路线"，他甚至明确提出"共产党的干部政策，应是以能否坚决地执

---

① 毛泽东：《毛泽东选集》（第一卷），人民出版社 1991 年版，第 277 页。
② 毛泽东：《毛泽东选集》（第二卷），人民出版社 1991 年版，第 527 页。
③ 中央档案馆编：《毛泽东书法选》，荣宝斋出版社 2013 年版，第 4 页。

行党的路线，服从党的纪律，和群众有密切的联系，有独立的工作能力，积极肯干，不谋私利为标准，这就是'任人唯贤'的路线。过去张国焘的干部政策与此相反，实行'任人唯亲'，拉拢私党，组织小派别，结果叛党而去，这是一个大教训"①，深刻批判"拉山头""搞宗派"等任人唯亲的干部路线，坚决反对"一人得道，鸡犬升天"的错误用人方式，将善用干部同国家民族的前途命运紧密结合。这些思想，体现了毛泽东同志对古代错误识人用人方式的高度警惕，为新民主主义革命选出优秀人才奠定了基础。

三是敢于"不拘一格降人材"。"常格不破，大才难得。"在新民主主义革命时期，大批具有卓越军事才能的优秀人才突破了出身、年龄、学历甚至资历的限制，得到重用，为革命的最终胜利提供了坚实的基础。毛泽东同志就曾提出："在我们党内，我想这样讲：'我劝马列重抖擞，不拘一格降人才。'"② 中国共产党这种不拘一格的用人方式，还体现在对干部能上能下机制的创新上，毛泽东曾用"流水不腐"比喻革命队伍，只有实现干部队伍的吐故纳新、能上能下，革命队伍才有战斗力、生命力。于是，他明确提出："一个伟大的斗争过程，其开始阶段、中间阶段和最后阶段的领导骨干，不应该是也不可能是完全同一的；必须不断地提拔在斗争中产生的积极分子，来替换原有骨干中相形见绌的分子，或腐化了的分子。"③

四是注重关心爱护人才。对贤能人才的关爱是任人唯贤不可回避的重要问题，也是中国古代思想家容易忽视的重要问题。在新民主主义革命时期，毛泽东同志创新性地提出爱护关心人才的

---

① 毛泽东：《毛泽东选集》（第二卷），人民出版社1991年版，第527页。
② 中共中央文献研究室编：《毛泽东文集》（第三卷），人民出版社1996年版，第416页。
③ 毛泽东：《毛泽东选集》（第三卷），人民出版社1991年版，第898页。

五种方法，即指导人才，放手让人才大胆工作；提高人才，给予学习的机会；检查工作；帮助改正错误；照顾人才困难，为人才干好工作提供全方位的保障。① 毛泽东同志明确提出了要尊重人才，他说："我们应该尊重专门家，专门家对于我们的事业是很可宝贵的。"② 在实际工作生活中，毛泽东同志也将这一理念落到了实处。

二、社会主义革命与建设时期的任人唯贤思想与实践

在社会主义革命和建设时期，中国社会百废待兴，中国共产党坚持聚焦社会主义建设的人才问题，承继中国古代任人唯贤优秀思想，形成了诸多具有社会主义特点的任人唯贤新思想、新理念，极大丰富发展了任人唯贤思想。尽管这一时期有些任人唯贤的思想理念与政策举措没有完全坚持下去，但不能否定中国共产党人在社会主义制度下对任人唯贤的全新探索，这些思想在社会主义建设史上具有长远的历史意义。

（一）选才的标准："又红又专"

在中华人民共和国成立后社会主义建设道路的艰辛探索过程中，中国共产党人充分认识到知识分子与科技人才对社会主义建设的重要性，将人才看作影响社会主义事业成败兴衰的第一宝贵资源。毛泽东同志明确提出社会主义建设需要庞大的知识分子队伍，他甚至认为"五百万左右的知识分子对于我们这样一个大国来说，是太少了"③，"无产阶级没有自己的庞大的技术队伍和理论队伍，社会主义是不能建成的"④。但是，在社会主义建设道路的艰辛探索时期，无产阶级的

---

① 毛泽东：《毛泽东选集》（第二卷），人民出版社 1991 年版，第 527~528 页。

② 毛泽东：《毛泽东选集》（第三卷），人民出版社 1991 年版，第 864 页。

③ 毛泽东：《建国以来毛泽东文稿》（第六册），中央文献出版社 1992 年版，第 381 页。

④ 中共中央文献研究室编：《毛泽东文集》（第七卷），人民出版社 1999 年版，第 309~310 页。

知识分子与人才队伍却是有评价标准的。随着 1956 年社会主义制度基本建立，面对社会主义建设的新形势、新任务，毛泽东深化发展了"才德兼备"的人才评价标准，创新性提出了适应社会主义建设探索需要的"又红又专"的人才标准，党的选贤任能标准发生了新变化。毛泽东同志首次明确提出："各行各业的干部都要努力精通技术和业务，使自己成为内行，又红又专。"① "又红又专"的人才标准，既突出了人才应具有的正确的政治立场与政治方向的阶级属性，也强调了人才应具备的高超精深的专业本领与业务能力，为社会主义建设贡献力量。"又红又专"的人才标准，是社会主义建设时期中国共产党人立足实际，对任人唯贤思想的新探索、新发展，由此出现了王进喜、李四光、邓稼先、时传祥、焦裕禄等一大批在各个岗位建功立业的英模人物，为社会主义建设发展提供了人才支撑。

（二）用才的公正性：不搞裙带关系

任人唯亲是任人唯贤的"死敌"。中华人民共和国成立后，以毛泽东同志为代表的中国共产党人高度警惕这一思想的泛滥，面对亲朋故友、家族亲属谋求一官半职的请求，他始终站稳政治立场，清醒明确地恪守权力源自人民、服务人民的原则。毛泽东同志时刻以历史为鉴，明确提出了"不搞裙带关系"的公正干部观，他说："我们共产党的章法，决不能像蒋介石他们一样搞裙带关系，一个人当官，沾亲带故的人都可以升官发财。如果那样下去，就会脱离群众，就会和蒋介石一样早晚要垮台。"② 当面对老家亲友求职要求时，他又将"不搞裙带关系"原则做了进一步阐释，即"凡是要求到北京来看我的，现在一律不准来，来了也不见。凡是要求我给安排什么工作的，一律谢

---

① 毛泽东：《建国以来毛泽东文稿》（第六册），中央文献出版社 1992 年版，第 52 页。

② 哲理：《毛泽东的思想教育艺术》，湖北教育出版社 1996 年版，第 196~197 页。

绝，我这里不介绍，不推荐，不说话，不写信"①。"两个凡是""四不"进一步说明了何为"不搞裙带关系"，这是旗帜鲜明反对任人唯亲的生动实践，对丰富发展任人唯贤思想具有重要意义。

（三）育才的实践性："要做人民的先生，先做人民的学生"

注重人才的培养与成长，特别是注重实践在人才培养中的重要性，是社会主义建设探索时期任人唯贤思想的重要特点，这既反映了马克思主义的人才观，又创新发展了中国古代任人唯贤思想。新中国成立伊始，毛泽东同志便题词写下了"要做人民的先生，先做人民的学生"的名言，他认为人才不仅要向书本学习，更要向工人、贫下中农、同志、群众等学习，以此来明确自身的阶级立场，提高自身综合素养，培养出社会主义建设接班人。毛泽东同志非常强调实践对于人才成长的重要意义，明确倡导知识分子青年多到实践中长才干，又要深入农村基层奉献才干，他提出"唯一的办法就是使他们参加到实际工作中去，变为实际工作者，使从事理论工作的人去研究重要的实际问题"②。这些重要的思想具有鲜明的社会主义特征，丰富了古代贤能培养思想的内涵。

三、改革开放和社会主义现代化建设新时期的任人唯贤思想与实践

在改革开放和社会主义现代化建设新时期，面对继续探索社会主义发展道路与解放发展生产力的主要任务，以邓小平、江泽民、胡锦涛为主要代表的中国共产党人，发展古代任人唯贤、选贤与能思想，立足社会主义现代化实践的人才要求，从人才价值、人才标准、人才

---

① 哲理：《毛泽东的思想教育艺术》，湖北教育出版社 1996 年版，第 197 页。
② 毛泽东：《毛泽东选集》（第三卷），人民出版社 1991 年版，第 816 页。

使用、人才环境等多个维度，践行并发展了任人唯贤传统思想，形成了诸多有重大时代价值的新论断、新思想、新观点。

（一）人才价值：人才问题"是个战略问题，是决定我们命运的问题"

任人唯贤自古至今一直是一个极为重要的问题。改革开放以来，解放和发展生产力成为社会主义初级阶段的根本任务，经济建设成为党的中心工作，由此培养社会主义现代化建设需要的人才问题被置于了更高的战略地位，人才强国战略也应运而生。邓小平就明确提出："现在我们国家面临的一个严重问题，不是四个现代化的路线、方针对不对，而是缺少一大批实现这个路线、方针的人才。道理很简单，任何事情都是人干的，没有大批的人才，我们的事业就不能成功。"[1]他将经济发展的好坏与综合国力的强弱都归结为人才数量、质量状况，创新性地提出了现代化的关键在人的重要理念。江泽民从历史唯物主义关于发展生产力中人与物的关系维度，深刻阐明了劳动者才是最活跃最革命的因素，并明确认识到科学技术创新发展的关键是人才，创新性提出"人才资源是第一资源"[2]的重要战略论断。基于此，他又提出了中国共产党代表中国先进生产力发展要求的第一要务始终是"不断提高工人、农民、知识分子和其他劳动群众以及全体人民的思想道德素质和科学文化素质，不断提高他们的劳动技能和创造才能，充分发挥他们的积极性主动性创造性"。这两个创新性论断实际上是新时代中国共产党人对任人唯贤思想的新发展与新定位。胡锦涛则将人才问题作为党和国家事业发展的关键问题，并提出人才问题关系到社会主义事业发展的接班人、建设者，关系到国家创新能力的提

---

① 邓小平：《邓小平文选》（第二卷），人民出版社1994年版，第220~221页。

② 江泽民：《江泽民论有中国特色社会主义（专题摘编）》，中央文献出版社2002年版，第259页。

升等。这些关于人才地位的战略性阐述，体现了中国共产党人将任人唯贤摆在了更加突出的地位。

（二）人才标准："四化""四不唯"

全球化与市场化的推进，以及经济的发展、社会的转型、观念的变更，对人才提出了更高的要求。基于此，改革开放以来邓小平、江泽民、胡锦涛等进一步阐释发展传统的"德才兼备"的人才标准观，极大丰富发展了任人唯贤思想。邓小平就明确提出"革命化，年轻化，知识化，专业化"的干部人才选拔标准，后来根据改革发展要求创新性提升为"人民公认，坚持改革开放，有政绩"的新的人才标准论；江泽民则从专业能力、政治素养、工作作风与遵纪守法等维度全面论述了人才评价的标准尺度，丰富了选贤与能的内涵；胡锦涛则创造性提出了人才选拔任用"不唯学历，不唯职称，不唯资历，不唯身份"的"四不"原则，明确把"品德、知识、能力、业绩"作为重要标准，全面丰富发展了社会主义现代化建设时期的人才观。

（三）人才使用："广纳群贤，人尽其才，能上能下，充满活力"

重视对各领域人才的使用，是改革开放以来的人才政策有别于古代任人唯贤政策的重要特点。邓小平针对知识分子明确提出："发挥他们的专长，尊重他们的劳动。"[1] 在此基础上，他明确提出要对归国科学家"妥善安排"的政策，敢于打破"老框框""旧制度"使用优秀人才，坚决同各类有悖人才政策的行为做斗争。江泽民侧重于从制度发展的维度健全人才使用机制，不断完善干部人事制度改革，努力避免用人的随意性、盲目性，增加规范化、科学化，最终形成"广纳群贤、人尽其才、能上能下、充满活力的用人机制"。胡锦涛完善了"党管干部，党管人才"的用人理念，提倡尊重人才的积极性与创造

---

① 邓小平：《邓小平文选》（第二卷），人民出版社 1994 年版，第 93 页。

力，在纠治不正用人之风、完善用人制度上有了许多新探索。

（四）人才环境：尊重知识，尊重人才

重视人才成长的环境是改革开放以来中国共产党人对任人唯贤思想的又一重要发展。1977 年邓小平就告诫全党，"一定要在党内造成一种空气：尊重知识，尊重人才。要反对不尊重知识分子的错误思想"①。他明确提出要为人才发展提供良好的条件，服务好知识分子，促使改革开放后大批留学人员归国；提出要注重人才的激励，给予科技人员等知识分子以精神奖励与物质奖励，这极大激发了人才干事创业的积极性、主动性、创造性。江泽民创造性提出了"劳动光荣论"，提倡"尊重劳动、尊重知识、尊重人才、尊重创造"的良好社会风尚，明确提出建立完善各种体制机制促进人才成长发展，明确要求"千方百计为青年人才成长创造条件、提供舞台，引导和帮助他们在工作实践中经受磨炼，增长才干和胆识"②，努力创造符合人才成长发展规律特点的良好环境。胡锦涛则将人才置于国家战略的重要位置，明确了人才工作的"以人为本"理念，努力营造人才干事创业的总体环境，实现知识、技术、资本的融合发展。这些重要的思想体现了中国共产党人立足实践对任人唯贤思想的创造性转化、创新性发展。

四、中国特色社会主义新时代以来的任人唯贤思想与实践

进入新时代以来，面对民族伟大复兴战略全局和世界百年未有之大变局，在奋力实现全面建成小康社会与开启中国式现代化新征程中，以习近平同志为核心的党中央提出了一系列选人用人新思想、新观点、新理念，呈现出历史继承与时代转化相统一、思想创新与现实

---

① 邓小平：《邓小平文选》（第二卷），人民出版社 1994 年版，第 41 页。
② 中国社会科学院马克思列宁主义毛泽东思想研究所编：《毛泽东邓小平江泽民论哲学社会科学》，中国社会科学出版社 2005 年版，第 340～341 页。

实践相统一等新特点，形成了新时代任人唯贤的思想体系，为促进新时代中国特色社会主义事业发展提供了坚实的人才支撑。

（一）原则标准：党管干部、德才兼备、任人唯贤

选人用人的原则是关于选什么人、怎样选人的总体原则方针，具有根本性的指导意义。党的十八大以来，习近平总书记明确提出新时代选人用人的原则，即"要坚持党管干部原则，坚持德才兼备、以德为先，坚持五湖四海、任人唯贤，坚持事业为上、公道正派，把好干部标准落到实处"。"党管干部"原则突出了党的全面领导，目的是巩固党和国家政权的稳固，选出真正忠于党和人民、全心全意为人民服务的高素质干部人才。"德才兼备、以德为先"继承了中国古人的选贤任能的原则，习近平总书记也进一步阐明了新时代何谓"德"，即"政治品德、职业道德、家庭美德、社会公德"等。"五湖四海、任人唯贤"反映了中国共产党选人用人的优良传统，习近平总书记强调了选任人才应统筹兼顾、注重结构，不搞"清一色"，避免论资排辈，将真正优秀的人才选任出来。"事业为上、公道正派"则体现的是实干、实绩、实在的政绩观与作风观，将实际工作出彩、老百姓认可、工作能力强、作风正派的干部选任出来。习近平总书记清晰界定了好干部的"五条标准"，即"信念坚定、为民服务、勤政务实、敢于担当、清正廉洁"，明确了新时代任人唯贤的干部标准，丰富发展了马克思主义人才观，创新发展了传统文化中以"德才兼备"为主要内容的选贤与能思想。

（二）选任方式：既要科学，又要民主

如何选任贤能是习近平总书记选人用人观回答的重要问题。他认为要将各方面优秀人才融汇于党和国家事业之下，就要创新人才的选拔任用方式。他借用古人"操千曲而后晓声，观千剑而后识器"的诗句比喻识人的重要性，注重将"平时工作"与"关键时刻"统一起来，从群众口碑中了解干部实绩，"干部业绩在实践，干部声名在民间"的识人观念进一步发展完善了自古以来的选人识人思想。他也提出"用人得当，就是科学合理使用干部，也就是说要用当其时、用其所长"，并借用清代顾嗣协"骏马能历险，犁田不如牛"的诗句，倡导选人用人应该做到人尽其才、人尽其用，这体现了共产党人选任人才的大格局与辩证思维。习近平总书记也结合自己的成长经历，"在正定时经常骑着自行车下乡，从滹沱河北岸到滹沱河以南的公社去，每次骑到滹沱河沙滩就得扛着自行车走。虽然辛苦一点，但确实摸清了情况，同基层干部和老百姓拉近了距离、增进了感情"①，突出强调实践锻炼是人才历练的重要阶段，把基层实践作为检验人才成长发展情况的重要评价内容。这些重要理念具有新时代的鲜明印记，极大丰富发展了我党的选人用人观念，在新时代具有重要的指导意义。

（三）管理监督："党纪严于国法"

新时代以来对党员干部的全方位监督的理念、观点与实践，是今天任人唯贤思想的重要特征。习近平总书记明确提出要"坚持以严的标准要求干部、以严的措施管理干部、以严的纪律约束干部，使干部心有所畏、言有所戒、行有所止"，促使党员干部牢固树立"手莫伸，伸手必被捉"的理念，建立党委负责、民主监督、干部任期制等监督机制，建立具体、科学、全链条的干部考核机制，确立"党纪严于国法"的观点，对纯洁干部人才队伍、营造良好干事创业环境起到重要作用。

---

① 习近平：《做焦裕禄式的县委书记》，《学习时报》2015 年 9 月 7 日。

第三节　任人唯贤的当代价值

人才兴则民族兴，人才强则国家强。在全面建设社会主义现代化国家新征程上，作为中华优秀传统文化的思想精华与中国共产党的优良传统，任人唯贤不仅对于解决大党独有难题、巩固长期执政地位有重要意义，也是实现中华民族伟大复兴的"中国梦"的关键举措，更是世界百年未有之大变局下大国博弈取胜的根本保障。党的二十大报告明确提出"建设堪当民族复兴重任的高素质干部队伍""聚天下英才而用之""坚持为党育人、为国育才"等任人唯贤重要举措，势必为党的执政、民族复兴、国家综合实力提升提供可靠的保障。

一、任人唯贤是巩固党的长期执政的重要保障

新时代以来，以习近平同志为核心的党中央始终把任人唯贤、选贤与能作为评判干部人才工作的标准，明确提出了"一个政党、一个国家能不能不断培养出优秀领导人才，在很大程度上决定着这个政党、这个国家的兴衰存亡"。中国共产党以前所未有的力度推进全面从严治党，找到了自我革命这一跳出治乱兴衰历史周期率的答案，开辟了百年大党自我革命的新境界，以抓铁有痕、刮骨疗毒的勇气全面清理党内存在的用人不贤、用人不合规等诸多问题，实现了党的自我革命；同时，又运用自我革命引领推动伟大社会革命，改变了以往选人用人中存在的不规范问题，形成了任人唯贤、选贤与能的良好风尚，对新时代以来经济社会发展起到重要推动作用，也为增强党的凝

聚力、战斗力提供了重要保障。

因此，在全面建设社会主义现代化国家新征程上，一以贯之坚持任人唯贤，坚决摒弃任人唯亲的错误行为，持续推进党的伟大自我革命，让任人唯贤成为全党统一的思想观念，仍要不断提升党员干部的政治判断力、政治领悟力、政治执行力，任何时候、任何情况下都要把任人唯贤摆在重要位置，严守党的选人用人规矩纪律，不折不扣地贯彻落实党的政治要求，真正做到党中央提倡的坚决响应、党中央决定的坚决执行、党中央禁止的坚决不做，让任人唯贤的旗帜在党内高高飘扬。党的二十大强调："加强干部斗争精神和斗争本领养成，着力增强防风险、迎挑战、抗打压能力，带头担当作为，做到平常时候看得出来、关键时刻站得出来、危难关头豁得出来。"任人唯贤也要求党员干部增强"自我成才"意识，不断提升综合素养，丢掉"天下太平"的幻想，克服"遇事儿往后躲"的恐惧，在复杂的形势与艰巨的任务面前，正确对待各种不正之风、各种风险挑战、各种工作难题，努力做到攻必克之、战而胜之，努力锻炼成长为能征善战、敢打敢拼的新时代优秀党员干部人才。同时，国家还要积极推进新时代选人用人机制现代化，探索形成能够突破"唯票、唯分、唯生产总值、唯年龄"的选人用人偏向，不断纠治"海推""海选"的不科学的选人用人问题，切实探索出任人唯贤的现代化人才识别、选拔、培养、激励、监督机制，让选贤与能可以提振干部人才队伍精气神，实现党内政治生态的持续好转，不断锻造形成一批德才兼备、能力突出、作风优良、政治过硬的优秀干部人才队伍，为党的长期执政、国家长治久安、民族伟大复兴提供重要保证。

二、任人唯贤是实现中华民族伟大复兴的关键举措

经过新中国成立特别是改革开放以来的发展，中国书写了经济快

速发展和社会长期稳定两大奇迹，中国经济进一步持续发展，综合国力不断增强，国际地位越来越高，实现中华民族伟大复兴进入了不可逆转的历史进程。中国越来越成为塑造世界格局的重要力量，中国的前途命运与世界的前途命运密切关联。习近平总书记曾强调指出，中华民族伟大复兴已经到了"关键阶段"，我们越是接近这个战略目标，越是到了"船到中流浪更急，人到半山路更陡"的时期。在这个阶段，中国面临的国际环境更加复杂，挑战格外严峻：强大起来的中国在国际上扮演什么角色，越来越引人注目，大国责任、大国担当如何体现；有的国家对中国的强大表现出很多疑虑，强大起来的中国究竟是不是威胁，需要对此及时应答；日益强大的中国与传统大国出现制度与结构的双重摩擦，所谓老大国与新大国、守成国与崛起国的矛盾日益凸显，已经成为不容回避、必须直面的问题。正如习近平总书记在 2016 年 5 月就深化人才发展体制机制改革作出重要指示时指出的，"办好中国的事情，关键在党，关键在人，关键在人才"。实现中华民族伟大复兴的中国梦唯有践行任人唯贤，营造全社会选贤与能的良好氛围，方能为中华民族伟大复兴积蓄磅礴的人才力量。

"关键在党，关键在人"就是要确保党在发展中国特色社会主义历史进程中始终成为坚强领导核心，建设一支高素质干部队伍。干部人才是党和国家各级组织的主力军和生力军，是党和国家深化改革、推动发展、维护稳定、改善民生各项政策落地的执行者，是创造干事创业良好环境和风清气正政治生态的担当者，是推进中华民族伟大复兴的骨干力量。全面建设社会主义现代化国家，必须有一支政治过硬、适应新时代要求、具备领导现代化建设能力的干部队伍。因此，要以提升干部队伍人才的能力素质为根本，只有提升干部队伍综合素质，才能为事业发展提供前行动力。要持续优化实在、实干、实绩的干部人才选用机制，继续深化干部选拔任用制度改革，健全完善干部考察预告制、任前公示制、任职试用期制、任期制和调整不称职、不胜任现职干部的制度，推动干部能上能下、能进能出，扩大公务员聘任制范围；要既大胆使用特别优秀的年轻干部，又重视使用各个年龄段的干部，在干部队伍中形成合理的年龄梯次配备；要既重视选拔高层次人才，又注意使用那些通过刻苦自学、长期积累、熟悉基层、确有真才实学的干部，使领导班子形成合理的专业知识结构；要注重专业化人才的选拔任用，选拔任用一批专业性强、能力突出、素质过硬的专业性干部；要注重加大干部交流力度，打破人才壁垒，疏通党政干部和专业技术人才、企业经营管理人才和不同单位之间人才流动的渠道。

"关键在人才"要求不断完善任人唯贤、选贤与能的人才政策，夯实中华民族伟大复兴的人才基础。人才是实现民族振兴、赢得国际竞争主动的稀缺性战略资源，是决定一个国家实体经济、科技创新、产业发展的关键性因素。在知识经济与科技创新时代，各个国家为构筑人才高地而不断竞争，展开"人才争夺战"或"抢人大战"。因此，深入探究任人唯贤思想，对实现产业转型升级、推动经济社会发展、实现民族振兴都有不可替代的重要作用。国家要持续谋划更具竞争力、吸引力、驱动力的人才政策，夯实任人唯贤的制度基础。人才政策是政府实现人才集聚的有效手段，更具竞争力、吸引力、驱动力的人才政策则是打造人才高地、服务经济社会发展的重要保证。因此，要大力提升人才扶持激励力度，立足产业发展前沿，完善人才奖扶政策，依靠政策激励引导人才流向、激发人才活力、激活人才价值。国家要为人才就业创业提供有力保障，进一步完善人才创业就业岗位供给、创业奖励、创业培训等机制，让人才在工岗上体现价值、提升能力；对人才就业创业提供全过程服务管理，建立备案动态监管机制，对创业企业进行动态服务管理，特别是对有发展潜力的高新技术企业，给予全过程的资金、政务支持服务，为培育具有竞争力的新企业新业态提供支持。国家还要打造特色人才服务制度，根据城市人才引进需求而制定具有特定目的的人才政策，如武汉已经致力于打造融合社交、分享、创业等服务功能的大学生主题社区；成都实施"人才绿卡"积分制，根据绿卡对持卡人分类分层提供住房、落户、配偶就业等服务；西安设置引才"西安伯乐奖"，对用人单位引进人才给予一定的奖励等。这些政策都极大促进了城市贤能人才的集聚，在一定程度上达到了"聚天下英才而用之"的效果。

三、任人唯贤是应对世界百年未有之大变局的根本保障

习近平同志强调指出，当今世界正经历百年未有之大变局，不稳定性、不确定性突出。一方面，国际经济力量对比发生了深刻变革，以中国为代表的新兴市场国家群体性崛起。另一方面，世界政治格局与秩序发生深刻变革，美国等西方国家成为国际秩序的搅局者、经济全球化的逆流者，贸易保护主义、科技战、金融战、"去风险"、"脱钩断链"等成为新的时代特点，大国博弈更趋激烈，世界面临和平、发展、安全、治理"四大赤字"，给我国的发展带来了一系列的严峻挑战。世界百年未有之大变局给中国发展带来了一系列的新问题、新挑战，在此背景下，进一步推进任人唯贤显得尤为迫切。

一方面，任人唯贤是实现科技自立自强的钥匙。科技自立自强是实现国家兴盛与民族进步的重要动力。近现代史上大国的崛起，往往是由于科技自立自强，形成了真正先进的科技创新能力。创新驱动与创新发展是十八大以来我国主动适应改革发展复杂环境而提出的重要战略内容。科学技术创新作为创新驱动战略的重要内容，直接关系到国家、地区和城市的发展潜力与发展动力。但是，当前我国产业结构技术含量整体偏低，新兴产业发展仍需要突破技术的限制，科学技术

创新不能满足产业发展需要，不能适应经济发展需要，限制了我国综合国力的提升，制约着我国经济社会的可持续发展能力。西方国家试图发起对华科技战，制裁我国各类高新技术企业，限制技术、产品出口，严控科技投资，"脱钩断链"，试图扼杀中国高科技产业，给我国的发展带来一定的困难。因此，唯有坚持任人唯贤，"聚天下英才而用之"，大量引进国内外高层次人才，营造良好创新创业环境，掌握具有自主知识产权的核心技术，才可以为新技术的研发和推广奠定良好的创新基础，才能实现科技自立自强。

另一方面，任人唯贤是推进中国高质量发展的武器。实现高质量发展是全面建设社会主义现代化国家的首要任务。要实现高质量发展，摆在第一位的便是人才问题，任人唯贤也成为实现高质量发展的必然要求。党的十八大以来，以习近平同志为核心的党中央高度重视人才在经济高质量发展中的重要作用，突出强调要"广开进贤之路，广纳天下英才"，"在全社会大兴识才、爱才、敬才、用才之风，开创人人皆可成才，人人尽展其才的生动局面"，人才问题已经成为关系发展的重要问题。人才作为社会发展的基础性资源，是当前社会发展的决定性推动要素，尤其是在当今世界经济发展形态正实现由依托稀缺自然资源的传统经济向以知识、智力资源为动力的现代经济转变，新的经济形态必须依托于新兴产业，增强国家的核心竞争力也必然要求实现产业转型升级。因此，任人唯贤，积极实施人才强国战略，发挥人才在产业发展中的重要创新作用，努力培养和打造高素质、高能力、创新性强的人才队伍，必然可以为全面建设社会主义现代化国家奠定良好的基础，势必对提升我国综合国力与核心竞争力有重要的意义。

第六章

天人合一

——三才和合方太平

天人合一是中华优秀传统文化重要的精神标识，是中华民族传统智慧的重要体现，它深刻地揭示了人与自然的内在联系与和谐统一，为人们认识和理解人与自然的关系提供了正确的思路。天人合一思想不仅在新时代中国特色社会主义生态文明建设中具有不可低估的理论意义和现实意义，而且对人类的生存和发展也会起到引领性作用。

第一节　中国历史上的天人观

在中国几千年的发展史上，天人关系很早就被人重视，许多思想家都提出了自己的观点，司马迁就曾以"究天人之际，通古今之变，成一家之言"为治学鹄的。自春秋战国至两汉，围绕"天人之际"主要形成了两种重要的观点："天人合一"与"天人之分"。这两种观点相辅相成、互为补充，开启了中华民族早期探讨人与自然关系的心路历程。天人合一与天人之分共同构成了中国历史上的天人观。

一、"天人合一"思想的形成与发展

在先秦时期，就已经出现了天人合一思想的萌芽。

中国古代的重要典籍《周易》就提出了"天地纲缊，万物化醇；男女构精，万物化成"的天人观，认为天地二气交融在一起，则万物化育醇厚；阴阳精气交合，则万物化育生成。这明确指出包括人在内的万物都是由天地孕育而成。这里所说的"天"包含有两层意思：一是指大自然，二是指大自然在运行中所遵循的规律，即所谓"天道"。中国古代思想家老子在《道德经》中指出："人法地，地法天，天法道，道法自然。"中国古代另一位思想家庄子则进一步指出："天地者，万物之父母也，合则成体，散则成始。"（《庄子·达生》）他认为天地是世界上万物产生的根源，阴阳二气相合就构成万物的形体，阴阳二气离散，万物又复归于无，"天地与我并生，而万物与我为一"（《庄子·齐物论》）。这种天人合一思想，是一种朴素的唯物主义观，认识到了人与大自然的内在统一。

"黄老之学"中所包含的天人合一思想也非常丰富，值得深入发掘。"黄老之学"也被称为"黄老学说"，是黄帝之学和老子之学的合称。战国中期到秦汉之际，"黄老之学"极为流行，它尊崇黄帝和老子的思想，以道家思想为主，并吸收了阴阳家、儒家、法家、墨家等学派的观点，较系统地论述了修行、经世、致用等人生之道。"黄老之学"认为，人有赖于自然界而生，又生活于自然界，在人与自然界的密切接触中，"天人相应"的整体观逐渐形成。《素问·宝命全形论》中写道："天覆地载，万物悉备，莫贵于人。人以天地之气生，四时之法成。"《灵枢·岁露论》中则写道："人与天地相参也，与日月相应也"。"人与天地相参"的天人合一思想主要包括以下几方面。

第一，人与自然同源。大自然是人类生命进化之源，同时又为人类生命的延续和发展提供了必要的条件。人是天地阴阳之气交互作用生成的。《素问·宝命全形论》写道："夫人生于地，悬命于天，天地合气，命之曰人。人能应四时者，天地为之父母。"《灵枢·本神》中则写道："天之在我者，德也；地之在我者，气也。德流气薄而生者也。"这着重说明了人与天地自然同源于气。《素问·天元纪大论》讲得更清楚："太虚寥廓，肇基化元，万物资始，五运终天，布气真灵，总统坤元。九星悬朗，七曜周旋，曰阴曰阳，曰柔曰刚，幽显既位，寒暑弛张，生生化化，品物咸章。"这指出宇宙间充满了具有生化能力的元气，世间一切有形的物体都是由元气生成的，元气是宇宙的本源。同时，还论证了人类在自然界中是如何生存的，自然界提供了人类赖以生存的物质基础。《素问·六节藏象论》中写道："天食人以五气，地食人以五味。五气入鼻，藏于心肺，上使五色修明，音声能彰，五味入口，藏于肠胃，味有所藏，以养五气。气和而生，津液相成，神乃自生。"五气、五味进入人的脏腑，到达人的肌表，使脏腑的功能协调、气血旺盛，人体才能正常。

第二，人与自然同构。人与天地自然有着相同或相似的结构。《灵枢·邪客》把人与天地相对应，认为人与天地的结构是相同的："天圆地方，人头圆足方以应之。天有日月，人有两目。地有九州，人有九窍。天有风雨，人有喜怒。天有雷电，人有音声。天有四时，人有四肢。天有五音，人有五脏。天有六律，人有六腑。天有冬夏，人有寒热。天有十日，人有手十指。辰有十二，人有足十指、茎、垂以应之，女子不足二节，以抱人形。天有阴阳，人有夫妻。岁有三百六十五日，人有三百六十五节。地有高山，人有肩膝。地有深谷，人有腋腘。地有十二经水，人有十二经脉。地有泉脉，人有卫气。地有草蓂，人有毫毛。天有昼夜，人有卧起。天有列星，人有牙齿。天有小山，人有小节。地有山石，人有高骨。地有林木，人有募筋。地有聚邑，人有腘肉。岁有十二月，人有十二节。地有四时不生草，人有无子。此人与天地相应者也。"《黄帝内经》还着重指出人与天地自然都具有阴阳五行之结构。《素问·金匮真言论》中写道："故曰：阴中有阴，阳中有阳。平旦至日中，天之阳，阳中之阳也……合夜至鸡鸣，天之阴，阴中之阴也；鸡鸣至平旦，天之阴，阴中之阳也。故人亦应之。"这从人与天地相应的角度进一步指出，人体与自然具有相同的阴阳时空结构。《灵枢·通天》中写道："天地之间，六合之内，不离于五，人亦应之，非徒一阴一阳而已也。"因此，人与天地万物相通相应，并以阴阳五行的形式同构。

第三，人与自然同道。由于人与自然同源于气，且有相同的五行结构，因此，天地自然的阴阳消长及五行运转也会对人体的生理、病理产生影响。《素问·脉要精微论》中写道："万物之外，六合之内。天地之变，阴阳之应，彼春之暖，为夏之暑；彼秋之忿，为冬之怒；四变之动，脉与之上下。""阴阳有时，与脉为期。期而相失，知脉所分；分之有期，故知死时。微妙在脉，不可不察；察之有纪，从阴阳始。始之有经，从五行生；生之有度，四时为宜。补泻勿失，与天地如一。得一之情，以知死生。是故声合五音，色合五行，脉合阴阳。"为此，《素问·四气调神大论》中提出："夫四时阴阳者，万物之根本也。所以圣人春夏养阳，秋冬养阴，以从其根。"认为人的调养应顺应四时变化。《黄帝内经》还反复强调，对疾病的治疗也必须考虑自然界阴阳之消长及五行之运转的规律，因时制宜。《素问·疏五过论》中指出："圣人之治病也，必知天地阴阳，四时经纪。"《素问·五常政大论》中也强调："故治病者，必明天道地理，阴阳更胜，气之先后，人之寿夭，生化之期，乃可以知人之形气矣。"《黄帝内经》根据人与自然遵循同样规律的道理，强调人的调养及对疾病治疗要遵循四时运行的规律。《黄帝内经》吸收了战国至秦汉之际"人与天地相参"的思想，以天地作为参照物，通过参验与比较，来认识人的生理、病理，提出治疗和用药的方案。《黄帝内经》发现了天地自然规律与人体生命规律之间的内在联系，对天人合一思想的发展具有重要的贡献。

至西汉时期，董仲舒把天人合一思想推向一个新阶段。他认为："天地人，万物之本也。天生之，地养之，人成之。"(《春秋繁露》)在他看来，天之道"生万物"，地之道"养万物"，人之道"成万物"，天道是万物生成之源，人、天、地三者不可分，对《周易》中的"天、地、人三才"之说做了进一步的发挥。董仲舒的天人观偏重于政治伦理方面："道之大原出于天，天不变，道亦不变"(《汉书·董仲舒传》)。他把天看作世间的最高神灵，"天者，百神之大君也"(《春秋繁露》)，认为人事必须遵从天道："事各顺于名，名各顺于天。天人之际，合而为一。"(《春秋繁露》)董仲舒为了论证天人合一思想，强调天与人在性状上以类相合，"人有三百六十节，偶天之数

也；形体骨肉，偶地之厚也；上有耳目聪明，日月之象也；体有空窍
理脉，川谷之象也；心有哀乐喜怒，神气之类也"（《春秋繁露》）。
他还说："天亦有喜怒之气、哀乐之心，与人相副。以类合之，天人
一也。"（《春秋繁露》）在董仲舒看来，"天"是超自然的创造万物的
神明，帝王是"天"在人世间的代表，"受命之君，天意之所予也"
（《春秋繁露》）。他还进一步引申出"天人感应"说，认为人和天相
类相通，天能干预人事，人的行为也能感应上天。他说："天有阴阳，
人亦有阴阳。天地之阴气起，而人之阴气应之而起；人之阴气起，而
天地之阴气亦宜应之而起，其道一也。"（《春秋繁露》）他认为，自然
灾害的发生与统治者的错误施政是有因果联系的，"国家之失乃始萌
芽，而天出灾害以谴告之；谴告之，而不知变，乃见怪异以惊骇之；
惊骇之，尚不知畏恐，其殃咎乃至"（《春秋繁露》）；帝王的兴亡也
能从天象上反映出来，"帝王之将兴也，其美祥亦先见；其将亡也，
妖孽亦先见"（《春秋繁露》）。可见，董仲舒的天人观笼罩着神秘的
神学色彩。

到北宋时期，天人合一的思想发展到了一个新的高峰。张载明确
提出了"民吾同胞，物吾与也"（《正蒙·乾称篇》）的思想，认为世
间万物犹如人的手足兄弟，因此，人应该像关爱自己的手足兄弟那样
去关爱世间万物。他认为，人道来自天道，天道是人道的价值之源。
他指出："天地之塞，吾其体；天地之帅，吾其性。""儒者则因明至
诚，因诚致明，故天人合一。"（《正蒙·乾称篇》）在这里，张载从
天人一气、万物一体的理念出发，深刻揭示了人与人、人与天地万物
之间的关系。北宋理学家程颐、程颢则进一步认为："若夫至仁，则
天地为一身，而天地之间，品物万形，为四肢百体，夫人岂有视四肢
百体而不爱者哉？"（《二程遗书》）又强调"天人本无二，不必言合"
"天、地、人只一道也"，"在天为命，在人为性，论其所主为心，其

实只是一个道"（《二程遗书》）。

二程认为："有道有理，天人一也，更不分别。"（《二程遗书》）这说明他们所认为的天理是贯通自然、社会的普遍原理，而这个普遍原理是天人合一的基础。正如他们所说："所以谓万物一体者，皆有此理。"（《二程遗书》）在二程看来，自然规律、社会规则、人性、理性，虽然都各有其应用的范围，但实际上都是统一于普遍的"天理"的。二程认为，古时所说的"天"，其实并不是人格意义上的上帝，而只是宇宙中普遍的法则。程颐、程颢反复强调"天人不二"的思想，在他们看来，正因为天人不二，所以仁与万物为一体，即仁的境界是体悟到自己与宇宙万物是一个整体，宇宙的每一个部分都与自己息息相通。人和万物都源于生生之理，而生生之理寓于天地万物中。天地万物的发育滋长，即生生之理的具体体现。

明代的王夫之继承并发展了张载气本论的哲学思想，把宇宙的本体规定为生生不已、变动不居的"实有"。他说："天人之蕴，一气而已。"他不承认有一个独立于气而存在的理："气外更无虚托孤立之理也。"（《读四书大全说·告子上篇》）他强调："天下岂别有所谓理，气得其理之谓理也。气原是有理底，尽天地之间无不是气，即无不是理也。"（《读四书大全说·告子上篇》）他还说："气之妙者，斯即为理。气以成形，而理即在焉。两间无离气之理，则安得别为一宗，而各有所出？"（《读四书大全说·泰伯篇》）由此可见，王夫之所说的"理"，首先是事物之条理和人性之至理。正如他所说："凡言理者有二：一则天地万物已然之条理，一则健顺五常、天以命人而人受为性之至理。二者皆全乎天之事。"（《读四书大全说·泰伯篇》）这就是说，一方面，理是宇宙万物的道理和规律，是人所认识和把握的对象；另一方面，理是天所赋予人的德性。王夫之从更深层次上阐述了天人合一的道理。

综上所述，中国古代自先秦时出现了天人合一的思想萌芽，后又出现了"人与天地相参"的思想、董仲舒的"天人感应"思想、张载的"民胞物与"思想、二程的"天人不二"思想、王夫之的"天人一气"思想，全面而深刻地论述了"天与人""天道与人道""天性与人性"的内在联系，使天人合一思想日臻完善。

二、"天人之分"思想的提出和发展

天人合一思想虽然是中国历史上传统天人观的主线，但也必须看到，在天人合一思想的形成和发展过程中，也有思想家提出了"天人之分"说，并在一定程度上成为天人合一思想的补充。

春秋时期，郑国的星占家裨灶根据天象预言要发生大火，建议向上天祷告。郑国的国君询问执政卿子产，如何处理将要发生的这一祸端。子产则说："天道远，人道迩，非所及也。何以知之？灶焉知天道，是亦多言矣，岂不或信？"（《左传·昭公十八年》）子产认为，天道与人道互不相及，不可能仅凭星象就可以判断出人间的祸事。因此郑国国君并没有向天祷告，后来也没有发生火灾。这是中国历史上"天人之分"的早期记载。

战国后期的荀子对"天人之分"的命题做了比较完整的阐发。他明确提出"明于天人之分"和"制天命而用之"的命题，把天道和人事分置于各自的领域，将人与天分开，天有自己运行的规律，日月星辰的运行、四季的轮回，都是不以人的意志而改变的。人类的吉凶祸福也不是天命所决定的，而是人类社会发展的结果，所以天人并不相应，"天有其时，地有其财，人有其治"（《荀子·天论》），彼此各有各的规律，不能互相取代。正如荀子所说："天行有常，不为尧存，不为桀亡。应之以治则吉，应之以乱则凶……故明于天人之分，则可谓至人矣。"（《荀子·天论》）"天有常道矣，地有常数矣。"（《荀子·天论》）"天不为人之恶寒也，辍冬。地不为人之恶辽远也，辍广。"（《荀子·天论》）在荀子看来，自然界的运动变化有其自身的客观规律，不依赖于人的意志而存在，不会因人世间的治乱吉凶而发生改变，也不会干预人世间的治乱吉凶。他认为，天和人有不同的"职分"，所以才会有天道和人道的区别。

荀子从自然界的客观规律性出发，进一步对自然界的性质、特点和作用做了论述："不为而成，不求而得，夫是之谓天职。"（《荀子·天论》）"列星随旋，日月递炤，四时代御，阴阳大化，风雨博施，万物各得其和以生，各得其养以成。不见其事，而见其功，夫是之谓神。皆知其所以成，莫知其无形，夫是之谓天。"（《荀子·天论》）在荀子看来，世界上万事万物都是阴阳变化、自然而然地生成的，正所谓"天地合而万物生，阴阳接而变化起"（《荀子·礼论》）。他认为，天地间的一些怪异现象是"天地之变，阴阳之化"所引起的，与人世间的治乱吉凶毫无关系。他说："星队（坠）、木鸣，国人皆恐。曰：是何也？曰：无何也，是天地之变，阴阳之化，物之罕至者也。怪之，可也；而畏之，非也。"（《荀子·天论》）对于星坠、木鸣这些怪异现象不必恐慌，这完全是天地自然变化所引起的，也不会对世间人事有什么影响。荀子认为人不同于一般的动物，最根本的原因就在于人具有社会属性，即人"能群"，所以人"最为天下贵也"。他说："水火有气而无生，草木有生而无知，禽兽有知而无义，人有气、有生、有知，亦且有义，故最为天下贵。力不若牛，走不若马，而牛马为用，何也？曰：人能群，彼不能群也。人何以能群？曰：分。分何以能行？曰：义。故义以分则和，和则一，一则多力，多力则强，强则胜物。"（《荀子·王制》）在荀子看来，气是万物的本原，水火是无机物，草木则是植物，禽兽是动物，人不仅"有气、有生、有知"，而且还"有义"，所以人位于自然界的最高层次上。人之所以"最为天下贵"，就是人有义，在这方面不同于水火、草木、禽兽，这正是人的最高价值之所在，也是人具有卓越能力的根本原因。人能够役使牛马，让牛马成为人的工具，能够主宰万物，让万物服务于人，根本原因就在于人能够组成一个社会，即"能群"。人组成社会之后就有了等级分工；而等级分工能够实行，就是因为人有了礼义。

荀子对"参"做了详细的论证："天有其时，地有其财，人有其治，夫是之谓能参。舍其所以参，而愿其所参，则惑矣。"(《荀子·天论》)在他看来，"参"既有天、地、人"三才"的意思，也有参与、协调的意思。在由天、地、人所组成的统一世界中，人的职分就是与天地相协调，遵守天的时令，获取地的资源，从事各种社会治理和生产活动。他认为，这就是"相参""能参"。如果舍弃人的职分而不顾，一味地祈求天地的保佑，那就是"惑"，那就是不明智。为了说明这一点，他进一步论证说："大天而思之，孰与物畜而制之？从天而颂之，孰与制天命而用之？望时而待之，孰与应时而使之？因物而多之，孰与聘能而化之？思物而物之，孰与理物而勿失之也！愿于物之所以生，孰与有（佑）物之所以成？故错人而思天，则失万物之情。"(《荀子·天论》)荀子一方面强调要尊重客观规律，要"大天""从天""望时""因物""思物""愿于物"；另一方面也要发挥人的主观能动作用，要"制之""用之""使之""化之""理物""有（佑）物"。他看到了尊重客观规律与发挥人的主观能动作用的内在统一性，把人道"有为"放在天道"无为""有常"的前提下，阐明了"人道"和"天道"、"有为"和"无为"相统一的道理。

战国末年秦相吕不韦集合门下宾客编写成《吕氏春秋》一书，该书继承了荀子的"天人观"，认为天即自然，"审天者，察列星而知四时"(《吕氏春秋·贵因》)，通过对天的认识了解天体、季节等自然物的变化。人的使命是"法天地"(《吕氏春秋·序意》)，即遵照天地的样子来行事。《吕氏春秋》同时也吸收了"天人感应"的观念，认为自然与人类社会事物之间具有"类固相召，气同则合，声比则应"（《吕氏春秋·应同》）的关系，并由此推出了帝王获得王位是天示祥瑞，"凡帝王者之将兴也，天必先见祥乎下民"（《吕氏春秋·应同》）；而国家混乱则天必示凶兆，"上帝降祸，凶灾必亟"（《吕氏春秋·明理》）。显然，《吕氏春秋》在"天人之分"和"天人感应"方面做了中和。

西汉时期的思想家陆贾继承了荀子"天人之分"的思想，破除了人对天的盲目崇拜。他说："在天者可见，在地者可量，在物者可纪，在人者可相。"（《新语·道基》）并进一步指出世道盛衰与天没有什么关系，"世衰道亡，非天之所为也，乃君国者有所取之也"，故"天道不改而人道易也"（《新语·明诫》）。西汉思想家贾谊对"天人之分"思想也有发展。他认为，宇宙万物是天地阴阳自然演化而生的，"天地为炉兮，造化为工；阴阳为炭兮，万物为铜"（《史记·屈原贾生列传》），"天"不是什么造物神灵。东汉思想家桓谭反对谶纬迷信，对灾异天谴说进行质疑，指出："夫异变怪者，天下所常有，无世而不然。逢明主贤臣智士仁人，则修德善政、省职慎行以应之，故咎殃消亡，而祸转为福焉。"（《新论·谴非》）他认为灾异这种现象在人类社会并不罕见，明君贤臣、智士仁人通过修德、善政、省职、慎行来应对，就可以消除祸殃，转危为安，化险为夷；而不应当去迷信鬼神。东汉思想家王充吸收了当时天文学的成就，提出"天有形体"说，认为天体是由元气组成的。他说："天地，含气之自然也。"（《论衡·谈天》）"元气，天地之精微也。"（《论衡·四讳》）他以"自然元气说"立论，解释万物的生成和人类的来源："天动不欲以生物，而物自生，此则自然也。"（《论衡·自然》）"人，物也，万物之中有知慧者也。其受命于天，禀气于元，与物无异。"(《论衡·辨祟》)王充是汉朝时期论述天人关系的大思想家，他既否定了董仲舒以来神秘主义的道德天意说，也尖锐批判了世俗的鬼神迷信说。在形神关系上，他提出"精神依倚形体"，认为"天下无独燃之火，世间安得有无体独知之精"(《论衡·论死》)，论述了精神离不开形体的观点。王充是先秦两汉时期的"天人之分"论的集大成者，对后世产生了很大影响。

唐代中期"天人之辨"又出现新发展。柳宗元继承和发展了王充的元气自然观，认为天道的运行变化是元气自动引发的，宇宙是没有目的、没有意识的自然世界。他在《天说》中写道："彼上而玄者，世谓之天；下而黄者，世谓之地；浑然而中处者，世谓之元气；寒而暑者，世谓之阴阳。是虽大，无异果蓏、痈痔、草木也。假而有能去其攻穴者，是物也，其能有报乎？蕃而息之者，其能有怒乎？天地，大果蓏也；元气，大痈痔也；阴阳，大草木也；其乌能赏功而罚祸乎？功者自功，祸者自祸，欲望其赏罚者大谬。呼而怨，欲望其哀且仁者，愈大谬。子而信子之仁义以游其内，生而死尔，乌置存亡得丧于果蓏、痈痔、草木耶？"在柳宗元看来，天地虽大，其性质却无异于瓜果草木乃至痈痔毒疮，都是无意识的、无目的的自然存在物；而人们的行为则是"功者自功，祸者自祸"，天地宇宙并不会赏善惩恶，人们的生死祸福也像瓜果一样，与天地阴阳没有什么关系。柳宗元根据这一自然观，极力反对自西汉以来的"天人感应"说，明确指出人世间的祸福、国家的兴亡与自然界的变化发展没有任何关系："山川者，特天地之物也。阴与阳者气，而游乎其间者也，自动自休，自峙自流，是恶乎与我谋？自斗自竭，自崩自缺，是恶乎为我设？"(《非〈国语〉》)他强调元气的自然运化是不假外力的，更不会干预人间的事情。他借助于"天""气"等范畴，既肯定了自然界、自然规律的存在，也强调了人在改造自然方面的作用，继承和发展了荀子"明于天人之分"的思想与王充"元气自然论"的思想，对"天人之辨"的发展作出了贡献。柳宗元著《天对》《天说》，对"天人之分"做了系统论述，刘禹锡则著《天论》，对柳宗元的自然观做了补充和发展，进而提出了"天人交相胜"说。刘禹锡认为，天地宇宙是由气而化生的，不存在任何神秘的主宰者。他指出："乘气而生，群分汇从。植类曰生，动类曰虫。倮虫之长，为智最大，能执人理，与天交胜。"（《天论》）在他看来，从植物到动物再到人类，由低级到高级的自然界的生物，都是由气所化成的。他还认为，天地宇宙本身有其客观的规定性和规律性，那就是"数"和"势"。他在《天论》中写道："天形恒圆而色恒青，周回可以度得，昼夜可以表候，非数之存乎？恒高而不卑，恒动而不已，非势之乘乎？"他以天的基本稳定样态作为推论的根据，肯定了天的客观存在和运动的客观性质。刘禹锡进一步认为，天地与人虽然都是自然的客观存在物，但是天与人是各有特点和功用的。他在《天论》中指出："天之道在生植，其用在强弱；人之道在法制，其用在是非。阳而阜生，阴而肃杀；水火伤物，木坚金利；壮而武健，老而耗眊，气雄相君，力雄相长：天之能也。阳而艺树，阴而揪敛；防害用濡，禁焚用光；斩材嫠坚，液矿硎铓；义制强讦，礼分长幼；右贤尚功，建极闲邪：人之能也。"这就是说，天之道在于生物，而人之道在于治物。自然界春夏时节万物萌发生长，而秋冬时节草木枯萎凋零，这都是"天之能"；而春种夏耘秋收冬藏，则是"人之能"，天与人各有所能，也各有其不能；天所能者，人未必能，人所能者，天未必能。因此，天与人的关系是"交相胜"的关系。在天与人"交相胜"的关系中，刘禹锡更看重"人胜天"："人能胜乎天者，法也。法大行，则是为公是，非为公非，天下之人蹈道必赏，违之必罚。"在他看来，在一个法治清明、秩序井然的社会里，人们不会相信什么天命，也没有人期望上天来维护正义；相反，当法治受到破坏、人们得不到公平对待时，就会有人相信"天人感应"，期望上天能够干预社会。柳宗元、刘禹锡的"天人相分"的观点对后世影响很大。

明代的思想家王廷相主张"气一元论"。他认为"天地未生，只有元气。元气具，则造化人物之道理即此而在，故元气之上无物、无道、无理"（《雅述上》）。他进一步指出："理根于气，不能独存也"（《横渠理气辩》），"气有聚散，无灭息"（《慎言·道体》）。他借助阴阳二气的不同作用来说明天地万物的发展和变化，同时也进一步论证了"天人交胜"的思想。他指出："尧尽治水之政，虽九年之波，而民罔鱼鳖；汤修救荒之政，虽七年之亢，而野无饿殍。人定亦能胜天者，此也。水旱何为乎哉？故国家之有灾沴，要之君臣德政足以胜之，上也。"（《慎言·五行》）他虽然把"人定胜天"的作用局限于"君臣德政"的范围内，但论证了"人定胜天"的思想。清朝的思想家戴震明确提出必然与自然的区别："夫人之异于物者，人能明于必然；百物之生，各遂其自然也。"又"适完其自然"（《孟子字义疏证》）。戴震推动了"天人之辨"的进一步发展。

第二节　天人合一思想的深刻内涵

天人合一思想在中国传统文化中具有重要的地位，是中华优秀传统文化的精髓。国学大师钱穆先生在《中国文化对人类未来可有的贡献》中指出："中国文化中，'天人合一'观，虽是我早年已屡次讲到，惟到最近始彻悟此一观念实是中国传统文化思想之归宿处……我深信中国文化对世界人类未来求生存之贡献，主要亦即在此。"著名学者季羡林也曾指出，天人合一这个命题正是东方综合思维模式的最高最完整的体现。天人合一的思想十分深邃，内涵非常丰富，包括人与自然的统一、天道与人道的统一等，中华优秀传统文化从自然观、价值论、认识论等方面对其做了系统且深刻的阐述。

一、人与自然的统一

在中国传统文化中，天人合一思想首要内容就是人与自然和谐统一的思想。这里的"天"就是指大自然、宇宙万物。中国古代典籍《周易》中明确说："天地之大德曰生。""生生之谓易。"这就是说，大自然孕育出生命，并且承载、维持着生命的延续。人是宇宙中的高级生命，是自然界长期演化、发展而来的。所以，人是自然界的一部分，人与自然是一体的。中国古代思想家就曾经指出，人与天是一个统一体。孟子从生成论的视角断言："天之生物也，使之一本。"(《孟子·滕文公上》)朱熹则形象地说："天便脱模是一个大底人，人便是一个小底天。"(《朱子语类》)这就是说，天是浩瀚宇宙中的大人，人是大自然系统中的小天，天与人本质上是统一的。王阳明从"致良知"的观点出发，强调天地万物一体，直观地指明了人与自然万物的同一性。中国传统文化中的这一思想具有朴素唯物主义性质，揭示了人与大自然的统一关系。

（一）天地孕育了人类

中华优秀传统文化中关于人类是天地孕育出来的思想非常鲜明。《周易·系辞下》中指出："天地絪缊，万物化醇；男女构精，万物化生。"也就是说天地就是大自然，大自然的长期演化和发展产生了世界万物，产生了人类和人类社会。《周易·序卦》中说得更明白："有天地然后有万物，有万物然后有男女，有男女然后有夫妇，有夫妇然后有父子，有父子然后有君臣，有君臣然后有上下，有上下然后礼义有所错。"这种朴素唯物主义思想与马克思、恩格斯所创立的辩证唯物主义思想在世界的本原认识方面具有一致性。

马克思主义哲学认为，物质是第一性的，自然界是世界的本原，无论人类进化到何种程度，本质上都是自然界的一部分。正如恩格斯所指出的："我们连同我们的肉、血和头脑都是属于自然界和存在于自然之中的。"① 中华优秀传统文化对宇宙生成有着朴素的唯物主义认识。在中国思想史上，老子最早提出了系统的宇宙生成理论。他明确指出："天下万物生于有，有生于无。""道生一，一生二，二生三，三生万物。万物负阴而抱阳，冲气以为和。"老子构建了中国古代的宇宙生成图式。受老子自然哲学的影响，《易传》也提出了独特的宇宙生成理论，初步揭示了宇宙万物何以形成。《易传》中明确提出："天地感，而万物化生""有天地，然后万物生焉""天地交而万物通也"。"天"和"地"是《易传》中的最高范畴，万物都是天地交感的结果。《易传》还提出了一个与天并列的范畴——太极，以此来绘就宇宙生成的图景："易有太极，是生两仪。两仪生四象，四象生八卦。"太极成为产生万物的总根源，阴阳的互动是事物发展的规律。《易传》中的宇宙生成模式与老子的宇宙生成图式都把世界的起源归于大自然的演化与发展。

《易传》还进一步把宇宙生成模式运用于解释人类社会的形成和发展，从而勾勒出一幅人类社会形成和演进的图景。《易传》指出："有天地，然后万物生焉。盈天地之间者唯万物。"从《易传》的角度来看，整个人类社会和自然界一样，都是遵循着一种规律而发展。马克思主义认为，人类社会是自然界长期演化的结

① 中共中央马克思恩格斯列宁斯大林著作编译局编译：《马克思恩格斯选集》（第四卷），人民出版社1995年版，第384页。

果，人类社会同自然界一样，也遵循着一定的规律发展。中国古代学者能认识到这一点，是难能可贵的。

（二）"敬天""畏天"与尊重自然

中华优秀传统文化将自然视为万物之本、天地之根，认为"天"至高至圣的地位是人无法撼动和企及的，因而对天充满着敬畏之心。特别是儒家思想中，有着丰富的"敬天""畏天""顺天""契天""则天"思想。所谓"敬天"，是古人感到上天的神奇，从而把天当作神一样去崇拜，心存敬仰，感谢上天的造化之功和好生之德。所谓"畏天"，是古人看到了天的威力巨大无比，由此而产生的一种敬畏、恐惧心理。孔子曾经说："君子有三畏，畏天命、畏大人、畏圣人之言。"他还说："获罪于天，无所祷也。"（《论语·季氏》）古代人看到了人在天面前的无能为力，看到了大自然的巨大威力，提醒自己对大自然一定要保持一份敬畏之心，一定要有一种谦虚、谨慎的态度。所谓"顺天""契天"，就是要依天而行，而不要逆天而行，使自己的行为顺从于天、契合于天。孔子曾经说："天何言哉？四时行焉，百物生焉。"（《论语·阳货》）《易传》中也有这样一段话："夫大人者，与天地合其德，与日月合其明，与四时合其序，与鬼神合其吉凶。先天而天弗违，后天而奉天时。天且弗违，而况于人乎？况于鬼神乎？"这些思想都是中华优秀传统文化中"顺天""契天"思想的体现。所谓"则天"，就是以天为法来治理天下。孔子曾经说："巍巍乎，唯天为大，唯尧则之。"（《论语·泰伯》）汉朝桓谭的《新论》中也说道："尧能则天者，贵其能臣舜禹二圣。"孔子认为，古代圣王尧帝能够受到万民拥戴，就因为他能够"则天"。由此可见，"则天"就是以天地之德为德，以天地之性为性，以天地之心为心，改造自然和改造社会。

中国传统文化中的"敬天""畏天""顺天""契天""则天"思

想，集中表达了古人对大自然的一种态度，即一定要尊重大自然、敬畏大自然，要始终对大自然怀有敬畏之心、感恩之情、报恩之意，决不能凌驾于自然之上，更不能破坏大自然、伤害大自然。

中国古代"敬畏上天"的思想具有丰富的内涵。首先，从"敬畏上天"的思想中，我们看到了人对自然的依赖，人类的生存离不开大自然的恩赐。天地不仅孕育了人类和人类文明，还为人类的发展提供了条件，人类在"敬畏上天"中提升了智慧，开拓了进一步发展的空间。其次，"敬畏上天"也是人类伦理道德的出发点。在儒家看来，人类的道德与上天有着密切的联系，《礼记·中庸》中说道："天命之谓性，率性之谓道，修道之谓教。"可见，天地自然是人类道德的起点，"敬畏上天"就是像康德所讲的那样敬畏人心中的道德律。再次，"敬畏上天"也是人类宗教信仰的共同点。世界上有各种不同的宗教，人们对自己所崇奉的对象有各种不同的称呼，如上帝、上天、真主、如来等，然而"道并行而不相悖"，被崇奉对象的性质是相通的，因而人类宗教信仰具有相通性。

（三）"三才"和合，人与自然和谐发展

传统文化中，天、地、人构成了"三才"一体的宇宙观。天、地、人"三才"的说法出自《周易》。《周易·系辞下》说道："有天道焉，有人道焉，有地道焉。兼三才而两之，故六。六者非它也，三才之道也。"《周易·说卦》中也说道："是以立天之道，曰阴与阳；立地之道，曰柔与刚；立人之道，曰仁与义；兼三才而两之，故《易》六画而成卦。"《易经》有六十四卦，每卦都由六爻组成；初爻、二爻表示地，三爻、四爻表示人，五爻、上爻表示天。人就这样被嵌入到天、地之中。王符《潜夫论·本训》指出："天本诸阳，地本诸阴，人本中和，三才异务，相待而成。"古人认识到天、地、人"三才"是一体的、和合的、相互依存的。

在儒家的精神信仰体系中，"天"与"地"是一而二又二而一的。从天-人的二元结构上看，"地"并不独立，而是依附于"天"的。"天"尊于"地"，而且统摄着"地"。《易经·乾卦》中说："大哉乾元，万物资始，乃统天。""至哉坤元，万物资生，乃顺承天。"由此可见，天地之间的主从关系是很明显的。当然，"地"也有自己独立的地位和功能，它承载着万物，并且养育了万物。《易经·说卦》明确说："坤也者，地也，万物皆致养焉。"大地养育了万物，是人类赖以生存和发展的基础。

天、地、人"三才"和合，这是中国传统文化的重要思想。"和"有和谐的意思，"合"则有融合的意思，"和合"指的就是不同事物之间的相互融通、和谐发展。汉代大儒董仲舒在总结前人思想观点的基础上，系统地阐述了"天人之际，合而为一"的哲学理念，使"和合"思想发展到一个新的高度。人与自然是统一的，应当和谐发展。古人"天人合一"思想包含着一些深刻的道理。如北宋哲学家张载说："儒者则因明至诚，因诚致明，故天人合一，致学而可以成圣，得天而未始遗人。"他明确提出"天人合一"的思想，表达了天、地、人和谐相处的理念。他说："乾称父，坤称母；予兹藐焉，乃混然中处。故天地之塞，吾其体；天地之帅，吾其性。民吾同胞，物吾与也。"在他看来，人民都是同胞，万物皆为同类，世间一切人、所有物都是宇宙大家庭的成员，应该平等相处。因此，对待他人、对待万物都要怀抱仁爱之心，实现人与大自然和谐相处的目标。

二、天道与人道的统一

在中国传统文化中，不仅天、地、人是统一的，天道、地道、人道也是统一的。天道和地道可以合并，统称为天道，与人道形成对应的关系。天道与人道既对立又统一，从另一方面展示了天人合一的思想内涵。

（一）人道从属于天道

"道"在中国传统文化中是一个非常复杂的概念，在不同的文化和哲学体系中，对"道"的理解和阐释是有所不同的。在道家思想中，"道"被视为宇宙的本原和运行规律，是一种超越人类理解和认识的客观存在。道家认为，"道"是万物之始，是一切存在的根源，它自行而动，无始无终，永恒不变。同时，"道"也是宇宙的规律，它控制着万物的生长、变化和灭亡，使万物之间相互联系、相互作用。在儒家思想中，"道"被视为一种道德准则，强调人与人之间的伦理关系和道德责任。儒家认为，"道"是人类社会的基石，是人类行为的准则，是实现人与社会和谐的关键。在佛教思想中，"道"是一种修行之道，是人们达到解脱和超越的途径。"道"作为一种修行方法，即通过冥想、禅修、悟道等方式来达到内心的平静和自我超越。在中国传统文化的发展中，人们逐渐把"道"理解为宇宙的本质和内在运行的规律。

在中国传统文化中，天道就是自然运行的规律，人道就是人类社会发展的规律和人生的规律。天道与人道的关系就是自然规律与人类社会、人生规律的关系。天道与人道的统一，首先基于二者的区别。如果二者没有什么区别，也就谈不上统一了。老子在《道德经》中明确说明了天道与人道的区别："天之道，其犹张弓与？高者抑之，下者举之，有余者损之，不足者补之。天之道，损有余而补不足；人之道则不然，损不足以奉有余。孰能有余以奉天下？唯有道者。是以圣人为而不恃，功成而不处，其不欲见贤。"在老子看来，天道与人道不同，天道是"损有余而补不足"，人道则是"损不足以奉有余"。老子直觉地认识到自然规律与人类社会规律的不同，这一点是难能可贵的。《周易》也认识到了这一点："立天之道，曰阴与阳；立地之道，曰柔与刚；立人之道，曰仁与义。"天道、地道、人道各有自己不同的内容和运行的方式，不能完全等同、归一。

然而，人道与天道是紧密相关的。人道源于天道、从属于天道，因此，人道必须遵循天道。中国传统文化认为，人与天是相通的、一体的，人是天地派生的，是大自然的一部分，因而人道与天道也是相通的，人道要服从、遵循天道。人生活在大自然之中，要依赖大自然而生存，必须遵守自然规律。《周易·说卦》中曾经指出，圣人作《易》的根本目的就是要人们"顺性命之理"。这里的"顺"就是遵循的意思。"性命之理"就是"人道"，包括人性的本然和人性的应然等根本道理。这些根本道理本源于天地之道。人道的最高范畴是"仁与义"，而"仁与义"又是基于天地之道的"阴与阳""柔与刚"而确立的。孟子也曾经说："王欲行之，则盍反其本矣！五亩之宅，树之以桑，五十者可以衣帛矣。鸡豚狗彘之畜，无失其时，七十者可以食肉矣。百亩之田，勿夺其时，八口之家可以无饥矣。"（《孟子·梁惠王上》）孟子在这里讲的"衣帛""食肉""无饥"，都是人的生活需求的满足，而这种需求的满足是建立在"无失其时""勿夺其时"的基础上的，也就是说，人们一定要遵循春耕、夏耘、秋收、冬藏的自然规律，这样才能满足人们的基本生活需求。对于道家来说，人们的一切活动都应该高度地顺应自然规律，要做到"辅万物之自然而不敢为""顺万物之自然而无容私"，这就是"无以人灭天"。道家深刻地阐释了"无为"的思想，"无为"并不是无所作为，也不是什么事情都不干，真正的"无为"是"无为而无不为"，就是要顺应天道而为，不违背自然规律。顺应"天道"，就是遵循自然规律，从而达到庄子所说的那种"乘天地之正，而御六气之辩"的境界。

荀子虽然讲"天人之分"，但同样高度重视对自然规律的遵守。

荀子不同于道家诸人，他强调"化性起伪"，强调人对于自然的改造，但又认为人对自然的改造应建立在充分认识自然规律的基础上，必须遵循自然规律而为之，不可妄为。

（二）参赞化育，制天命而用之

天道与人道的统一，还体现在人类在遵循天道的基础上，可以积极地参赞化育，发挥主观能动作用，让天道服务于人道，"制天命而用之"。

儒家认为，人能够认识天道，体悟天地生万物的"仁心"，从而参赞化育，以发挥生生不已的创造活力，达到"民胞物与"的理想境界。据此，在儒家看来，"政者正也"（《论语·颜渊》），所谓的政治，意味着道德之正、教化之正、法本之正，以正其不正。儒家认为，人的生命活动与宇宙发展的历程、规律是相呼应的，天道与人道是相统一的，由此展现出一幅天人一贯、物我一体的生命共同体图景。

孟子提出"尽心知性"的命题，表达了打破人与自然之间的道德隔阂的思想。孟子指出："诚者，天之道也；思诚者，人之道也。"（《孟子·离娄上》）在孟子看来，"诚"是天道，按"诚"去做人就是人道，"诚"贯通了天和人。孟子这里说的"诚"实际上就是"善"，即诚善之本性，孟子将此看作是天人之间的共通性。以《易传》为代表的儒家经典则通过类比的方式赋予了自然以人文的价值。《易传》云："天行健，君子以自强不息""地势坤，君子以厚德载物"。中国传统学者通过天人之间的类比，确立了人与自然在价值追求上的共通性，确立了天道与人道的统一性。

儒家提出的"参赞化育"的思想，也阐述了"人道"的积极意义，强调了人的主观能动性。"参赞化育"出自《礼记·中庸》，其中说道："唯天下至诚，为能尽其性。能尽其性，则能尽人之性；能尽人之性，则能尽物之性；能尽物之性，则可以赞天地之化育；可以赞天地之化育，则可以与天地参矣。"由此可见，儒家并不是消极地、被动地适应天道，而是通过尽心知性去参与世界的生生不息，通过人的参赞化育实现天地万物的自然价值，将人的价值与自然的内在价值结合起来，让天道服务于人道。因此，在儒家看来，人不是自然的征服者和掠夺者，而是自然的参与者和实现者，人的主观能动性在于通过"赞天地之化育"而使天道服务于人道，实现人类改造自然和改造社会的目的。

荀子在《天论》中指出："天不为人之恶寒也，辍冬。地不为人之恶辽远也，辍广。"这就是说，天不会由于人们厌恶寒冷而取消冬季，地不会由于人们厌恶路程遥远就取消辽阔，自然界及其规律的存在是不依赖于人的意志和愿望的。然而，荀子认为，人类对于自然及其规律不是无能为力的，人类可以通过主观努力去改变自然，通过认识和掌握规律为人类造福。由此，荀子认为，有君子和小人两种不同的人。君子依靠自己，努力学习，不断探索，不断进步；小人则依赖上天的恩赐，托命于天，自己不努力，经常偷懒，落后于他人。在荀子看来，"大天""颂天"，不如"制天""用天"。他说："大天而思之，孰与物畜而制之？从天而颂之，孰与制天命而用之？望时而待之，孰与应时而使之？因物而多之，孰与骋能而化之？思物而物之，孰与理物而勿失之也？愿于物之所以生，孰与有物之所以成？故错人而思天，则失万物之情。"（《荀子·天论》）这就是说：与其尊崇天而思慕它，哪里比得上把天当作物一样蓄养起来而控制着它呢？与其顺从天而赞美它，哪里比得上适应天时而役使它呢？与其盼望、等待天时，哪里比得上适应天时而役使它呢？与其依顺万物的自然繁殖而求它增多，哪里比得上施展人的才能而使它成为能供自己使用的物呢？思慕万物而把它们当作与己无关的外物，哪里比得上管理好万物而不失掉它呢？与其希望于万物能自然生长出来，哪里比得上掌握万物的生长规律呢？所以，放弃人的主观努力只寄希望于天，那就不能理解万物的本性，也就不能掌握自然规律去满足人类的需要。人类应该相信自己的力量，充分发挥人的主观能动作用，积极利用天时、地材，遵循天道，利用天命，让大自然为人类服务。荀子的这段话是要告诉人们：不要坐待天时，盲目地去等待自然万物的繁荣滋长，而是要充分发挥人的主观能动性，主动地去改造自然，去进行劳务生产；但是，在劳务生产中一定要尊重和利用自然规律，只有如此，自然万物才能满足人们生活的基本需求。正如荀子所说："如是，则知其所为，知其所不为矣，则天地官而万物役矣。其行曲治，其养曲适，其生不伤，夫是之谓知天。"（《荀子·天论》）这正是遵循天道、遵循自然规律所得到的结果。否则，就会如荀子所讲的："暗其天君，乱其天官，弃其天养，逆其天政，背其天情，以丧天功，夫是之谓大凶。"（《荀子·天论》）在荀子看来，违背自然规律就会酿成大祸，后果不堪设想。

第三节　天人合一思想的当代价值

中华优秀传统文化中的天人合一思想，对于继承和发展马克思主义自然观，丰富和完善新时代中国特色社会主义生态文明思想，牢固树立和践行"绿水青山就是金山银山"的理念，加快推进人与自然和谐共生的现代化，具有非常重要的理论价值和实践价值。

一、推进马克思主义自然观的继承和发展

习近平总书记在庆祝中国共产党成立 100 周年大会上的重要讲话中提出"两个结合"，即"坚持把马克思主义基本原理同中国具体实际相结合、同中华优秀传统文化相结合"，特别是第二个"结合"，也就是

马克思主义基本原理同中华优秀传统文化相结合，是新时代马克思主义继承与发展的重要方法和途径。"天人合一"的思想是中华优秀传统文化的精华，马克思主义自然观与天人合一思想的结合，对于推进马克思主义自然观和生态观的继承与发展，具有非常重要的意义。

众所周知，自然观是人们关于自然及自然与人的关系的总的认识和根本观点，马克思主义自然观是马克思、恩格斯所创立的关于自然及自然与人的关系的根本观点。马克思主义自然观是在吸收和借鉴朴素唯物主义自然观和机械唯物主义自然观合理因素、总结和概括自然科学发展成果的基础上创立的，形成的标志就是辩证唯物主义自然观和历史唯物主义自然观的创立。辩证唯物主义自然观认为，自然界是物质的，物质是万物的本原，意识、思维、精神是自然界长期发展的产物，是物质高度发展的产物；自然界的一切事物和现象都是矛盾的统一体，都处在普遍的联系和相互作用之中，处在永久的产生和消亡之中，处在不断的运动和转化过程之中；在自然特定领域的特定发展阶段上，产生了人类和人类社会；随着人类社会实践活动的深入展开，自然日益被人们所认识和改造，于是出现了一个与外在于人的活动的"纯自然"所不同的具有新质的"人化自然"，这种"人化自然"也就是进入人类文化或文明的自然界，是人的现实的自然界。

历史唯物主义自然观是以辩证唯物主义自然观为基础的关于人和人类社会的根本观点。在历史唯物主义自然观看来，人类社会同自然界一样，也有其自身发展的内在规律，人类社会的发展是规律性与目的性的统一；人类社会历史的第一个最基本的实践活动就是人的物质生产活动，人类社会发展的根本动力是建立在生产力基础上的生产方式矛盾运动，人类社会的基本矛盾是生产力和生产关系、经济基础和上层建筑的矛盾；人类社会的意识形态及其发展具有相对独立性，对社会存在具有一定的反作用。马克思、恩格斯从唯物史观的立场和方法出发，深入到生产方式和社会制度中去考察人与自然、人与人之间的关系，对人与自然、人与人之间的关系有了更加科学的认识：第一，人是自然界的一部分，是自然界的产物。马克思指出："自然界，就它自身不是人的身体而言，是人的无机的身体。人靠自然界生活。这就是说，自然界是人为了不致死亡而必须与之处于持续不断的交互作用过程的、人的身体。所谓人的肉体生活和精神生活同自然界相联系，不外是说自然界同自身相联系，因为人是自然界的一部分。"① 恩格斯也明确指出："人本身是自然界的产物，是在自己所处的环境中并且和这个环境一起发展起来的"，"我们连同我们的肉、血和头脑都是属于自然界和存在于自然之中的"。因此，我们要敬畏自然、尊重自然。这与中国传统文化"天人合一"思想中的"敬天""畏天"有很大的契合性。第二，人"是能动的自然存在物"。人不仅是一般的自然存在物，还可以通过实践改造自然和改造社会。马克思深刻指出："动物只是按照它所属的那个种的尺度和需要来构造，而人却懂得按照任何一个种的尺度来进行生产，并且懂得处处都把固有的尺度运用于对象；因此，人也按照美的规律来构造。"② 人是社会实践的主体，人对包括自然在内的客体的认识和改造具有能动性。因此，中国传统文化"天人合一"思想中的"参赞化育""制天命而用之"等可以被马克思主义自然观所改造，成为中华优秀传统文化的精华。

由此可见，马克思主义自然观同中华优秀传统文化中的"天人合一"思想具有较大的契合性。坚持马克思主义自然观的中国化，进一步继承和发展马克思主义自然观，需要把马克思主义自然观同中华优秀传统文化中的"天人合一"思想结合起来。只有这样，才能使马克思主义自然观为中国人所接受、所认同，才能使马克思主义自然观深

---

① 马克思：《1844 年经济学哲学手稿》，人民出版社 2018 年版，第 52 页。
② 马克思：《1844 年经济学哲学手稿》，人民出版社 2018 年版，第 53 页。

入人心，融汇到中国式现代化的实践之中。当然，我们在把马克思主义自然观同中华优秀传统文化中"天人合一"思想结合时，一定要剔除其糟粕，吸取其精华，对"天人合一"思想进行创造性转化和创新性发展，使其成为中国化的马克思主义自然观的表述形式和思维方式。

二、丰富和完善新时代中国特色社会主义生态文明思想

党的十八大以来，以习近平同志为核心的党中央积极回应广大人民群众对良好生态环境的需求和期待，把生态文明建设摆在了治国理政的突出位置，创造性地提出了新时代中国特色社会主义生态文明思想，丰富和完善了新时代中国特色社会主义理论体系。习近平生态文明思想内涵丰富，继承和发展了马克思主义关于人与自然和谐发展的理论，推进了中华优秀传统文化特别是天人合一思想的创造性转化和创新性发展。

中华优秀传统文化中的天人合一思想为新时代中国特色社会主义生态文明思想提供了思想资源和智慧滋养。对于天人合一思想中的生态智慧，许多学者都给予了非常高的评价。国学大师季羡林认为，中国古代"天人合一"思想是当代生态文化建设的基础。他指出："具体来说，东方哲学中的'天人合一'思想，就是以综合思维为基础的。西方则是征服自然，对大自然穷追猛打。表面看来，他们在一段时间内是成功的，大自然被迫满足了他们的物质生活需求，日子越过越红火，但是久而久之，却产生了以上种种危及人类生存的弊端。这是因为，大自然既非人格，亦非神格，却是能惩罚、善报复的，诸弊端就是报复与惩罚的结果。"① 著名学者蒙培元认为，中国古代"天人

---

① 季羡林：《东学西渐与东化——为〈东方论坛〉"东学西渐"栏目而作》，《东方论坛》2004 年第 5 期。

合一"思想所表现出来的有机整体观对于现代生态文化建设有着特殊的重要意义。他指出："应当说，中国哲学的基本问题即'天人合一'问题在《易传》中表现得最为突出，中国哲学思维的有机整体特征在《易传》中表现得也最为明显。人们把这种有机整体观说成人与自然的和谐统一，但这种和谐统一是建立在《易传》的生命哲学之上的，这种生命哲学有其特殊意义，生态问题就是其中的一个重要方面。"[①]著名学者汤一介也认为："'天人合一'的观念无疑将会对全世界人类未来求生存与发展有着极为重要意义。"[②] 由此可见，"天人合一"理念不仅加深了我们对马克思主义自然观的认识和理解，而且这一理念具有极为可贵的生态智慧，对于发展和创造独具中国特色的生态文明思想具有重要的意义。

马克思、恩格斯在谈到人类与自然、人类本身的关系时，提出了"两个和解"的重要命题。恩格斯在《国民经济学批判大纲》中首先提出了"人类与自然的和解以及人类本身的和解"[③]。其后，马克思在《1844 年经济学哲学手稿》中，又指出了"两个和解"的路径："这种共产主义，作为完成了的自然主义，等于人道主义，而作为完成了的人道主义，等于自然主义，它是人和自然界之间、人和人之间的矛盾的真正解决，是存在和本质、对象化和自我确证、自由和必然、个体和类之间的斗争的真正解决。"[④] 人同自然和解，就是人通过自己的实践活动，将自然改造成"人化自然"，自然同时也回馈给人类物质生产资料；人类不合理的实践活动，既对自然资源进行了严重破坏，

---

① 蒙培元：《人与自然——中国哲学生态观》，人民出版社 2004 年版，第 110 页。

② 汤一介：《新轴心时代的中国文化定位》，《我的哲学之路》，新华出版社 2006 年版，第 124 页。

③ 中共中央马克思恩格斯列宁斯大林著作编译局编译：《马克思恩格斯选集》（第一卷），人民出版社 1995 年版，第 24 页。

④ 马克思：《1844 年经济学哲学手稿》，人民出版社 2018 年版，第 78 页。

也对自然生命造成了严重摧残。人同自然的和解是马克思、恩格斯为人类生态文明的建设提供的实践原则。儒家的"天人合一"思想推崇的是"仁"，在儒家看来，达到"天人合一"，需要"仁爱""民胞物与"。儒家在敬畏天命的思想基础上对"人"与"天"的关系进行了反思。宋朝的张载就认为，人应以天为父，以地为母。在他看来，民为同胞，物为同类，人应该爱其他一切物类。王守仁提出的"万物一体"的思想，也是"天人合一"思想的一种表现形式。他认为世间万物存在着普遍的联系，是一个不可分割的整体；人与自然应该保持和谐统一关系。

马克思曾经深刻指出："被抽象地理解的、自为的、被确定为与人分隔开来的自然界，对人来说也是无。"① 这就说明，人在利用自然的同时，必须要对自然界生存发展的规律及生态法则加以遵循。人与自然和谐统一的新理念诞生于马克思主义唯物辩证法科学原理之上，同时也是对历史经验教训的深刻总结，这与中国"天人合一"思想的内在要求是一致的。马克思、恩格斯的生态文明思想闪耀着真理的光辉，而作为凝聚着中国哲学智慧的"天人合一"思想在当代仍具有指导价值。

习近平生态文明思想的理论基础是马克思主义关于人与自然关系的重要思想。对于"建设什么样的生态文明"这一基本问题，习近平总书记给出的明确回答是"坚持人与自然和谐共生"。在党的十九大报告中，"坚持人与自然和谐共生"成为新时代中国特色社会主义的基本方略之一，揭示出生态文明的本质是"人与自然和谐共生的文明"。

在马克思主义自然观的基础上，习近平生态文明思想进一步阐明了人与自然的内在联系和相互关系。2017 年，习近平总书记在党的十

---

① 马克思：《1844 年经济学哲学手稿》，人民出版社 2018 年版，第 280 页。

九大报告中指出："人与自然是生命共同体，人类必须尊重自然、顺应自然、保护自然。人类只有遵循自然规律才能有效防止在开发利用自然上走弯路，人类对大自然的伤害最终会伤及人类自身，这是无法抗拒的规律。""我们要建设的现代化是人与自然和谐共生的现代化，既要创造更多物质财富和精神财富以满足人民日益增长的美好生活需要，也要提供更多优质生态产品以满足人民日益增长的优美生态环境需要。必须坚持节约优先、保护优先、自然恢复为主的方针，形成节约资源和保护环境的空间格局、产业结构、生产方式、生活方式，还自然以宁静、和谐、美丽。"① 2018 年，习近平总书记在纪念马克思诞辰 200 周年大会上的讲话中指出："要学习和实践马克思主义关于人与自然关系的思想。马克思认为，'人靠自然界生活'，自然不仅给人类提供了生活资料来源，如肥沃的土地、鱼产丰富的江河湖海等，而且给人类提供了生产资料来源。自然物构成人类生存的自然条件，人类在同自然的互动中生产、生活、发展，人类善待自然，自然也会馈赠人类，但'如果说人靠科学和创造性天才征服了自然力，那么自然力也对人进行报复'。自然是生命之母，人与自然是生命共同体，人类必须敬畏自然、尊重自然、顺应自然、保护自然。我们要坚持人与自然和谐共生，牢固树立和切实践行绿水青山就是金山银山的理念，动员全社会力量推进生态文明建设，共建美丽中国，让人民群众在绿水青山中共享自然之美、生命之美、生活之美，走出一条生产发展、生活富裕、生态良好的文明发展道路。"② 2021 年 4 月，习近平主席在全球领导人气候峰会上进一步提出"共同构建人与自然生命共同体"的思想。他深刻指出："大自然是包括人在内一切生物的摇篮，是人类赖以生存发展的基本条件。大自然孕育抚养了人类，人类应该

---

① 习近平：《习近平谈治国理政》（第三卷），外文出版社 2020 年版，第 39~40 页。
② 习近平：《在纪念马克思诞辰 200 周年大会上的讲话》，《人民日报》2018 年 5 月 5 日。

以自然为根，尊重自然、顺应自然、保护自然。不尊重自然，违背自然规律，只会遭到自然报复。自然遭到系统性破坏，人类生存发展就成了无源之水、无本之木。我们要像保护眼睛一样保护自然和生态环境，推动形成人与自然和谐共生新格局。"① 2021 年 5 月，习近平总书记在中央政治局集体学习会议上指出："我国建设社会主义现代化具有许多重要特征，其中之一就是我国现代化是人与自然和谐共生的现代化，注重同步推进物质文明建设和生态文明建设。"② 2022 年 10 月，习近平总书记在党的二十大报告中指出："中国式现代化是人与自然和谐共生的现代化。人与自然是生命共同体，无止境地向自然索取甚至破坏自然必然会遭到大自然的报复。我们坚持可持续发展，坚持节约优先、保护优先、自然恢复为主的方针，像保护眼睛一样保护自然和生态环境，坚定不移走生产发展、生活富裕、生态良好的文明发展道路，实现中华民族永续发展。"③ 2023 年 7 月，习近平总书记在全国生态环境保护大会上作了重要讲话，他强调要"全面推进美丽中国建设，加快推进人与自然和谐共生的现代化"④。由此可见，党的十八大以来，习近平总书记围绕着人与自然的关系，在继承马克思主义自然观的基础上，科学回答了新时代自然与生态领域中的一系列重大理论问题和现实问题，把马克思主义基本原理同中国具体实际相结合、同中华优秀传统文化相结合，形成和发展了新时代中国特色社会主义生态文明思想，为中国的生态文明建设指明了方向和道路。

---

① 习近平：《共同构建人与自然生命共同体——在"领导人气候峰会"上的讲话》，《人民日报》2021 年 4 月 23 日。

② 《习近平在中共中央政治局第二十九次集体学习时强调：保持生态文明建设战略定力 努力建设人与自然和谐共生的现代化》，《人民日报》2021 年 5 月 2 日。

③ 习近平：《高举中国特色社会主义伟大旗帜 为全面建设社会主义现代化国家而团结奋斗——在中国共产党第二十次全国代表大会上的报告》，人民出版社 2022 年版，第 23 页。

④ 《习近平在全国生态环境保护大会上强调：全面推进美丽中国建设 加快推进人与自然和谐共生的现代化》，《人民日报》2023 年 7 月 19 日。

三、建设美丽中国，以高品质生态环境支撑高质量发展

2023 年 7 月 17 日至 18 日，全国生态环境保护大会召开，习近平总书记出席会议并发表重要讲话强调："把建设美丽中国摆在强国建设、民族复兴的突出位置。"[①] 党的十八大以来，党中央把生态文明建设作为关系中华民族永续发展的根本大计，开展了一系列开创性工作，决心之大、力度之大、成效之大前所未有，生态文明建设从理论到实践都发生了历史性、转折性、全局性的变化，美丽中国建设迈出了坚实的步伐。在习近平生态文明思想的科学指引下，全党全国人民坚持"绿水青山就是金山银山"的理念，全方位、全地域、全过程加强生态环境保护，中国的天更蓝、地更绿、水更清，万里河山更加多姿多彩。

中国传统智慧"天人合一"思想对于生态环境保护、建设美丽中国具有重要的启示意义。首先，"天人合一"思想中的"敬畏生命""仁爱自然"的生态文化思想对于我们做好生态文明工作具有重要的启示意义。儒家哲学在承认人在整个生命系统中具有更高地位的基础上，也承认自然界各个生命之间的和谐关系，人虽然可以支配自然万物，但人对自然万物要"仁"，要"仁爱"。儒家主张用"仁""仁爱"的理念去对待自然界的万事万物，不可过度地、肆无忌惮地损害其他生命，要以一种尊重生命、爱护自然和保护自然的生态文化理念作为社会普遍道德的出发点，让人与自然、人与人形成一种和谐共处、互生互存的良好关系，这也与马克思、恩格斯所讲的"两个和解"具有异曲同工之妙。其次，"天人合一"思想中"取之有时""用之有节"理念对于我们保护生态环境也具有重要启示意义。所谓"取之有时""用之有节"，就是说人类对自然的索取不能竭泽而渔，

---

① 《习近平在全国生态环境保护大会上强调：全面推进美丽中国建设　加快推进人与自然和谐共生的现代化》，《人民日报》2023 年 7 月 19 日。

一定要掌握一个"度"，既要符合自然万物生长和发展的规律，保持大自然的繁衍生息，又要避免过度开发、过度开采、过度索取。正如恩格斯所指出的："我们统治自然界，决不像征服者统治异族人那样，决不是像站在自然界之外的人似的，——相反地，我们连同我们的肉、血和头脑都是属于自然界和存在于自然之中的；我们对自然界的全部统治力量，就在于我们比其他一切生物强，能够认识和正确运用自然规律。"① 人的贪婪欲望往往会使人违背自然规律，与自然形成紧张的敌对关系，使人类自身陷入生态危机之中。中国传统智慧会促使我们反思自己的行为，避免与自然为敌。孔子的"钓而不纲，弋不射宿"（《论语·述而》，孟子的"数罟不入洿池""斧斤以时入山林"（《孟子·梁惠王上》），曾子的"树木以时伐焉，禽兽以时杀焉"等思想，对于我们都有一定启示意义。再次，中国传统智慧中的"崇尚节俭""永续利用"的生态消费观也反映了"天人合一"的理念，对于我们进行绿色化、低碳化的高质量发展也有启示意义。孔子提出"奢则不孙，俭则固"（《论语·述而》），荀子提出"强本而节用，则天不能贫""本荒而用侈，则天不能使之富"（《荀子·天论》），都倡导一种节俭而质朴的生活方式，这种生态消费观与我们所倡导的绿色、循环、低碳的理念十分接近。总之，我们在建设美丽中国、保护生态环境的过程中，深入发掘中华优秀传统文化中的智慧，具有重要的现实意义。

四、构建生命共同体，加快推进人与自然和谐共生的现代化

在新时代，习近平总书记提出"共同构建人与自然生命共同体""人与自然和谐共生的现代化"，为一种新的文明发展方式提供了思路。这一提法有四个要素：人、自然、共同体（共生）、现代化。其

---

① 中共中央马克思恩格斯列宁斯大林著作编译局编译：《马克思恩格斯选集》（第四卷），人民出版社1995年版，第383~384页。

基本内涵主要包括：其一，人与自然是生命共同体，正如习近平总书记所指出的："自然物构成人类生存的自然条件，人类在同自然的互动中生产、生活、发展，人类善待自然，自然也会馈赠人类，但'如果说人靠科学和创造性天才征服了自然力，那么自然力也对人进行报复'。自然是生命之母，人与自然是生命共同体，人类必须敬畏自然、尊重自然、顺应自然、保护自然。"① 人与自然不是截然对立的，更不是相互敌对的，人不能寄希望于以科学技术的强劲发展去彻底征服自然，人只能与自然和谐共生，形成生命共同体。这是马克思主义自然观的基本原则，同时也是中华优秀传统文化中"天人合一"思想包含的生态理念。其二，人与自然生命共同体的思想也体现了代际生态正义。这就是说，生态环境保护不仅是当代人的责任，更涉及子孙后代的可持续发展。生态问题的复杂性在于，如何在不同的行动主体之间公平地分配自然资源，确定相应的生态成本和生态责任。任何对自然的索取和占有都要付出一定的代价，如果对自然的索取和占有超出了所允许的"度"，就会有一定的生态风险，也会造成一定的生态灾难。如果当代人占有了过多的自然资源，对自然进行过多的掠夺式开发和利用，就会给后代人带来生态上的危机。生命共同体的思想不仅主张当代人与自然和谐相处，还要保护后代人的生态利益。其三，人与自然生命共同体的思想还体现了全球生态正义。当前，全球性的生态危机日益严重，这就需要全世界各个国家共同努力，拯救地球、拯救人类。中国以更高站位、更宽视野、更大力度来谋划和推进新征程环境保护工作，为推动建设清洁美丽的世界、构建人与自然生命共同体、构建人类命运共同体注入新的活力和动力。我们坚决捍卫全球生态正义观，超越民族国家主体的狭隘性，反对西方霸权主义和单边主义，

---

① 习近平：《在纪念马克思诞辰 200 周年大会上的讲话》，《人民日报》2018 年 5 月5 日。

"秉持共商共建共享的全球治理观，倡导国际关系民主化，坚持国家不分大小、强弱、贫富一律平等"①，在相互尊重、平等协商的基础上构建人与自然生命共同体和人类命运共同体。

中国传统智慧中"天""地""人""三才和合"的思想为人与自然和谐共生、构建人与自然生命共同体、构建人类命运共同体提供了丰富的思想资源。"天人合一"的思想把人与自然看作是一个生命共同体，认为它们的命运是紧密相连的，是一荣俱荣、一损俱损的关系，"三才和合方太平"。中国传统思维从世界一体的角度诠释了生命共同体、命运共同体的内涵和重要价值。现代人类中心主义以偏狭的思维看待人与自然的关系，把人类与自然对立起来，一切都必须围绕着人类去思考，把自然完全看作是依附于人类的工具。中国传统文化中的"天人合一""天人一体""天人相通""三才和合"的思想给现代人类中心主义敲响了警钟。中国传统智慧告诉我们，人与自然、人与社会、人与世界是生命共同体、命运共同体，是同呼吸、共命运的，我们在破坏自然、破坏社会、破坏世界的同时也是在伤害我们自身，我们保护自然、保护社会、保护世界的同时也是在保护我们自己。对于人类来说，人不能脱离自然、脱离社会、脱离世界，地球永远是人类生命的摇篮，因此，人与自然、人与社会、人与世界的和谐共生是必然的。

---

① 习近平：《决胜全面建成小康社会　夺取新时代中国特色社会主义伟大胜利——在中国共产党第十九次全国代表大会上的报告》，人民出版社 2017 年版，第 60 页。

第七章

自强不息

——奋发图强民族魂

自强不息，出自《周易·乾卦》："天行健，君子以自强不息。"习近平总书记多次引用"自强不息"之语，强调"自强不息"精神的重要性。在庆祝改革开放40周年大会上的讲话中，习近平总书记指出："正是这种'天行健，君子以自强不息'、'地势坤，君子以厚德载物'的变革和开放精神，使中华文明成为人类历史上唯一一个绵延5000多年至今未曾中断的灿烂文明。"在历史长河中，中国人民创造了源远流长、博大精深的中华优秀传统文化，为中华民族生生不息、发展壮大提供了强大的精神支撑，赋予了中华民族自强不息、刚健进取的品格。新时代，我们应当继续深入探讨、认真研究自强不息精神的思想渊源、实质内涵及其当代价值，使古老的中华文明不断焕发出新的时代活力，为中华民族屹立于世界民族之林提供强大精神动力。

第一节　自强不息精神的思想渊源

中国哲学家张岱年认为，"自强不息"是说永远奋发向上，永不止息，永远自强，不被环境屈服，积极奋斗。《周易》上的两句话"天行健，君子以自强不息；地势坤，君子以厚德载物"集中体现了中华民族的民族精神。① 中华民族精神不是既成的，而是植根于历史并向未来敞开不断生成的，其深深植根于中国传统文化这一原初基础，又随着历史的车轮不断发展，闪耀着时代的光辉，形成了既悠久而又弥新的精神血脉。自强不息精神深刻体现在中华民族的精神追求和历史实践过程当中，是中国哲学中生生不息的宇宙观及与时偕行的辩证思维的集中体现。

一、生生不息的宇宙观

自强不息精神可以追溯到中国古代哲学中生生不息的宇宙观。生生不息的宇宙观集中体现了中华民族对整个宇宙及人与宇宙万物关系的根本看法。生生思想作为理解宇宙万物运行及人生价值追求的根本原则，在中国哲学史上占有重要的地位。可以说，中国哲学就是生生哲学。

天地（宇宙）之生生是自强不息精神的源头活水。"生"字在甲骨文和金文中就已出现。在甲骨文中，"生"由"中"和"一"两部

---

① 张岱年：《文化与哲学》，中国人民大学出版社 2006 年版，第 94 页。

分构形，"屮"原意是指初长的小草，"一"象形土地，将"屮"置于"一"之上，表示草木破土而出，大地之上草木生长，一片生生繁荣之象。除"生长"之义外，"生"又引申为生存、生成、生育等义，还有生命、生活等义，体现了中国古代思想者在观察自然万物的基础上对生命之象的深切体验。在"生长"之义的基础之上，"生生"二字的叠用有着更为丰富的内涵。

"生生"一词最早出现于《尚书》。《尚书·盘庚中》云："汝万民乃不生生，暨予一人猷同心。""往哉生生！今予将试以汝迁，永建乃家。"《尚书·盘庚下》曰："朕不肩好货，敢恭生生。""无总于货宝，生生自庸。"孔颖达在《尚书正义》中将"生生"解释为"进进"，认为是渐进之义。《尚书》中的"生生"均是在描述盘庚治国理政，勤于国事。他谆谆告诫臣民要勤于农事，要厚生、贵生。同时作为一名具有强烈忧患意识的君主，盘庚也在告诫自己要兢兢业业、日日精进，"不贵难得之货"，不任人唯亲，要有爱民之心并广施恩泽。

《周易》赋予了"生生"哲学意义，将"生生"作为重要的哲学概念并贯穿于天人关系之中。《周易·系辞上》云："日新之谓盛德。生生之谓易。"王弼注曰："阴阳转易，以成化生。"孔颖达疏："生生，不绝之辞。阴阳变转，后生次于前生，是万物恒生，谓之易也。"（《周易正义》）张载将"生生"释为"进进"（《张载集》），即持续不断前进之义。明代来知德认为"生生"即"阳生阴，阴生阳，消息盈虚，始终代谢，其变无穷"（《周易集注》）。《周易·系辞下》云："天地之大德曰生。""生生"即阴阳转易，化生万物。天地最大的德性就是化生孕育万物，让万物各得其性，各得其所，生生不息，安身立命。孕育生养万物就是天地的"生生之德"，天地"生生"之进程未尝止息。《周易·系辞上》云："一阴一阳之谓道。"阴阳转易、化生万物的"生生之德"，同时也是万物之本源的"道"的运行方式的呈现。正是因为"道"之"生生"，"天"才可以呈现出刚健有为、行健不已的运行方式，才能在"行健"中造化、孕育万物，使得"四时行焉，百物生焉"（《论语·阳货》）。

天道"生生"，孕养万物而永不停息。在《周易》看来，不息之精神本身就是一种善。《周易》第三十二卦为恒卦，此卦主要讲的是恒久之善。君子应该坚守此道，持之以恒，所以卦名曰恒。《周易》言："恒，久也……天地之道，恒久而不已也。'利有攸往'，终则有始也。"天道"生生"，永不止息，生生之德赋予了天道之至善性与恒久性。天人互契，天道下贯而为人道，天道恒久不已，人之修道过程自然也就永无止息。孔颖达在《周易正义》中说："天行健者，谓天体之行，昼夜不息，周而复始，无时亏退，故云'天行健'。此谓天之自然之象。'君子以自强不息'，此以人事法天所行，言君子之人，用此卦象，自强勉力，不有止息。""生生"思想旨在强调天道运行周流不息，由此人在现实中也要自强不息，努力拓展生命境界以实现生命之价值。既然天道生生、行健不已，运行循环往复而不舍昼夜，化育万物而生生不息，那么反观人之自身，也应该要像天道一样刚健有为，努力进取，自强不息。只有对"天道生生"之本体有了足够充分的认识，我们才能将天道之生生不息转化成人道之自强不息。作为天地"生生"进程中的一分子，个体生命在天地"生生"中展开，并从中获得源源不断的动力。个体生命是有限的，但有限的生命通过"生生"之力可以在道德实践中持续行进、奋发有为。在儒家看来，刚健有为、努力奋进的人生并非如庄子所言"以有涯随无涯"，恰恰相反，人们可以通过"生生"之无涯，获得生生不息的力量，以超越自身生命之有涯。所以，君子应效法生生之天道，成性存存，终日乾乾，坚持正道而永不停息。践行恒久之道，秉持自强不息之精神，便是合于天地生生之德。

"天人合一"的理念是自强不息精神的内在支撑。天人关系讨论的是人在宇宙中的位置，以及人生的终极价值及其实现的问题，即在"天"之下，人如何修身养德以安身立命。"天人合一"本意是指人以天道明人事，是人效法天道的活动。天道何以明人事？天道之生生不息的刚健有为何以转化成人之自强不息的具体实践？这其中的思想渊源及其内核机理就是中国古代哲学中的"天人合一"的理念。"天人合一"是儒家哲学的精神内核及主要致思范式，"天人合一"的理想境界一直以来都是中国人的智慧追求。

中国古代思想中很早就有了"人由天所生"的观念。《左传》云："民受天地之中以生，所谓命也。"（《左传·成公十三年》）这就是说人的生命是由天地中和之气生成的。《周易·系辞上》云："一阴一阳之谓道。继之者善也，成之者性也。"阴阳转易及万物化生是天道"生生"的运行过程。继善成性，人道承继天道之善，将天道之善凝结为自身之性，使人性具有天道之善性，这便为人之为善及道德的养成提供了本体论上的依据。人的价值观、道德修养原则及人生意义的获得皆源于承自天道之善的人性之善。天道因人道而彰显，人道因天道而生成，天人相继，万物各正性命、各循其性而天人合一。所以《中庸》云："天命之谓性，率性之谓道。"此是说天以阴阳五行化生万物，赋气以成其形，赋理以成其性，循性而成其道。孔子尝言"天生德于予"（《论语·述而》），认为自己循性而为，遵道而行，践行仁义之道，上天也是赞成自己的，自己就是在践行天道。纵观孔子一生，其从十五岁"志于学"到七十岁"从心所欲不逾矩"，终其一生都在践行仁道。《孟子·尽心上》云："尽其心者，知其性也；知其性，则知天矣。"在孟子那里，尽心、知性、知天是一个循序渐进的体认过程，心、性与天是一个统一体，人可依循其本心本性对天理进行体认，也可由天理下贯至人心人性，从而体认原本之善。如何"尽心"，孟子认为要反身而诚，强恕而行，如此才能求仁而得仁。反身而诚才能尽心，尽心才能发掘内心之善端，扩充人的善良之心，人的本性、天性就自然地显现出来了，此即"知性"。体认了自己的本性之善，人自然也就会懂得天命，进而正确地对待天命，此即"知天"。孟子由尽心、知性而知天，把人性与天道相接续，认为人生而有天道之善，心性与天相通，由此肯定了天人关系的合一性。

天人合一思想发展至汉代，董仲舒解释为"天人感应"论。董仲舒称："天亦有喜怒之气、哀乐之心，与人相副。以类合之，天人一也。春，喜气也，故生；秋，怒气也，故杀；夏，乐气也，故养；冬，哀气也，故藏。四者，天人同有之。"（《春秋繁露·阴阳义》）"为生不能为人，为人者天也。人之人本于天，天亦人之曾祖父也。此人之所以乃上类天也。人之形体，化天数而成；人之血气，化天志而仁；人之德行，化天理而义；人之好恶，化天之暖清；人之喜怒，化天之寒暑；人之受命，化天之四时……天之副在乎人，人之情性有由天者矣。"（《春秋繁露·为人者天》）董仲舒认为，人是以上天为本源的，人的本性是由天赋予的，这是人与天相类似的原因。人的身体是禀受天数的变化而形成的；人的血气是禀受天志的变化而成仁的；人的德行是禀受天理的变化而成为义的；人的好恶是禀受上天的温暖和清爽的变化而成的；人的喜怒是与天的四季变化相对应的。喜是春季的反应；怒是秋季的反应；乐是夏季的反应；哀是冬季的反应。天是按照自己的模样创造了人，天有阴阳，人也有阴阳，人与天相类，人是天的"副本"，天和人在精神上是相通的。

天人关系的另一种表现形式是"制天命而用之"。制天命而用之的思想也与自强不息精神有着内在关联。《荀子·礼论》有云："天地者，生之本也。"意思是说，天地是生命的本源。由此看来，荀子继承了孔孟的"天""人"关系思想，认为"人"生于"天"。但是与孔孟强调天人相合、人性与天道相通有所不同，荀子认为天人相分，人性本恶，所以他提出了"制天命而用之"的思想。荀子在《天论》中明确指出："天行有常，不为尧存，不为桀亡。应之以治则吉，应之以乱则凶。"荀子认为：天有自己的运行规律，它不会因为尧的圣明而存在，也不会因为桀的暴虐而不存在，人、天各尽其职，才能达到天人和谐。然而，人可以掌握自然的变化规律以利用自然，造福人类。荀子彻底否定了殷周时期的天的意志性，指出人类社会的发展与天的意志无关，而是取决于人的行为与意志力。由此，人的主体性得以确立。人的主观能动性是成功的前提，作为行动主体的人不能自暴自弃，而是要制天命而用之，要自强不息。

在儒家看来，人是万物之灵，本出于天，是禀受了天地之精气而产生的。儒家将"人"与"天"相接续，这种接续并非是物理上的，而是精神上的。由此，"人之道"就自然而然出自"天之道"，人之道的合理性是因为有了天道这种终极实在的支撑与印证。正是通过对天道的观察与体悟，人道的自强不息精神才得以确立。在《孔子家语》中，鲁哀公向孔子提出一个问题："君子何贵乎天道也？"孔子的回答是："贵其不已也。如日月东西相从而不已也，是天道也；不闭而能久，是天道也；无为而物成，是天道也；已成而明之，是天道也。"（《孔子家语·大婚解》）这段话充分体现了自强不息精神的天道意蕴。基于此，孔子在谈到君子的品质时，就强调"自强不息"的精神。孔子认为："所谓君子者，言必忠信，而心不怨；仁义在身，而色无伐；思虑通明，而辞不专；笃行信道，自强不息。"（《孔子家语·五仪解》）人道效法天道而来，具有天然的合法性与合理性。所以，以人道接续天道，以及强调人道与天道的相互通契性与合一性是自强不息精神的思想渊源。

二、与时偕行的辩证思维

中国传统哲学中包含丰富的辩证思维。随时而制、与时偕行的行为范式及居安思危的忧患意识是中华民族自古及今的智慧结晶，为自强不息精神提供了方法论的实践依据。

随时而制、与时偕行的行为范式是自强不息精神的方法论依据。中国哲学强调对于"时"的把握。"时"是《周易》文本与哲学思想的核心概念之一。著名哲学家方东美先生曾概括说："中国人之时间观念，莫或违乎《易·系辞传》……易之卦爻，存时以示变，易之精义，趋时而应变者也……趣时以言易，易之妙可极于'穷则变，变则通，通则久'之一义。时间之真性寓诸变，时间之条理会于通，时间之效能存乎久。"①《周易》要求要应时势的演化趋势，积极进取，稳步向前推进，真正做到"终日乾乾，与时偕行"，做到刚健不息，终日自戒，同于天时，生物不息。与时偕行就是要做到"时止则止，时行则行，动静不失其时"。所以《周易·系辞下》云："为道也屡迁，变动不居。周流六虚，上下无常，刚柔相易，不可为典要。唯变所适。"也就是说，物之动息，各有时运，这就要求人们对于当下所遇，既要洞悉其各个方面，又要做到总揽全局、统筹把握，并在此基础上做出回应。所以《周易》说："上下无常，非为邪也。进退无恒，非离群也。君子进德修业，欲及时也。"

人所面对的现实境遇是客观存在的，是不以人的意志为转移的，人虽不能自主地选择，却可以自主地回应。在现实的境遇面前，人所应当采取的就是直面并适切地回应，积极发挥人的主观能动性：遇到有利于自己的顺境时，要勤而为之，把握时势，顺势而为，积极进

---

① 方东美：《方东美集》，群言出版社 1993 年版，第 371 页。

取，努力创造有利条件；但是如果身处不利于自己的境地，不能气馁，不能自暴自弃，也不能悲观，更不能颓废，而是要养成彻然豁达的心境，积蓄力量，以足够的耐心与智慧去主动迎接各种挑战，通过自身的积极努力，扭转不利之时局，化不利为有利，自强不息，开拓进取，成为能够顺利驾驭现实时遇的主体性存在。所以《周易》认为真正的君子要"居上位而不骄，在下位而不忧，故乾乾因其时而惕，虽危无咎矣"，"不易乎世，不成乎名，遁世无闷，不见是而无闷。乐则行之，忧则违之，确乎其不可拔，潜龙也"。潜龙勿用，非当其时，人之行事要因时而制宜，顺势而为，见机而动。所以《周易》曰："君子见几而作，不俟终日。"（《周易·系辞下》）孔颖达疏："言君子既见事之几微，则须动作而应之，不得待终其日。"（《周易正义》）程颐解释为"随时而动"，他说："君子之道，随时而动，从宜适变，不可为典要。非造道之深，知几能权者，不能与于此也。"（《二程集》）这里的"几"是指事物细微不易察觉之处，即事情之"势"。"见几"的过程也就是彰往察来、微显阐幽的过程。"见几"是知，"作"是行，"而"表示了知与行的瞬时性，也就是强调知行合一。"见几而作"就是把握时机，乘势而为，就是通过在对时势观察的基础上形成自己的见解，并付诸切实的行动，否则时机一过，为时已晚。所以《周易·系辞上》云："夫易，圣人之所以极深而研几也。唯深也，故能通天下之志；唯几也，故能成天下之务；唯神也，故不疾而速，不行而至。""见几而作"不仅揭示了客体事物的微妙之处，而且还强调了行动主体的主观能动性。

"时中"是人在世界上最恰当的存在状态。"时"是对客观之势的规定性，而"中"则是对主观行为的恰当描述。在中国思想中，"时中"二字最早出现在《周易》的蒙卦。《周易》云："蒙，亨。以亨行，时中也。""蒙不能终蒙，归根结底要被开发，由蒙达到亨。行是对止而言的，既因有险而止，则亦必因有亨而行。时止则止，时行则行。这就是时中。"（《周易全解》）这就是说，把握适中的时机，恰当地利用得利的形势来行事，从而以"蒙"得"亨"。《周易》还说："艮，止也。时止则止，时行则行。动静不失其时，其道光明。"艮卦是讲止的，而止则要"止得其所"：该停止的时候就应该停止，该行动的时候就应该行动，动静都不失时，这样才能道路光明。"施止有时，凡物之动息，自各有时运。"（《周易正义》）"易道深矣，一言以蔽之曰：时中……知时中之义，其于《易》也思过半矣。"（《易汉学》）可以看出，因时而行中道是《周易》的主要原则之一，同时也是人的行为规范。

"孟子是时中说的倡导者。"① "时中"是儒家的学说。孟子推崇"时"，将"时"作为行为的准则。《孟子·公孙丑上》中指出："虽有智慧，不如乘势；虽有镃基，不如待时。"这就是说，人虽然有聪明才智，但不如依靠好的形势与好的运气；从事生产，虽然有锄头等农作工具，但不如依靠好的天时，因为这样可以事半功倍。孟子还称颂孔子为"圣之时者"（《孟子·万章下》），认为孔子不受现实境遇的束缚，而是根据具体情况审时度势，灵活地决定当下应当做的事情而不逾矩。所以孟子说："可以速而速，可以久而久，可以处而处，可以仕而仕，孔子也。"（《孟子·万章下》）在孟子看来，孔子作为"圣之时者"，能够因时而变，顺势而为，是一个与时俱进的圣人。孔子曾将通权达变的能力视为人生的智慧，他说："可与共学，未可与适道。可与适道，未可与立。可与立，未可与权。"（《论语·子罕》）孔子慨叹能够真正拥有这一智慧的人并不多见。孔子可以同其所处之境遇一体而无隔，能够应时应势、通权达变而取"中"，做到"时

---

① 朱伯崑：《易学哲学史》（第一卷），华夏出版社 1995 年版，第 45 页。

中"，时时中庸而不逾矩。所以《中庸》说："君子中庸，小人反中庸。君子之中庸也，君子而时中，小人之反中庸也，小人而无忌惮也。"

"时中"原则主要有两方面的含义：一是要"合乎时宜"，二是要"通权达变"。《论语》中记载着这样一个对话：子问公叔文子于公明贾曰："信乎，夫子不言，不笑，不取乎?"公明贾对曰："以告者过也。夫子时然后言，人不厌其言；乐然后笑，人不厌其笑；义然后取，人不厌其取。"子曰："其然? 岂其然乎?"（《论语·宪问》）"文子亦有言笑及取，但中时然后言，无游言也，故人不厌弃其言；可乐而后笑，不苟笑也，故人不厌恶其笑也；见得思义，合宜然后取之，不贪取也，故人不厌倦其取也。"（《论语注疏》）公叔文子的言、笑、取，可以说都是合乎"时中"原则的：该说的时候才说，所以人们不讨厌他说的话；遇到值得高兴的事情时才笑，所以人们不讨厌他的笑；只取自己应得的部分，所以人们才不讨厌他的取。孟子也将"时中"原则作为理想人格的标准。他说："杨子取为我，拔一毛而利天下，不为也。墨子兼爱，摩顶放踵利天下，为之。子莫执中，执中为近之，执中无权，犹执一也。所恶执一者，为其贼道也，举一而废百也。"（《孟子·尽心上》）墨子为了兴天下之利，除天下之害，毫不利己，而杨朱则"拔一毛"利天下而不为，两者只是偏执于一端而不懂通权达变，不能因时而行中道，这样反而破坏了所谓的"道"。宋儒杨时在解释孟子"执中无权，犹执一也"时也说："禹稷三过其门而不入，苟不当其可，则与墨子无异。颜子在陋巷，不改其乐，苟不当其可，则与杨氏无异。子莫执为我兼爱之中而无权，乡邻有斗而不知闭户，同室有斗而不知救之，是亦犹执一耳。"（《四书章句集注》）禹、稷、颜回与墨子、杨朱的行为只是"权变"的差异。《孟子·离娄上》记载了孟子与淳于髡的一段著名的对话："淳于髡曰：'男女授

受不亲，礼与?' 孟子曰：'礼也。' 曰：'嫂溺，则援之以手乎?'
曰：'嫂溺不援，是豺狼也。男女授受不亲，礼也；嫂溺，援之以手
者，权也。'" 此中的"权"，即为权变之意。男女授受不亲，是守礼
制，嫂嫂掉入水中伸手去救，这是变通，如若不救，就是禽兽行为。
由此可见，孟子虽然严格坚持礼法的原则性，但是也提倡针对实际情
况和具体问题而采取灵活对策的变通之法。也就是说，同样的言行举
止在不同的时间、不同的场合中所产生的实际效应是有所不同的。因
此，一个人要想不出错，那么遵守合乎时宜和随时变通的"时中"之
道就是其中的关键。

荀子也强调君子要把握"与时屈伸""与时偕行"的原则。他说：
"与时屈伸，柔从若蒲苇，非慑怯也；刚强猛毅，靡所不信，非骄暴
也。以义变应，知当曲直故也。《诗》曰：'左之左之，君子宜之；右
之右之，君子有之。' 此言君子能以义屈信变应故也。"（《荀子·不
苟》）这段话的意思是说，随着形势的变化或屈或伸，即使柔顺得像一
条蒲苇编的席子那样卷曲，也并不是胆小怕事、懦弱害怕的表现；刚
强勇猛，伸展自如，从不向人屈服，也不是骄横凶暴的表现。这是能
够根据其中之道随机应变，懂得在什么情况下应当柔曲顺从的缘故。
《诗经》中说，无论是向左还是向右，君子都能做到恰如其分。这就
是说，君子能够合乎时宜、通权达变，根据其中之道或屈或伸以应付
环境的变化。所以，自强者要善于把握时势，顺应时代以顺势而为，
要知天时、明时势，知道什么时候该动，什么时候该静，动静之间合
乎中道；要主动探索并依循社会发展之大势，将自己所处之境与社会
之势结合起来，敏锐观察周围时势的变化，在审时度势之后顺势而
为，自强不息，在助力社会发展的过程中实现自己的价值。

忧患意识、居安思危的生存智慧是自强不息精神的实践论要求。
忧患意识是中华民族的重要精神特质，是中国古代先哲们在突破天命

信仰的基础上而产生的人文精神，是基于个人的生存境遇而对国家、民族及全民的关注与忧思。周初统治者在击败殷商之后，取代了殷商的统治建立了周王朝，作为新的胜利者，周初的统治者不仅没有表现出战胜强敌的喜悦，反而感到"皇天无亲""天命靡常"，由对殷商失败的深刻反思而产生了一种戒慎恐惧的心态。所以说，忧患意识本身是一种自我的觉醒，这种觉醒意识背后蕴含着一种自强不息、积极有为的奋斗精神。

《周易》的作者正是基于这种安危、存亡、治乱、泰否一体和物极必反的忧患意识而写成此书。《周易》云："《易》之兴也，其于中古乎？作《易》者，其有忧患乎？""君子安而不忘危，存而不忘亡，治而不忘乱，是以身安而国家可保也。""君子以思患而豫防之。""泰者通也。物不可以终通，故受之以《否》。""君子终日乾乾，夕惕若厉，无咎。"这就是说君子每天都自强自立，终日不懈，白天勉力而没有止息，晚上亦是谨言慎行、戒慎恐惧，以危自警，恐有忧患，三省吾身，因时而惕。

《中庸》云："君子戒慎乎其所不睹，恐惧乎其所不闻……故君子慎其独也。"这种戒慎、恐惧、慎独的态度，其实质也是忧患意识的一种表现，只不过是以"敬"的形式表现出来。中国古代哲学中这种基于忧患意识而产生的敬畏感并不同于一般宗教中对于神的崇拜与恭敬。儒家这种敬畏意识并不是主体自我的否定，而是自我意识的肯定，是自我反思基础上的"刚健有为"。一个心存忧患意识、有所畏惧的人，一个有所为有所不为的人，才能担当起民族与社会之重任。《论语》有言："士不可以不弘毅，任重而道远，仁以为己任，不亦重乎？死而后已，不亦远乎？"（《论语·泰伯》）就是强调知识分子要有担当道义、不屈不挠的奋斗精神。孟子讲："君子有终身之忧，无一朝之患也。"（《孟子·离娄下》）"生于忧患，而死于安乐也。"（《孟子·告子下》)纵观孟子所处的时代，战争纷起，杀人盈城，世道衰微，邪说有作，国家无道，百姓苦不堪言。孟子正是基于这种现实的苦楚而汲汲于推行仁政，实现国家的有序发展与民众的安居乐业，其仁政的基础就是深刻的忧患意识及以天下为己任的责任担当。孟子说："禹思天下有溺者，由己溺之也；稷思天下有饥者，由己饥之也。"（《孟子·离娄下》）孟子认为，天下人民遭受灾难，似乎皆是自己造成的，因此自己对拯救黎民百姓具有不可推卸的责任。他还讲道："天将降大任于是人也，必先苦其心志，劳其筋骨，饿其体肤，空乏其身，行拂乱其所为，所以动心忍性，曾益其所不能。"（《孟子·告子下》）人所遭受的各种磨难都是忧患于生、然后奋起的体现。

忧患意识是刚健有为精神的前提与动力，是自强不息精神的实践论要求。努力奋斗和积极进取是忧患意识的价值导向，在忧患意识背后，体现的正是刚健有为、自强不息精神。这种忧患意识与自强不息的精神，对中国历代知识分子产生了激励作用。北宋范仲淹称"先天下之忧而忧，后天下之乐而乐"（《岳阳楼记》）；张载立志要"为天地立心，为生民立命，为往圣继绝学，为万世开太平"（《张载集》）；顾炎武高呼"保天下者，匹夫之贱与有责焉耳矣"（《日知录·正始》）。刚健有为、自强不息的精神增强了中华民族的向心力，形成了中华民族独立自强、不屈不挠的民族精神及刚健有为、积极进取的奋斗精神。

作为中华优秀传统文化的忠实继承者和弘扬者，中国共产党始终有着强烈的忧患意识与风险防范意识。忧患意识是中国共产党百年发展历程中的实践与生存智慧。在不同历史时期，无论是顺境还是逆境，面临复杂多变的形势与风险挑战，中国共产党都自觉保持未雨绸缪、防微杜渐之心。在新民主主义革命时期，中华民族面临内忧外患，国内混战不断，严峻的政治形式促使我们党始终保持高度清醒。

1949年3月，新中国成立前夕，在党的七届二中全会报告中，毛泽东告诫全党："夺取全国胜利，这只是万里长征走完了第一步。……中国的革命是伟大的，但革命以后的路程更长，工作更伟大，更艰苦。这一点现在就必须向党内讲明白，务必使同志们继续地保持谦虚、谨慎、不骄、不躁的作风，务必使同志们继续地保持艰苦奋斗的作风。"① 1945年4月，抗日战争即将胜利结束之际，毛泽东在七大所作的开幕词《两个中国之命运》中又强调指出："我们应该谦虚，谨慎，戒骄，戒躁，全心全意地为中国人民服务。"② 这就要求全党在胜利面前保持清醒头脑与居安思危的忧患意识，在夺取全国政权后要经受住执政的考验。在社会主义革命和建设时期，面对国家一穷二白、百废待兴的局面，毛泽东在1956年8月中国共产党第八次全国人民代表大会预备会议上所作的《增强党的团结，继承党的传统》的讲话中指出："你有那么多人，你有那么一块大地方，资源那么丰富，又听说搞了社会主义，据说是有优越性，结果你搞了五六十年还不能超过美国，你像个什么样子呢？那就要从地球上开除你的球籍！"③ 面临中国经济落后的现状，毛泽东有着强烈的忧患意识，号召全党全国人民努力进取，团结一切可以团结的力量，搞好社会主义建设，不然会被开除"球籍"。在改革开放和社会主义现代化建设新时期，我国国力落后，与发达国家相比差距较大。在1979年3月中央召开的党的理论工作务虚会上，邓小平提出"底子薄"和"人口多，耕地少"是中国实现四个现代化和进行现代化建设必须看到和必须考虑的两个重要特点。邓小平满怀忧虑地指出："由于底子太薄，现在中国仍然是世界

---

① 毛泽东：《毛泽东选集》（第四卷），人民出版社1991年版，第1438~1439页。
② 毛泽东：《毛泽东选集》（第三卷），人民出版社1991年版，第1027页。
③ 中共中央文献研究室编：《毛泽东文集》（第七卷），人民出版社1999年版，第89页。

上很贫穷的国家之一。中国的科学技术力量很不足，科学技术水平从总体上看要比世界先进国家落后二三十年。""耕地少，人口多特别是农民多，这种情况不是很容易改变的。"① 进入新时代，面对更加艰巨的历史重任及复杂多变的发展环境，各种可以预见和难以预见的风险因素明显增多。鉴于此，习近平总书记反复强调："面对波谲云诡的国际形势、复杂敏感的周边环境、艰巨繁重的改革发展稳定任务，我们必须始终保持高度警惕，既要高度警惕'黑天鹅'事件，也要防范'灰犀牛'事件；既要有防范风险的先手，也要有应对和化解风险挑战的高招；既要打好防范和抵御风险的有准备之战，也要打好化险为夷、转危为机的战略主动战。"② 习近平总书记指出："我们党在内忧外患中诞生，在磨难挫折中成长，在战胜风险挑战中壮大，始终有着强烈的忧患意识、风险意识。"③ 在新形势下，要坚持底线思维，强化忧患意识，做到居安思危，这是在推进党和人民事业过程中必须坚持的重要原则。也正是在不断增强忧患意识的过程中，中国共产党始终保持着百年大党的独有清醒与坚定，以极强的能动性和自觉性推进自我革命，永葆生机活力，保持"赶考"清醒，始终居安思危，以如履薄冰的危机感激发自强不息的奋进力量，走好新时代赶考路。

无论是一个国家、民族还是一个人，都不会一帆风顺。自强不息作为中华优秀传统文化精神标识之一，构成了中华民族衰而复振的思想基础。中华民族饱经沧桑与磨难，正是在这种艰难之中才形成了一种强烈的居安思危的忧患意识，忧患则生、安乐则亡的哲理辩证性地揭示了居安思危的重要性。只有秉持防微杜渐

---

① 邓小平：《邓小平文选》（第二卷），人民出版社 1994 年版，第 163~164 页。
② 习近平：《习近平谈治国理政》（第三卷），外文出版社 2020 年版，第 219~220 页。
③ 习近平：《习近平谈治国理政》（第三卷），外文出版社 2020 年版，第 96 页。

的意识，才能在危险来临之时做到冷静处理，不至于自乱阵脚，才能身处逆境而愈发坚定有为，自强不息，催人奋进，成就大业。

第二节　自强不息的当代意蕴

"天行健，君子以自强不息。"乾卦以"天"为象征形象，所谓"天行"指的是天道运行；"健"含有主动性、能动性、进取性和刚健不屈的意思。"天行健"是说天道运行永不停息，君子从而表现出刚健的品性。"君子"一词并非是身份、阶级之划分，不是单指社会中的贵族及士大夫阶级，而是指有一定修养与格局的人。由此看出，"自强不息"一开始并不是上层阶级的专属品质。经过中华优秀传统文化的传承与浸染，自强不息既成为个人的道德修养规范，也是贯穿和渗透在中华民族生存发展过程中的内在精神。古人往往借天道喻世事，"君子以自强不息"，就是借天道昼夜运行不息的现象，比喻人们要像天道那样，具有一种积极奋进、刚健不屈的进取精神。君子为人处世，应该效仿天道，一息尚存，奋斗不止。

一、自胜者强的主体意识

自强不息之"自强"意为自胜者强，旨在强调人之主体性。"自强"即自胜者强，而非强于他人。这就是说，自我是主体，是内在根本因素，其他诸如外在环境、他人及其他事物都只是外在因素，只起到辅助作用。当面临困惑、困难甚至遭遇挫折失败，自己处于不利之境地时，不是怨天尤人，刻意去苛求他人寻找客观原因，推卸责任，甚至放弃作为，而是要进行自我之反思，回到自我的本身境地中来，从根本上找到问题的症结所在。所以说，只有将自强之动力植根于自我之内心，才能永远生机勃勃、奋发有为，保持一种日新常新的人生姿态，这才是生生不息的根本来源。《论语·里仁》云："君子无终食之间违仁，造次必于是，颠沛必于是。"有理想抱负的君子时刻也不会违反自己的内在信念，哪怕是颠沛流离、身处困顿之时也必定如此。孔子的一生可以说是自强不息的典范。孔子周游列国，行数千里，历时十余年，就是为了推行其政治主张，实现其理想，使天下复归于仁道。但是，其仁政主张多不被世人理解，政治理念多不被君主采纳，以致经常遭遇窘迫困顿。《论语·卫灵公》中记载了孔子"在陈绝粮"的故事："在陈绝粮，从者病，莫能兴。子路愠，见曰：君子亦有穷乎？子曰：君子固穷，小人穷斯滥矣。"孔子在坎坷逆境之中却一直坚持不懈，不肯改节易志，坚守"君子固穷"的自强不息精神。"穷"与"富"相对，对于"富贵"，孔子云："饭疏食，饮水，曲肱而枕之，乐亦在其中矣。不义而富且贵，于我如浮云。""富而可求也，虽执鞭之士，吾亦为之。如不可求，从吾所好。"人在困境之时，最能考验人之心智，是抑郁颓废，不堪打击，选择放弃，还是从容不迫，坦然面对，坚守自我，自强不息？人之境遇无法选择，但是面对境遇的态度是可以自我掌握的。孔子不仅以身垂范，践行了自强不息的奋斗精神，而且还以此教育弟子，所以，他的弟子亦是自强不息精神的践行者。孔子弟子颜回"一箪食，一瓢饮，在陋巷，人不堪其忧，回也不改其乐"。孔子认为颜回是"语之而不惰者"，能够做到听从夫子的教诲，行仁从仁而从无懈怠。孔子向来不轻易以"仁"许人，但他唯独夸赞颜回能"三月不违仁"，这已经是很高的评价了。在修身求道的路上，颜回从未停止过自己的脚步，这就是对自强不息精神的完美诠释。

盘古开天、夸父逐日、精卫填海、愚公移山、大禹治水等这些耳熟能详的故事无不体现着自强不息的精神；孔子用"逝者如斯夫，不舍昼夜"激励人们取法自然，珍惜时光，努力奋斗。司马迁在《报任安书》中云："盖文王拘而演《周易》；仲尼厄而作《春秋》；屈原放逐，乃赋《离骚》；左丘失明，厥有《国语》；孙子膑脚，《兵法》修列；不韦迁蜀，世传《吕览》；韩非囚秦，《说难》《孤愤》；《诗》三百篇，大底圣贤发愤之所为作也。"周文王、孔子、屈原、左丘明、孙膑、吕不韦、韩非等中国历史上的著名人物大都是在艰难困苦、颠沛流离、朝不保夕、危险重重的生存境遇中自强不息，才能编撰出《周易》《诗经》《春秋》等影响中华文化、塑造民族精神的文化经典。而司马迁本人也是自强不息精神的践行者。天汉二年（前99），他因替与匈奴战败而降的李陵说情而身受腐刑，人生遭如此之大变，常人定不堪其辱而不愿苟活于世，但是司马迁化悲痛为力量，"就极刑而无愠色"，"虽万被戮，岂有悔哉"，秉承父亲司马谈之遗志，历时十余载，最终完成被列为"二十四史"之首的皇皇巨著——《史记》，对后世史学和文学的发展都产生了深远影响。

何谓"强"？关于这个问题，孔子的弟子子路曾询问孔子，孔子答曰："和而不流，强哉矫！中立而不倚，强哉矫！国有道，不变塞焉，强哉矫！国无道，至死不变，强哉矫！"（《礼记·中庸》）与人和谐相处，但不随波逐流，不偏不倚，保持中庸，不随意改变自己的志向，就是真正强大的人。在孔子看来，由仁行义，坚守"道"的信念的人就是强大的人。坚守信念，即无论是在政治清明还是国家无道的时期，都不随意改变自己的道德操守与处世原则。所以孔子说："三军可夺帅也，匹夫不可夺志也。""志士仁人，无求生以害仁，有杀身以成仁。"志于仁者无往而不胜，所以孟子也说："生，亦我所欲也；义，亦我所欲也。二者不可得兼，舍生而取义者也。""义，人路也。"义者，宜也，行义，即走正路，是人生最高的价值。在"生"与

"义"不可兼得，必须做出抉择时，就不能苟且偷生，只能舍生取义。所以孟子说："生亦我所欲，所欲有甚于生者，故不为苟得也。死亦我所恶，所恶有甚于死者，故患有所不辟也。如使人之所欲莫甚于生，则凡可以得生者，何不用也？使人之所恶莫甚于死者，则凡可以辟患者，何不为也？由是则生而有不用也，由是则可以辟患而有不为也。是故所欲有甚于生者，所恶有甚于死者。非独贤者有是心也，人皆有之，贤者能勿丧耳。一箪食，一豆羹，得之则生，弗得则死。呼尔而与之，行道之人弗受；蹴尔而与之，乞人不屑也。万钟则不辩礼义而受之，万钟于我何加焉！为宫室之美、妻妾之奉、所识穷乏者得我与？乡为身死而不受，今为宫室之美为之；乡为身死而不受，今为妻妾之奉为之；乡为身死而不受，今为所识穷乏者得我而为之；是亦不可以已乎？此之谓失其本心。"（《孟子·告子上》）这段话的意思是，"生"当然为人所欲，但是如有比生更令人所喜爱的，就不会苟生；"死"当然为人所恶，但是如有比死更令人厌恶的，与其失义而生，不如取义而死。如果人们所喜欢的没有超过生命的，那么，一切可以求生存的方法，哪有不使用的呢？如果人们所厌恶的没有超过死亡的，那么，一切可以避免祸害的事情，哪有不干的呢？然而，有些人由此而行，便可以得到生存，却不去做；由此而行，便可以避免祸害，却不去干，由此可知，有比生命更值得喜欢的东西，也有比死亡更令人厌恶的东西。这种心不仅贤人有，人人都有，不过贤人能够保持它罢了。

孔子的杀身成仁与孟子的舍生取义是儒家自强观的最高体现，是中华民族人生观、价值观中的重要组成部分，也成为中华民族精神的坚强支柱，服膺者代不乏人。以孔子为代表的儒家主张积极入世，反对消极无为，提倡自强不息，刚健有为，努力实现修身、齐家、治国、平天下的人生与社会理想。孔子一生敏而好学，孜孜不倦，发愤忘食，乐以忘忧，达到"不知老之将至"的境界；他认为"饱食终日，无所用心"的人不可教，劝导人们"学而时习之"；面对川流不息的河流，他喟然感叹"逝者如斯夫，不舍昼夜"，以此告诫人们要珍惜时光，努力奋进，自强不息。孟子秉承孔子的进取精神，提倡要有"达则兼善天下"的情怀，要有"富贵不能淫、贫贱不能移、威武不能屈"的品格，要在逆境与挫折中砥砺奋进。汉代以后，儒家文化成为中国文化的主流，儒家思想中的自强不息、刚健进取观念逐渐浸入中国人的心灵深处，凝结为中华民族的文化基因。

自强不息的关键是人的主观能动性的发挥，强调一种积极进取、奋发有为的精神品质。于个体而言，自强不息是人之自立的根本；于民族、国家而言，自强不息是发展进步的力量之源。如今，中华民族已经踏上了从站起来、富起来到强起来的新征程，踏上了实现第二个百年奋斗目标新的赶考之路。推进中国式现代化、实现中华民族伟大复兴，需要中华儿女继承与弘扬自强不息的精神，将个人自强与民族复兴有机结合起来，奋发有为，不懈奋斗！

二、奋发向上的执着品格

自强不息之"不息"意为生生不息，即为不停止、不放弃、不间断等持续之义，用以描述"自强"这一活动的运动状态。客观上来讲，"不息"是指一个人、一个团体、一个民族由弱到强，而后保持强的状态，这是一个不间断的发展过程。一个人、一个团体、一个民族要想达到自强的状态，就要有持之以恒、坚韧不拔、永不懈怠的不息精神。这样一种"不息"的精神是人效法天道、遵道而行的必然行为。《周易》讲"天行健"，孔子讲"逝者如斯夫"，自然万物运动不息，始终处于一种"无息"的状态，"无息"是自然的本性，是对天道不言、周流不止的深刻描述。这启示人们，要效法天道，在认识与实践上要与自然和谐相处，与天道一致。所以说，正是因为有自然"无息"的本性，才有人效法天道的"不息"之行为。

《周易》对自强不息精神有精辟的阐述。《周易》曰："君子终日乾乾；夕惕若厉，无咎。"君子终日不懈，自强不息，即使到了晚上也抱有警惕之心，不敢松懈。这样，即便遭遇险情，也可安然无恙。《乾卦》以龙为喻，其或隐或显，或潜或跃，或升或飞，表现出刚健有为、富有生命力的积极奋发状态。因此，其曰："天行健，君子以自强不息。"孔颖达在《周易正义》中释为："'天行健'者，谓天体之行，昼夜不息，周而复始，无时亏退，故云'天行健'。此谓天之自然之象。'君子以自强不息'，此以人事法天所行，言君子之人，用此卦象，自强勉力，不有止息。"天道的本质特征是"健"，健是运行不息的意思，表现为四时交替，昼夜更迭，岁岁年年，无休无止。君子应效法天道之健，自立自强，奋发进取。

《中庸》在讨论博学、审问、慎思、明辨、笃行这五种人生修养方法时也强调自强不息的精神。"有弗问，问之弗知，弗措也。有弗思，思之弗得，弗措也。有弗辨，辨之弗明，弗措也。有弗行，行之弗笃，弗措也。人一能之，己百之；人十能之，己千之。果能此道矣，虽愚必明，虽柔必强。""措"在此处即搁置、放下、终止之义，"弗措"即不放弃之义。这段话意思是说，人之为学，要广泛摄取知识达到博学的境地，要审慎地求问，慎重地思考，清楚地分辨，切实地践行。人之为学，要么不学，学了没有学会绝不罢休；要么不问，问了没有明白绝不罢休；要么不思考，思考了没有所得绝不罢休；要么不分辨，分辨了没有清楚绝不罢休；要么不实践，实践了没有成效绝不罢休。人之禀赋有所不同，别人一次能够做到的，自己百倍用功，别人十次能够做到的，自己千倍用功。如果能用功如此，虽然愚钝一定能够变得聪明起来，虽然羸弱也一定能够强大。此处"弗措"

可以说是对"不息"的精准阐释。战国时期著名思想家荀子也说："积土成山，风雨兴焉；积水成渊，蛟龙生焉；积善成德，而神明自得，圣心备焉。故不积跬步，无以至千里；不积小流，无以成江海。骐骥一跃，不能十步；驽马十驾，功在不舍。锲而舍之，朽木不折；锲而不舍，金石可镂。"（《荀子·劝学》）意思是说，无论是为学还是做事，都要有锲而不舍的执着精神，不能半途而废。如果半途而废，即使是一块朽木，你也无法刻动它；如果一直坚持下去，哪怕是金石，也能雕刻成功。荀子此说主要告诫人们无论做什么事都要有恒心毅力，要有坚持不懈、持之以恒与自强不息的精神，久久为功，不能停歇，积一年、十年、几十年之功，而后可大成。孟子也强调锲而不舍的精神："有为者辟若掘井，掘井九轫而不及泉，犹为弃井也。"（《孟子·尽心上》）

自强不息是一个持续不断的过程，在于锲而不舍，在于持之以恒，厚积薄发才能达成目标。东晋书法家王羲之书法造诣颇深，被后人尊称为"书圣"，其研习书法的轶事被后人广为流传，成为自强不息精神的经典故事。据史书记载，王羲之五岁即开始练习书法，刻苦用功，无时无刻不在练习，即使没有纸笔，就在衣服上练习，久而久之，衣服都被划破了。有一次他在书房练习书法，以至于废寝忘食，家人几次催促，竟不为所动。无奈，家人将饭端进书房，放在他的书桌上。王羲之拿起一个馒头，但是眼睛仍不离宣纸，竟不假思索地蘸着墨汁吃起来，一个馒头快吃完了，竟毫无察觉。当家人发现时，王羲之已然满嘴是墨。此外，王羲之经常临池书写，就池洗砚，时间长了，一潭池水竟然被墨染尽黑色，现绍兴等地都有被称作"墨池"的地方。久久为功，功夫不负有心人，王羲之书法终被世人认可，广为流传。还有一次，他为人写了一块匾，在木板上写了几个字样，让人去雕刻，后来雕刻的师傅发现墨渍竟然渗入木板里约有三分厚，时人用"入木三分"来形容王羲之的书法笔力之强劲，被后人传为佳话。中国古代哲人们志存高远、逆境不屈、行之有恒的精神一直激励着我们。明末顾炎武有诗云："苍龙日暮还行雨，老树春深更著花。"他以"有一日未死之身，则有一日未闻之道"为座右铭。《姜斋公行述》记录明末清初大学问家王夫之"迄于暮年，体羸多病，腕不胜砚，指不胜笔，犹时置楮墨于卧榻之旁，力疾而纂注"。这些先贤们以实际行动生动诠释了《周易》中所倡导的终日乾乾、自强不息的奋进精神。年逾八旬的革命元老吴玉章曾写下一首自励诗："春蚕到死丝方尽，人至期颐亦不休。一息尚存须努力，留作青年好范畴。"毛泽东同志年轻时也激励自己"贵有恒，何必三更起五更睡；最无益，只怕一日曝十日寒"。今天，我们继承与弘扬自强不息的精神，就是要将这种精神内化于心、外化于行，使之成为我们的精神品格与内在底色。

今天，世界正面临百年未有之大变局，在中华民族伟大复兴的征程上，我们仍会遇到险滩暗礁，仍会遭遇各种困难险阻，这就更需要我们深刻领会自强不息的时代意义，只有这样我们才能坚定前行，才能为中华民族伟大复兴贡献自己的一份力量。

第三节　自强不息的当代价值

习近平总书记指出："中华文明源远流长，蕴育了中华民族的宝贵精神品格，培育了中国人民的崇高价值追求。自强不息、厚德载物的思想，支撑着中华民族生生不息、薪火相传，今天依然是我们推进改革开放和社会主义现代化建设的强大精神力量。"① 在党的二十大报告中，习近平总书记也多次强调"自强不息"对于中华民族的重要意义。一个民族之所以伟大，根本就在于在任何困难和风险面前从来不放弃、不退缩、不止步，百折不挠，为自己的前途命运而奋斗。自强不息的精神正是中华民族深沉的精神追求，也是中华民族坚毅品质的体现，是我们能够应对各种挑战、危机而生生不息的内在精神动力。自强不息彰显的开拓进取的奋斗姿态、蕴含的百折不挠的坚韧品格、凸显的革故鼎新的创新精神已深深烙印在中华儿女的内心深处，成为中华民族精神的核心内容，为新时代实现中华民族伟大复兴提供了不竭的精神动力。

一、自强不息彰显的开拓进取的奋斗姿态为中华民族伟大复兴提供不竭动力

2022 年 5 月 27 日，习近平总书记在十九届中央政治局第三十九次集体学习时强调："中华文明源远流长、博大精深，是中华民族独特的精神标识，是当代中国文化的根基，是维系全世界华人的精神纽带，也是中国文化创新的宝藏。在漫长的历史进程中，中华民族以自强不息的决心和意志，筚路蓝缕，跋山涉水，走过了不同于世界其他文明体的发展历程。"民族精神对一个民族、一个国家来说至关重要，是文明得以延续与向前发展的关键所在与不竭动力。著名学者方立天曾把中华民族精神概括为重德精神、务实精神、自强精神、宽容精神、爱国精神五个方面，同时他指出："在这五种精神中，自强精神是其他精神的基础、前提：只有自强，不断奋斗，努力向上，才能真正做到重德和务实，而且自强本身也是一种道德要求和务实表现；只

---

① 习近平：《习近平谈治国理政》（第一卷），外文出版社 2018 年版，第 158 页。

有自强不息，才有广阔胸怀和宽容精神；只有自强，才能热爱祖国、保卫祖国、建设祖国。重德、务实、宽容、爱国都不能离开自强。可以这样说，自强是中华民族精神的核心，自强精神在中华民族精神中处于核心的地位，在维系中华民族的统一和推动中华民族的前进两个方面都起了最巨大、最主要的作用。"① 自强不息是中华民族精神的核心，是中华民族屹立于世界之林的关键所在。当今中国正处于实现中华民族伟大复兴的关键时期，国家强盛、民族复兴需要物质文明发展、经济发展等，更需要优秀文化、民族精神等软实力的支撑，因此，决不能丢掉"自强不息"这一中华民族宝贵的精神财富。

自强不息精神所彰显的开拓进取的奋斗姿态，是我们党实现从小到大、由弱到强的关键所在，是中华民族伟大复兴的不竭动力。中国共产党自成立之初就以为中国人民谋幸福、为中华民族谋复兴为初心使命，肩负起了实现中华民族伟大复兴的历史重任。中国共产党人始终保持开拓进取的奋斗姿态，带领中国人民相继夺取了新民主主义革命的伟大胜利，完成了社会主义改造，进行了改革开放和社会主义现代化建设，并开创了中国特色社会主义新时代、新局面。新中国成立之初，国家一穷二白，物质匮乏，人民生活非常贫困，此时面临的主要矛盾是先进的社会制度与落后的生产力之间的矛盾，建立先进的工业国是社会主义制度的根本要求。中国共产党努力发扬为民服务孺子牛、创新发展拓荒牛、艰苦奋斗老黄牛的精神，从"日穿草鞋干革命，夜走山路访贫农"的苏区干部，到"为人民利益而死"的张思德，再到雷锋、焦裕禄……他们永怀公仆情、甘为孺子牛，向世界宣告了中华民族自强自立、自力更生、艰苦奋斗、开拓进取的坚强意志。在改革开放和社会主义现代化建设新时期，中国共产党带领全国

① 方立天：《民族精神的界定与中华民族精神的内涵》，《哲学研究》1991年第5期。

人民以锐意进取的姿态不断奋进，把党和国家的工作重心转移到社会主义现代化建设上来。此时我国所面临的主要矛盾是人民日益增长的物质文化需要同落后的社会生产之间的矛盾。解决这一矛盾的关键点就是以经济建设为中心，大力发展生产力，提高发展效率，允许一部分人先富起来，以先富带动后富。经过全国人民的艰苦奋斗，实现了从高度集中的计划经济体制到充满活力的社会主义市场经济体制，从封闭、半封闭到全方位开放的历史性转变，实现了从生产力相对落后的状态到经济总量稳居世界第二的历史性突破，实现了人民生活从温饱不足到总体小康、实现全面小康的历史性跨越。党的十八大以来，我们党和国家事业取得了历史性成就，发生了历史性变革，中国特色社会主义进入新时代。此时我国面临的主要矛盾是人民日益增长的美好生活需要和不平衡不充分的发展之间的矛盾。人民不仅对物质生活提出新的更高要求，而且在民主、法治、公平、正义、生态、安全、环境等方面的要求也日益增长，需求日益多元化。中国共产党带领全国人民完成脱贫攻坚、全面建成小康社会的历史任务，实现了我们党的第一个百年奋斗目标，正在向第二个百年奋斗目标奋进。

空谈误国，实干兴邦。社会主义是干出来的，未来属于奋斗者。正如习近平总书记指出的，我们现在是距离中华民族伟大复兴最近的一个时代。在新时代，我们要始终保持开拓进取的奋斗姿态，树立远大奋斗志向，不断增强本领，发扬自强不息的精神，以新担当、新作为赢得历史主动，为实现中华民族复兴凝心聚力。

二、自强不息蕴含的百折不挠的坚韧品格是实现中华民族伟大复兴的有力保证

1840 年鸦片战争以后，西方各国对中国虎视眈眈，纷起鲸吞蚕食之心，急欲瓜分中国。中国逐步沦为半殖民地半封建社会，致使国家

蒙辱、人民蒙难、文明蒙尘，中华民族遭遇了前所未有的苦难与浩劫。在国家和民族危亡之际，中国共产党应运而生。中国共产党的初心与使命就是为国家的独立、民族的解放及人民的幸福而不懈奋斗。中国共产党之所以伟大，一个重要的原因就在于始终保持着高度的自觉、自立、自强意识，秉持着不畏艰难的昂扬姿态与百折不挠的坚毅品格，团结带领全国人民不断取得胜利，最终开辟了中国特色社会主义道路，形成了中国特色社会主义理论体系，确立了中国特色社会主义制度，发展了中国特色社会主义文化。

　　"自强不息"的民族精神贯穿在中国共产党发展的各个阶段。在革命战争年代，毛泽东指出："根本的是我们要提倡艰苦奋斗，艰苦奋斗是我们的政治本色。"① 新中国成立初期，毛泽东号召全党要"永远保持谦虚进取的精神"②。在改革开放的历史潮流中，邓小平鼓励："没有一点闯的精神，没有一点'冒'的精神，没有一股气呀、劲呀，就走不出一条好路，走不出一条新路，就干不出新的事业。"③ 社会主义新征程上，习近平总书记强调："中华民族是历史悠久、饱经沧桑的古老民族，更是自强不息、朝气蓬勃的青春民族。"党在革命、建设、改革及迈上新征程的过程中，处处彰显着自强不息的民族精神与百折不挠的坚韧品格。习近平总书记强调："世界上没有哪个党像我们这样，遭遇过如此多的艰难险阻，经历过如此多的生死考验，付出过如此多的惨烈牺牲。一百年来，在应对各种困难挑战中，我们党锤炼了不畏强敌、不惧风险、敢于斗争、勇于胜利的风骨和品质。这是我们党最鲜明的特质和特点。在一百年的非凡奋斗历程中，一代又一

---

① 中共中央文献研究室编：《毛泽东文集》（第七卷），人民出版社 1999 年版，第 162 页。

② 中共中央文献研究室编：《毛泽东文集》（第六卷），人民出版社 1999 年版，第 403 页。

③ 邓小平：《邓小平文选》（第三卷），人民出版社 1993 年版，第 372 页。

代中国共产党人顽强拼搏、不懈奋斗，涌现了一大批视死如归的革命烈士、一大批顽强奋斗的英雄人物、一大批忘我奉献的先进模范，形成了井冈山精神、长征精神、遵义会议精神、延安精神、西柏坡精神、红岩精神、抗美援朝精神、'两弹一星'精神、特区精神、抗洪精神、抗震救灾精神、抗疫精神等伟大精神，构筑起了中国共产党人的精神谱系。我们党之所以历经百年而风华正茂、饱经磨难而生生不息，就是凭着那么一股革命加拼命的强大精神。这些宝贵精神财富跨越时空、历久弥新，集中体现了党的坚定信念、根本宗旨、优良作风，凝聚着中国共产党人艰苦奋斗、牺牲奉献、开拓进取的伟大品格，深深融入我们党、国家、民族、人民的血脉之中，为我们立党兴党强党提供了丰厚滋养。"① 自强不息的民族精神及百折不挠的坚韧品格指引着中国共产党勇往直前，也成为党的光荣传统。美国记者埃德加·斯诺在其著作《红星照耀中国》中记载了有关中国红军长征的一组数字：行军 368 天，共 5000 英里，翻过 18 座山脉，渡过 24 条河流，经过 12 个省份，占领过 62 座大小城市，突破 10 次敌人的包围等。在中国革命的历程中，可歌可泣的长征精神承载着中华民族自强不息的奋斗精神。无数中华儿女以大无畏的革命精神及百折不挠的坚韧品质，为中国革命写下了光辉灿烂的一页。由此形成了以伟大建党精神为源头的中国共产党人的精神谱系，包括井冈山精神、长征精神、延安精神、西柏坡精神等，推动了中国革命与建设事业胜利发展。

历史和实践证明，中国人民在自强不息的民族精神的激励之下，磨砺出的百折不挠的坚韧品格，是中华民族在危难之中创造奇迹的有力保证，是实现中华民族伟大复兴的精神动力。今天，我们比历史上

① 习近平：《习近平谈治国理政》（第四卷），外文出版社 2022 年版，第 514～515 页。

任何时期都更接近、更有信心和能力实现中华民族伟大复兴的目标。新时代，我们正在进行具有许多新的历史特点的伟大斗争，更需要弘扬自强不息的精神、百折不挠的坚韧品格，以奋进新时代为总统领，具备敢碰硬、不达目的誓不罢休的精神状态和善于攻坚克难、解决各类问题的过硬本领，战胜中华民族前进道路上的一切艰难险阻。

三、自强不息凸显的革故鼎新的创新精神为中华民族伟大复兴注入新的活力

中华文明历史悠久、源远流长、久盛不衰，是世界上唯一没有中断而发展至今的文明，其中一个重要的原因就是中华民族具有勇于探索、敢于革故鼎新的创新精神。中华文明一脉相传，充满生机和活力，在历史发展的过程中不断丰富和发展，在继承中创新，在继承创新中发展。习近平总书记指出："创新是一个民族进步的灵魂，是一个国家兴旺发达的不竭动力，也是中华民族最深沉的民族禀赋。在激烈的国际竞争中，惟创新者进，惟创新者强，惟创新者胜。"① 回顾历史，创新是中华民族屹立于世界民族之林的关键所在。四大发明作为中国古代劳动人民的智慧结晶和科学技术发展的代表性成果，不仅推动了中国古代的经济、政治、文化的发展，也对人类文明的历史进程产生了巨大影响。革故鼎新的改革创新精神已经融入中华民族的血脉和基因，成为中华民族共同坚守的理想信念，是中华民族生生不息的内生动力，为中华民族伟大复兴注入新的活力。

"兹欲兴道致治，必当革故鼎新。"自强不息精神本身就蕴含着革故鼎新、与时俱进的创新发展要求。"革故鼎新"最早见于《周易》："革，去故也；鼎，取新也。"体现了一种除旧布新、日新求变

---

① 习近平：《习近平谈治国理政》（第一卷），外文出版社 2018 年版，第 59 页。

的进取思想。从《诗经》中的"周虽旧邦，其命维新"，到《大学》里的"苟日新，日日新，又日新"，革故鼎新的精神已经融入中华民族的基因，融入中国历史和现实的发展进程，成为中华文明永恒的精神气质。回顾中华文明数千年的历史进程，变革是历史常态，中国历史上旨在革除弊政、求新求变的变法和改革，一次次地凸显了创新精神的价值所在。从管仲改革到商鞅变法，从王安石、张居正变法到戊戌变法，无一不是革故鼎新的创新精神的体现。十九世纪中期，由于长期的闭关锁国、封闭统治，加之清朝国政腐败，国力孱弱，落后挨打的局面不可避免，西方列强用坚船利炮打开了中国封闭的国门，中国人民和中华民族遭受了前所未有的劫难。但是，自强不息的中国人民始终没有屈服，在民族危机日益严重的时刻，先进知识分子们奋身而起，振臂而呼，主张顺乎世界潮流，变法图强，在救亡图存的道路上进行一次次抗争、一次次求索，在革故鼎新精神的引导下，变法图强、求变求新成为时代的主旋律，为实现民族独立、人民解放、国家富强进行了一次次伟大而艰辛的创新探索。林则徐、魏源开眼看世界，迈出了变法改革的第一步，率先提出"改革""变古"的观点，主张要从器物、技术层面向西方学习。康有为主张"渐进"的进化论，即从变器、变事、变政、变法方面进行革新。孙中山强调民主革命在社会进化中的作用，发动辛亥革命，用武力推翻清王朝。中国历史上每次的变法改革囿于自身理论及时代条件的限制，效果有强有弱，结局有成有败，但是这种力求变革的创新精神形成的磅礴之力，共同推动着中华民族的生生不息。

我们党在面临一次次重大转折时，都会发展出与之相适应的理论并用于指导实践，能够在革故鼎新、守正创新中发展，以党的伟大自我革命引领伟大社会革命，为党和国家事业的发展不断注入强大的生机活力。党的百年奋斗史就是一部不断改革创新、与时俱进的历史。回顾党的百年历史，我们党领导人民以筚路蓝缕的勇气，革故鼎新、开拓进取的锐气，不断开创新局面、开拓新天地。比如，毛泽东同志根据中国革命的特点提出的农村包围城市、武装夺取政权的正确革命道路，就是在马克思主义指导下关于中国革命理论的重大创新。我们党能够走过百年波澜壮阔的不凡征程，正是因为有着锐意进取、革故鼎新的自强不息精神，在荆棘丛生中开辟出一条中国特色社会主义之路，打赢人类历史上规模最大的脱贫攻坚战，推动经济领域的全面改革和全社会思想的解放，在政治、经济、科技等领域取得了历史性成就。

创新不仅体现在经济、科技等领域，还体现在文化的传承与发展上。文化创新为民族复兴立根铸魂。2013 年 11 月 26 日，习近平总书记在山东省曲阜市考察时，发出了大力弘扬中华优秀传统文化的号召。此后，习近平总书记多次作出"推进实现中华优秀传统文化创造性转化、创新性发展"的重要论述。2017 年，党的十九大报告正式确立了"两创"思想在新时代中国文化建设与文化发展中的重要地位，指出"要坚持为人民服务、为社会主义服务，坚持百花齐放、百家争鸣，坚持创造性转化、创新性发展，不断铸就中华文化新辉煌"[1]。"两创"是继承发展中华优秀传统文化的基本方针，是中国共产党在新的历史条件下对文化传承和发展的创新性理论，阐明了新时代对待中华优秀传统文化的科学态度。2021 年 7 月 1 日，习近平总书记在庆祝中国共产党成立 100 周年大会上的讲话中又明确提出"把马克思主义基本原理同中国具体实际相结合、同中华优秀传统文化相结合"的"两个结合"重要思想。[2] "两个结合"是我们党对马克思主义中国化、时代化历史经验的深刻总结，是对中华文明发展规律的深刻把

---

[1]　习近平：《习近平谈治国理政》（第三卷），外文出版社 2020 年版，第 32 页。

[2]　习近平：《习近平谈治国理政》（第四卷），外文出版社 2022 年版，第 10 页。

握，表明了我们党在传承中华优秀传统文化中不断推进文化创新。"两个结合"的提出，使中华优秀传统文化成为与现时代发展相适应的新文化，马克思主义基本原理同中华优秀传统文化的结合成为中国式现代化的文化形态。一方面，马克思主义以先进思想理论的真理之光激活了中华优秀传统文化，推动了中华文明的生命更新和现代转型；另一方面，中华优秀传统文化充实了马克思主义的文化内涵，凸显出日益鲜明的中国风格与中国气派。从"两创"到"两个结合"的理论发展，是中国共产党在新的历史条件下对文化传承和发展理论的又一次创新，进一步拓展了中国特色社会主义道路的文化根基，进一步推进了马克思主义中国化、时代化的实践。

守正才能不迷失自我、不迷失方向，创新才能把握时代、引领时代。革故鼎新既是求生存的必然要求，也是谋发展的内在动力。当代的中国正经历着百年未有之大变局，世界之变、时代之变、历史之变给人类提出新的前所未有的挑战。新时代，我们要牢记"中华民族伟大复兴，绝不是轻轻松松、敲锣打鼓就能实现的"；为了实现中华民族伟大复兴的中国梦，我们必须要自强不息，笃行不怠，保持勇往直前、永不止步的精气神，把自强不息精神切实转化为推动中华民族伟大复兴的不竭动力。

第八章

厚德载物

—— 德行天下道路宽

中华民族是一个重德、尊德、崇德的伟大民族。厚德载物是中华民族精神的核心内容，是中华优秀传统文化的重要精神标识。它"润物细无声"地影响着中国社会的方方面面，以其为核心所形成的中国道德文化传统，是中华文明能够绵延不绝、中华民族精神能够经久不衰的重要原因。

第一节　中华民族的尚德传统

"德"是中华优秀传统文化的核心概念，它伴随着整个中国文明的历史进程，关系着中华优秀传统文化模式的奠基、民族性格的养成和民族精神的塑造。中国的历代圣贤，把思想提炼为经典，把各种仪式上升为国家礼制，引领人们的日常行为。厚德载物、明德弘道的精神追求，在历史的长河中塑造着中华民族的精神气质，是中华优秀传统文化的精神标识之一。

一、文明开启与道德肇始

中国广袤的大地孕育着早期的人类。人是社会性的，是在共同体中存在和延续的。"假如没有道德，就不会有人类共同体，从而也不会有人类生活。"① 中华历史的起源，以及"德"文化的肇始，源远流长。在传统文献中，圣人、圣王的开端叙事构成了中华文明历史源头叙事的主流。"崇圣，是中国传统文化的核心。圣人是天人合一的中枢，是社会和历史的主宰，是理性、理想、智慧和真、善、美的人格化，既是人们的认同对象，又是追求的目标。圣人，在各家各派、各行各业中是不同的，甚至是对立的，但从更高的抽象意义上看，上述品格几乎是相同的或一致的。"② 我们可以选择几个典型代表人物以

---

① ［英］A. J. M. 米尔恩著，夏勇、张志铭译：《人的权利与人的多样性——人权哲学》，中国大百科全书出版社 1995 年版，第 43 页。

② 刘泽华：《论由崇圣向平等、自由观念的转变》，《天津社会科学》1993 年第 4 期。

管窥远古道德的肇始。吕思勉先生在《先秦史》中指出："吾国开化之迹，可征者始于巢、燧、羲、农。"① 巢即有巢氏，燧即燧人氏，羲即伏羲氏，农即神农氏，他们都是中国远古传说中的圣人。他们作为有"德"的圣人，有功于万民，被推举为王而治理天下。这些先王传说是中国早期社会"厚德载物"的典型。正如张岱年先生所说："炎黄传说表现了三事并重的观点，炎黄二帝致力于发明创造以造福于人民。正是'自强不息、厚德载物'的具体形象。"②

先看"有巢氏"，其"重积德"，解决了如何"住"——这个对人类至关重要的问题。有巢氏"构木为巢"，有功于民，"重积德"，而被民众推举为王。有巢氏的最早记录，见于战国时期著名思想家庄子和韩非子的论述。《庄子·盗跖》："古者禽兽多而人少，于是民皆巢居以避之。昼拾橡栗，暮栖木上，故命曰有巢氏之民。"《韩非子·五蠹》："上古之世，人民少而禽兽众，人民不胜禽兽虫蛇；有圣人作，构木为巢以避群害，而民悦之，使王天下，号曰有巢氏。"两部文献叙述的内容大体一致，又各有特色。《庄子》一书中强调了有巢氏时代人民的生活方式，白天采集橡子和栗子一类的食物，晚上住在树木上的巢穴里。叙事符合人类学所揭示的人类发明农业之前的生活状态：以采集和狩猎为生。《韩非子》强调有巢氏是一位有"德"的圣人，其"构木为巢"，使民"避群害"，有功而"民悦之"，被拥戴为王，成为社会统治者，开启了有巢氏的历史时代。关于像有巢氏这样的圣人"积德"而"民悦之"的问题，《韩非子·解老》中有明确的说明："积德而后神静，神静而后和多，和多而后计得，计得而后能御万物，能御万物则战易胜敌，战易胜敌而论必盖世，论必盖世，故曰：'无不克。'无不克本于重积德，故曰'重积德则无不克。'战易

① 吕思勉：《先秦史》，上海古籍出版社 2005 年版，第 48 页。
② 张岱年：《中国人的人文精神》，贵州人民出版社 2018 年版，第 14 页。

胜敌，则兼有天下；论必盖世，则民人从。"也就是说，人积德后精神就会安静，精神安静后和气就会增多，和气增多了后才去考虑得失，考虑得失后才能控制万物，能够控制万物后就容易战胜敌人，容易战胜敌人而"论必盖世"，所以说："无不能完成。"天下没有不能完成的事是由于"重积德"，所以说："重积德则无不克。"作战容易战胜敌人，就会兼占天下；"论必盖世"，人民就会顺从。庄子所说的"巢居"、韩非子说的"构木为巢"等组成的有巢氏的神话叙事，简短而珍贵，体现了中华先人对悠远的史前时代的文化记忆，可能是从猿到人进化过程中曾出现过的一种人类栖息状态。"有巢氏"是"圣人"而不是"神祇"。①

  燧人氏同样被誉为"圣人"——品德高尚、智慧超群的人。他"钻木取火"的故事家喻户晓。《韩非子·五蠹》曰："民食果蓏蚌蛤，腥臊恶臭，而伤害腹胃，民多疾病。有圣人作，钻燧取火以化腥臊，而民说之，使王天下，号之曰燧人氏。"燧人氏从"食"的视角发明用火，"钻燧取火"，教民用之，化生为熟。《管子·轻重戊》也有类似记载："黄帝（燧人）作，钻燧生火，以熟荤臊，民食之无兹胃之病，而天下化之。"《庄子·盗跖》曰："古者民不知衣服，夏多积薪，冬则炀之。"《庄子》从点火取暖的角度叙述了发明火的意义。《礼记·礼运》记载：上古之时，"昔者先王未有宫室，冬则居营窟，夏则居橧巢。未有火化，食草木之实，鸟兽之肉，饮其血，茹其毛。未有麻丝，衣其羽皮。后圣有作，然后修火之利，范金合土，以为台榭、宫室、牖户，以炮以燔，以亨以炙，以为醴酪。治其麻丝，以为布帛。以养生送死，以事鬼神上帝，皆从其朔"。《礼记·礼运》"这一段很清楚地把古人的住、食、衣的情形指陈出来，又把进化的推动

---

  ① 宁业高、宁业龙：《论有巢氏功德暨古巢国演延》，《巢湖学院学报》2005 年第 5 期。

力归之于'修火之利'，这就是说整理火的用处。它对于火的功用可谓认识得很明白"①。蜀汉学者谯周所著的《古史考》说得更详细："太古之初，人吮露精，食草木实。穴居野处。山居则食鸟兽，衣其羽皮，饮血茹毛；近水则食鱼鳖、螺蛤。未有火化，腥臊多害肠胃。于是有圣人以火德王，造作钻燧出火，教人熟食，铸金作刃，民人大悦，号曰燧人。"燧人氏作为氏族首领，发明了人工取火的方法，造福民众，受到先民的爱戴和崇奉，被誉为"圣人"。

伏羲"有圣德"，不仅以"画八卦"著称，还创造了中华文明的特有智慧；同时，他"制嫁娶之礼"，"始定人道"，开启了中华道德教化的先河，以至于被誉为"教化之祖"。当世之时，"民聚生群处，知母不知父，无亲戚兄弟夫妻男女之别，无上下长幼之道，无进退揖让之礼"（《吕氏春秋》），那时的人民过着群居的生活，只知道母亲而不知道父亲，没有父母、兄弟、夫妻、男女的概念，没有上下长幼的准则，没有进退揖让的礼节。在这样的情况下，伏羲建章立制、实施教化，《白虎通义》载："古之时未有三纲、六纪，民人但知其母，不知其父，能覆前而不能覆后，卧之詓詓，起之吁吁，饥即求食，饱即弃余，茹毛饮血而衣皮革。于是伏羲仰观象于天，俯察法于地，因夫妇正五行，始定人道，画八卦以治下，治下伏而化之，故谓之伏羲也。"太古之时，还没有处理君臣、父子、夫妇关系应该遵守的"三纲"，没有处理诸父、兄弟、族人、诸舅、师长、朋友六种关系的规范，"但知其母，不知其父"；只能用野兽皮、草木之叶遮住部分身体，"能覆前而不能覆后"，伏羲观察自然，效法天地，因循夫妇之道，确立人伦之礼，教化天下。"宓戏、神农，教而不诛。"（《战国策·赵二》）宓戏，即伏羲。宓，通"伏"。诛，惩罚。据说宓戏教民

---

① 徐旭生：《中国古史的传说时代》，文物出版社1985年版，第223页。

畜牧，神农教民耕种，不用刑罚，注重教化，也就是"教而不诛"。在《庄子·胠箧》中，庄子将伏羲所在的时代描绘成人类最理想的美好社会——"至德之世"："子独不知至德之世乎？昔者容成氏、大庭氏、伯皇氏、中央氏、栗陆氏、骊畜氏、轩辕氏、赫胥氏、尊卢氏、祝融氏、伏牺氏、神农氏，当是时也，民结绳而用之，甘其食，美其服，乐其俗，安其居，邻国相望，鸡狗之音相闻，民至老死而不相往来。若此之时，则至治已。"

神农氏又被称为炎帝。他是我国远古时代的一位英明的部落首领和精神领袖。"昔者神农之治天下也，神不驰于胸中，智不出于四域，怀其仁诚之心。甘雨时降，五谷蕃植，春生夏长，秋收冬藏。月省时考，岁终献功；以时尝谷，祀于明堂。明堂之制，有盖而无四方，风雨不能袭，寒暑不能伤，迁延而入之，养民以公。"（《淮南子》）由于德高望重，功勋卓著，他被后世子孙以神灵身份祭祀。有许多典籍赞美神农的至德之治，描述了神农时期和平安宁、刑法不用、民心淳朴、与世无争的和谐的社会状态。晋代皇甫谧总结历代神话传说而辑著《帝王世纪》，记曰："神农氏，姜姓也。母曰任姒，有乔氏之女，名登，为少典妃。游于华阳，有神龙首感女登于常羊。炎帝人身牛首，长于姜水，有圣德。以火承木，位在南方，主夏，故谓之炎帝。都于陈……在位百二十年而崩。""诸侯夙沙氏叛不用命。炎帝退而修德，夙沙之民自攻其君而归炎帝。""炎帝神农氏长于姜水，始教天下耕种五谷而食之，以省杀生。尝味草木，宣药疗疾，救夭伤之命。百姓日用而不知，著《本草》四卷。"正如古人热情赞颂炎帝神农氏的那样："盛德不孤，万世同仁。"（《路史》）

《五帝本纪·黄帝》，被司马迁安排在《史记》的开篇。以黄帝为首的五帝一脉相承，这个"脉"，既有生理血缘之脉，又有文化"修德"之脉："自黄帝至舜、禹，皆同姓而异其国号，以章明德。"

(《史记》)在黄帝所处的时代，部落之间的战争冲突接连不断，黄帝通过征伐统一天下，并将"修德"融入其中。"诸侯咸归轩辕。轩辕乃修德振兵，治五气，艺五种，抚万民，度四方。"(《史记》)黄帝"修德"的形象也出现在其他史料中，如《韩诗外传》载："黄帝即位，施惠承天，一道修德，惟仁是行。"《淮南子》描述了黄帝"修德抚民"的德治盛况："昔者，黄帝治天下，而力牧、太山稽辅之，以治日月之行律，治阴阳之气，节四时之度，正律历之数，别男女，异雌雄，明上下，等贵贱，使强不掩弱，众不暴寡，人民保命而不夭，岁时孰而不凶，百官正而无私，上下调而无尤，法令明而不暗，辅佐公而不阿，田者不侵畔，渔者不争隈。道不拾遗，市不豫贾，城郭不关，邑无盗贼，鄙旅之人相让以财，狗彘吐菽粟于路，而无忿争之心。于是日月精明，星辰不失其行，风雨时节，五谷登孰；虎狼不妄噬，鸷鸟不妄搏，凤皇翔于庭，麒麟游于郊，青龙进驾，飞黄伏皂，诸北、儋耳之国，莫不献其贡职，然犹未及虑戏氏之道也。"这段话的大意是，从前黄帝治理天下的时候，有力牧、太山稽两个大臣辅佐他，按照日月运行规律来进行治理，依照阴阳变化制定法则；调整四季变化的节气，确立律历的标准；废除男女杂居，男女各有不同职责；明确上下权限，分出贵贱等级；使强健有力的人不欺负弱小之人，人多势众的人不压迫势单力薄的人；人民善于养生而能够长寿，庄稼按时成熟而没有凶年；百官公正而无私，上下协调而没有怨恨；法令制度严明而不昏暗，辅佐大臣公正而不逢迎；种田的人不去侵占别人的土地，捕鱼的人不去争夺多鱼的港湾；路上丢失东西无人据为己有，市场上没有骗人的物价；城郭之门无须关闭，偏僻村镇也无盗贼；边鄙的行旅之人，也把财物相让；猪狗之类把食物吐在路上，而没有愤怒争斗之心。在这种情况下，日月光辉清明，星辰不偏离运行轨道；风雨按照时节到来，五谷年年丰收；虎狼不胡乱咬人，凶鸟不随意捕杀；凤凰落在庭院之中，麒麟在郊外游戏；神龙为黄帝进献车驾，神马飞黄供他驱使；直到遥远的北方诸北、儋耳之国，都献上他们的贡物。《管子》亦记载了黄帝时期良好的社会风气："黄帝之治天下也，其民不引而来，不推而往，不使而成，不禁而止。"黄帝"惟仁是行"的德性、"养性爱民"的德行、"修德抚民"的德治和"修德振兵"的德威，是中华民族崇德的价值观念的萌芽。司马迁在《史记》中将"尚德"思想贯穿黄帝、颛顼、帝喾、尧、舜五帝始终。帝颛顼高阳"有圣德"，"治气以教化，洁诚以祭祀"。帝喾高辛"普施利物，不于其身。聪以知远，明以察微。顺天之义，知民之急。仁而威，惠而信，修身而天下服。取地之材而节用之，抚教万民而利海之，历日月而迎送之，明鬼神而敬事之。其色郁郁，其德嶷嶷"。"帝尧者，放勋。其仁如天，其知如神。……富而不骄，贵而不舒。……能明驯德，以亲九族。九族既睦，便章百姓。百姓昭明，合和万国。"舜以崇尚孝悌而闻名于世，"父顽，母嚚，弟傲，能和以孝"。"明德"是对舜帝一生的总评，"天下明德皆自虞帝始"，"舜重之以明德"。《尚书》中的《尧典》和《舜典》中"肯定的德行多体现为政治德行，是在政治实践中获得评价的"[①]。"有德"是司马迁在《史记》中对五帝时期治理经验和政治遗产的总结。

传说中有巢氏、燧人氏、伏羲氏、神农氏和五帝治理天下的时代，是中华民族的原始社会时期，"一切都是有条有理的"[②]，婚姻禁忌是这个时期原始道德的主要形式之一，以伏羲为代表的具有"圣德"者所制定的"嫁娶之礼"明显反映了这一点。以祖先崇拜为基础

---

① 陈来：《古代宗教与伦理——儒家思想的根源》，生活·读书·新知三联书店1996年版，第292页。

② 恩格斯：《家庭、私有制和国家的起源》，《马克思恩格斯选集》（第四卷），人民出版社1995年版，第95页。

的圣人崇拜对于中华道德的起源和发展产生了重要作用。"太上以德抚民""上古竞于道德""以德抚民"的时代，也可以叫作"德的时代"。德的时代就是氏族社会时代，也就是孔子所谓的"天下为公，选贤与能"的禅让时代。禅让制的实质就是将联盟首领的位子传给贤德之人。禹被认为是夏朝的祖先，对于夏禹的"德"，司马迁在《史记·夏本纪》中做了叙述和印证："禹为人敏给克勤；其德不违，其仁可亲，其言可信。"夏禹敏捷勤俭，一切行为皆合"德"，仁爱可亲，诚实可信，智慧治水，勤政为民。"从历史事实和理论逻辑上看，尧舜禹时代已经具备了'德'观念形成的政治环境及社会基础，'德'在当时的政治实践中有着不可或缺的作用。"①

夏、商、周确立了"中国"的最初格局。禹的儿子启凭借强大的势力，在禹死后继承了他的位置，开启了世袭制和"家天下"的时代。夏朝最后一个帝王的"不务德"导致了夏朝的灭亡："桀不务德而武伤百姓，百姓弗堪。……汤修德，诸侯皆归汤。"（《史记·夏本纪》）汤建立了商朝，"自成汤至于帝乙，罔不明德恤祀"（《尚书·周书》）。关于商汤之德，成语"网开一面"很能说明问题。《吕氏春秋·异用》记载："汤见祝网者，置四面，其祝曰：'从天坠者，从地出者，从四方来者，皆离吾网。'汤曰：'嘻！尽之矣。非桀，其孰为此也？'汤收其三面，置其一面，更教祝曰：'昔蛛蝥作网罟，今之人学纾。欲左者左，欲右者右，欲高者高，欲下者下，吾取其犯命者。'汉南之国闻之曰：'汤之德及禽兽矣。'四十国归之。"这段话的大意是，商朝的开国明君商汤有一次外出，见到有个猎人在设网打猎，猎人在上下左右四面布设了四张网，然后念念有词地祈祷说："从天上掉下的，从地上

---

① 李德龙：《先秦时期"德"观念源流考》，吉林大学 2013 年博士学位论文。

冒出的，从四面八方来的，都被我的网网住。"商汤听到后说："哎呀！那就全都被捕光了。除了残暴的夏桀，还有谁会做这种事呢？"商汤于是帮他撤掉了三面网，只留下一面，并教导猎人重新祈祷，说："从前蜘蛛会编织严密的蛛网，今天人们却学会了宽厚与仁德。想往左走的往左走，想往右走的往右走，想飞高的飞高，想降低的降低，我只抓捕那些违反天命的。"汉水之南的诸侯国听说这件事后，说："商汤的仁德已经推广到禽兽身上了。"不过，"殷人尊神，率民以事神，先鬼而后礼"（《礼记·表记》），"这使得殷商时期的'德'观念在神权的笼罩下，被浓重的宗教色彩裹挟着"①。

二、商周革命与道德奠基

殷周之际是中国制度和文化的大变革时期，也是中国传统文化形成的关键时期。"殷周之际，因'周革殷命'这一巨大的政治变迁，引起了西周贵族的深刻反思，从而使中国古代思想史的发展路线转向了道德的方向。"② 王国维在《殷周制度论》一文中指出："中国政治与文化之变革，莫剧于殷周之际。……殷、周间之大变革，自其表言之，不过一姓一家之兴亡与都邑之移转；自其里言之，则旧制度废而新制度兴，旧文化废而新文化兴。"孔子认为："周因于殷礼，所损

---

① 李德龙：《先秦时期"德"观念源流考》，吉林大学 2013 年博士学位论文。关于殷商甲骨文是否有"德"字充满了争议，因此关于殷商是否有"德"观念也有不同观点。甲骨文中是否有"德"字，并不能作为殷商时代有无"德"观念的终极依据。我们不能因为甲骨文中没有某字就断定殷商时代没有某一观念，如陈来先生曾指出："我们认为甲骨卜辞即使未发现'天'字或未发现以'天'为上帝的用法，至少在逻辑上，并不能终极地证明商人没有'天'的观念或以'天'为至上神的观念。"参见陈来：《古代宗教与伦理——儒家思想的根源》，生活·读书·新知三联书店 1996 年版，第 162 页。

② 崔大华：《儒学的根本价值——从文化源头处回应"中国路径"问题》，《中国传统社会思想的理路及当代价值》，社会科学文献出版社 2016 年版，第 517 页。

益，可知也。"（《论语·为政》）也就是说，殷周之"礼"是相"因"的，"周"对"殷"在一脉相承的基础上，又有所革除（"损"）和发展（"益"）。在"损""益"中，周制度和文化发生了大变革。在这个革故鼎新的大变革时期，"周人的思想便更进了一步，提出了一个'德'字来"①。相对于殷人的天命不易，周人提出了天命改易说。天命改易的依据是什么？是"德"。"德"在西周的重要功能在于解释商周革命②、政权转移的正当性。

政权从殷人转到周人，原因何在？是因为天帝有了新的任命；而天帝之所以做出新的任命，源于殷人无"德"而周人有"德"。周代对"德"的关注度远远超过了夏商两代，"德"的内涵和外延在周代比夏商更为丰富。"西周的'德'字承载着人伦之德、人性之德以及行为之德、品行之德和治理之德等新思想，是西周时期的新概念。"③作为西周时期的核心概念和主题词之一，"德"在当时已经渗透到西周时代的宗教、政治、伦理等领域，并发挥了支配性的作用。如果我们将西周看作是一个"德"大行其道的时代，恐怕也不是夸大其词。"'德'是前诸子时期——即春秋末年之前——思想史中最重要的概念之一。实际上，即便是说'德'是轴心时期、前轴心时期乃至整个中国思想史中最重要的概念之一，恐怕也没有夸大其词。"④ 轴心时期，

---

① 郭沫若：《先秦天道观之进展》，《郭沫若全集·历史编1》，人民出版社1982年版，第335页。

② 这里的"革命"用的是其古义。"革命"出自《周易·革卦·象传》："天地革而四时成，汤武革命，顺乎天而应乎人。"《周易正义》这样解释"革命"："夏桀、殷纣，凶狂无度，天既震怒，人亦叛亡。殷汤、周武，聪明睿智，上顺天命，下应人心，放桀鸣条，诛纣牧野，革其王命，改其恶俗，故曰'汤武革命，顺乎天而应乎人'。"参见刘玉建：《〈周易正义〉导读》，齐鲁书社2005年版，第306页。

③ 郭沂：《从西周德论系统看殷周之变》，《中国社会科学》2020年第12期。

④ 郑开：《德礼之间——前诸子时期的思想史》，生活·读书·新知三联书店2009年版，第1页。

亦称轴心时代，是德国思想家卡尔·雅斯贝尔斯在 1949 年出版的《历史的起源与目标》中提出的概念。他认为，公元前 800 年至公元前 200 年，是人类文明的"轴心时代"，这是人类文明精神的重大突破时期，这一时期孕育出了人类伟大的精神导师，如古希腊的苏格拉底、柏拉图，以色列犹太教的先知们，印度的释迦牟尼，中国的孔子、老子等；他们提出的思想原则塑造了不同的文化传统，一直影响和决定着今天人类的生活样式和文化形态。虽然中国、印度、中东和希腊之间有千山万水的阻隔，但它们在轴心时代的文化却有很多相通的地方，都发生了"终极关怀的觉醒"，超越和突破了原始文化，人们开始用理智的方法、道德的方式来面对世界。有学者认为："中国的轴心时代始于殷周之际，迄于周秦之际，春秋、战国时期只是一个新的高潮而已。这意味着人类轴心时代早在公元前 11 世纪就已经拉开了序幕，并非始于公元前 800 年。"① 轴心时代所产生的文化一直延续到今天。周人重德，文王时已经彰显，"文王初为西伯，有功于民，其德著见于天，故天命之以为王，使君天下也"（《毛诗正义》）。遗憾的是，文王中道崩殂，王业未成。武王伐纣，成就王业，但是，周武王灭商后第二年就去世了，我们以周公重"德"为例来说明周人在中华民族道德奠基中的作用。

周公，姓姬名旦，生卒年月不详，是周文王姬昌的第四个儿子，周武王姬发的胞弟，周成王姬诵的叔父。因辅佐武王伐纣灭商有功，食采邑于周地（今陕西岐山县东北部），故称周公。武王灭商第二年病故，成王当时只有十三岁，由周公摄理政事。《尚书大传》说："周公摄政，一年救乱，二年克殷，三年践奄，四年建侯卫，五年营成周，六年制礼作乐，七年致政成王。"可见，周公对西周王朝的建立、

---

① 郭沂：《从西周德论系统看殷周之变》，《中国社会科学》2020 年第 12 期。

巩固与发展作出了巨大的贡献。他是新政权最重要的领导人，是周文化和周制度最重要的创始人之一。当时嫡长子继承制还没有形成，按照商朝传统，兄终弟及，周公作为武王的弟弟，有权在武王之后继位当天子，但他没有这样做，而是扶持嫡长子继位。成王长大后，他归政于成王，用事实表明了其一心为公的心志和德行。

　　周公在建国之初，就具有深深的忧患意识：铜铸的江山，为什么不堪一击？历史的悲剧，会不会再次重演？新生的政权，能不能长治久安？周公发人深思地指出："我不可不监于有夏，亦不可不监于有殷。"（《尚书·周书》）"有夏""有殷"皆受"天命"，"惟有历年"，统治时间长久，"惟不敬厥德，乃早坠厥命"。夏朝统治四五百年、殷商统治五六百年，尤其是殷商作为历史悠久、文化发达的"大邦"，竟然在很短的时间就被"小邦"率领的联盟军队推翻了。总结经验，惨痛的历史教训昭示着什么呢？周公认为，政权是否长久，关键不是在于统治者是否有充实的军队、坚固的城池和严酷的刑罚，关键在于统治者是否有"德"。所以，周公在《尚书》中谆谆告诫周人要牢记惨痛的历史教训，要"明德慎罚""勤用明德""克慎明德""明德惟馨"，这样才能使周朝政权绵延长久。周公讲"德"，既总结了殷商灭亡的惨痛教训，告诫周族的统治者；又论证周取代殷的合理性，以德配天①，使得周朝统治"受天永命"。商朝的最后一个统治者是商纣王，他"智""体"高强而无"德"，根据《史记·殷本纪》记载，他"资辨捷疾，闻见甚敏""知（智）足以距（拒）谏，言足以饰

---

　　① "'德'是先王能配上帝或昊天的理由，因而也是受命以'乂我受民'的理由。这是周代维新在思想史上的一大进步。"［参见侯外庐、赵纪彬、杜国庠：《中国思想通史》（第一卷），长春出版社2016年版，第85页。］"神性范畴（天）和伦常观念（德）同时并举，非常有利于贵族阶级的现实统治，这使他们能够一方面利用'天'的权威，给自己的统治蒙上神秘性、绝对性；另一方面又可利用'德'的观念，来证明统治的合理性、必然性。"（参见张持平、吴震：《殷周宗教观的逻辑进程》，《中国社会科学》1985年第6期。）

非""材力过人，手格猛兽""厚赋税""好酒""淫乐""以酒为池，悬肉为林"。百姓、诸侯心中有怨，他"重刑辟"，用炮烙这样的重刑将人活活烫死，残暴行为数不胜数。商纣王无"德"致使在武王伐纣的牧野之战中，他所调集的70万人临阵倒戈，不敌周武王近10万人，顷刻覆亡。周公一而再再而三地讲：我们是"小邦"，没资格"居中国"，也不敢"革殷命"。现在皇天上帝"改厥元子"，不认商王认周王。为什么？因为纣王失德，而我们的王有德！这跟当年夏桀失德，商汤革命，是一样的！以"德"得天下的，也必须以"德"治天下，否则就会跟殷商一样自取灭亡。对于这一现象，荀子曾有议论："尧伐驩兜，舜伐有苗，禹伐共工，汤伐有夏，文王伐崇，武王伐纣，此四帝两王皆以仁义之兵行于天下也。故近者亲其善，远方慕其德，兵不血刃，远迩来服，德盛于此，施及四极。"（《荀子·议兵》）有"德"的仁人进行的是仁人之战，能不战而屈人之兵，具有"近者亲其善，远方慕其德，兵不血刃，远迩来服"的效果，这样的征战能轻而易举地取得胜利。

周公的重要贡献是提升了"德"在政治中的地位，把德当作政治思想的中轴。"明德"是周公发布政令的思想支柱。周公用"德"说明了"天"的意向，天唯德是择；用"德"的兴废作为夏、商、周更替的历史原因；有德者为王，无德者失天下；有德而民和，无德而民叛。有了德，上可得天之助，下可得民之和。有天之佑，又得民之和，便能为王。当然，周公所说的"德"内涵丰富，内容极广，在当时看来，一切美好的东西都可包括在"德"之中。归纳起来有如下十项：一是敬天；二是敬祖，继承祖业；三是尊王命；四是虚心接受先哲之遗教，包括先王先哲的成功经验；五是怜小民；六是慎行政，尽心治民；七是无逸；八是行教化；九是作新民，重新改造殷民，使之改邪归正；十是慎刑罚。可以看出，在周公的视域下，"德"是一个综合概念，融信仰、道德、行政、政策为一体。依据"德"的原则，对天、祖要诚，对己要严，与人为善，不得已而用刑则要慎之又慎，对民则表现为"保民"。①

"德"在周公那里不仅仅具有我们现在所说的道德的含义。周公以身作则，自身修德，践行和传承"文王之德"，以"德"为基础制礼作乐，也可以说，周公所制定的周代的制度与典礼，皆为"德"而设②，由此形成了以德治国的政治思想。"天授是旗帜，人本是纲领，德治是'一个中心'，礼乐是'两个基本点'，这就是周公的思想体系。"③ 这是周文化和周制度的核心，它深深地影响了后世的中国，直到现在还影响着我们的思想和观念。中华文明的底色和基调，是周人奠定的，是周公主导的。"中国文化在西周时期已形成'德感'的基因，在大传统的形态上，对事物的道德评价格外重视，显示出德感文化的醒目色彩。"④ 自周以后，中国的社会制度和礼乐文化保持着基本精神的稳定，使得中华民族的历史表现出惊人的延续性和连贯性，决定了中华民族及其文化和文明的精神气质。以周公为代表的周人对于"德"的强调与重视，体现了人作为道德主体的觉醒，为中华文化中道德理性精神的形成起到了奠基的作用。

---

① 参见刘泽华：《中国政治思想史集：先秦政治思想史》，人民出版社 2008 年版，第 27~28 页；刘泽华、葛荃：《中国古代政治思想史》，南开大学出版社 2001 年版，第 6~7 页。

② 王国维云："欲观周之所以定天下，必自其制度始矣。周人制度之大异于商者，一曰立子立嫡之制，由是而生宗法及丧服之制，并由是而有封建子弟之制、君天子臣诸侯之制；二曰庙数之制；三曰同姓不婚之制。此数者，皆周之所以纲纪天下。其旨则在纳上下于道德，而合天子、诸侯、卿、大夫、士、庶民以成一道德之团体。周公制作之本意，实在此。"参见王国维：《王国维讲国学》，团结出版社 2019 年版，第 192~193 页。

③ 易中天：《奠基者》，浙江文艺出版社 2016 年版，第 59 页。

④ 陈来：《陈来自选集》，广西师范大学出版社 1997 年版，第 39 页。

三、礼乐崩坏与道德重建

西周对"德"的强调与重视，以及以德治国的思想和制度的形成，主要通过"礼制"的创设而实现。西周在成王、康王之时达到鼎盛，《史记·周本纪》称："成康之际，天下安宁，刑错四十余年不用。""穆王时王道衰微，西周开始走下坡路。"[①] 共、懿、孝、夷四王时，四周戎狄入侵，战争持续不断，社会矛盾日益加剧。"周衰实自夷王之世即已开始。"[②] 周厉王的暴虐统治导致民怨鼎沸，最终引发了声势浩大的国人暴动。幽王时更是矛盾重重，国力衰弱，他宠幸褒姒，为博美人一笑，烽火戏诸侯，最后造成西周的灭亡。

平王东迁，东周开始，中国进入了春秋战国时期，此时，周室王权衰落，诸侯群雄并起、争霸不休，礼崩乐坏，周初确立的礼乐文化面临极大的挑战。同时，时人对道德的思考也出现了新的动向和形式。例如，卜筮从德[③]、鬼神依德、为政以德等。孔子处于春秋末期，直面礼乐崩坏的社会现实，秉持"从周"的价值取向，在继承的基础上对道德及中国文化进行重建。"孔子者，中国文化之中心也。无孔子则无中国文化。自孔子以前数千年之文化，赖孔子而传；自孔子以后数千年之文化，赖孔子而开。"[④] 即使误读孔子的德国哲学家黑格尔，也不得不承认孔子在道德上的贡献："孔子的教训在莱布尼茨的时代曾轰动一时。它是一种道德哲学。他的著作在中国是最受尊重

---

① 齐涛主编：《中国通史教程》（古代卷），山东大学出版社 2009 版，第 49 页。

② 许倬云：《西周史》，生活·读书·新知三联书店 2018 年版，第 298 页。

③ 春秋占筮中的吉凶与"德"有关，而人德行的败坏不是易之"数"所能预测或把握的。卜筮决定不了祸福，福祸依赖于德行。陈来云："卜筮是原始宗教的重要部分，春秋中期以前的卜筮文化和筮问活动，都没有对于德行的要求。"参见陈来：《春秋时期的人文思潮与道德意识》，《中原文化研究》2013 年第 2 期。

④ 柳诒徵：《中国文化史》，中国书籍出版社 2022 年版，第 315 页。

的。……他的道德教训给他带来最大的名誉。他的教训是最受中国人尊重的权威。"① 作为 "一位客观、冷静的思想者" 和 "思想范式的创造者"，孔子思想的影响深度与广度都是无与伦比的。

"德" 来自哪儿呢？谁是 "德" 的载体呢？春秋以来，人文精神逐渐兴起，"德" 作为周天子通天的特权，在传统天命观的不断削弱中出现了下移的趋势。孔子在明确思考 "德" 的来源的同时，将贵族 "政德" 转向了君子 "道德"。

司马迁在《史记·孔子世家》中载："孔子去曹适宋，与弟子习礼大树下。宋司马桓魋欲杀孔子，拔其树。孔子去。弟子曰：'可以速矣。'孔子曰：'天生德于予，桓魋其如予何！'"《论语·述而》同样有 "子曰：'天生德于予，桓魋其如予何？'" 的记载。孔子在周游旅途中，到了宋国的时候，与弟子一起在大树下习礼。此时，宋国司马桓魋砍倒大树，想追杀孔子。现场一片混乱，弟子们一再催促孔子赶紧离开，可是孔子在危难之际却从容不迫，依然习礼不辍，对弟子说："天生德于予，桓魋其如予何？"

孔子在西周 "以德配天" 观念的基础上，保持对 "天" 的笃信，自认为德乃天予，尤其在桓魋欲杀自己的危急时刻。有学者认为 "天" 在孔子那里仍是具有最高主宰意义的至上神，但孔子指出："天何言哉？四时行焉，百物生焉，天何言哉？"（《论语·阳货》）我们认为，在德由天向人转换的过程中，孔子的 "天" 更多具有人文性，其 "天生德于予" 是在生死困境下表明 "德" 所具有的绝对性及自己坚定的信念，与西周人所信仰的德由天降并不能等同。虽然 "天" 是超越的存在，可是，"天" 与 "天命" 不同，"天" 是内在的客观性，"天命" 是外在的客观性；"予" 是人的个体，是个体生命的存在体。

① ［德］黑格尔著，贺麟、王太庆译：《哲学史讲演录》（第一卷），商务印书馆2009年版，第129~130页。

"天生德于予"，在天人关系中，天赋予我以"德"，由天而人，这是"孔子对天人关系一次明确的表达，认为人之德性来自于天"①。这样，通过"德"，也就是天赋予我以"德"，我与天，也就是人与天内在地联系起来，"天德已内化于我德，我德即天德，我中有天"②。天赋予我以"德"，我也可以通过"德"而培养"德性"，使生命成长，不断自我超越，不断升华，而上达于天。这种从"天"那里"得"来的"德性"，用后来《中庸》里的表述，就是"天命之谓性"。

孔子既注重"德"的内在性，又重视"德"的践行，"德行"科是孔子对学生施教的四项科目之一，颜渊、闵子骞、冉伯牛和仲弓是有德行的典型代表。我们以颜渊为例进行说明。

颜渊，颜氏，名回，字子渊，后人尊称颜子、复圣，春秋末期鲁国人，是孔子的得意弟子，他好学乐学，求修己之德，达行仁之境，是修德行仁的表率。颜渊领悟孔子"以礼释仁"的要义以后，谦逊地以"请事斯语"向老师表达行仁的决心："颜渊问仁。子曰：'克己复礼为仁。一日克己复礼，天下归仁焉。为仁由己，而由人乎哉？'颜渊曰：'请问其目？'子曰：'非礼勿视，非礼勿听，非礼勿言，非礼勿动。'颜渊曰：'回虽不敏，请事斯语矣。'"（《论语·颜渊》）"为仁由己"，德行的修习在自己，首先是自身"用德"。《孔子家语·颜回》载："颜回谓子贡曰：'吾闻诸夫子：身不用礼而望礼于人，身不用德而望德于人，乱也。夫子之言，不可不思也。'"颜回对子贡说："我听咱老师说过，自身不用礼而希望别人以礼相待，自身不行德而希望别人对自己仁德，乱啊。老师的话，不可不思。"可见，颜渊把孔子所注重的"德"的内在性与"德"的践行完美地结合起来，履礼行德，以身作则。按照孔子的看法，"仁者自爱"的境界比"仁者爱

---

① 颜炳罡：《孔子"道"的形上学意义及精神价值》，《贵州社会科学》2010年第2期。
② 颜炳罡：《孔子"道"的形上学意义及精神价值》，《贵州社会科学》2010年第2期。

人"的境界高，这是孔子考问子路、子贡和颜回对于"知者"和"仁者"的认识后，表达的自己的看法："子路入。子曰：'由，知者若何？仁者若何？'子路对曰：'知者使人知己，仁者使人爱己。'子曰：'可谓士矣。'子贡入。子曰：'赐，知者若何？仁者若何？'子贡对曰：'知者知人，仁者爱人。'子曰：'可谓士君子矣。'颜渊入。子曰：'回，知者若何？仁者若何？'颜渊对曰：'知者自知，仁者自爱。'子曰：'可谓明君子矣。'"（《荀子·子道》）"士""士君子"和"明君子"分别指思想道德水平不同的三种人。"明君子"高于"士君子"，"士君子"高于"士"。"知者"如能"自知"，"仁者"如能"自爱"，就不期待"使人知己""使人爱己"；如果"知者"不能"自知"，"仁者"不能"自爱"，"知人""爱人"便不容易达到，即使达到，也很难长久保持。所以，"知者自知，仁者自爱"完美体现了孔子仁德的内在性和自身性。

孔子的创造性贡献是用"仁"说明"德"，认为"成仁"是修德的关键。"（孔子）把中国人的道德观念从外在的、强制的天启之'德'和形式之'礼'引入了'仁'的内心自律。"① 在《左传》等春秋时期的文献中，"仁"的内涵已涵盖德、正、直等内容，具有一定程度的抽象性和普遍性。孔子在《左传》的基础上对"仁"作了进一步的提升和抽象，把"仁"熔铸成一个统摄诸多条目的概念，成为涵盖"德"各个方面的基本范畴。正是在这一意义上，宋儒朱熹说："仁者，本心之全德。"（《四书章句集注》）"本心之全德"就是说，仁是一个具有普遍意义的容纳诸种德性的一般性概念，是一种概括了"全面的道德行为"的范畴。冯友兰说："有时候孔子用'仁'字不光是指某一种特殊德性，而且是指一切德性的总和。所以，'仁人'

---

① 李存山：《饮食—血气—道德——春秋时期关于道德起源的讨论》，《文史哲》1987 年第 2 期。

一词与全德之人同义。在这种情况下，'仁'可以译为 perfect virtue（全德）。"①

孔子集三代文明之大成，宣扬成仁、成德、成君子的人文精神。孔子重在"怀德""崇德""修德"，推崇"至德"；念念在"仁"；"求仁""志于仁""安仁"。下面我们对孔子"据于德""依于仁"之论略做阐述。"子曰：'志于道，据于德，依于仁，游于艺。'"（《论语·述而》）"志于道""据于德""依于仁""游于艺"，在孔子这里是整体连贯的。道应是"士"和"君子"的存在意义和精神追求。"朝闻道，夕死可矣。"（《论语·里仁》）"笃信好学，守死善道。"（《论语·泰伯》）个体生命如何悟道、体道、弘道呢？"据于德"，即守住自己的德；"依于仁"，即一切言行皆无违于仁，依照仁德而行。钱穆先生认为志道、据德、依仁"三者，有先后无轻重"②。实际上，在每一个当下的生命个体中，"志于道""据于德"和"依于仁"是无所谓先后的，如果有先后，顶多也只是逻辑上的先后。"就逻辑言，道、德、仁层层下贯，步步落实，转化出孔子思想的中心观念仁；就个体生命言，道就是德，德就是仁，仁就是道。即道即德即仁，道、德、仁三者浑然一体，既无轻重之分，也无先后之别。"③ "孔子之提出'仁'，实由《诗》《书》中之重德、敬德而转出也。"④ 这是牟宗三先生从历史的经验和逻辑的角度论述仁德的转出。在孔子看来，"德"是生命个体自我锤炼而成就的君子品性，仁由道而德，由德而仁。

继孔子把"仁"作为其思想"一以贯之"的唯一原则之后，中国

---

① 冯友兰：《中国哲学简史》，《三松堂全集》（第六卷），河南人民出版社 2000 年版，第41页。

② 钱穆：《论语新解》，巴蜀书社 1985 年版，第 160 页。

③ 颜炳罡：《孔子"道"的形上学意义及精神价值》，《贵州社会科学》2010 年第 2 期。

④ 牟宗三：《心体与性体》，上海古籍出版社 1999 年版，第 19 页。

传统伦理道德历经汉代的基本确立、魏晋至隋唐五代期间的整合嬗变、宋明之时进一步的完备定型、明清之际的革新发展、近代以来的转型，在历史的长河中，其立德成仁的核心元素并没有改变。

第二节　容载万物的大地之德

在中国古代，厚德载物意蕴深刻、内涵丰富。"德"之厚重，源于大地；人的厚德品格，应像大地一样深厚，能够容载万物。由此形成的中国道德文化传统，倡导宽容、厚道，形成了独特的中国伦理道德理论体系。

一、地之厚德，容载万物

何谓"厚德载物"？"厚德载物"一语，出自《周易·坤卦·象传》："地势坤，君子以厚德载物。"清代陈梦雷在《周易浅述》中讲道："地势之顺，以地德之厚也。厚，故万物皆载焉。君子以之法地德之厚，而民物皆在所载矣。"意思是说，大地柔顺无比，是因为地德之厚；因为地德之厚，所以大地皆载万物，作为君子①就要效法大地的这种厚德品格，养成像大地一样的精神和品行。

《周易·象传》是这样说的："至哉坤元，万物资生，乃顺承天。坤厚载物，德合无疆。含弘光大，品物咸亨。"说的是，生成、包孕万物的坤元至极而广阔无垠！万物依赖它而生成，这是对天的顺承。坤地用厚德普载万物，它的德性与天相合而广阔无际。坤道弘博、广

---

① 从卦爻看，虞翻认为此君子指的是乾，罗典认为指的是坤之六五。

大、宽厚，万物都因它而得以亨通畅达，遍受滋养而顺利繁荣生长。"坤厚"就是"地厚"，"坤厚载物"，即地厚载物。坤以道言，地以形言；道即形，形即道，无疆之形，寓无疆之德。具有无疆之德的无疆广地，容载化生万物。可以说，寓意"容载万物的大地之德"的"厚德载物"，高度浓缩了中国传统文化当中所具有的重"德"特质。

"德"是中国古代哲学中用以表示行为规范或事物特性的范畴。就人事而言，"德"泛称道德，即指人们的行为应遵循的原则。"德"，或者表示事物的特性，或者表示人们行为应遵循的原则、规范。

表示事物特性的德，是具体事物从"道"中所得的特性。古人认为，"德者，道之舍，物得以生生，知得以职道之精。故德者，得也；得也者，其谓所得以然也以"（《管子·心术上》）。这里的"道"指世界本原，"德"指"道"居于物中。事物因得"道"而成；言其所得，便为"德"。表示原则、规范的德，是维持社会秩序的保证。无原则、无规范则无秩序；没有秩序，势必会导致争；争则乱，乱就会使人和社会穷困。正如荀子所言："人生而有欲，欲而不得，则不能无求。求而无度量分界，则不能不争。争则乱，乱则穷。先王恶其乱也，故制礼义以分之，以养人之欲，给人之求，使欲必不穷乎物，物必不屈于欲。两者相持而长，是礼之所起也。故礼者，养也。"（《荀子·礼论》）原则、规范可以控制欲望、避免争乱，可以保证社会合理分配、协调自然资源与社会需求之间的矛盾，让每个人合理的欲望和要求都能较好而又有尊严地得到满足。

我们可以从地之性和地之德推出厚德载物，正如清代罗典所撰的《凝园读易管见》中所说："地之无疆，其足以承天者，势也。其主于承天者，顺也。地势惟顺，故曰坤，君子以厚德载物。"

何以如此呢？我们分析一下"地"。"地"在中国古代是一个综合性概念。在《周易》中，地为三才之一。天地即乾坤，乾坤是《周易》之门，是《周易》之蕴。蕴，是宝藏的意思。人生活在大地上，依赖大地而生，人和地有着不可分割的内在关系和逻辑联系。人们受到土地的滋养，生活的来源也依赖土地，人们和土地的关系可以用亲密无间来形容。《释名·释地》说："土，吐也，吐生万物也。""地者，底也，其体底下载万物也。""地载万物者，释地所得神之由也。"从土地本身看，它包括不同类型的土地及其所承载的自然资源。《管子》云："地者，万物之本原。"大地载育万物，是万物之所聚，林木之所藏，财富之所出，民以之为本，国以之为基。从人文化成看，正如孔子在《礼记》中所言："地载神气，神气风霆，风霆流形，庶物露生，无非教也。""坤厚载物，德合无疆。""厚德载物"本身就是天地人三道中人道的核心内容之一。

在中国先哲的眼里，人是天地之间的人，"人是以天为体，以物为用的存在"①。物主要指大地及其承载的万物。"有天道焉，有人道焉，有地道焉。兼三才而两之，故六。六者非它也，三才之道也。""兼三才而两之，故六"，意思是说"三画已具'三才'，重之故六。而以上二爻为天，中二爻为人，下二爻为地"。《周易》的每一卦都涵括了天、地、人最根本的道理，是"天地设位"而人为之"中处"的世界观，是将天地与人的生活世界合而为一的哲学系统，"地势坤，君子以厚德载物"也是这种思维模式的产物和表现。

"厚德"，也可理解为"大德"，"顺"是它的根本点。"地势坤"等于说"地至顺"，即合乎规律而动。《易传》："天地以顺动，故日月不过，而四时不忒，圣人以顺动，则刑罚清而民服。"这是说，如果自然界"顺动"，则日月运行、四季更替井井有条；以圣人为代表的统治者"顺动"，则赏罚分明，百姓臣服。"厚德载物"要求君子学

---

① 贺麟：《贺麟选集》，吉林人民出版社2005年版，第154页。

习大地，顺应天道变化的规律，以最崇高的"无疆"之德承载万物。

"厚德载物"和"地"联系在一起，与中国古代的土地崇拜有关。"厚德载物"出自《周易》的坤卦，坤卦的一个重要象征意义便是地，"坤也者，地也，万物皆致养焉""坤，地也，故称乎母""坤为地"。当然，我们还可以从中国古人对土地的崇拜上窥探一二。

对土地的崇拜与信仰，早在"三代"以前就存在了。在采集、渔猎时代，土地崇拜是万物有灵观念下的众多自然崇拜之一。人们崇拜土地，是因为土地广大无边，负载万物，抚育一切生灵；人们崇敬土地，酬劳其功，进行献祭。进入原始农业时代，便产生了"地母"崇拜，这也是《周易》中"坤为地，为母""乾，天也，故称乎父；坤，地也，故称乎母"思想的基础，土地生万物和女人生育类似，"坤为地，为母"。"地母"崇拜以后便发展为社神崇拜。《礼记·郊特牲》："社，所以神地之道也。地载万物，天垂象，取财于地，取法于天，是以尊天而亲地也。故教民美报焉。"土地被视为神圣的存在。土地对于农业社会的人们而言，是生存和繁荣的基础，因此被格外尊崇。土地之神的崇拜活动被称为"社"，包括祭祀土地之神的地点、时间和仪式。土地的好坏直接关系到庄稼的丰歉，因此祈求土地神的保佑成为农民的精神寄托。"中国有数千年绵延不断的农耕文明历史，也就有数千年的土地信仰历史，这在世界精神信仰历史上是独一无二的。在数千年前，土地信仰是国家性质的信仰，是国家崇拜，也是民间的土俗信仰。国家有社为国社，村落亦有社为村社，国有国祭为国之大祭，村有村祭亦为村之大祭。在后来的历史进程中，国家以'社庙'为主的国家祭祀演变为以'宗庙'为主的国家祭祀，社稷性质的祭祀仍然存在。"①

---

① 吴秋林：《中国土地信仰的文化人类学研究》，《宗教学研究》2013年第3期。

地之厚德，容载万物。土地无声无息地承载了一切。万物从土地获取需要的资源，以供生长，万物慢慢消亡后又化解进入大地。每个生命"生"在这片土地上，也"死"在这片土地上。

二、以容厚为德，成人成物

"地势坤，君子以厚德载物。"这是中国传统文化中非常典型的"观象设教"。

王夫之在《周易外传》中说："盈天下而皆象矣。《诗》之比兴，《书》之政事，《春秋》之名分，《礼》之仪，《乐》之律，莫非象也，而《易》统会其理。"《诗》《书》《春秋》《礼》《乐》《易》六经皆有象。"天文""人文"皆可象。《诗经》中的比兴也好，《尚书》中的政事也好，都蕴含着"象"。

与"厚德载物"这一句所体现的"观象设教"一样，《周易》的其他卦都是如此。"天行健，君子以自强不息。""山下出泉，蒙。君子以果行育德。"蒙卦的《象传》强调君子要以果断的行动来培育自己的德行。除此之外，"风行天上，小畜。君子以懿文德"，"天地不交，否。君子以俭德辟难"，"山下有风，蛊。君子以振民育德"，"天在山中，大畜。君子以多识前言往行，以畜其德"，"明出地上，晋。君子以自昭明德"，"山上有水，蹇。君子以反身修德"，"地中生木，升。君子以顺德，积小以高大"，这些都是以"观象设教"的方式，谈到了"育德""懿文德""俭德""畜德""自昭明德""反身修德"的问题。

在"观象设教"的方式下，以"地"为比德之象，君子当厚德载物，以容厚为德，包载万物。唐代史徵在《周易口诀义》中说："《象》曰：'地势坤，君子以厚德载物'者，天圆地方，是形不顺也，其势承顺天道之常，故曰地势坤也。君子当须以容厚为德，包载万物，象地之道广育也。"意为君子要效法大地之德，虽然天圆地方，地形是不顺的，但地之德柔顺利贞，承天时行，君子必须要培养大地般宽容、敦厚的美德，包载万物，化育万物。"君子修博其德，而当承上之事也。"（《子夏易传》）君子修养自身的德性，使得自身的德性广博，从而能够担当顺承天道的使命。

从古及今，君子人格是中华民族的典型人格。在现代生活中，我们常说这个人真"厚道"，这个人的学问做得真"厚实"。"厚"这个字往往会带给我们敦厚朴实之感。因为"厚"所以能"顺"，因为"厚"所以能"载"，因为"宽"所以能"容"。"惟宽可以容人，惟厚可以载物。"（《薛瑄全集》）不能只看外在，而要看内在。"高下相因只是顺。若厚，又是一个道理。然惟其厚，所以上下只管相因去，只见得他顺。若是薄底物，高下只管相因，则倾陷了，不能如此之无穷矣。惟其高下相因无穷，所以为至顺也。君子体之，惟至厚为能载物。天行甚健，故君子法之以自强不息；地势至顺，故君子体之以厚德载物。"（《朱子语类》）

在中华民族的历史长河中，关于"君子以厚德载物"的故事不胜枚举，大多体现了君子要"进德修业"，效法大地宽厚博大、容载万物的德性，通过不断修养自己，形成海纳百川的广阔胸怀、包容万物的宽厚德性，然后参赞天地化育，仁民爱物，协和万邦。我们前面讲到的周公就是厚德载物君子人格的典型，周公集孝悌、忠义、宽厚等德业于一身，被儒家称为"元圣"，奉为厚德载物的楷模，供后人学习。

具体展开来看，首先，周公十分孝悌，司马迁在《史记》中记载："自文王在时，旦为子孝，笃仁，异于群子。"对父亲，周公笃仁纯孝；对兄长，他又尽心竭力辅佐、兢兢业业，帮助周武王开创了周王朝恢宏壮丽的近八百年的基业。《史记》中记载："及武王即位，旦常辅翼武王，用事居多。"武王即位后，周公旦经常辅佐武王，处理很多政务，可谓是尽心尽力。

周武王去世后，周成王年纪尚小，为避免天下人背叛周室，周公不顾流言蜚语，不避嫌疑，忍辱负重代行国政，七年后他又把政权交还给成王，自己无怨无悔地回到群臣的行列中去。对于这件事，周公是这么说的："我之所以弗辟而摄行政者，恐天下畔周，无以告我先王太王、王季、文王。三王之忧劳天下久矣，于今而后成。武王蚤终，成王少，将以成周，我所以为之若此。"（《史记》）用现在的话就是，我之所以不避嫌疑代理国政，是怕天下人背叛周室，没法向先王太王、王季、文王交代。三位先王为天下之业忧劳甚久，国家现在刚刚有所起色。武王早逝，成王年幼，为了完成稳定周朝之大业，我才这样做，忠于国家之心昭然若揭。周公一言一行可谓将忠义的德行发扬得淋漓尽致！

周公待人十分宽厚，并且求贤若渴，他的儿子伯禽即将代自己到鲁国上任，周公说："我文王之子，武王之弟，成王之叔父，我于天下亦不贱矣。然我一沐三捉发，一饭三吐哺，起以待士，犹恐失天下之贤人。子之鲁，慎无以国骄人。"（《史记》）意思是说：我是文王的儿子，武王的弟弟，成王的叔叔，在全天下人中，我的地位不算低了。可是，我却常常洗一次头要三次握起头发，吃一顿饭三次吐出正在咀嚼的食物，匆忙起身去接待来访的人，生怕错过了天下的贤士。你到了鲁国以后，一切都要谨慎，不要因为自己拥有封国，就傲慢待人。

这样的周公，心胸宽广且忍辱负重，孜孜不倦地为了国家而效力，正是"厚德载物"精神的展现。曹操曾赋诗《短歌行》赞颂周公的厚德，表明自己的心迹："月明星稀，乌鹊南飞。绕树三匝，何枝可依？山不厌高，海不厌深。周公吐哺，天下归心。"

君子宽以容人，厚以载物。楚庄王"绝缨"的故事，也非常好地体现了"厚德载物"的精神。汉代韩婴《韩诗外传》载：

楚庄王赐其群臣酒，日暮酒酣，左右皆醉，殿上烛灭，有牵王后衣者。后抾冠缨而绝之，言于王曰："今烛灭，有牵妾衣者。妾抾其缨而绝之，愿趣火视绝缨者。"王曰："止！"立出令曰："与寡人饮，不绝缨者不为乐也。"于是冠缨无完者，不知王后所绝冠缨者谁，于是王遂与群臣欢饮乃罢。后吴兴师攻楚，有人常为应行。五合战，五陷阵却敌，遂取大军之首而献之。王怪而问之，曰："寡人未尝有异于子，子何为于寡人厚也？"对曰："臣先殿上绝缨者也。当时宜以肝胆涂地，负日久矣，未有所效。今幸得用，于臣之义，尚可为王破吴而强楚。"《诗》曰："有漼者渊，萑苇淠淠。"言大者无不容也。

《韩诗外传》中所说的这个故事，讲的是楚庄王设酒宴赏赐群臣。傍晚时分，酒兴正浓，大家都喝醉了，大殿上的蜡烛也灭了，这时有人在暗中拉扯了王后的衣服。王后揪下了他的帽缨，对楚王说："刚才蜡烛灭了，有人拉扯我的衣裳，我摸到他的帽缨揪下来了。赶快叫人拿烛火来，看看谁的帽缨被揪了。"楚王说："停！"马上下令："和我一起喝酒，谁不把帽缨揪下来，就不够尽兴。"于是，所有人都没有帽缨了，也就不知道被王后揪下帽缨的是谁了。这样，楚庄王又与群臣欢乐饮酒，直到宴会结束。后来吴国兴兵攻打楚国，有一个人在战斗中常打头阵，五次冲锋陷阵打退敌人，取到敌方大军的头颅献给楚王。楚王感到奇怪，问道："我对你并没有什么特殊的恩宠，你为何对我这么好呢？"那人回答说："我就是早先在殿上被揪下帽缨的那个人啊。当时就应该受刑而死，至今负罪很久了，没能有所报效。现在有幸能做一个臣子理应做的事，并且可以为您战胜吴国而使楚国强大。"《诗经》上说："广阔的水潭啊，芦苇多么丰茂。"说的正是人宽阔伟大的胸襟，什么都能容得下。

楚庄王容得下别人的过错，成就别人，最后更是成就了自己。公元前 597 年，楚庄王亲率楚军围郑，连攻三月，破郑都。接着，又在邲打败了救郑的晋军，继而迫使鲁、郑、陈、宋等国归附，成为春秋五霸之一。

梁启超在清华大学的演讲中，结合"天行健，君子以自强不息"阐述了"厚德载物"的君子人格："乾象言，君子自励犹天之运行不息，不得有一曝十寒之弊。……若能摈私欲尚果毅，自强不息，则自励之功与天同德……坤象言，君子接物，度量宽厚，犹大地之博，无所不载。君子责己甚厚，责人甚轻。孔子曰：'躬自厚而薄责于人。'盖惟有容人之量，处世接物坦焉无所芥蒂，然后得以膺重任，非如小有才者，轻佻狂薄，毫无度量，不然小不忍必乱大谋，君子不为也。当其名高任重，气度雍容，望之俨然，即之温然，此其所以为厚也，此其所以为君子也。"①

在梁启超的这次演讲后不久，当时的清华学堂，也就是今天的清华大学便从《周易》"天行健，君子以自强不息"和"地势坤，君子以厚德载物"中取"自强不息，厚德载物"，将其作为全校师生共同遵守的校训。在 20 世纪 80 年代，哲学大家张岱年明确指出，这两句名言是中华民族精神的凝结："有哪些思想可以称为中国人民的民族精神呢？我认为，中国的民族精神基本上凝结于《周易大传》的两句名言之中，这就是：'天行健，君子以自强不息。''地势坤，君子以厚德载物'。"② 在人与天的对应下，

---

① 梁启超：《梁启超论教育》，商务印书馆 2017 年版，第 148~149 页。
② 张岱年：《文化传统与民族精神》，《学术月刊》1986 年第 12 期。

"地势坤，君子以厚德载物"，凸显了人之本性与地之德性的统一，凝练了君子之德。君子人格是中华民族崇尚的理想人格，是中华民族独特的精神标识和深层的文化基因。

"君子以厚德载物"，"厚"是"自厚"，与自强不息的"自强"类似。君子应自强积德，自厚其德。北宋时期的思想家、政治家王安石在《临川文集》中言："自强不息，然后厚德载物。故于《坤》也，'君子以厚德载物'，自强积德，以有载也。"一个人想要厚德载物，首先要自强不息，能自强不息，自强积德，才能有所承载。

培养丰厚的德性需要自强不息。众所周知，美好的德性是不断自强积累的结果，要养成深厚的德性，必须要经过一个不断磨砺的过程，要想做到厚德载物，必须要先有自强不息的精神。意志坚强，奋发进取，不轻言放弃，在慢慢积累的过程中，培养丰厚的德性，用以承载万物。君子还应宽厚博大，即便受到万物的伤害，也能够宽容一切，从而具备负载万物的能力。

"厚"的积累，需要"自"的努力，需要强大的"生生"的力量。肩水金关汉简《论语》让我们知道孔子还说过这样的话："子曰：'自爱，仁之至也；自敬，知之至也。'"孔子的"自爱"是指人内在自我道德的发展和自我实现，与墨子以损人利己的自私为"自爱"是不同的。当然，老子也主张"自爱"，"自爱不自贵"（《老子》），将作为善的"自爱"与作为不善的"自贵"区分开来。正如孟子所主张的那样，人要以自己的善心和善端为基础，扩充和实现自己的良知和良能。

人自身有着"厚德"的内在需求性，因为有德是人之为人的应有之义，是区分人与其他生命体的重要标准之一，是每个人生存与发展的重要前提。在生命成长的过程中，人不断积善成德，自厚其德。厚积，才能培养丰厚的德性。宋耿南仲的《周易新讲义》中言："'君子以厚德'者，所谓人法地故也。水之积不厚，则不能负舟。风之积不厚，则不能负天。君子所以负天下之至重而不输载者，亦惟厚德而已。"这段话的大意是说，君子效法大地的品德，培养丰厚的德性。如果积聚的水不深，它就不能承载起大船；如果聚集的风不够强大，它就不能负载起天空。君子能够担负起天下种种事物而且不失败，正是因为其拥有像大地般深厚的德性。我们也应如君子一般，在一点点的小事中积累良好的品行，积少成多，积善成德，逐步培养深厚的德性。在这个过程中，人不断地进行着自我认同、自我成就，不断地完善人格、提升境界。

当然，成人不仅包括成就自己，还包括成就别人。"通过自己的美德赢得他者的共鸣，对他人是善，对自己也是善，是'成人'，也是'成己'。"① 在《论语》中，可以看到孔子对其弟子阐述了"己立"而"立人"、"己达"而"达人"的一体关系。《中庸》以"诚"为出发点，认为拥有诚德的人，既成己也成物，具有一体性。《中庸》云："诚者非自成己而已也，所以成物也。成己，仁也；成物，知也。"按照孔颖达对这句话的注解，至诚之人不只是成就己身，又能成就万物之性。从《中庸》的这一思路继续推阐下去，人的最终成就既包括对己身德性的成就，也包括对万物之性的成就，两者是一而二、二而一的关系。"君子以厚德载物"，既成就自己，又成就别人，还能通达万物之性，进而成就他人乃至于万物，顺万物之理、万物之情，这便是君子以容厚为德而成人成物的道理。

---

① 王中江：《"自我"与"他者"：儒家关系伦理的多重图像》，《北京大学学报（哲学社会科学版）》2022年第1期。

第三节　厚德载物的当代价值

厚德载物具有非常重要的当代价值。中国共产党通过对厚德载物的创造性转化、创新性发展，使其扬弃了中国传统道德文化中的消极因素，吸收了其中的积极因素。弘扬中华优秀传统文化中的厚德载物精神，有助于实现人民对美好生活的向往，构筑新时代社会主义社会的道德基础。弘扬中华优秀传统文化中的厚德载物精神，是实现中华民族伟大复兴的培根铸魂工程，具有非常重要的现实意义。弘扬中华优秀传统文化中的厚德载物精神，也是建立社会主义社会新型人际关系、实现"德行天下"的重要途径。

一、弘扬厚德载物精神，有助于实现人民对美好生活的向往

"人民对美好生活的向往就是我们的奋斗目标。"① 这是习近平总书记 2012 年 11 月 15 日在党的十八届中央政治局常委同中外记者见面时提出的。党的十八大以来，习近平总书记在多个场合使用"美好生活"概念。2017 年 10 月 18 日，在党的十九大报告中，习近平总书记进一步要求全党"永远把人民对美好生活的向往作为奋斗目标"②。2022 年 10 月 16 日，在党的二十大报告中，习近平总书记

---

① 习近平：《人民对美好生活的向往就是我们的奋斗目标》，《人民日报》2012 年 11 月 16 日。

② 习近平：《决胜全面建成小康社会　夺取新时代中国特色社会主义伟大胜利——在中国共产党第十九次全国代表大会上的报告》，《人民日报》2017 年 10 月 28 日。

又重申："为民造福是立党为公、执政为民的本质要求。……鼓励共同奋斗创造美好生活，不断实现人民对美好生活的向往。"① "美好生活"已成为习近平新时代中国特色社会主义思想的核心概念之一。提高人民生活品质，实现人民对美好生活的向往，使人民生活更加幸福美好，固然离不开经济繁荣、政治民主、社会公平、生态良好，离不开社会的稳定与和谐，离不开人民群众就业、住房、教育、医疗等方面的改善，也离不开文化的繁荣，尤其是道德文明的提升，而厚德载物精神的弘扬和培育就是其中应有之义。"在漫长的历史进程中，中国人民依靠自己的勤劳、勇敢、智慧，开创了各民族和睦共处的美好家园，培育了历久弥新的优秀文化。"② 厚德载物是中华优秀传统文化的核心之一和精神标识，弘扬厚德载物精神，有助于实现人民对美好生活的向往。

人民是美好生活的主体。"人无德不立"，人有厚德才能载物，才能更好地立身社会，成就事业，创造美好生活。

美好生活是基于内在德性的生活。德，是人性的重要组成部分，"天赋人以性，因有此性始成其为人，亦始成其为我。由性始有德，故中国人常连称德性"③。用孟子的话说，善是人性，是人和禽兽之间的区别。"人之所以异于禽兽者几希，庶民去之，君子存之。舜明于庶物，察于人伦，由仁义行，非行仁义也。"（《孟子·离娄下》）在孟子看来，人与禽兽的共同点有很多，而差别仅有一点点："人之所以异于禽兽者"，在于人有"仁义礼智"四端所构成的先天道德之

---

① 习近平：《高举中国特色社会主义伟大旗帜　为全面建设社会主义现代化国家而团结奋斗——在中国共产党第二十次全国代表大会上的报告》，人民出版社 2022 年版，第 46 页。

② 习近平：《人民对美好生活的向往就是我们的奋斗目标》，《人民日报》2012 年 11 月 16 日。

③ 钱穆：《中国思想通俗讲话》，生活·读书·新知三联书店 2013 年版，第 57 页。

心，保存、扩充这四种道德之心，则为"君子"，不保存甚至丢弃它们，就与"禽兽"无异。舜既能明白一般事物的道理，又有一颗能够明察人伦关系的道德之心，因此他的所作所为是仁义的自然流露，而不只是一个仁义的执行者。有仁义的厚德者，拥有深厚而内在的道德自豪感，就像刘禹锡在《陋室铭》中所言："山不在高，有仙则名。水不在深，有龙则灵。斯是陋室，惟吾德馨。"美好生活是基于内在德性的"厚德"生活，"厚德"者能安身立命，生活幸福。

美好生活是人成为人的生活。"人无德不立"，有德斯有人。人人都是人，这是毫无疑问的。但为什么有的人被认为"不是人"，甚至被骂为"禽兽"？人与禽兽到底有什么区别呢？《三字经》说："人之初，性本善。"这起源于孟子的性善论。"无恻隐之心，非人也；无羞恶之心，非人也；无辞让之心，非人也；无是非之心，非人也。"（《孟子·公孙丑上》）"恻隐之心，仁也；羞恶之心，义也；恭敬之心，礼也；是非之心，智也。仁义礼智，非由外铄我也，我固有之也，弗思耳矣。"（《孟子·告子上》）在自然本性上，人与禽兽是相同的，而人之所以为人，就在于人懂得道德人伦，有恻隐、羞恶、辞让、是非之心。这些道德情感和道德意识是人所特有的，是人之所以为人的标志，也是人不同于禽兽的根本所在。人为万物之灵，在很大程度上，是因为人本身所具有的德性，所以，孟子把德性视为人与禽的根本区别。美好生活是人成为人的生活，是人的内在越来越有价值的生活，是人能够成为人的过程，也是人的内在越来越具有德性的过程，这就是荀子所说的"最为天下贵"，这样的生活才是人们所追求的美好生活。

"德润身"（《礼记·大学》），没有德性润泽的人身，好像缺少了灵魂。因此，德性是人安身立命的根本。德性虽是人天性的一部分，但其是动态变化的。人需要修其德，以德立身、润身；厚其德，以塑造灵魂，引领生活，实现对美好生活的向往。

二、深耕厚德载物传统，为民族复兴立根铸魂

"学者研理于经，可以正天下之是非；征事于史，可以明古今之成败。"（《皇朝经世文编》）习近平总书记指出："我反复强调，中华优秀传统文化是中华文明的智慧结晶和精华所在，是中华民族的根和魂，是我们在世界文化激荡中站稳脚跟的根基。"① 实现中华民族伟大复兴要着眼于"中华民族的根和魂"，就要充分发挥"厚德载物"——这一中华优秀传统文化的基本精神传统。

与西方智性主义文化重视知识论的传统不同，中国传统文化重视人本的、道德的思考，其以道德为核心，特别注重人的主体性与内在道德性。哲学是文化的核心精神，中国哲学，"用一句最具概括性的话来说，就是中国哲学特重'主体性'（Subjectivity）与'内在道德性'（Inner-morality）"②。深研中国文化的梁漱溟先生在其代表作《中国文化要义》中明确指出："中国以道德代宗教"③，是"伦理本位的社会"④，"以道德统括文化，或至少是在全部文化中道德气氛特重，确为中国的事实"⑤。

韦政通先生比较中西文化时认为，在传统中国，"道德为一切文化的基础"，"在西方文化中，文学、政治、经济等，很早就有各自独立的领域，在它们各自的领域之间，也再没有一个笼罩性的观念。在

---

① 习近平：《把中国文明历史研究引向深入 增强历史自觉坚定文化自信》，《求是》2022 年第 14 期。

② 牟宗三：《中国哲学的特质》，上海古籍出版社 1997 年版，第 4 页。

③ 梁漱溟：《中国文化要义》，上海人民出版社 2011 年版，第 102 页。

④ 梁漱溟：《中国文化要义》，上海人民出版社 2011 年版，第 76 页。

⑤ 梁漱溟：《中国文化要义》，上海人民出版社 2011 年版，第 22 页。

中国文化中，情形大不同。在近代以前，文学、政治、经济等，从来没有形成一个个独立的学科。在中国文化中，有'一本万殊'的信念，于是坚信一切文化都有一个共同的基础，这基础就是道德。中国传统中讲道德，不像西方人讲道德只限制在人生的范围内，而是弥漫在文化的一切领域。因此，中国的政治理想是'德治'，文学理想是'文以载道'，经济的理想是'不患寡而患不均'。其他如教育、法律，也莫不以道德为基础。从这一面看，中国文化实由'重德'而流于'泛德'，这是任何其他文化传统中所少有的现象"①。

钱穆先生不仅认为"道德精神"或"伦理精神"是中国文化的基本精神②，他还认为这种道德精神贯穿于中国历史全过程，是我们悠久历史和光明前途的根本所在："中国民族经过千辛万苦，绵历四五千年的历史生命，直到现在，始终存在着，就是依靠这一种道德精神。世界上任何一民族，没有能像中国这样大，这样久，这因中国往往在最艰苦的时候，能发挥出它的道德精神来，挽救危机，这应即是我们的宗教。中国以往文化精神正在此，以后的光明前途也在此。"③

这里所说的生命，不是自然生命，而是道德实践中的生命。"它的着重点是生命与德性。它的出发点或进路是敬天爱民的道德实践，是践仁成圣的道德实践，是由这种实践注意到'性命天道相贯通'而开出的。"④

如何认识中华优秀传统文化？这几位学者不约而同地指出，中华优秀传统文化的基本精神在于道德，其核心和精华体现为伦理精神和价值观。文化塑造人格，具有德性特质的中国文化，长期指导着社会

---

① 韦政通：《韦政通自选集》，山东教育出版社 2005 年版，第 97 页。
② 钱穆：《人生十论》，九州出版社 2016 年版，第 65 页。
③ 钱穆：《中国历史精神》，九州出版社 2012 年版，第 137 页。
④ 牟宗三：《中国哲学的特质》，上海古籍出版社 1997 年版，第 10 页。

的发展和民众的生活，决定了中国人重"德"的性格特征。中华优秀传统文化中"厚德载物"的精神传统塑造着中国人崇德向善的价值观和国民性，体现了中华民族基本的行为价值追求。在中华民族的历史进程中，无数仁人志士效法大地宽厚博大、容载万物的德性，"进德修业"，如范仲淹的"先天下之忧而忧，后天下之乐而乐"、文天祥的"人生自古谁无死，留取丹心照汗青"等。"厚德载物"不仅是一种观念文化，也是一种实践文化，是中华民族血脉相连、绵延不断的文化基因之一。

"国无德不兴，人无德不立。"[①] 中华民族伟大复兴进入了不可逆转的历史进程，只要中华民族一代接着一代追求美好崇高的道德境界，我们的民族就永远充满希望。文化是民族生存和发展的重要力量，包括"厚德载物"在内的中华优秀传统文化已经成为中华民族的基因，植根在中国人内心之中。"厚德载物"这一文化基因和精神标识是成就人的精神力量、凝聚人的精神力量、团结人的精神力量，是中华民族伟大复兴的强大助力。习近平总书记明确指出："一个民族、一个人能不能把握自己，很大程度上取决于道德价值。"[②] 孙中山先生也指出："要维持民族和国家的长久地位还有道德问题，有了很好的道德，国家才能长治久安。……穷本极源，我们现在要恢复民族的地位，除了大家联合起来组成一个国族团体以外，就要把固有的旧道德先恢复起来。有了固有的道德，然后固有的民族地位才可以图恢复。"是的，任何民族的发展和振兴，都离不开以本民族文化为基础的重要精神内核的支撑，"中华传统美德是中华文化的精髓"，要实现中华民

① 习近平：《青年要自觉践行社会主义核心价值观——在北京大学师生座谈会上的讲话》，《人民日报》2014 年 5 月 5 日。
② 中共中央文献研究室编：《习近平关于全面深化改革论述摘编》，中央文献出版社 2014 年版，第 88 页。

族伟大复兴，离不开"传统美德"这一"中华文化的精髓"的弘扬，离不开"道德价值"这一实践领域的价值形态的提倡。"道德之于个人、之于社会，都具有基础性意义"①，基础不牢，地动山摇。我们需要从基础抓起，夯实基础，守住底线，向往和追求讲道德、尊道德、守道德的生活，形成向上的力量、向善的力量，在全社会形成崇德向善、见贤思齐、德行天下的浓厚氛围。

厚德载物的精神有悠久的历史传统、丰厚的社会土壤、高尚的价值追求。"人类只有在此现实世界里的一切行为和道德精神，才是他真实的生命。"② "发扬道德精神，达到人类所应有的最高可能的理想生活。"③ 实现中华民族走向伟大复兴的光明前景。

三、厚德载物：德行天下道路宽

"万物并育而不相害，道并行而不相悖。"（《礼记》）德行天下，道路会越来越宽。

每个人都想有一个无愧于自己、无愧于时代的人生，怎样才能创造这样的人生？这常常是萦绕在每一个人心头的人生之问。面对世界深刻复杂的变化，面对各种思潮的相互激荡，面对众多选择的冲突考量，我们需要厚德载物的精神品质，也就是说，只有厚德载物，我们的人生道路才能变得更加宽广。

厚德，人生的基石才能稳固。一个人的品德，就像是一座大厦的地基，只有地基扎实，大厦才能稳固。同样，一个人的德行，也是其人生道路的基石。如果一个人的德行不够，走向未来的路也会变得越来越窄。

---

① 习近平：《青年要自觉践行社会主义核心价值观——在北京大学师生座谈会上的讲话》，《人民日报》2014 年 5 月 5 日。

② 钱穆：《中国历史精神》，九州出版社 2012 年版，第 125 页。

③ 钱穆：《中国历史精神》，九州出版社 2012 年版，第 25 页。

厚德，人际关系方能和谐。在人际交往中，我们需要与各种各样的人打交道。如果我们的德行厚重，那么我们就能够赢得他人的尊重和信任，就会建立稳定和良好的人际关系；反之，如果我们的德行不够，我们就可能失去与他人的友谊，甚至恶化和别人的关系。

厚德，方能成就我们的事业。在事业发展的过程中，我们会遇到各种各样的困难和挑战。如果我们有崇高的道德品质，就能够坚持下去，不断克服困难，最终实现目标，成就事业；反之，如果我们的德行不够，我们就可能在遇到困难时选择放弃，无法实现我们的目标。

个人如此，群体亦是如此。一个群体的"德"决定了其性质和发展方向，决定了这个群体凝聚力的强弱。在群体中，成员们的价值观、信念和行为方式往往会影响整个群体的风气。德行厚重，群体内部才能够形成积极向上的气氛，成员们才愿意为之付出努力，从而提升群体的整体效率和效能；对外才能赢得公众的信任和支持，塑造群体良好的社会形象，从而提升其在公众心目中的地位，获得更多的资源和机会；反之，一个群体可能会因为不良的行为而被媒体曝光，从而损害其形象和声誉，被公众唾弃，被社会排斥，最终走向失败。

当前，世界之变、时代之变、历史之变正以前所未有的方式进行。一方面，和平、发展、合作、共赢的历史潮流不可阻挡，人心所向、大势所趋决定了人类前途终归光明；另一方面，恃强凌弱、巧取豪夺、零和博弈等行径危害深重，和平赤字、发展赤字、安全赤字、治理赤字加重，人类社会面临前所未有的挑战。在这样的形势下，习近平总书记在党的二十大上坚定地表明我们的态度和立场："必须坚持胸怀天下。"[1] 是的，中国共产党不仅仅为中国人民谋幸福、为中华

---

[1] 习近平:《高举中国特色社会主义伟大旗帜　为全面建设社会主义现代化国家而团结奋斗——在中国共产党第二十次全国代表大会上的报告》，人民出版社 2022 年版，第21 页。

民族谋复兴，同时为人类谋进步、为世界谋大同。这正如习近平总书记所说："拓展世界眼光，深刻洞察人类发展进步潮流，积极回应各国人民普遍关切，为解决人类面临的共同问题作出贡献，以海纳百川的宽阔胸襟借鉴吸收人类一切优秀文明成果，推动建设更加美好的世界。"①

中华先哲以其生息繁衍的生存空间为基础，建构了中华民族的"天下"② 概念，"天下"是当时境遇下先哲对世界的早期思想建构，也是当时先哲所认为的"世界"。这种"天下"建构既基于氏族、国家，又超越氏族、国家的空间概念，一切自然现象、社会时事及其生生变化都在"天下"发生。中华先哲所追求的天下，是什么样的天下呢？在中国最古老的智慧之书《周易》中，道出了这一天下理想："'见龙在田'，天下文明。""圣人感人心而天下和平。"③

自古以来，中国就有"德治天下"的"王道"思想，在经济全球化、科技进步的今天，国家之间的竞争已经不仅仅是经济和科技的竞争，更是文化和道德的竞争。一个国家的道德风气直接影响着国家的国际形象和国际地位。"厚德载物"，德行天下，这不仅是我们对历史和文化的责任，也是我们对未来的承诺。让我们一起努力，为实现中华民族的伟大复兴，走好"德行天下"的道路，共同创造更加美好的未来。

---

① 习近平：《高举中国特色社会主义伟大旗帜　为全面建设社会主义现代化国家而团结奋斗——在中国共产党第二十次全国代表大会上的报告》，人民出版社 2022 年版，第 21 页。

② "天下"来自中国先哲对"天"的体察，最直接的意思是天之下的大地。旧说地在天之下，故称大地为天下。

③ "圣人感人心而天下和平"者，"圣人设教，感动人心，使变恶从善，然后天下和平"。

第九章

讲信修睦

—— 立身之本唯诚信

讲信修睦是中华优秀传统文化的重要精神标识之一，是中华文明的智慧结晶，是中华民族优良道德传统的重要方面，也是中华民族处理人与人之间、群体与群体之间、国家与国家之间关系的重要道德原则和价值理念。讲信修睦源远流长、内涵丰富，非常值得研究和发掘。讲信修睦具有重要的当代价值，对于培养健全的人格、形成和建立和谐的人际关系具有重要作用，对于推动政治道德建设和公民道德建设、促进社会风气好转具有积极意义，对于规范经济活动、形成公平诚实的道德氛围和社会环境具有重要作用，对于构建新型国际关系、创造和谐美好的人类文明新秩序具有引领意义。

第一节　讲信修睦的历史传承

讲信修睦是中华优秀传统文化的核心思想之一。"讲信修睦"语出《礼记·礼运》："大道之行也，天下为公，选贤与能，讲信修睦。故人不独亲其亲，不独子其子，使老有所终，壮有所用，幼有所长，矜寡孤独废疾者皆有所养，男有分，女有归。货，恶其弃于地也，不必藏于己；力，恶其不出于身也，不必为己。是故谋闭而不兴，盗窃乱贼而不作，故外户而不闭。是谓大同。"《礼记·礼运》中所描述的"大同社会"的一个突出特征，就是"讲信修睦"。《礼记正义》云："讲信修睦者，讲，谈说也；信，不欺也；修，习；睦，亲也。世淳无欺，谈说辄有信也。"《礼记集解》也沿袭《礼记正义》的说法："讲信者，谈说忠信之行。修睦者，修习亲睦之事。"讲信修睦包含"信"和"睦"两个核心概念。二者在内涵上各有侧重，但又彼此相通。对于"信"和"睦"观念历史传承的分析将有助于我们深入理解和把握中国传统"讲信修睦"思想的伦理特质。

一、"信"的思想的演化

"讲信修睦"的首要思想是"信"。在中国传统伦理体系中，"信"的观念出现较早，使用频率也非常高。早期的"信"通常写作"允"，以"允"为"信"的用法最早可以追溯至殷商时期。有关研究表明，商代甲骨卜辞中已有以"允"字来表示商王占卜应验的用法，用来表达预言传达者（神灵与先祖）与从受者（商王或贵族）的互信关系，其中蕴含了商代先民对鬼神图腾崇拜性的态度和意味。《尚书·尧典》说尧"允恭克让，光被四表，格于上下"，意思是尧处世讲究诚信，恭谨谦让，其声名远播四海之外与天地上下。《尚书·尧典》中有"惟明克允"之说，《尔雅·释诂》解释为"允，信也"。《尚书·舜典》记载，舜在派皋陶去做官时，一再叮嘱皋陶"惟明克允"，即明察案情，处理事情要诚信公正。据《史记·夏本纪》记载："禹为人敏给克勤；其德不违，其仁可亲，其言可信；声为律，身为度，称以出；亹亹穆穆，为纲为纪。"意思是大禹仁德、守信、谦恭、勤劳，能以身作则，令出即行，因此能团结众人完成治水大业。正是在尧、舜、禹的垂范下，百官争先效仿，莫不以讲诚信为荣，于是"庶尹允谐"（《尚书·益稷》），百官相互信任，社会上也因此出现讲信修睦的良好风气。

作为商朝的开国君主，商汤也是一位讲诚信的君王。《尚书》中记载，商汤在讨伐夏桀时所发布的誓词中说："尔尚辅予一人，致天之罚，予其大赉汝！尔无不信，朕不食言。尔不从誓言，予则孥戮汝，罔有攸赦。"其中，"不食言"就是说话算数，信守承诺。盘庚也是一个讲诚信的商代君主。盘庚为了说服臣民迁都，曾经说迁都是天的意志。既然是天的意志，人们在当时就纷纷顺从了。"盘庚作，惟涉河以民迁。乃话民之弗率，诞告用亶。""亶"即诚信的意思，"诞告用亶"即满怀诚意地劝告臣民。西周文王更是讲诚信的突出代表。他推行教化，"厚德而广惠，忠信而志爱"（《逸周书》），武王继承王位之后，继续发扬先王讲诚信的美德。"王配于京，世德作求。永言配命，成王之孚。""成王之孚，下土之式。"（《诗经》）意思是说周武王上应天命，忠诚守信，足为人间好榜样。武王之后，周公发扬先王诚信之德，他曾明确指出："我旦以众卿大夫于御治事之臣，厚率行先王成业，当其众心，为周家立信者之所推先。"（《尚书正义》）意思是我周公旦率领众位卿大夫和治事官员，努力地巩固先王大业，为了符合民众的心愿，更好地建设周邦，当以诚信为先。西周管理者还把"信"纳入"九德"和"九行"之中，体现了西周开明管理者对诚信的高度重视。在文、武、周公的带动下，西周社会"万邦作孚"，出现了讲诚信的良好风尚。

综上所述，商汤得以立国，盘庚得以中兴，文、武、周公得以大展宏图，原因固然很多，但守信于民必然是其中之一；反之，夏桀、商纣亡国败身，原因固然很多，但失信于民也必然是其中之一。正如荀子所说的那样："古者禹、汤本义务信而天下治，桀、纣弃义倍信而天下乱。"（《荀子·强国》）

到了春秋战国时期，社会经历着一场深刻的转型和变革。社会转型所引起的价值冲突导致出现了严重的诚信缺失现象，人与人之间、诸侯国与诸侯国之间背信弃义的现象普遍存在。面对此情此景，以儒家为代表的诸子百家，出于对现实的深切忧虑和强烈的社会责任感，分别从不同的立场出发进行了深入反思，阐发了各自的诚信观。孔子在《论语·颜渊》中强调，治国之道首先要重"信"。子贡问如何治理国家。孔子回答说："足食，足兵，民信之矣。"子贡又问："必不得已而去，于斯三者何先？"曰："去兵。"子贡又问："必不得已而去，于斯二者何先？"曰："去食。自古皆有死，民无信不立。"在孔子看来，治理国家，首先要满足人民的衣、食、住、行等物质需要，其次要建立军队，巩固国防，保障国家的安全和人民的福祉，然后当政者要有诚信，不可朝令夕改或有令不行，要为民众树立笃守诚信的榜样。如果迫不得已要在三者中去掉一项，应该选择去掉军备；再不得已，要在剩下的二者中去掉一项，应该选择去掉粮食。诚信在任何情况下都是不能舍弃的。因为国家如果丧失了诚信，也就失去了人民的信任。在这种情况下，有再多的粮食、有再精良的军队，也是于事无补，都不可避免民众叛离、国家灭亡的命运。

在《论语》中，"信"字出现了 38 次，足以看出孔子对"信"的重视程度。孔子认为"信"是个人立身处世的重要前提，是交朋处友的重要原则，是从政治国的基本准则。"人而无信，不知其可也。大车无辀，小车无軏，其何以行之哉？"（《论语·为政》）诚信对人来说，就好像车轴对车一样重要。车没有车轴就不能行走，人如果不讲诚信，怎么在社会上立足呢？《孟子》中"信"出现了 30 次，"诚"出现了 22 次。孟子把"诚"看成是"天"的本性和自然的规律，其基本含义是诚心、真意。"诚者，天之道也；思诚者，人之道也。"（《孟子·离娄上》）孟子提出了"思诚"的命题。所谓"思诚"，就是要求人通过反思而做到诚心。在"信"方面，孟子则继承了孔子的基本思想，认为诚信是处理人际关系必不可少的道德准则。孟子认为诚信是人的本性使然，人天生具有恻隐之心、羞恶之心、辞让之心、是非之心。在孟子看来，违背人的本性是社会诚信缺失的重要原因。孟子提出了人际关系的"五伦说"，把"信"提升到"五伦"之一的高度，提出"父子有亲、君臣有义、夫妇有别、长幼有序、朋友有信"，这体现了"信"在处理人际关系中的重要作用。"信"字在《荀子》一书中出现 107 次，"诚"字出现 70 次，"忠信"出现 27 次，"诚信"出现 5 次，其他如"端悫"出现 9 次，"端诚"出现 5 次，"信悫"出现 2 次，充分体现了诚信的重要性。荀子明确提出了"夫诚者，君子之所守也，而政事之本也"（《荀子·不苟》）的为政理念，认为诚信是君子内圣外王的要求。荀子主张"慎礼义、务忠信"是"君人者之大本"，把"诚"从做人之道扩展为治世之道。

即便是反对"礼治"的法家学派也非常重视"信"的作用，其认为人们之间的交往要讲"信"，君主治国更要取信于人。先秦法家代表人物韩非崇尚信、宣扬信。在《韩非子·难一》中通过实例对

"信"与"不信"从哲理角度做了分析:"晋文公将与楚人战,召舅犯问之曰:'吾将与楚人战,彼众我寡,为之奈何?'舅犯曰:'臣闻之:繁礼君子,不厌忠信;战阵之间,不厌诈伪。君其诈之而已矣。'文公辞舅犯,因召雍季而问之曰:'我将与楚人战,彼众我寡,为之奈何?'雍季对曰:'焚林而田,偷取多兽,后必无兽;以诈遇民,偷取一时,后必无复。'文公曰:'善。'辞雍季,以舅犯之谋与楚人战以败之。归而行爵,先雍季而后舅犯。群臣曰:'城濮之事,舅犯谋也。夫用其言而后其身,可乎?'文公曰:'此非若所知也。夫舅犯言,一时之权也;雍季言,万世之利也。'仲尼闻之曰:'文公之霸也,宜哉!既知一时之权,又知万世之利。'"韩非子举此例是为了说明利用诈伪取得战争胜利,只是一时的权宜之计,通过忠信取得民心,则是万世之利。《商君书》记载商鞅将"信"列为治理国家、维护统治的三条纲领之一。商鞅认为,君主治国,必须倚仗暴力,"唯法为治",但也要讲求诚信。他在《修权》中说:"国之所以治者三:一曰法,二曰信,三曰权。法者,君臣之所共操也;信者,君臣之所共立也;权者,君之所独制也。"在这里,他将"信"放在"法"之后,指出"信"需要君臣共立。为营造良好的社会诚信氛围,其本人也通过"徙木立信"的方式来重构百姓对国家的诚信认同。当然,法家关于"信"的观念和儒家是有区别的。法家强调的"信"不是人与人之间的互信,而是要确立"法"的诚信,即有功则赏,有罪则罚。法家把"信"置于变法改革措施之中,带有强烈的实用色彩。

墨家代表先秦时期下层百姓的利益,始终把"信"作为评价仁人志士的一条重要道德标准,并极力推崇忠信之士。

道家论诚信则侧重于"真""信""精诚"等方面,道家主张"道法自然""法天贵真",即以无为、无欲作为活动的准则,把"与道合真""返璞归真"作为最高追求。虽然老子没有直接谈诚信,但

"真""信"的确与诚信相通。老子主张"见素抱朴，少私寡欲"，认为人类最根本和最高的道德就是真朴之德。真朴亦即真诚朴实，不欺不伪，是人内在的思想、动机、情感与外显的思想、动机、情感的一致，是人的多种美好品质的基础。老子从自然无为的根本思想出发，主张摒弃礼义，认为仁、义、礼都是道德沦丧的产物。"夫礼者，忠信之薄而乱之首。"（《道德经》）"礼"里面没有多少忠和信，是产生祸乱的最大根源，贬礼而扬忠信。老子云："轻诺必寡信。""信言不美，美言不信。"即人要讲信用，把诚信作为人生行为的重要准则。老子视诚信为人们交往的基本原则和统治者的为政之本，强调做人要不逐利，不弄巧，人人返璞归真，保持淳厚的天性。庄子的诚信观体现为真诚，这是顺乎自然、发自内心、不矫不伪、真实不欺的品德。庄子反对尾生抱柱而死之类的守死信者，认为他是"离名轻死，不念本养寿命者也"（《庄子》）。他主张"信矣而不期""当而不知以为信"，反对愚忠愚信或者假忠伪信的不良诚信行为。

可以看出，这一时期，随着"礼乐"制度与"德治"传统的确立，"信"观念的神权色彩日渐消退，"信"逐渐由国家政治伦理范畴向人际交往的基本社会伦理准则转化。诚信被视为人际交往的基本原则而得到重视和推崇。

秦汉时期继承和发扬了先秦儒家的诚信观，尤其是"信"成为封建统治者大力提倡的道德规范，渗透到封建政治、经济、文化之中，对中国封建社会产生了深远影响。汉武帝时期，董仲舒对先秦儒学进行功利化改造，在孟子仁、义、礼、智"四德说"的基础上进一步扩充，将"信"纳入其理论体系中，提出"五常说"："夫仁义礼智信五常之道，王者所当修饬也；五者修饬，故受天之祐，而享鬼神之灵，德施于方外，延及群生也。"（《举贤良对策》）董仲舒认为诚信是个人、家庭、社会、国家存在的根基，强调"诚信"是统治者成为贤君、臣子成为贤臣的首要必备条件。这在很大程度上丰富了诚信的道德意义。严格意义上，"五常"的"信"已经不同于先秦诸子之"信"，其重在规范君臣之礼，即臣民应当"至忠厚信，以事其君"，君臣之间以信为贵，"明主贤臣，必于其信"。

宋明时期，形成了以儒家经学为基础，兼具佛、道思想的新儒学——理学。诚信问题成为这一时期学者的热议话题。张载、朱熹、陆九渊、程颢、程颐等人从不同的角度阐述了诚信问题。张载说："君子宁言之不顾，不规规于非义之信。"（《正蒙·有德》）二程说："诚则信矣，信则诚矣。"（《二程集》）陆九渊说："忠与信初非有二也。特由其不欺于中而言之，则名之以忠；由其不妄于外而言之，则名之以信。"（《陆九渊集》）他们把诚与信、忠与信联系起来，认为它们是不可分割的统一体。宋明理学家认为"诚"既是天之道，也是人之性，属于连接天与人的哲学本体范畴，故而专以论"诚"为要务。如陈淳在《诚》中说："诚字本就天道论，'维天之命，于穆不已'，只是一个诚。"二程在《论道篇》中说："自性言之为诚。"他们不仅对"诚"的内涵做出了较多的哲学思考，而且把"诚"作为维护"天理"的精神原点，实现了儒家诚信观的哲理化。程颢说："道之浩浩，何处下手？惟立诚才有可居之处，有可居之处则可以修业也。"他从修身和修业的角度阐述了诚的重要性，把诚看作做人和做事的基础。周敦颐提出"以诚为本"的道德本体论，把传统诚信思想向前推进了一步。在他那里，"诚"是道德观的核心范畴，不仅是宇宙的精神实体，而且是圣人之本，是一切伦理道德的根基，是"仁、义、礼、智、信"五常的根本，是各行各业的伦理道德的源头。对于"诚"的确切含义，孟子、荀子都没有进行详细说明。宋明时期，周敦颐、朱熹等人经过不断地理论探讨，以及对前人成果的不断丰富和不断发展，逐渐形成了对"诚"的确切解释，即"真实无妄""诚实无欺"。实际上，"真实无妄""诚实无欺"在理学家眼中虽有真诚、无私心、善、实理、良知、表里如一、言行一致、不自欺等内涵，但也包含着太极、理、无、气等流于虚无的唯心主义特征。这个时期，学者主要是从主体视角来认识和把握诚信，认为整个诚信过程就是建立主体的信用，只要通过自信、信人、欲人信、使人信等几个环节反复循环进行，一个完整意义上的诚信过程就会形成。从这个意义上说，宋明理学的"诚"论，为个体的德性寻找到了内在心灵的根基，为人们从事道德修养活动提供了精神上的动力。

明末至清代，封建社会进入晚期，整个封建制度行将崩溃。在这种巨大的社会变动中，思想界那种坐而论道的空谈性命义理之学受到批判，经世致用逐渐成为主流。同样，这个时期的诚信观也带上了经世致用的思想痕迹。王夫之以"六经责我开生面"的唯物主义态度对儒家诚信进行了全面总结、批判和创新。首先，他认为"诚"即"实有"。"诚者，天理之实然，无人为之伪也"（《张子正蒙注·诚明》），"诚"是指人们充分发挥自己固有的善性，采取一种尊重客观现实和客观规律的求实的态度。其次，他主张信义与利益的兼顾。王夫之认为，"立人之道曰义，生人之用曰利"（《尚书引义》），其义利观既说明利益的合道德性，又指出义利的和合性，主张以义制利，反对以义灭利，主张义利相兼，反对重利轻义。由此，在诚信问题上，他既反对"贬己循物"的倾向，又反对"拒物全己"的倾向，认为"循物"之蔽是"贼己"，"拒物"则是"绝好"，正确的做法应该是"内不失己，外不废物"，"己物相成"。这种诚信观明显受到明清商业文化的影响。其他如清初唯物主义哲学家颜元、文学家蒲松龄等也从宣扬经世务实思想的角度对诚信提出了自己的看法。随着明清思想家对理学与封建道德制度的批判和反思，人们关注更多的是学术与思想的经世致用，对传统诚信观的继承与探究渐趋减少。

二、"睦"的理念的传承

"讲信修睦"中另一个关键词是"睦"。"睦",《说文解字》解释为:"睦,目顺也。"本指目光平和、温顺,使人有亲近感。古人训解"睦"为"亲""和""敬"。"睦"与"信"一样,也是一个广泛涉及社会各层次的普遍性行为准则。《礼记·礼运》将"睦"作为社会乃至整个世界("天下")和谐的一大保障:"士以信相考,百姓以睦相守,天下之肥也。""睦"对于国家治理显然也有更为现实和直接的意义。因此,"睦"的理念往往与"和"的理念相通。对内,要"上下和睦,周旋不逆,求无不具,各知其极"(《左传·成公十六年》),国家才有秩序、有力量;对外,只有达到人民"和协辑睦",国家才有能力"以备寇戎"。"睦"的理念反映在古人对于人与自然、人与社会、人与人、人与自身等各个层次关系的理解之中。

在人与自然的关系上,古人主张天人合一,极力追求人与自然的和睦相处、和谐共生。《周易》认为:"夫大人者,与天地合其德,与日月合其明,与四时合其序,与鬼神合其吉凶。先天而天弗违,后天而奉天时。"这就是说,人类要顺应自然,达到天、地、人三者之间的和谐。《周易》还进一步指出:"财成天地之道,辅相天地之宜。""范围天地之化而不过,曲成万物而不遗。"既要发挥人的主动性,也要顺应自然;既不屈服于自然,也不破坏自然,以天人相互协调为理想。老子在《道德经》中提出:"故道大,天大,地大,王亦大。域中有四大,而王居其一焉。人法地,地法天,天法道,道法自然。""道法自然"指的是"道"按照自然法则独立运行,而宇宙万物皆有超越人主观意志的运行规律。它强调了人要以尊重自然规律为最高准则,以崇尚自然、效法天地作为人生行为的基本要求。老子认为,人和社会是自然的产物,人的生活准则应从自然那里获得,自然法则不可违，人道必须顺应天道，人只能"辅万物之自然而不敢为"。天、地、人在"道"的基础上成为统一的整体。庄子认为，人是自然的一部分，是自然界的一种存在形式。在庄子看来，"天地与我并生，而万物与我为一"。因此，人应保持一种纯自然状态，顺从自然，把人类完全融于自然之中，才是最完整地保留人性。儒家对天人合一观念进行了许多阐发。孔子主张以"仁"待人，也以"仁"待物，即所谓"推己及人""成物成己"。子曰："泛爱众，而亲仁。"（《论语·学而》）孟子继承"泛爱众"思想，提出"亲亲而仁民，仁民而爱物"。《礼记·中庸》说："致中和，天地位焉，万物育焉。"这都是在强调天、地、人三者的和谐发展。宋代张载在《正蒙》中首先使用了"天人合一"四字，并提出了"民吾同胞，物吾与也"的命题，意即天与人、万物与人类在本质上是一致的。中国古代哲人根据天人合一的观念，要求以和善、友爱、和睦的态度对待自然万物。朱熹说："万物虽皆天地所生，而人独得天地之正气，故人为最灵，故民同胞，物则亦我之侪辈。"（《朱子语类》）人和万物都是天地所生，比起其他物类，人最为尊贵，所以人就应该把天底下所有人看成是同胞兄弟，把万物看成是同辈朋友。在此基础上，宋儒提出了"天地万物一体之仁"说。二程说："仁者，以天地万物为一体，莫非己也。认得为己，何所不至；若不有诸己，自不与己相干。如手足不仁，气已不贯，皆不属己。故博施济众，乃圣人之功用。"（《二程遗书》）王阳明在《答顾东桥书》中说："夫圣人之心，以天地万物为一体，其视天下之人，无外内远近，凡有血气，皆其昆弟赤子之亲，莫不欲安全而教养之，以遂其万物一体之念。"

在人与人的关系上，古人提倡宽和处世、团结协作，极力追求人与人之间的和睦相处。《尚书》记载"九族既睦，平章百姓"，《颜氏家训》提出"兄弟不睦，则子侄不爱"，这两处表述中的"睦"均强调人际间的关系应和谐融洽。古人提倡家庭成员之间要和睦相处，古人云："夫刚则不和，不和则不可用。是故四马不和，取道不长；父子不和，其世破亡；兄弟不和，不能久同；夫妻不和，室家大凶。"（《说苑·敬慎》）所以首先应"和于室人"，在家庭中做到"父慈子孝，兄爱弟敬"，实现家庭和谐。家族、亲戚之间也要和谐相处，"尊尊""亲亲""以亲九族"，实现六亲和睦。在与周围人的关系上，要"和长幼"，实现人我和睦。君臣之间要"和而不同"，互补互济。君民之间要形成"君舟民水""君鱼民水"的关系。在人与社会群体之间，提倡"善群""利群""乐群""绌身而就群""绌小群而就大群"，实现群己和谐。孔子提出："君子和而不同，小人同而不和。"（《论语·子路》）又说："君子矜而不争，群而不党。"（《论语·卫灵公》）意思是说，保持和谐而不结党营私，行为庄重而不与他人争执，善于团结别人而不搞小团体，才称得上君子。在这里，孔子区别了"和"与"同"两个概念，"和"是多样性的统一，"同"是一味地附和乃至结党营私。"和而不同"，正是事物存在和发展的重要规律，也是人们为人处世应该遵循的准则。可见，宽厚待人，与人和睦相处，是君子的重要品行。孟子也认为："天时不如地利，地利不如人和。"（《孟子·公孙丑下》）荀子认为人之所以"最为天下贵"，在于人能"和"，"和则一，一则多力，多力则强，强则胜物……"（《荀子·王制》）可以看出，"睦"与"和"一样，古人把它当作一种重要的德行，《周礼》这样说："六德：知、仁、圣、义、忠、和。"董仲舒更是把"和"作为德行的最高境界和标准。《春秋繁露》载："德莫大于和……和者，天之功也，举天地之道而美于和。"墨子则提出了"兼爱"的学说，强调"兼相爱，交相利"。此外，道家的老子为人们描绘了一个人与人之间"无欲""无为""无争"，彼此和谐相处，人人"甘其食，美其服，安其居，乐其俗"（《道德经》）的理想社会。

在民族与民族、国家与国家的关系上，古人主张和睦共处，协和万邦。道家主张"道法自然""无为而治"，顺应事物的发展规律，崇尚和平，推行仁政，反对以武力的方式征服世界。老子主张以"道"治国，认为"道"才是治理天下的根本依据。道家主张治理国家要"无为""无争""贵柔"。对于兵家而言，最大的胜利是"不战而屈人之兵"。老子主张，国与国相处，应该是大国主动与小国交好，邻邦守望相助，带有反对霸权主义的色彩。《尚书·尧典》说："百姓昭明，协和万邦。"《周易·乾卦》说："首出庶物，万国咸宁。"即主张万邦团结，和睦共处。孔子提出的"礼之用，和为贵"，是"睦"的理念的集中体现，是儒家遵循的社会文明秩序原则，是解决矛盾的方法论。孔子提出"四海之内皆兄弟"（《论语·颜渊》），又说"远人不服，则修文德以来之，既来之，则安之"（《论语·季氏》），主张以文德感化外邦，反对轻率地诉诸武力。孟子则提出"仁者无敌"，提倡用和平手段解决国家间的争端。墨家将"仁"的思想发展为"兼爱、非攻"。"兼爱"是一种古老的"博爱"思想，"非攻"更是和平主义在古代中国的体现。墨子生活在楚晋相争的鲁地，更能体会战争的苦难，"非攻"思想就产生于这样的环境之下。墨子反对发动不义之战，盼望天下和平统一，主张天下人互爱互利，互不侵犯。

总之，讲信修睦是中华民族几千年以来的一项基本道德规范和价值追求。就"讲信"与"修睦"二者的关系来说，"讲信"是"修睦"的前提和基础，"修睦"是"讲信"的目的和追求。"讲信修睦"是指人与人乃至国与国之间在讲求信义的基础上，构建一种融洽和睦的关系。在古代中国社会，曾经涌现出众多讲信修睦的典型人物，为后人留下了无数佳话。春秋时期，晋文公以退避三舍表达礼让在先，显示重信守诺的人格风范；战国时期，商鞅徙木立信，得到秦国百姓的拥护和支持，新法得以顺利实施。东汉郭伋为官清廉，信义为先，一心为百姓谋福祉，汉光武帝称赞郭伋"信之至矣"。三国时期，诸葛亮七擒七纵孟获，用诚信化解了怨恨，赢得了人心。明代儒生宋濂一生坚守信义，因家境贫寒，无钱买书，只好向有书之人借读，但每借必还；与名师约定上门求学，虽天降大雪，深达几尺，仍如期赴约。此外，诚实善良的乐羊子妻、重信讲义的关羽、不作假证的张说、守信求责的皇甫绩、诚信正直的晏殊等，他们也都以实际行动践行了讲信修睦的人生信条。

第二节　讲信修睦是重要的中华美德

讲信修睦是中华民族传统美德之一，是处理人与人、国与国之间关系的道德原则和价值理念。它要求人与人、国与国之间要讲究信用、谋求和睦。这种价值理念千百年来深深镌刻在中华民族的血脉之中。历史上，中国人以信为本、以和为贵，对内对外都讲求诚信、崇尚和睦，展现了泱泱大国的宽宏胸襟。

一、讲信修睦是君子仁人的处世之道

就个体层面而言，"信"是人格基础，是立身之本，是君子人格的内在要求。"君子诚之为贵"（《中庸》），"诚者圣人之本"（《通书·诚上》）。诚信被视为是君子仁人的处世之道和立身之本。人与人交往，首先要观其是否诚信。如果一个人不守承诺，经常失信，就得不到别人的信任，也就难以行事。欺诈，或许短期能获益，但长此以往，必然寸步难行；讲诚信，虽有时会吃亏，但能赢得信誉，终可获事业有成，正所谓"忠信以得之，骄泰以失之"（《大学》），"巧诈不如拙诚"（《韩非子·说林》）。《周易》说："君子进德修业。忠信，所以进德也；修辞立其诚，所以居业也。"孔子把信看作是立身处世的根本。他说："人而无信，不知其可也。大车无輗，小车无軏，其何以行之哉？"（《论语·为政》）没有诚信，就好像车子没有輗和軏一样，人没有诚信，怎么能立足和行走呢？孔子的弟子子张问行事的原则，孔子回答说："言忠信，行笃敬，虽蛮貊之邦，行矣；言不忠信，行不笃敬，虽州里，行乎哉？"（《论语·卫灵公》）一个人如果说话忠诚而信实，行事笃厚而恭敬，即使到了语言不同、文化发展程度较低的蛮荒之地，也能通行无阻。可见，忠信是立身处世的基本原则：有信则通行天下，无信则寸步难行。孔子要求弟子躬行五种品德，"入则孝，出则悌，谨而信，泛爱众，而亲仁"，也曾以"文行忠信"来教化弟子，其中充分体现了讲信修睦的价值要求。

信也是践行仁德的途径之一。子张问仁于孔子，孔子回答说："能行五者于天下，为仁矣。"子张请问其详，孔子回答说："恭、宽、信、敏、惠。恭则不侮，宽则得众，信则人任焉，敏则有功，惠则足以使人。"（《论语·阳货》）一个人能以恭敬诚信待人，就不会招致别人的侮辱；能以宽厚包容之心对待别人，就能得到别人的爱戴和拥护；能以诚信之心对待别人，无所欺瞒，就能得到别人的信任和重用；做事勤快敏捷，就会成功；能把成功的经验和众人分享，大家就会听从他的指挥。能做到这些，就是一个有仁德的人了。在孔子看来，诚信不欺与敬慎恭敬、宽容笃厚、勤快敏捷、感恩怀德一样，都是践行仁德的主要手段。一个不守信用的人，不可能得到别人的信任，也就算不上是有仁德的人。

荀子也将是否守信当作区分人品好处的一个标准："庸言必信之，庸行必慎之，畏法流俗，而不敢以其所独甚，若是，则可谓悫士矣。言无常信，行无常贞，唯利所在，无所不倾，若是，则可谓小人矣。"

（《荀子·不苟》）"言无常信，行无常贞"的人被贬为"小人"。孔子说："君子义以为质，礼以行之，孙以出之，信以成之，君子哉!"意思是，以义作为根本，用礼加以推行，用谦逊的语言来表达，用忠诚的态度来完成，这就是君子了。曾子还说："可以托六尺之孤，可以寄百里之命，临大节而不可夺也，君子人与? 君子人也。"（《论语·泰伯》）朱熹《四书集注》解释说："其才可以辅幼君、摄国政，其节至于死生之际而不可夺，可谓君子矣。"据清代学者徐珂《清稗类钞·敬信类》记载，清代人蔡磷曾接受过朋友千金之寄托，不久朋友亡故，蔡磷召朋友之子而给付千金。朋友之子质疑说："安有寄千金而无券者?"以父亲未曾告知，又未有凭据而不肯接受。蔡磷回答说："券在心，不在纸，而翁知我，故不语郎君。"

需要指出的是，古人讲"信"，不仅仅要求言出必行、有诺必践，而且要求对他人的约定和承诺及对约定和承诺的兑现都必须是出自内心真实的意愿，做到表里如一，既不能欺骗别人，更不能欺骗自己。

孔子常常"忠""信"连用，如"言忠信，行笃敬"（《论语·卫灵公》），"主忠信，无友不如己者，过则勿惮改"（《论语·学而》），"十室之邑，必有忠信如丘者焉，不如丘之好学也"（《论语·公冶长》）。这说明，在孔子看来，"信"必须以"忠"为前提。忠，从中、从心，意思是内心真实的想法。忠信，即要求对他人的承诺必须是出自内心，且有真实的意愿去兑现承诺。

孟子说："诚者，天之道也；思诚者，人之道也。"（《孟子·离娄上》）《中庸》说："诚者，天之道也；诚之者，人之道也。"诚，即真实无妄的意思；天道，就是天地自然的运行之道。儒家认为，日月星辰的运行、春夏秋冬的交替、自然万物的生长繁衍，都不是虚幻的，而是客观真实的存在。"天道"落实到人类社会就是"人道"，既然自然之道是真实无妄，人性也就应该是真实无妄的。"思诚"就是将内在于人性的"诚"彰显出来。可见，诚信并不是外界强加于人的，而是对"天道"之"诚"的肯定，是人性自然本质的外显。孟子说："万物皆备于我矣，反身而诚，乐莫大焉。"（《孟子·尽心上》）"诚"不仅是人性的自然本质，"思诚"更是一项快乐的精神活动。

《孟子》和《大学》认为诚信是人性的自然本质，是天道之真实无妄在人性中的体现，从而为"诚信"构建了一个本体论和人性论的基础。诚信作为对人的自然本质的肯定，要求人的言行必须符合自己的本质，也必须是内在本质的自然流露。只有这样，一个人才能处理好与他人及社会的关系。

可见，诚信并不仅仅是指言出必行、有诺必践以取信于他人，更重要的是忠实于自己真实无妄的本性，做到言行一致、表里如一。只有不欺己，才能不欺人。这也是《大学》以"毋自欺也"解释"诚"的原因之所在。不欺己、不欺人是儒家提倡的立身处世的重要原则，也是建立良好人际关系的基本要求。《中庸》说："在下位不获乎上，民不可得而治矣；获乎上有道，不信乎朋友，不获乎上矣；信乎朋友有道，不顺乎亲，不信乎朋友矣；顺乎亲有道，反诸身不诚，不顺乎亲矣；诚身有道，不明乎善，不诚乎身矣。"人要获得上级的信任，首先要获得朋友的信任；而要获得朋友的信任，则必须孝顺父母；而要孝顺父母，就必须"诚身"，即对待父母要真诚坦荡；而要"诚身"，就必须明了什么是真正的善，即要有是非判断能力。

在现实社会，有很多人对别人的承诺和约定并不是出于内心真实意愿，而是为了个人的私利或其他目的。这样的承诺和约定往往很难兑现，即使兑现了，也与儒家所提倡的诚信不符，因为这不符合天道，也不符合人性真实无妄的原则，是一种"自欺"。从长远来看，这既不可能取信于人，不可能赢得人们的亲近和尊敬，也不可能建立起友爱和睦的人际关系。

二、讲信修睦是政权稳定的重要支撑

讲信修睦作为治国的准则，是维系政权稳定的重要支撑。民心向背是政权稳固与否的根本，"德惟善政，政在养民"（《尚书·大禹谟》），如果不能做到讲信修睦，执政者无论说真话还是假话，做好事还是坏事，都会被认为是说假话、做坏事。我国古代先哲一直很重视政治诚信在国家治理中的作用，认为诚信是治国之本，关系着国家的兴衰、政治的成败和社会的安定。晋文公说："信，国之宝也，民之所庇也。"（《左传·僖公二十五年》）即言统治者要守信。"信"是立国的根本，是老百姓赖以生存的基础。孔子的弟子子夏说："君子信而后劳其民，未信，则以为厉己也；信而后谏，未信，则以为谤己也。"（《论语·子张》）为政者只有诚实守信，才能取得民众的信任，才能广泛动员民众，其政令就很容易推行；反之，如果为政者不诚实守信，就不能取得民众的信任，民众认为其推行的措施会伤害到自己的利益，从而拒绝合作，甚至引发冲突。

《荀子·不苟》说："夫诚者，君子之所守也，而政事之本也。"这指出了"古者禹、汤本义务信而天下治，桀、纣弃义倍信而天下乱"（《荀子·强国》）的道理。"汉所以强者"，在于统治者"躬行诚信"。因此，诚信是"为国之基""政事之本"。"信，政之常，不可须臾去之也。"（柳宗元《救饥》）荀子强调讲信修睦对国家治理的重要性，指出"张其义""齐其信"是施行王道、建设和谐社会的关键。他举例说："齐桓、晋文、楚庄、吴阖闾、越勾践，是皆僻陋之国也，威动天下，强殆中国，无它故焉，略信也。"（《荀子·王霸》）这些国家偏居一隅，远离周朝政治、经济、文化的中心，之所以能强大起来，就是以信立国、亲近百姓，赢得了人心，凝聚了力量。

在先哲看来，治国之要在于政令能否有效施行。"政令信者强，政令不信者弱"（《荀子·议兵》），这就要求为政者取信于下。从君臣关系来说，"君苟有信，诸侯不贰"（《左传·昭公十三年》），"君能制命为义，臣能承命为信，信载义而行之为利"（《左传·宣公十五年》）。这意味着，君王讲信义，才能获得臣子的信任，君命才能得以施行。再者，为政者要肯兼听纳言，善于选贤任能。只有兼听纳言，才能防范重臣隐瞒实情，达到下情上达。这种取信于民的做法被后来的统治者不断仿效。一代明主唐太宗善讲诚信，带来的是国家的安宁强盛和经济文化的繁荣。正如唐代名相魏徵所说："德礼诚信，国之大纲。"（《贞观政要·诚信》）强调"诚信"是治国的大纲和根本。北宋著名史学家司马光说："夫信者，人君之大宝也。国保于民，民保于信；非信无以使民，非民无以守国。"（《资治通鉴》）进一步强调诚信是平天下的"大宝"，是民服、守国的要旨。历代政治家之所以强调讲信修睦在治国理政中的重要作用，归根结底就在于以"信"达"睦"，以诚信"昭明于天下"（《尚书·康王之诰》），取信于民，营造和睦的社会环境，如此方能上下团结一心、共同奋斗，实现国家富强。

三、讲信修睦是社会和谐的必然要求

讲信修睦是人与人建立友好关系的基石，也是社会和谐的必然要求。"君子义以为质，礼以行之，孙以出之，信以成之。"（《论语·卫灵公》）"忠信之薄而乱之首。"（《老子》）因此，要力倡"忠信笃敬，上下同之"（《左传·襄公二十二年》）。《吕氏春秋》对此做了详细阐释："君臣不信，则百姓诽谤，社稷不宁。处官不信，则少不畏长，贵贱相轻。赏罚不信，则民易犯法，不可使令。交友不信，则离散郁怨，不能相亲。百工不信，则器械苦伪，丹漆染色不贞。夫可与为始，可与为终，可与尊通，可与卑穷者，其唯信乎！"

晋代学者傅玄在其著作《傅子·义信》中也分析说："讲信修义，而人道定矣。若君不信以御臣，臣不信以奉君，父不信以教子，子不信以事父，夫不信以遇妇，妇不信以承夫，则君臣相疑于朝，父子相疑于家，夫妇相疑于室矣。小大混然而怀奸心，上下纷然而竞相欺，人伦于是亡矣。"在傅玄看来，没有诚信，则道德沦丧，人伦不再，社会不存。武则天在《臣轨·诚信》也说："凡人之情，莫不爱于诚信。诚信者，即其心易知。故孔子曰：'为上易事，为下易知。'非诚信无以取爱于其君，非诚信无以取亲于百姓。故上下通诚者，则暗相信而不疑；其诚不通者，则近怀疑而不信。……故君臣不信，则国政不安；父子不信，则家道不睦；兄弟不信，则其情不亲；朋友不信，则其交易绝。夫可与为始、可与为终者，其唯信乎！"

诚信也是经济活动和商业经营中的基本行为规范。孔子曾说："富而可求也，虽执鞭之士，吾亦为之。"（《论语·述而》）儒家肯定人们合理正当的利益追求，提出"君子爱财，取之有道"，主张对利益的追求要持节制态度，反对通过不正当手段谋利，反对为了获取一定的利益而不择手段。孔子说："不义而富且贵，于我如浮云。"（《论语·述而》）"富与贵，是人之所欲也，不以其道得之，不处也。贫与贱，是人之所恶也，不以其道得之，不去也。"（《论语·里仁》）由此可见，人们对于经济利益和物质财富的追求本身并无善恶之分，关键是看采取什么样的方式和途径去谋利。实际上，在一切经济活动和商业领域中，存在着一个目的与手段的关系问题：在追求和谋取经济利益、效益和利润的过程中，不能不顾道义、不择手段，而应以正当的合乎道义的手段去实现目的。我国古代早就有"信者储也"的说法。从构字法来看，"储"由"信"和"者"会意而成，即说只有诚实守信之人才是最善于积聚财富的。事实也证明，在经济活动和商业经营领域，同样应当遵循诚信原则，只有以诚信为本，信守承诺，诚实无欺，才会赢得信誉，赢得市场，获取最大效益。《孔子家语·相鲁》载有"贾羊豚者不加饰"的话，是指贩卖猪羊等的经商人员，在买卖活动中不能造假售假、以次充好，而应诚实无欺，公平买卖。荀子曾说："商贾敦悫无诈，则商旅安，货通财，而国求给矣。"（《荀子·王霸》）这就充分肯定了诚信之道对于繁荣经济、发展商业和富足国家的促进作用。

中国古代历史上也出现过许多著名的廉贾义商。徽州商人注重"信义服人"，他们"以忠诚立质，长厚摄心，以礼接人，以义应事，故人乐与之游，而业日隆隆起"，明代即有了"富室之称雄者，江南则推新安"的说法，至清代前期，其活动范围远涉海外。历史上的晋商，其经营方式有朋合营利、伙计制等，他们本着合作互助的原则，严守信义，依赖亲邻之间的友好互助共谋发展。在经商过程中，他们积极维护同乡的利益，推行"同乡互助"原则，营造和谐友好的经商环境，同时，注重行业名声和信誉，与经商对象建立信任和睦的关系，进而获得持久的发展。管子言："非诚贾不得食于贾，非诚工不得食于工，非诚农不得食于农，非信士不得立于朝。"告诫各行各业的人都要诚信责己、和睦待人，才能自食其力，构建和谐友善的社会关系。

概而言之，诚信不仅关乎个人的品格和境界，更关乎社会的公平正义、国家的稳定发展。正因为诚信在社会交往中具有如此重要的地位，所以曾子每天都要反省自己："吾日三省吾身：为人谋而不忠乎？与朋友交而不信乎？传不习乎？"（《论语·学而》）把"信"看作日常行为的基本原则。

四、讲信修睦是国与国之间交往的重要原则

习近平总书记指出："人与人交往在于言而有信，国与国相处讲

究诚信为本。"① 先贤提倡 "讲信修睦"，不仅要求人与人之间和睦相处，实现社会和谐，而且要求国与国之间友好相处，实现天下太平。这就需要国与国之间以诚相待、以信相交、信守承诺，只有这样，才会带来天下的太平，百姓才能真正地拥有安静祥和的生活。管子认为："诚信者，天下之结也。"（《管子·枢言》）也就是说，诚信是天下人团结的保证。庄子说："凡交近则必相靡以信，远则必忠之以言。"（《庄子·内篇·人间世》）其大意是，同近处或远方的国家交往，要靠信用和有诚意的诺言来建立和睦友善的关系。在荀子看来，一个国家在政令颁布之后，即使预见国家的利益将会受到影响，也不能欺骗老百姓；若盟约已签订，即使预见国家的利益将受到影响，也不能欺骗盟友。如此讲信用，国家才会兵力强大，城防坚固，敌国不敢来犯，天下便会安宁和平，反之则 "敌国轻之，与国疑之"，即会受到敌国的轻视和盟国的怀疑，国家和社会便会不安宁。

中国历代统治者大都积极与周边国家或部族结成同盟、建立信任关系，并视之为谋求国家生存发展、民族繁荣兴旺的重要保证。尤其是春秋战国时期，各诸侯争霸称雄、割地混战，战争连绵不断，天下十分不太平。据不完全统计，春秋各国军事行动有数百次，各国之间频繁发生战争，当战争各方势均力敌或者为了求生存时，就协定盟约，而盟约的签订、实施，靠的就是诚信道德力量的约束。春秋时期小国郑国处于大国晋、楚之间，为了保住自己不被大国吞噬，大臣子展主张与郑国交好的晋国讲信修睦，而对于敌国楚国的入侵则要严阵以守。他说："杜莫如信，完守以老楚，杜信以待晋。"（《左传·襄公八年》）在他看来，处理国家间的外交关系，首先必须讲信用，特别是

---

① 习近平：《携手建设中国—东盟命运共同体》，《人民日报》2013 年 10 月 4 日。

弱小的国家失信，就会被大国作为借口，受到攻伐而亡国。大国也经常寻衅滋事使小国失信，并以此作为入侵的借口。在国家之间的交往中，仅有信还不可，还必须有诚。《国语》云："以盟为有益乎？前盟口血未干，足以结信矣。"信，要以诚为骨，若无诚心，一味地签订盟约，靠盟约来维持国家关系，这样的"信"终不可信。中国古代王朝与周边少数民族部落相邻，彼此间建立诚信关系更显重要，各民族的团结友善、讲信修睦，促进了中华民族的繁荣发展和兴旺发达。正如司马光所说："古之王者不欺四海，霸者不欺四邻。"（《资治通鉴》）

虽然这里讲的"天下"与今天所说的"天下"含义不同，古人那种向往天下太平的观念、以讲信修睦来安定天下的思想，对当今国与国之间、民族与民族之间建立良好的关系仍有启迪意义。当今社会，和平与发展已成为时代的主题，虽没有世界战争发生，但是局部冲突不断，民族矛盾此起彼伏，恐怖主义活动接二连三，霸权主义、强权政治横行不绝。这固然有多方面的原因，但其中一个重要的因素是，某些国家、民族或政治势力为了自身狭隘的政治利益，不惜背信弃义，不守承诺，甚至是诡诈成性、恃强欺弱。但是，世界局部的不太平、不安定，妨碍不了国家、民族之间频繁密切地交流与往来。以诚信建立良好的外交关系，维护世界和平，促进共同发展，这不仅是国际社会发展的主流方向，也是符合各国家、民族共同利益的行为准则。

第三节　讲信修睦的当代价值

　　"讲信修睦"蕴含着对人类共同价值与和谐社会秩序的普遍性追求，为新时代中国提供了丰厚的文化滋养、科学的价值导向和深层的实践智慧，成为新时代马克思主义基本原理同中华优秀传统文化相结合的重要精神资源与文化底色。当前，我国社会发展过程中面临诸多诚信问题，诚信缺失事件时有发生，引发了人们对诚信的认同危机。一系列由诚信缺失引发的社会问题也暴露出当今社会部分人群诚信意识淡薄、诚信品格缺失。社会诚信危机致使民众对政府、企业和个人信用产生怀疑，危及经济健康发展、社会稳定及个人成长发展。因此，充分挖掘传统文化中的诚信资源并努力促进其当代转化尤为重要。作为中华优秀传统文化底色之一的讲信修睦主张讲求信用、遵守和睦相处之道，其所指向的对象和践行的主体，既包括个体的人，也涵盖家庭、邻里、社区、群体、社会、国家。在新时代，秉持"讲信修睦"的价值理念，对于科学处理各方面的关系，化解社会诚信危机，具有积极的意义与价值。

一、提倡和弘扬讲信修睦，有助于健康人格的培养及和谐人际关系的形成与建立

　　作为中华优秀传统文化的核心思想之一，讲信修睦的基本要求就是人与人之间通过诚信进而达到和睦相处的状态。经过两千多年的提

倡和实践，讲信修睦已经成为中华民族的基本道德规范和传统美德。就个人而言，诚信是立身之本，是君子人格的内在要求，是健康人格的必备品质。一个人言而有信，是取得他人信任的前提，是走向社会的有效通行证。人立身于社会，如果言而无信，往往寸步难行。正如朱熹所说："人若不忠信，如木之无本，水之无原。"（《朱子语类》）一个不讲诚信、虚伪欺诈的人，在人格上是不健全的。诚信待人的前提是以诚待己。只有以诚待己，才能够体会到人之所以为人的人性尊严、生命的平等与自由。"欲正其心者，先诚其意"（《礼记·大学》），只有看到人性的善端，才能够有为善去恶的信心，才能忠恕待人，诚信待人，才能明了社会法度，践行家国大义，才能把诚信为人的操守落实到生活的方方面面，进而锻造自己的定力与韧性，培养自身健全的人格。因此，在现实生活中，诚信已成为衡量一个人思想素质和道德水平的重要标准之一，只有那些信守承诺、诚恳老实、言行一致的人，才会受到人们的敬重和爱戴，才能立足于社会；而那些巧言令色、虚伪狡诈、言而无信的人，则会受到人们的鄙视和谴责，也就难以在社会上立足，更难以成就一番事业。

　　就人与人之间的关系而言，讲信修睦是人与人建立友好关系的基石，也是社会和谐的重要保障。"君子义以为质，礼以行之，孙以出之，信以成之"（《论语·卫灵公》），人人讲诚信，则社会清明，秩序井然，运行高效。若以诚信作为社会交往的准则，则能够营造团结友善的社会氛围。诚信是人们和睦相处、团结友爱、互相帮助的基础；离开了诚信，人与人之间就难以正常地交流和交往，人与人之间的正常关系也难以维系。在当今社会急剧转型的背景下，面对金钱、物质的诱惑，人们的道德观念受到一定程度的冲击；由血缘关系、地缘关系构成的熟人社会过渡到更为复杂的陌生人社会。熟人社会中的可预见性、稳定性和安全性容易使人获得信任感，社会秩序也更多依靠建立在信任感基础上的传统伦理规范进行调整和维系。陌生人社会则打破了这种稳定状态，人们的安全感降低，信任感弱化。在过去，依靠"抬头不见低头见"的熟人社会之间互相监督而形成的很多道德准则，在某种程度上受到冲击，造成一些道德规范的失衡，诚信的价值观念也相应受到冲击，各种哄骗、欺诈行为时有发生。这些丧失诚信的现象，严重影响了社会的和谐。倡导讲信修睦理念的回归，对于提升民众的诚信意识，建设诚信社会，具有重要引领作用。人人坚守诚信观念，将之作为立身处世的行为道德规范，社会才能更加井然有序。如果缺乏诚信，人际关系将变得冷漠，人们将生活在一种互不信任、缺乏安全感的环境中。这种环境的持续恶化，必将引起社会秩序的混乱，乃至人际关系的崩溃。因此，提倡和弘扬讲信修睦，大兴诚信之风，言行一致，真诚待人，才是消解"诚信危机"、调和人际关系、促进社会和谐的正道。

就社会主义核心价值观而言，讲信修睦是践行社会主义核心价值观的重要内容。习近平总书记强调指出，中华文化强调"言必信，行必果""人而无信，不知其可也"，"像这样的思想和理念，不论过去还是现在，都有其鲜明的民族特色，都有其永不褪色的时代价值"[1]。讲信修睦作为中华优秀传统文化的宝贵资源，在社会主义核心价值观中体现为诚信和友善两个重要方面。诚信和友善作为社会主义核心价值观的两个重要方面，是社会主义和谐人际关系的基石，也是建立公平正义社会的重要保障。只有每个人都以诚信为准则，做到言行一致、守时守信，才能实现社会的稳定和繁荣。只有每个人都以友善为准则，与他人和睦相处、互相尊重，才能建立和谐的社会环境，促进社会进步。诚信、友善要求全社会互帮互助、诚实守信，要求全体人

---

① 习近平：《青年要自觉践行社会主义核心价值观——在北京大学师生座谈会上的讲话》，《人民日报》2014 年 5 月 5 日。

民平等友爱、融洽相处，这能够最大限度地减少社会生活中的各种"内耗"和摩擦，减少社会生活的风险和代价，使社会的运行成本大大降低。人与人之间的诚信、友善还可以构筑良好的人际关系，从而有利于个体的身心健康和事业的成功。

二、提倡和弘扬讲信修睦，有助于推动政治道德建设和公民道德建设，促进社会风气的根本好转

党的二十大报告中指出，要"弘扬诚信文化，健全诚信建设长效机制"①。这是提高全社会文明程度，实施全社会道德建设工程的重要一环。诚信作为基本的立国立民之道，对新时代社会主义道德建设具有重要的借鉴和启迪意义。不论是社会主义政治道德建设，还是公民道德建设，都应当把确立诚信观念、营造诚信氛围作为重要内容之一。在国家层面，"信"是治国理政、安邦定国的基础。在中华传统文化智慧中，为政者讲究诚信是治国之本。对于执政者而言，"祸莫大于无信"（《傅子·义信篇》）。数千年来，诚信一直是中华民族的道德基因，一代代传承至今。中国共产党成立 100 多年以来，能克服各种艰难险阻，不断从胜利走向胜利，一个重要原因就是在长期的革命、建设和改革进程中，一直大力倡导并践行诚信价值观，始终以一颗赤诚之心取信于民，赢得了人民的信赖和爱戴。历史和现实一再证明，诚信不仅是对个人的道德要求，更是对政府的基本要求。一个执政党的地位能否巩固和发展，一个社会是否稳定有序，从根本上取决于是否得到人民群众的信任和拥护。讲求诚信，取信于民，得到人民

---

① 习近平：《高举中国特色社会主义伟大旗帜　为全面建设社会主义现代化国家而团结奋斗——在中国共产党第二十次全国代表大会上的报告》，人民出版社 2022 年版，第 45 页。

群众的信任和拥护，国家政权就会稳固发展，社会生活就会安定有序；否则，国家政权就会衰败以至于灭亡，社会生活秩序也会受到破坏。从根本上说，人民群众是一个国家政权前途和命运的决定力量。按照历史唯物主义的观点，生产力是人类社会发展的根本动力，而生产力的主体则是人民群众。作为生产力中最活跃因素的人民群众，不但创造了社会的物质财富，也创造了社会的精神财富。正是代表生产力发展要求的人民群众，推动了生产关系乃至社会制度的变革，为人类社会的发展开辟了前进道路。今天，对于我们党及其领导干部来说，要做到取信于民，得到人民群众的拥护和信任，就必须倾听人民群众的呼声，关心人民群众的生活，代表广大人民群众的根本利益。

为政者的社会地位和工作性质的特殊性使其对社会成员有重要影响。一般来讲，为政者诚实守信，会给人民群众树立一个好的榜样，从而带动良好社会风气的形成。正如孔子所说："政者，正也。子帅以正，孰敢不正？"因此，党政干部和公务人员要率先垂范，诚实守信，大力推进信用体系建设，取信于民。这不仅有助于建设廉洁政治，也有助于增强国家软实力。习近平同志高度重视诚信在治国理政中的重要作用，强调各级领导干部要以身作则、率先垂范，说到就要做到，承诺了就要兑现。

党的十八大以来，以习近平同志为核心的党中央高度重视诚信建设，取得了一系列重要成果。社会信用体系建设持续推进，"一处失信、处处受限"的良好态势正在形成。2019 年 10 月，中共中央、国务院印发了《新时代公民道德建设实施纲要》。《纲要》明确指出，"持续推进诚信建设"，目的就是要弘扬与社会主义市场经济相适应的诚信理念、诚信文化、契约精神，加快个人诚信、政务诚信、商务诚信、社会诚信和司法公信建设，推动各行业各领域制定诚信公约，构建覆盖全社会的征信体系，健全守信联合激励和失信联合惩戒机制，织密社会诚信网络，让守信者真正受益。2022 年，中共中央办公厅、国务院办公厅印发了《关于推进社会信用体系建设高质量发展促进形成新发展格局的意见》，强调信用体系对推进高质量发展的支撑作用。当前，传统意义上的失信行为得到了有效遏制，整个社会诚信文化向上向好，社会信用体系建设日益完善。同时，我们也应该看到，伴随着互联网新业态的发展、大数据技术的广泛使用，一些新的诚信问题又涌现出来，如网络诈骗、"大数据杀熟"、商标抢注、论文倒卖等备受关注。这些诚信"堵点"，不仅成为推动经济发展和社会进步的障碍，也极大地影响了人民的获得感、幸福感和安全感。党的二十大报告指出："中国式现代化是物质文明和精神文明相协调的现代化。"①一个社会的诚信文化建设，直接反映了精神文明建设的水平。面对当前世界百年未有之大变局，面对以中国式现代化实现中华民族伟大复兴的使命任务，面对构建高水平社会主义市场经济体制的新要求，我们迫切需要进一步夯实社会诚信基石，推进新时代的诚信文化建设。社会诚信文化建设是一个不断强化的过程，大力提倡和弘扬讲信修睦，用信任带动信任、用信任激发信任，才能在全社会营造出诚信友善的良好环境。需要指出的是，提倡和弘扬讲信修睦并不仅仅是延续传统诚信文化。虽然传统诚信观深刻地影响着我们，但是传统诚信观所依托的社会结构已经解体，基于传统社会结构的文化生态也已发生改变，因此，我们要在传承优秀文化基因的基础上，实现创造性转化和创新性发展，赋予中国传统诚信文化以新的生机活力。

---

① 习近平：《高举中国特色社会主义伟大旗帜　为全面建设社会主义现代化国家而团结奋斗——在中国共产党第二十次全国代表大会上的报告》，人民出版社 2022 年版，第 22 页。

三、提倡和弘扬讲信修睦，有助于规范经济活动，形成诚实不欺、公平交易的道德氛围和社会环境

中华优秀传统文化认为，讲信修睦是社会经济活动正常运行的道德保证之一。谋取正当利益，无可厚非，然而"君子爱财，取之有道"，不能靠欺诈等歪门邪道谋利。孔子说："富与贵，是人之所欲也，不以其道得之，不处也。"（《论语·里仁》）管子提出："非诚贾不得食于贾。"（《管子·乘马》）意指不讲诚信的商人不能从事商业活动，以商谋生。古人还说："允哉允哉，以言非信则百事不满也。"（《周书》）"货真价实""童叟无欺"的传统美德，虽然是自然经济条件下的产物，但即便在今天，它们对繁荣社会主义市场经济仍然具有不可忽视的重要价值。

首先，对社会经济活动而言，提倡和弘扬讲信修睦有利于规范经济行为，推动和保障社会经济活动的正常运转。经济的发展并不仅仅靠经济规律来保障，它往往受人的影响。事实上，经济关系反映的依然是人与人的关系。讲信修睦是为人之道、兴业之道，它不仅具有道德价值，也具有经济价值，是一种重要的经济资源。以诚信为本，事业才能成功；以和睦为道，经济才会繁荣。对现代市场经济而言，市场经济是通过公平竞争与合作的经济交往关系来实现资源有效配置的经济方式，是一种以等价交换为基本特征的经济形式。与以计划为基础进行资源配置的计划经济不同，市场经济中的行为者都是自由的主体，其双边或多边的交易行为不再受上级部门指令的限制约束，因而经济行为中的诚信也就显得尤为重要。在双边或多边交易中，诚信的链条一旦断裂，就会给行为双方或多方造成利益损失，并造成市场运行机制的破坏和市场秩序的混乱。因此，在市场经济建立和发展的过程中，诚信是一种不

可或缺的重要经济资源，它不但具有重要的道德价值，也具有重要的经济价值。可见，市场经济本质上也是一种信用经济和道德经济。随着市场经济的发展，交换关系日益复杂，市场秩序越来越需要信用来维持。比如市场经济中最为复杂的关系之一就是由一般商品交换发展来的借贷关系，这种关系也被称为信用经济，是社会生产发展到较高阶段的表现。在借贷关系的维系中，需要诚信理念的倡导和制度的规范。在现实经济活动中，见利忘义、坑蒙拐骗的情况并不鲜见。大力倡导、宣传和弘扬讲信修睦理念，对于规范社会经济行为，推动和保障社会主义市场经济的发展和正常运作大有益处。

其次，对市场运行主体而言，提倡和弘扬讲信修睦可以减少企业交易成本，提高企业经营效益。美国诺贝尔经济学奖获得者科斯提出了"交易成本"的概念。他认为，当今时代要达成任何一项经济交易，都要付出包括时间、精力和金钱在内的各种费用以进行市场调查、信息获取、质量检查、防伪识伪和合同签订等。导致企业在生产环节以外增加交易费用的原因固然很多，但其中一个重要原因就是社会诚信的缺失。因为坑蒙拐骗、假冒伪劣、背信弃义乃至欺诈与"杀熟"等现象盛行，企业在进行交易的时候不得不把与其相对的一方先假定为一个骗子，然后对其进行一系列的信用调查，对其产品质量进行检查，同时与其签订供销合同并公证。即使是在交易的每个环节，也要不厌其烦地与其订立书面协议或请双方共同承认的证人在场。否则，企业一旦上当受骗，所造成的损失将更大。这样，企业在进行每笔交易的时候几乎都要多花上一倍甚至几倍的人力、物力与财力。因此，在丧失了诚信的市场环境中，整个社会必然充斥着假货、欺诈，以及随之而来的各种矛盾和纠纷，企业的交易成本必然大大增加，市场经济的顺利发展必然受到影响。相反，在一个讲求诚信的市场环境中，交易的双方都能够做到诚实不欺、信守承诺、遵循契约，这样就无需花费太多的人力、物力和财力去提防对方。企业的交易成本节约了，经济效益自然也就提高了。对企业而言，在市场竞争中，讲信修睦不仅是一种道德要求，也是生财之道。因为企业要赢利，首先就要把自己的产品销售出去，只有产品被消费者购买了，才能实现所生产的产品的价值。因此，企业要赢利，归根结底是要争取消费者。而对消费者来说，最关心的莫过于获得可靠的商品和服务。可见一个企业能否赢利，最终还是取决于该企业的信誉。企业要赢得良好的信誉，除了依靠先进的技术、新颖的产品、灵活的营销手段，最根本的是要靠产品的质量取信于消费者。当今，越来越多的人已经认识到，诚信是市场主体参与经济活动的通行证，是企业的无形资产。市场经济愈发达，就愈需要讲求诚信精神。企业只有诚信为本，货真价实，才能得到社会的认同，从而实现利益共享、互惠共赢，社会才能良性运行，健康有序发展。

四、提倡和弘扬讲信修睦，有助于构建新型国际关系，创造和谐美好的人类文明新秩序

"意诚而后心正，心正而后身修，身修而后家齐，家齐而后国治，国治而后天下平。"讲信修睦不仅是为人之道、为政之道，也是处理国际关系的准则。国与国之间，只有以诚信相交，才能和平安宁。习近平总书记指出："中国已经开启全面建设社会主义现代化国家新征程。我们愿同各方一道努力，秉持真正的多边主义，讲信修睦，合作共赢，向着推动构建人类命运共同体的目标稳步迈进。"① 讲信修睦，以和为贵，实现和平发展、共同发展，一

---

① 习近平：《共克时艰，同谋发展，携手谱写远东合作新篇章——在第六届东方经济论坛全会开幕式上的致辞》，《人民日报》2021 年 9 月 4 日。

直是中华优秀传统文化的内在基因，其在中华民族几千年的历史发展中延续、传承，成为具有代表性的文化基因与文化符号。纵观当今世界，和平与发展仍是时代主题。随着社会的发展，国际交往日益频繁，建立公正合理、互诚互信的国际新秩序的呼声日益高涨。恃强凌弱、零和博弈是行不通的，面对局部地区冲突、疫情、环境保护等全球重大问题，没有人能够独善其身，也没有哪个国家能够独立面对。以诚待人、讲信修睦、和平共处、共同发展、美美与共，构建人类命运共同体，才是人类追求幸福生活的真正出路。

中国共产党历来践行讲信修睦的价值理念，对内取信于民，对外为人类谋进步，为世界谋大同。20 世纪 50 年代，中国政府为了发展同新兴民族国家尤其是邻近民族国家的关系，提出"和平共处五项原则"，并将其扩展为处理国与国之间关系的基本准则，为推动建立新型国际关系作出了历史性贡献。1964 年，中国政府宣布以平等互利、不附带条件为核心的对外经济技术援助的八项原则。此后，中国同多个发展中国家建立起了经济技术合作关系，援建了坦赞铁路、毛里塔尼亚友谊港、中非友谊医院等一大批重大基础设施。这一时期，中国克服自身困难，为其他发展中国家争取民族独立和发展民族经济提供了最大限度的支持。改革开放和社会主义现代化建设新时期，中国共产党科学判断时代特征和国际形势，认识到和平与发展是当今时代的主题。中国共产党坚持维护世界和平、促进共同发展的外交宗旨，调整同主要大国的关系，发展同周边国家的睦邻友好关系，深化同广大发展中国家的友好合作，积极参与国际和地区事务，建立起全方位、多层次的对外关系新格局。这一时期，中国同外部世界的互动日益频繁，外交体制机制建设也日益完善，逐渐走出一条新型大国外交之路，为世界范围内国家与国家之间的交往开辟了新的路径。进入新时代，面对复杂的国际形势，以习近平同志为核心的党中央统筹中华民族伟大复兴战略全局和世界百年未有之大变局，创造性地提出构建人类命运共同体的理念，为创造和谐美好的人类文明新秩序提供了"中国方案"。人类命运共同体的价值理念反映了包含"讲信修睦"在内的中华优秀传统文化价值理念，顺应了人类社会发展进步的时代潮流，成为新时代中国外交的一面鲜明的旗帜。经过党中央不懈努力，新时代中国特色大国外交不断开创新局面，构建人类命运共同体取得丰硕成果。在双边层面，我国与老挝、巴基斯坦、柬埔寨、泰国等国家就构建双边命运共同体发表行动计划、联合声明，在一些领域，达成重要共识；在区域层面，推动构建中国—东盟、中国—中亚、上海合作组织等命运共同体；在跨区域层面，推动构建中非、中阿、中拉、中国—太平洋岛国等命运共同体；在全球治理层面，推动构建网络空间命运共同体、核安全命运共同体、人类卫生健康共同体、全球发展共同体、人与自然生命共同体、地球生命共同体等。不同层面的共同体建设，推动了我国与越来越多的国家不断深化利益合作，愈加相知相亲。十余年来，人类命运共同体多次被写入联合国、上海合作组织、金砖国家组织等多边机制决议或宣言，其承载的要和平不要战争、要发展不要贫穷、要开放不要封闭、要合作不要对抗、要团结不要分裂、要公平不要霸凌的价值选择越发深入人心，为超越冷战思维、探索对话合作新模式、共谋和平发展新未来描绘了美好蓝图。

习近平总书记关于"构建人类命运共同体"的理念，进一步将"讲信修睦"的思想提升到了人类共同价值追求的高度，为国与国之间关系的发展，为人类命运共同体理想的实现提供了思想引领。实践证明，互利合作必将取代零和博弈，多边主义必将战胜单边主义。当前，国际形势继续发生深刻复杂之变化，百年未有之大变局加速演进，中国共产党始终以博大的胸襟和宽广的视野应对各种问题挑战，讲信修睦、胸怀天下，必将带领中国与世界携手，合作共赢，创造全人类更加美好的未来。

第十章

亲仁善邻

——休戚与共地球村

在新时代，人与人、国与国之间的关系处理是一个需要认真应对的课题。随着科学技术的日益发达，国与国之间的空间限制早已被打破，地球已经紧密结合为一个"村落"。虽然国与国的交往愈来愈便捷、密切，合作愈来愈频繁，但冲突也呈现出加剧的态势，且有着日益多样的发展趋向。各国人民共存于同一个"地球村"，彼此间的命运捆绑在了一起，毫无疑问，建设好这一"命运共同体"符合各国人民的共同利益。如何建设好我们的"地球村"呢？古老、优秀的中华文明可以提供宝贵的中国智慧与中国方案。习近平主席在 2019 年亚洲文明对话大会开幕式上的演讲中明确指出："亲仁善邻、协和万邦是中华文明一贯的处世之道。"[①]在这里，习近平主席把我国在新时代的外交思想浓缩于"亲仁善邻"这一词语上。"亲仁善邻"理念源远流长，彰显着中华民族的厚重品格和高明智慧。

---

　　① 习近平：《深化文明交流互鉴　共建亚洲命运共同体——在亚洲文明对话大会开幕式上的主旨演讲》，《人民日报》2019 年 5 月 16 日。

第一节　中华民族亲仁善邻的美德传统

　　"亲仁善邻"最早见于《左传·隐公六年》，云："往岁，郑伯请成于陈，陈侯不许。五父谏曰：'亲仁善邻，国之宝也。君其许郑！'"这里记载的是春秋初期的一起外交事件：鲁隐公六年（前717）之前的某一年（具体年份不详），郑庄公主动来同陈桓公修好，但是由于当时郑国正与周朝交恶，而陈桓公恰恰颇得周王之宠，又加上其时郑国的实力也并不甚强大，因此陈桓公并不想接下郑庄公抛出的橄榄枝。在这个时候，陈桓公的弟弟、陈国的执政大臣五父就出言劝谏，说出了"亲仁善邻，国之宝也"这一千古名言。"亲仁善邻"的意义并不难理解，即"亲近仁者，善待邻居"的意思。在这则彪炳史册的"立言"中，五父还指出了"亲仁善邻"的价值所在，是"国之宝也"，是一个国家用来立国的根本大法、金科玉律。

　　可惜的是，陈桓公并没有听从贤臣的劝谏，而且还辩解："宋、卫实难，郑何能为？"意思是，像宋国、卫国这样的强国确实是我们的大患，但像郑国这样的弱国又能兴起多大风浪呢？然而，自鲁隐公元年（前722）之后，郑国却出乎陈桓公意料地慢慢崛起，渐渐有霸主之势。因此，也就有了后来《左传·隐公六年》的记述："五月庚申，郑伯侵陈，大获。"陈桓公未听忠良之言而造成了严重的后果，被自己当时所轻视且没有亲善以待的邻居郑庄公打败了。

　　"亲仁善邻"虽然是春秋时期五父首先提出，但其理念早已深入人心。我国现存最早的史书——《尚书·蔡仲之命》里就说："皇天无亲，惟德是辅。"中国人自古以来就重伦理、倡仁德，上至君王、下至庶民莫不奉为圭臬。因此，自夏商以来，中原王朝一直认为其对周边"化外之地"的民众负有教化、安抚的责任。中国人向来有大一统的观念，又深受礼乐文化影响，所以从周朝开始，在天子与诸侯之间、中央政权与周边少数民族政权或其他邻国之间建立了朝贡体系。中央政权一般只要求藩属国遵奉自己为正朔即可，允许其完全自治，并且始终致力于通过自身的文明来对他们进行感化。这种宗主国与藩属国之间的关系是和谐的，即所谓"王者不治夷狄，录戎来者勿拒，去者勿追也"（《经学通论》）。这样来看，中华农耕文明的仁德观、礼制观、一统观、教化观是"亲仁善邻"理念生成的基础。所以，五父在提出"亲仁善邻"时绝不是心血来潮，反而让人称叹不已。

五父之后的孔子也专门指出："远人不服，则修文德以来之。既来之，则安之。"（《论语·季氏》）这正是对"亲仁善邻"的最佳解释。墨子也说："天之意，不欲大国之攻小国也，大家之乱小家也。强之暴寡，诈之谋愚，贵之傲贱，此天之所不欲也。"（《墨子·天志》）这是从天人合一的角度指出了"亲仁善邻"思想的合理性。春秋时期有着丰富外交经验的管仲则指出："夫国之存也，邻国有焉；国之亡也，邻国有焉。邻国有事，邻国得焉，邻国有事，邻国亡焉。"（《管子·霸言》）这实际上指明了邻近国家之间有一种相互依存、休戚相关，乃至唇亡齿寒、荣辱与共的关系。管仲从现实主义的角度为"亲仁善邻"思想做了最好的论证。管仲还论述了不遵从"亲仁善邻"所带来的灾祸："诸侯皆令己独孤，国非其国也；邻国皆险己独易，国非其国也……亡国之征也。"（《管子·霸言》）法家代表人物韩非子也说："恃交援而简近邻，怙强大之救而侮所迫之国者，可亡也。"（《韩非子·亡征》）这都从反面力证了"亲仁善邻"理念的正确性。

自从五父第一次明确提出"亲仁善邻"的理念之后，其便在中华大地上广泛传播。时至今日，自"亲仁善邻"演变而来的"以邻为善""以邻为伴""远亲不如近邻"等早已成为妇孺皆知的日常口头语，成为中国人血脉里的文化基因。在庙堂之上，帝王将相则将"亲仁善邻"视为外交的重要原则，这可见于历朝历代的典籍记载。由此，"亲仁善邻"的语义架构也变得立体化起来。

在《春秋·桓公七年》里有这样的记载："夏，谷伯绥来朝，邓侯吾离来朝。"这儿所说的是鲁桓公七年（前705）的一则史实：南方靠近楚地的谷、邓两个诸侯小国来鲁国朝礼。众所周知，《春秋》微言大义，就这一小段简明扼要的记述而言，其中竟然直接列出了谷、邓两国国君的名字"绥"和"吾离"，这是不符合通行礼仪的。正如《礼记·曲礼》所言："诸侯不生名。"《左传·桓公七年》即对此直言不讳、一针见血："七年春，谷伯、邓侯来朝。名，贱之也。"就是说，对这两个国君直呼其名就是要表达一种轻蔑的态度。对于其原因，在《春秋左传正义》里，汉儒服虔评注道："谷、邓密迩于楚，不亲仁善邻以自固，卒为楚所灭。无同好之救，桓又有弑贤兄之恶，故贱而名之。"看来，这两个国家并不是奉行睦邻友好原则的仁义之国，因为这两个国君竟然不同临近的国家（包括楚国）交好，而是大老远地跑到远在北方的鲁国来朝礼，当时的鲁桓公又有弑兄的恶名在外，并算不上什么仁者，所以这种行为既非善邻、又非亲仁。结果就是，两国在危难的时刻没有友邻出来救助，最终国破家亡。可以说，服虔的注解具体化地说明了亲仁善邻的功能，即奉行亲仁善邻的原则可以使国家远离内忧外患、保持稳定。

西汉大儒董仲舒明确表达了对于"霸道"的反对、对于"王道"的首肯："夫仁人者，正其谊不谋其利，明其道不计其功。是以仲尼之门，五尺之童羞称五伯，为其先诈力而后仁谊也。"（《汉书·董仲舒传》）在这里，春秋五霸成为被批评的对象，利益、功业不是国君追求的目标，而仁德、正义才是国君所要遵奉的大道。《史记》也直言不讳："恃德者昌，恃力者亡。"汉初西北匈奴大乱，西汉朝廷有很多人主张乘机出兵歼灭之，御史大夫萧望之却持反对意见，说："今而伐之，是乘乱而幸灾也，彼必奔走远遁。不以义动兵，恐劳而无功。宜遣使者吊问，辅其微弱，救其灾患。"（《资治通鉴》）这番说辞也正是在倡导亲仁善邻的理念，当时在位的汉宣帝最终采纳了其建议，不仅不趁势出击匈奴，还帮助匈奴平叛。最终的结果自然是好的："四夷闻之，咸贵中国之仁义……必称臣服从，此德之盛之。"（《资治通鉴》）这是"亲仁善邻"外交思想在理论上的完善与实践中的胜利。

两汉以后，天下纷乱，这在客观上也加快了中华各民族之间的接触、交往以至融合。而亲仁善邻这一中华传统美德也开始向各少数民族传播。

比如，在《晋书》里有这样的记载："段辽与皝相攻，裕谏曰：'臣闻亲仁善邻，国之宝也。慕容与国世为婚姻，且皝令德之主，不宜连兵构怨，凋残百姓。臣恐祸害之兴，将由于此。'"这里所记述的是十六国时期鲜卑族七部中的两部进行交涉的一段历史。当时两部互相劫掠、征战不休，于是段部的臣子阳裕就向其首领段辽进行劝谏。阳氏一族是西晋末年在北方崛起的名门望族，作为其后裔，阳裕自然也深受汉文化的熏染。在上述历史名谏中，阳裕重复了春秋时期五父"亲仁善邻，国之宝也"的原话。接着，他又贴合现实进行了解释与分析：他先指出两国世代通婚，彼此的领土与人口犬牙交错，是命运捆绑在一起的邻居——其潜台词自然是"要善待之"；然后，又说慕容部的首领慕容皝是个"令德之主"，也就是一个"仁者"——其潜台词当然是"要亲近之"。接下来，阳裕又进一步指出了"亲仁善邻"的反面必然是"连兵构怨"，其影响是"凋残百姓"，其后果则是"祸害之兴"。通过这一段记载，我们可以了解到，阳裕对于段部首领段辽可谓是循循善诱，努力向其灌输"亲仁善邻"的仁政思想，试图对其进行感化，可以说是当时民族文化交融的一大例证。

这一段史实也可见于《资治通鉴》的记载："辽数与皝相攻，裕谏曰：'亲仁善邻，国之宝也。'况慕容氏与我世婚，迭为甥舅，皝有才德，而我与之构怨；战无虚月，百姓凋弊，利不补害，臣恐社稷之忧将由此始。愿两追前失，通好如初，以安国息民。"这段记述与《晋书》的差别并不大，只是对慕容皝的评价由"令德之主"变为"有才德"；对于不亲仁善邻的恶劣影响也进行了更为细化的描述与分析："战无虚月，百姓凋弊，利不补害。"

不过，刚愎自用的段辽最后并没有接受"亲仁善邻"的理念，反而还把阳裕罢黜外放。后来慕容皝建立前燕，联合后赵石虎一同出兵讨伐段辽，刚愎自用的段辽不得不向前燕投降。慕容皝毕竟是一代明君，仍以上宾之礼对待之。不过，段辽当初不听从阳裕"亲仁善邻"的建议，足见其人不仁不义，在投降而得到礼遇之后，其狼子野心并不能平息，后又要谋反，被击败后终于落得身首异处的下场。

纷乱的南北朝以后是繁盛的隋唐时期，尤其是唐王朝，实力空前强大，但也甚少主动使用武力向外侵略，而是对周边的邻国采取羁縻政策，进一步发展、完善延续下来的朝贡体系。唐太宗李世民甚至被尊为天可汗，这一称呼的背后，事实上体现了"亲仁善邻、协和万邦"战略的成功。对此，唐太宗说："自古帝王虽平定中夏，不能服戎、狄……"又云："朕所以能及此者……自古皆贵中华，贱夷、狄，朕独爱之如一，故其种落皆依朕如父母。"（《资治通鉴》）唐太宗可谓文治武功俱佳，是"亲仁善邻"思想的继承者与贯彻者，他对这一理念的执行可以说达到了极好的效果。

被李商隐誉为"万古良相"的李德裕在《与黠戛王书》里写道："然犹恐奔窜，尚有凶奸。又虑侵彼封疆，将复仇怨，国王亦须严为备拟，善设机谋，同务讨除，尽其根本，无贻后患，勉继前修。亲仁善邻，惟彼与此，勿谓遐远，常存寤思。"这是给西域黠戛斯族首领所写的一封国书，其中涉及西北边疆一段颇为耐人寻味的历史：黠戛斯人在公元 840 年击败回鹘汗国，取而代之，建立了黠戛斯汗国，成为唐王朝在漠北交往的首要对象。但是回鹘族的残存势力在亡国之后仍然四处流窜，其中一部南迁回鹘，对唐王朝造成一定程度的骚扰。所以，在这封信中，当时的唐朝统治者即明确向黠戛王提出了对回鹘人斩草除根的要求。但另一方面，唐王朝又向黠戛斯人宣扬了"亲仁善邻"的国家交往准则：咱们彼此之间要"亲"、要"善"，因为我们是"邻"。这是中原民族向其他民族传播"亲仁善邻"外交思想的又一次努力。后来黠戛斯人一直派遣使臣到长安朝贡，以及商讨册封可汗一事，双方没有"缔怨连祸"，并最终与唐王朝一起彻底击溃回鹘部残余势力，在宣宗时期，黠戛斯首领被正式册封为"英武诚明可汗"。行事不违亲仁善邻之道的黠戛斯人可谓治国有方，不但所求有得，而且国运昌隆，得享国祚百年之久，乃至在唐朝灭亡后仍存续了近三十年。唐王朝与黠戛斯汗国的交往可称得上是亲仁善邻的千古典范。

到了宋代，以黄河为界的南北地区实则已经形成了比较稳定的文化共同体，史书中也认可了这一点。如《辽史》中有这样的记录："三皇、五帝宽柔之化，泽及汉、唐。好生恶杀，习与性成。虽五代极乱，习于战斗者才几人耳。宋以文胜，然辽之边防犹重于南面，直以其地大民众故耳。卒之亲仁善邻，桴鼓不鸣几二百年。此辽之所以为美也欤。"这一段记述可以说论述了"亲仁善邻"思想的渊源，"宽柔""好生恶杀"等理念皆是自三皇五帝伊始而一脉相承、绵延赓续下来的，其中"习与性成"更是直接点明"亲仁善邻"实则早已成为中华民族稳定的文化基因。

辽国虽为契丹族所建立，但其疆域囊括了今日的华北、西北等大片区域，这一区域，历经魏晋南北朝、隋唐、五代十国以后，已成为多民族聚居地区。在思想文化上，契丹族自从中唐时期独立出来以后，摆脱了单一的游牧民族特性，饱饮了中原文化的甘露。北宋和辽国之间签订了澶渊之盟，保障了南北两地上百年的和平稳定与富裕繁荣。澶渊之盟签订后不久，辽国又与西夏国结成了同盟，再加上宋夏和盟，从而在中华大地上形成了宋辽夏三足鼎立的稳定局面。《辽史》这段记叙称赞辽国，使用了"亲仁善邻"这一赞语，而且非常形象地刻画了"亲仁善邻"这一外交原则对于辽国的效用：在内没有击鼓鸣冤，在外没有鼓角争鸣——实可谓大治之境界。

能够在史书中担得起"亲仁善邻"这四字评语的，其人必定是圣主，其世必定是盛世。当时与北宋签订澶渊之盟的辽国皇帝是辽圣宗——庙号能用"圣"字的，在中华五千年文明史上仅两人而已：一个是清圣祖康熙皇帝，其文治武功自不需多说，是康乾盛世的开创者；另一个就是辽圣宗耶律隆绪皇帝。耶律隆绪在外交上的主要贡献就是签订和维持澶渊之盟，保障了宋辽之间一百多年的和平稳定。在外交上能够做到亲仁善邻的君主，在内政上也必然爱民如子。在这段"亲仁善邻"外交理念得到充分贯彻的时期，我国南北两地均出现了太平之治。

到了明朝，明太祖朱元璋完成统一以后，一改前朝统治者铁骑征服天下的路线，重拾亲仁善邻的中华传统美德。对于周边的邻国，他认为："彼既不为中国患，而我兴兵轻伐，亦不祥也。吾恐后世子孙倚中国富强，贪一时战功，无故兴兵，致伤人命，切记不可。"（《皇明通纪》）他甚至还列了一份名单，列出了十五个"不征之国"。他通过亲仁善邻以协和万邦："凡日月所照，无有远迩，一视同仁，故中国尊安，四方得所，非有意于臣服之也……方与远迩相安于无事，以享太平之福。"（《殊域周咨录》）而明朝最为人津津乐道的莫过于"郑和下西洋"。可以说，郑和下西洋促进了明朝的外交盛世，至于其目的，《南京弘仁普济天妃宫碑》云："宣教化于海外诸番国，导以礼义，变其夷习。"每到一地，郑和都会宣读明成祖的敕谕："不可欺寡，不可凌弱，庶几共享太平之福。"（《郑和家谱》）这都是中华传统外交思想中教化观、睦邻观的体现。实际上，当时中国无论是在造船工艺还是在航海技术、海战能力上都居于世界领先的位置，但从 1405 年到 1433 年长达二十八年的时间内，郑和率领庞大的队伍七下西洋，历经了三十多个国家和地区，从未恃强欺弱、强取豪夺，更没有建立海外殖民地，相反还赠送了总计六百多万两白银及诸多的瓷器、茶叶、绢帛等物品。学者刘长允在《大中华赋》中赞誉道："大哉朱棣，伟哉郑和。宝船七下西洋，惊涛巨浪不为阻；嘉会数十友邦，只将仁爱布四方。"[1]

在兵荒马乱、内外交困的民国时期，中国"亲仁善邻"的旗帜也并未因国内、国际的一派乱象而稍有褪色。1921 年，中国代表团应列宁邀请前往苏联参加会议，其间看到了乌拉尔河两岸的饥荒惨象，尽管自己的国家积贫积弱，但一部分有识之士决定主动发起救济，于 1921 年 12 月 23 日在北京成立了"中华民国俄国灾荒赈济会"，中华民国第一任民选总理、著名教育家熊希龄被推举为董事长。熊希龄在 1922 年 2 月 28 日的《北京大学日刊》上撰文说："我国人最富于慈善性，凡是亲仁善邻、救灾恤患，一切美德，从不让人独步的。……要是先顾自己，不管他们的死活，不独于理不顺，问心也有不忍……须知恤邻，即为爱国，济人之急，正是为自己造福。现在都知道维持国际的名誉，这救济俄灾，正是国民的外交……"这里说得很明白，亲

---

① 刘长允：《大中华赋》，中华书局 2010 年版，第 28 页。

仁善邻是正大之理，利己而利人，是外交中应遵守的准则。善邻者，邻亦善之。苏俄远东共和国赈济总会会长后来发回电报，回应说："中俄两国政府从前固不免有误会冲突之事……中国救济俄国灾民，正使俄国人民了然中国对俄国不衔旧怨，且不以俄前政府之失计而归咎其民，确信中国陆续赈济俄灾民，足以使两国邦交益臻巩固。"

第二节　亲仁善邻的深刻内涵及其创造性转化、创新性发展

"亲仁善邻"有深刻的内涵、丰富的意蕴，其在新时期通过中国共产党的创造性转化、创新性发展，历久弥新，愈来愈展现出蓬勃的生机活力。

一、"亲仁善邻"的深刻内涵

首先需要阐明的是："亲仁善邻"一般应用于处理国与国之间的外交关系。但是，从字面上来看，"亲仁善邻"是处理人际间关系的行为准则，并没有专门限定于国际交往领域。实际上，人群与人群、民族与民族、国家与国家之间的交往不过是个体与个体之间交往的逐级延展罢了，其性质并没有根本的不同，都是"处理人与他人之间的关系"。也因此，现代国际关系理论学者汉斯·J.摩根索形象地将国家称呼为"政治人"。至于各个层级的交往所要贯彻的理念、原则、目的等，显然又都受主流的社会文化、学术、思想的支配。基于此，我们可以说，一国之内的人际交往规则与国际交涉规范是同构同频、全息对应的。

"亲仁善邻"这一思想是以一个国家或民族深厚的文化、学术、思想底蕴作为依托的，二者之间是个体与整体或者说是个案与全局的关系，而且这一关系是辩证的：前者根源于后者，后者通过前者得以体现并受其"反哺"；虽然是局部与整体，但二者却不可分割，而是相辅相成，相得益彰。毋庸置疑，这一辩证关系是厘清"亲仁善邻"深刻内涵的抓手。

从结构上来看，"亲仁善邻"由两部分组成——"亲仁"和"善邻"，在字面上分别是"亲近仁者"和"善待邻居"的意思。这两个子范畴的各自含义及其关联显然就是我们理解、把握其组合体——"亲仁善邻"的深刻内涵的关键。

先来看"亲仁"。"亲仁"在儒学中是一个常见的、重要的概念，如《论语·学而》："弟子入则孝，出则悌，谨而信，泛爱众，而亲仁。行有余力，则以学文。"对此，邢昺解释道："'泛爱众'者，泛者，宽博之语。君子尊贤而容众。或博爱众人也。'而亲仁'者，有仁德者则亲而友之。能行己上诸事，仍有闲暇余力，则可以学先王之遗文。"（《论语注疏》）以此来看，"亲仁"的意思很明确，即"亲近仁者"的意思。

五父所生活的时代虽然比孔子要稍早一些，但可以肯定地说，他们对于"亲仁"的理解并没有原则性的差别，因此"亲仁善邻"中的"亲仁"也不外乎"亲近仁者"的意思，而如果将其应用到国家间关系的处理上，就是要"亲近仁义之国"。在前面所述的关于谷、邓两个小诸侯国的史例中，汉儒服虔就指出鲁桓公有弑兄之名，因此二国去朝礼不是"亲仁善邻"；在十六国时期阳裕谏言段辽的史例中，作者也特别指出慕容皝是个"令德之主"，因而是"亲仁善邻"的对象。这都说明了在处理国与国之间的外交事务时，"亲仁"就是"亲近仁义之国"的意思，或者说是"亲近仁义之君执掌之国"的意思。

再来看"善邻"。在五父和孔子的观念中，除了仁者之外，还存在一大批"不仁者"。不过，在论述中，孔子并没有使用"不仁"这个字眼，而是用的"众"。如何恰当地同"仁者"与"非仁者"这两类不同的人交往呢？在孔子看来，对待二者的态度、方式、原则、理念等要有所区别，即"泛爱众，而亲仁"：对待仁者，自然要亲近；而对于称不上道德高尚的一般大众，孔子不再提"亲近"二字，也没有将其视为要厌弃、憎恨、攻伐的对象，而是提出要对他们予以"友爱"。

在这里，"亲"和"爱"之间的区别是显而易见的。"亲"无疑是密切交往、密切交际，而"爱"只体现为一种友好、爱护的态度。至于如何在实践中加以体现，对人是否要密切交往以及如何交往，则是需要细化考量的。

孔子的弟子显然也意识到了这个问题，在《论语·子张》里有这样的记录："子夏之门人问交于子张，子张曰：'子夏云何？'对曰：'子夏曰：可者与之，其不可者拒之。'子张曰：'异乎吾所闻。君子尊贤而容众，嘉善而矜不能。我之大贤与，于人何所不容？我之不贤与，人将拒我，如之何其拒人也？'"子夏、子张是孔子的两个学生，他们对于师父的待人接物之道有着不同的理解，其分歧在于对"爱众"的不同解析上：子夏对于仁者与非仁者的态度是迥然不同的，对于仁者他主张"与之"，也就是孔子所说的"亲之"；而对于非仁者，子夏的建议是"拒之"——这似乎迥异于"爱之"。人们当然可以以此诘问子夏："你的老师说要'泛爱众'，你怎么能够拒绝、排斥他们呢？"实际上，要回答这一问题也很容易：内心采取友爱的态度，外在行为上却避而远之，二者可以并存。所以，从这一角度来看，子夏的"其不可者拒之"并未违背孔子"泛爱众"的教言。

但是，子张显然持有不同的观点，其对于子夏的回答毫不客气地提出了批评："这怎么和我从老师那儿听到的不一样啊！"子张认为，

"尊贤而容众，嘉善而矜不能"。"尊贤"与"嘉善"自然是"亲仁"的同义词，无需赘言。让人眼前一亮的是，孔子的"爱众"在子张这里变成了"容众""矜不能"。如果说对于能力低下者的怜惜、悲悯（"矜不能"）主要表达的还是一种主观态度、内在心理的话，那么对于一般民众的宽容显然就涉及外在的行为了——既然是"容"，自然就有接触，而且是以和平、和谐的方式进行的。这与子夏断然拒斥迥乎不同。对于自己的这番认识，子张还从自我的角度给出了理由：如果我是个贤良、仁义的人，那么对于别人的过错还有什么不能容纳的呢？如果我自己不贤良、不仁义，别人便会拒绝、排斥我，我又怎么有资格来拒斥别人呢？

对于以上两种情况，我们应该如何处理呢？对此，朱熹给出了一番指示："子夏之言迫狭，子张讥之是也。但其所言亦有过高之病。盖大贤虽无所不容，然大故亦所当绝；不贤固不可以拒人，然损友亦所当远。学者不可不察。"（《四书章句集注》）朱熹的态度很明确，认为子夏的"拒绝观"过于狭隘，而子张的"容纳观"是可取的，但是他对子张的"容纳观"提出了建议：如果我自己很仁义、贤良，当然有接纳一切的胸襟，但是对于大恶之人还是要摒弃（"绝"）的；如果我自己不仁义、不贤良，当然没有摒弃别人的资格，但是对于那些只会给自己带来损害的朋友也是要远离（"远"）的。

历史上的儒家学者大都持有同子张一样的观点，如《论语集解》里包咸的批注："友交当如子夏，泛交当如子张。"在这里，包咸明确地指出了交友的"亲"和泛交的"爱"的不同。二程也认为："博施济众，乃圣人之功用。"（《二程遗书》）对于孔子"主忠信，毋友不如己者"（《论语·子罕》）的言谈，由儒入释的蕅益大师则直接指出："毋友不如己者，原不是拒人。"（《四书蕅益解》）王阳明更是说得毫不含糊："夫圣人之心，以天地万物为一体，其视天下之人，无外内

远近，凡有血气，皆其昆弟赤子之亲，莫不欲安全而教养之，以遂其万物一体之念。"（《传习录》）

道家学说也秉持对仁者亲近、对大众宽厚与容忍的态度。比如，《道德经》直接指明："善人者，不善人之师；不善人者，善人之资。不贵其师，不爱其资，虽智大迷，是谓要妙。"在老子看来，人群大致分为两类，"善人者"与"不善人者"——也就是儒家所谓的"仁者""可者"与"不可者""众"了。前者是"不善人者"的老师，当然要亲近，后者可以作为"善人者"的借鉴，自然要友爱——这与上述儒家"泛爱众，而亲仁"的观念何其相似！对于"拒绝观"，老子更是旗帜鲜明地表示了反对："善者吾善之，不善者吾亦善之，得善。"（《道德经》）也就是说，对于"不善者"，我们还是要善待他们，否则怎么能够称得上是有真正的纯良美德呢？此外，"挫其锐，解其纷；和其光，同其尘，是谓玄同"（《老子衍》）所传达的也是同样的意旨。时至今日，"和光同尘"早已成为中国人所认可、所接受的原则。

实质上，五父所说的"善邻"也就是孔子说的"泛爱众"、子张所说的"容众"、老子所说的"不善者吾亦善之"。至于"亲仁"和"善邻"的关系，也就是孔子"而亲仁"与"泛爱众"的关系、子张"尊贤""嘉善"与"容众""矜不能"的关系、老子"善者吾善之"与"不善者吾亦善之"的关系。

此外，我们知道，《周易》卦爻准确地描摹了人类社会以至宇宙万事万物的态势与规律，那么"亲仁善邻"是否也在其中呢？当然是的。描摹"亲仁善邻"态势的就是地雷复卦的六二爻。

这一重卦是由坤（地）和震（雷）两个经卦组合而成，卦名为复。这一卦的卦画还是颇为醒目的，因为只有最下面的初爻是阳爻，上面的五爻全是阴爻。这样的架构叫作"一阳来复"，表示阳气开始复苏、复兴。对应的二十四节气就是冬至，这一天被称为"冬至一阳生"。

复卦的六二爻（也就是自下往上数的第二个阴爻）的爻辞是："休复。吉。"（《周易·复卦》）意思就是：这是最为美好的复兴，是吉利的。对这一爻辞加以解读的象辞是："休复之吉，以下仁也。"（《周易·复卦》）也就是说：为什么这一爻能够代表美好的复兴呢？这是人能够放下身段、亲近仁者的缘故啊！曹魏时期的王弼对于此爻的意旨可谓解释得当："得位处中，最比于初……在初之上而附顺之下，仁之谓也。既处中位，亲仁善邻，复之休也。"（《周易注》）这就是说，这一爻既为阴爻，又居于第二的阴位，以阴居阴，是为"得位"，有"柔弱胜刚强"之地利；而初九爻是全卦唯一的阳爻，恰恰相当于"人中之仁者"，而六二爻虽然位居其上，却能够谦下而俯就、随顺它，正是"亲仁"之意；六二爻又居于下卦的中间位置，所以既中且正，能够顺应天时，不但主动亲近仁者，"志从于阳"（《康熙御纂周易折中》），还友好地善待另外四个阴爻，因此又得人和。基于这样的一种象数理解，名之为"亲仁善邻"，可谓恰如其分。

这样的一种象数理解，也正好证明了我们在前面所得出的认知："仁"和"邻"——也就是孔子所说的"仁"和"众"是不一样的，代表"仁"的是阳爻，有仁义之盛德，是光明正大的仁人君子，而"众"或"邻"是阴爻，自然就流于泛泛了。此外， "亲"和"善"——也就是孔子所说的"亲"和"爱"也是不一样的，因为唯一的初九阳爻是全卦之重心，得天时、地利的六二爻自然是尽力地贴近它、亲密它，而至于另外的四个阴爻，由于远近、关联不同，则可以依据具体条件而友好地交际。由此也可发现， "亲仁"和"善邻"——也就是孔子所说的"亲仁"和"爱众"是一种并列的关系，是依据人、人群的不同特点而采取的有区别的对待态度与处理方式。

二、"亲仁善邻"的创造性转化、创新性发展

鸦片战争以后，中国沦为半殖民地半封建社会，自此中国人在一百多年的时间里饱受帝国主义与外国列强的欺凌，但中国人爱好和平的本性从未改变，依然秉持"亲仁善邻"的对外交往理念。

1949 年，随着毛主席在天安门城楼上的庄严宣告，中国人民从此站起来了。在新成立的人民当家作主的中华人民共和国，"亲仁善邻"的外交思想与时俱进，有了新的表述形式，即"和平共处五项原则"：互相尊重主权和领土完整、互不侵犯、互不干涉内政、平等互利、和平共处。和平共处五项原则是周恩来总理在 1953 年 12 月于北京接见印度谈判代表团时首次系统提出的，是针对新中国成立之际的时代条件而作出的适应、改良与细化："主权""领土""内政"等是现代国家的核心利益所在，"尊重""不侵犯""平等""和平""互利""共处"等正是"亲善"的细化，而四个"互"字和一个"共"字则强调了"亲善"的交互性。

改革开放以后，我国依然奉行以和平共处五项原则为基石的独立自主外交政策，基于"和平与发展"的时代主题，又秉持互利共赢的外交理念。进入 21 世纪以后，随着时代条件与世界形势的进一步变化，我国外交也面临着新机遇和新挑战。2002 年，党的十六大确立了"与邻为善，以邻为伴"和"睦邻、安邻、富邻"的外交方针。这可以看作是对"亲仁善邻"理念的进一步继承和发展。

党的十八大以后，中国特色社会主义进入新时代。新时代的外交工作要与时俱进，契合新时代的条件。2017 年岁末，习近平总书记在驻外使节工作会议上的讲话中明确指出："中国特色社会主义进入了新时代。做好新时代外交工作，首先要深刻领会党的十九大精神，正确认识当今时代潮流和国际大势。放眼世界，我

们面对的是百年未有之大变局。"① 正是在这样一种百年未有之大变局的情势下，习近平总书记高度重视中华民族固有的传统外交思想——"亲仁善邻"，并且多次在重要场合中强调。2013 年 3 月，习近平主席在俄罗斯"中国旅游年"开幕式上的致辞里说："中俄两国山水相连，是好邻居、好伙伴、好朋友。亲仁善邻，国之宝也。我和普京总统一致决定，把扩大各领域务实合作作为今后两国关系发展的重点，为提高两国人民生活水平和质量提供重要推动力。"② 之后，习近平主席在博鳌亚洲论坛 2013 年年会开幕式上的主旨演讲中又特别指出："亲仁善邻，是中国自古以来的传统。亚洲和世界和平发展、合作共赢的事业没有终点，只有一个接一个的新起点。"③ 2013 年 10 月，习近平主席又强调："中华民族几千年来形成了兼爱非攻、亲仁善邻、以和为贵、和而不同的理念。"④ 2019 年 5 月，在亚洲文明对话大会开幕式上的主旨演讲中，习近平主席指出："亲仁善邻、协和万邦是中华文明一贯的处世之道，惠民利民、安民富民是中华文明鲜明的价值导向，革故鼎新、与时俱进是中华文明永恒的精神气质，道法自然、天人合一是中华文明内在的生存理念。"⑤ 2022 年 3 月，习近平主席向第三次阿富汗邻国外长会发表书面致辞，其中指出："'亲仁善邻，国之宝也'。中国一贯尊重阿富汗的

---

① 《习近平接见二〇一七年度驻外使节工作会议与会使节并发表重要讲话》，《人民日报》2017 年 12 月 29 日。

② 习近平：《在俄罗斯"中国旅游年"开幕式上的致辞》，《人民日报》2013 年 3 月 23 日。

③ 习近平：《共同创造亚洲和世界的美好未来》，《人民日报》2013 年 4 月 8 日。

④ 《习近平主席接受印度尼西亚和马来西亚媒体联合采访》，《人民日报》2013 年 10 月 3 日。

⑤ 习近平：《深化文明交流互鉴 共建亚洲命运共同体——在亚洲文明对话大会开幕式上的主旨演讲》，《人民日报》2019 年 5 月 16 日。

主权、独立、领土完整，致力于支持阿富汗实现和平稳定发展。"①
2022 年 10 月，中国共产党第二十次全国代表大会胜利召开，在二十
大报告中习近平总书记指出："坚持和发展马克思主义，必须同中华
优秀传统文化相结合……中华优秀传统文化源远流长、博大精深，是
中华文明的智慧结晶，其中蕴含的天下为公……亲仁善邻等，是中国
人民在长期生产生活中积累的宇宙观、天下观、社会观、道德观的重
要体现，同科学社会主义价值观主张具有高度契合性。"② 2022 年 11
月，在同老挝人民革命党中央总书记、国家主席通伦举行的会谈中，
习近平主席说："中老两国山同脉、水同源，自古以来亲仁善邻。
2019 年 4 月关于构建中老命运共同体行动计划签署以来，中老双
方……为共建'一带一路'和推动构建人类命运共同体提供了示
范。"③ 2023 年 6 月，在文化传承发展座谈会上，习近平总书记发表了
重要讲话，指出："中华优秀传统文化有很多重要元素……讲信修睦、
亲仁善邻的交往之道等，共同塑造出中华文明的突出特性。"④

从上面的一系列讲话中，我们可以看出，习近平总书记高度重视
发掘"亲仁善邻"的时代价值，在新时代的外交实践中充分发挥"亲
仁善邻"超载时空的持久生命力。

在坚持以"亲仁善邻"思想指导外交工作的基础之上，面对亚洲
深刻复杂变局和各国期盼，习近平总书记深刻洞察世界大势和地区发
展规律，于 2013 年 10 月，在周边外交工作座谈会上，又提出了"亲

---

① 习近平：《向第三次阿富汗邻国外长会发表书面致辞》，《人民日报》2022 年 4 月
1 日。

② 习近平：《高举中国特色社会主义伟大旗帜　为全面建设社会主义现代化国家而
团结奋斗——在中国共产党第二十次全国代表大会上的报告》，人民出版社 2022 年版，第
18 页。

③ 《习近平同老挝人民革命党中央总书记、国家主席通伦举行会谈》，《人民日报》
2022 年 12 月 1 日。

④ 习近平：《在文化传承发展座谈会上的讲话》，《求是》2023 年第 17 期。

诚惠容"的周边外交理念。

亲，指的是"要坚持睦邻友好，守望相助；讲平等、重感情；常见面，多走动；多做得人心、暖人心的事，使周边国家对我们更友善、更亲近、更认同、更支持，增强亲和力、感召力、影响力"；诚，强调"要诚心诚意对待周边国家，争取更多朋友和伙伴"；惠，重点在于"要本着互惠互利的原则同周边国家开展合作，编织更加紧密的共同利益网络，把双方利益融合提升到更高水平，让周边国家得益于我国发展，使我国也从周边国家共同发展中获得裨益和助力"；容，就是"要倡导包容的思想，强调亚太之大容得下大家共同发展，以更加开放的胸襟和更加积极的态度促进地区合作"。

"亲诚惠容"的外交理念，是新形势下中国坚持走和平发展道路的生动宣言，是对多年来中国周边外交实践的精辟概括，反映了中国新一届中央领导集体外交理念的创新发展。10年来，中国积极践行"亲诚惠容"理念，全面发展同周边国家的友好合作关系，双方政治互信不断增强，利益融合持续深化，走出了一条睦邻友好、合作共赢的光明大道。

第三节　亲仁善邻作为构建人类命运共同体的价值导向

无论过去、现在，还是未来，中华民族都是爱好和平的民族，是奉行亲仁善邻的民族。2021年10月9日，习近平总书记在纪念辛亥革命110周年大会重要讲话中明确指出："中华民族的血液中没有侵略他人、称王称霸的基因，中国人民不仅希望自己发展得好，也希望各国人民都能拥有幸福安宁的生活。"① 新时代的习近平外交思想正是以中国人一脉相承的"亲仁善邻"的文化基因为重要支撑点，其在新时代外交实践中的全面贯彻给全世界各民族带来了福祉，这都归因于"亲仁善邻"理念的强大生命力。在人类面临百年未有之大变局的严峻情形下，"亲仁善邻"可以作为构建人类命运共同体的价值导向。

一、亲仁善邻为建设新型国际关系提供了中国方案

亲仁善邻是中华优秀传统文化中蕴含的天下观、社会观、道德观的重要体现，承载了中华民族特有的宽厚与包容，是中华民族在自强不息和兼收并蓄中所形成的历久弥新的价值观念，也是中华文明的古老智慧结晶。千百年来，亲仁善邻作为中国一贯的外交之道，在构建中华民族讲信修睦、友好相处的对外关系中发挥着重要作用。

当今时代，世界正处于百年未有之大变局，在面对"世界怎么了，我们怎么办"的世纪之问时，需要我们站在全人类的前途命运的高度，以不同于其他文明的中国智慧，提供中国方案。2013 年 3 月 23 日，习近平主席出访俄罗斯，在莫斯科国际关系学院的演讲中指出："这个世界，各国相互联系、相互依存的程度空前加深，人类生活在同一个地球村里，生活在历史和现实交汇的同一个时空里，越来越成为你中有我、我中有你的命运共同体。"②

这是习近平主席在深刻把握时代潮流大势的基础上，首次提出人类命运共同体的重要理念。这一理念是对"人类社会向何处去"时代命题的深邃思考，是对建设一个更加美好世界给出的中国方案。在这

---

① 习近平：《在纪念辛亥革命 110 周年大会上的讲话》，《人民日报》2021 年 10 月 10 日。

② 习近平：《顺应时代前进潮流 促进世界和平发展——在莫斯科国际关系学院的演讲》，《人民日报》2013 年 3 月 24 日。

个方案中，处处闪耀着以亲仁善邻为代表的中国智慧、中国特色、中国基因。

亲仁善邻思想深刻影响了中国对于人类命运共同体的认知。亲仁善邻思想体现了中华民族独有的内敛和厚重，实际上是把中华民族处理内部人与人、人与社会关系的"仁""和"等理念，推广延伸到对待其他国家和民族。中华民族是高度重视道德修养、道德建设的民族，亲仁善邻就是中华民族长期以来追求的道德目标之一。中华文明将亲仁善邻等文明思想作为价值共识和族群认同标识，以不同于其他民族的中国智慧，为开创最有气象、最有格局的多民族文明，提供了生生不息、发展壮大的丰厚滋养。体现于新时代、新征程，便是中国共产党人以天下为己任的胸怀和气概，推动构建人类命运共同体这一新型国际关系和人类文明新形态。

亲仁善邻是中国倡导构建人类命运共同体的思想渊源。人类命运共同体理念植根于深厚的中华优秀传统文化，是马克思主义基本原理同中国特色大国外交实践、同中华优秀传统文化相结合的重大理论成果。2023 年 6 月 2 日，习近平总书记在文化传承座谈会上指出："中华优秀传统文化有很多重要元素，比如……讲信修睦、亲仁善邻的交往之道等，共同塑造出中华文明的突出特性。……中华文明具有突出的和平性。和平、和睦、和谐是中华文明五千多年来一直传承的理念，主张以道德秩序构造一个群己合一的世界，在人己关系中以他人为重。倡导交通成和，反对隔绝闭塞；倡导共生并进，反对强人从己；倡导保合太和，反对丛林法则。中华文明的和平性，从根本上决定了中国始终是世界和平的建设者、全球发展的贡献者、国际秩序的维护者。"① 亲仁善邻思想是中华文明突出的和平性的历史根源，中华

---

① 习近平：《在文化传承发展座谈会上的讲话》，《求是》2013 年第 17 期。

民族历史上丰富的亲仁善邻经验也为构建人类命运共同体理念的提出提供了实践支撑，从而推动亲仁善邻在与马克思主义基本原理"第二个结合"的伟大实践中，实现创造性转化和创新性发展。

中国共产党人首倡构建人类命运共同体重要理念，并致力于以此为目标建设新型国际关系，为建设持久和平、普遍安全、共同繁荣、开放包容、清洁美丽的美好世界贡献了中国智慧、中国方案、中国力量，成为推动人类发展进步的重要力量。走在建设中国式现代化道路新征程上的中国，以实际行动树立亲仁善邻标杆，引领时代方向，彰显了理性、自信、负责任的大国外交风范与担当。

二、新时代"亲仁善邻"思想的实践成效

"亲仁善邻"思想的优越性在实践层面取得累累硕果。通过前面对于历史事件的追溯，我们已经看得很明白：凡是遵循"亲仁善邻"理念的，结局都是利人利己、合作双赢；凡是抛弃"亲仁善邻"理念的，结局都是害人害己、身败名裂。

2018 年 6 月，中央外事工作会议在北京召开，这次会议最重要的成果是确立了习近平外交思想在外交领域的指导地位。这一思想概括起来主要有以下十个方面：第一，坚持以维护党中央权威为统领加强党对对外工作的集中统一领导；第二，坚持以实现中华民族伟大复兴为使命推进中国特色大国外交；第三，坚持以维护世界和平、促进共同发展为宗旨推动构建人类命运共同体；第四，坚持以中国特色社会主义为根本增强战略自信；第五，坚持以共商共建共享为原则推动"一带一路"建设；第六，坚持以相互尊重、合作共赢为基础走和平发展道路；第七，坚持以深化外交布局为依托打造全球伙伴关系；第八，坚持以公平正义为理念引领全球治理体系改革；第九，坚持以国家核心利益为底线维护国家主权、安全、发展利益；第十，坚持以对

外工作优良传统和时代特征相结合为方向塑造中国外交独特风范。①

在这"十个坚持"中，除了第一项的"党的领导"、第二项的"中华民族伟大复兴"和第四项的"中国特色社会主义"，其他七项都没有脱离"亲仁善邻"理念：第三项的"维护世界和平""促进共同发展""构建人类命运共同体"勾勒了"亲仁善邻"的宏大愿景；第五项的"共商共建共享""一带一路"表述了实施"亲仁善邻"的具体方案；第六项的"相互尊重""合作共赢""和平发展"描述了"亲仁善邻"的细化规则；第七项的"全球伙伴关系"凸显了"亲仁善邻"的普遍性；第八项的"公平正义"表达了"亲仁善邻"的道德规范；第九项的"维护国家主权、安全、发展利益"点明了"亲仁善邻"的自利性；第十项的结合"时代特征"则强调了"亲仁善邻"的与时俱进性、创造性转化和创新性发展。

"亲仁善邻则治"是经得起历史检验的铁律。党的十八大以来，以"亲仁善邻"理念为标识的习近平外交思想在外事实践中取得了卓越成就，让世人瞩目：

一是拓展、优化"朋友圈"：截至 2022 年 10 月，我国建交国总数增加到 181 个，同世界各国和地区组织建立伙伴关系的数量增加到 113 个，同 26 个国家和地区签署了 19 个自贸协定，吸引了 149 个国家和 32 个国际组织积极参与共建"一带一路"。此外，在新时代，我国推动中俄建立新时代全面战略协作伙伴关系，提出中美关系应秉持相互尊重、和平共处、合作共赢三原则，倡导中欧打造和平、增长、改革、文明四大伙伴关系，同广大发展中国家的团结合作更加密切。这说明，我国全方位、多层次、宽领域、立体化的全球伙伴关系网络基本形成。

---

① 杨洁篪：《以习近平外交思想为指导　深入推进新时代对外工作》，《求是》2018年第 15 期。

二是夯实、深化利他性：新时代以来，面对全球发展矛盾的日益凸显，习近平总书记发出"一带一路"倡议，为破解全球发展赤字、促进全球均衡发展贡献了中国智慧、提供了中国方案。如今，经过多年发展共建，"一带一路"倡议已从愿景到行动，落地生根、深入发展，形成了基建引领、产业集聚、经济发展、民生改善的综合效应，赢得了国际社会的高度关注和广泛支持，成为当今世界规模最大的国际合作平台、广受欢迎的全球公共产品和构建人类命运共同体的重要实践平台。[①] 另外，我国始终为充满不确定性的世界注入正能量，截至2022年10月，我国累计派出5万多人次参加联合国维和行动，率先实现联合国千年发展目标，带头落实联合国2030年可持续发展议程，对全球减贫贡献率超过了70%。我国以自身的新发展为世界提供新机遇，多年来为世界经济增长平均贡献率超过了30%。总而言之，中国在新时代为世界各国的共同发展作出了巨大贡献，这是不容置疑的。

三是稳固、强化自利性：得道者必多助，利他者必自利。亲仁善邻者，邻人亦亲善之。新时代以来，我国深入参与了世界贸易组织、国际货币基金组织、世界银行等国际机构的改革，坚定维护了我国以及其他发展中国家的正当权益。此外，中国已同147个国家缔结互免签证协定，持普通护照的公民免签或落地签目的地达73个，处理领事保护案件数十万。

四是提升、固化影响力：亲仁善邻者，人必信之、服之、从之。截至2022年10月，习近平总书记主持了二十国集团领导人杭州峰会、亚太经合组织第22次领导人非正式会议、2022北京冬奥会和冬残奥会、"一带一路"国际合作高峰论坛、中非合作论坛北京峰会、上海亚信峰会、中国国际进口博览会、亚洲文明对话大会、中国共产党与世界政党

---

① 参见吴志成：《新时代全方位推进中国特色大国外交的光辉成就》，《光明日报》2022年10月10日。

高层对话会、中国-中东欧国家领导人峰会等重大主场外交活动，出席了联合国成立 70 周年系列峰会和 75 周年系列高级别会议、二十国集团领导人峰会、金砖国家领导人会晤、上海合作组织峰会、亚太经合组织领导人非正式会议、世界经济论坛达沃斯年会等全球治理多边机制的元首会晤。① 在这一系列重大外交活动中，习近平总书记在和平安全、经济社会、生态文明、气候变化、文明互鉴等各个领域，全面阐述中国的国际秩序观、全球治理观、新安全观、新发展观、人权观、生态观、文明交流观等重要理念，强调亲仁善邻，坚决回击单边主义和霸凌行径。在第 75 届联合国大会一般性辩论上，习近平总书记郑重宣布中国碳达峰和碳中和目标，在气候雄心峰会上宣布中国国家自主贡献新举措。另外，在中方推动和各方积极响应与共同努力下，亚洲基础设施投资银行、金砖国家新开发银行、丝路基金等得以创立，成为具有重要国际影响力的多边金融机构。我国还积极推动朝鲜半岛、伊朗、阿富汗等地区热点问题和平解决，深入参与海洋、极地、外空、反腐败等领域规则制定，深入开展国际反恐合作，等等。这一切彰显了中国作为负责任大国的担当，正在积极推动各国团结合作、共创人类美好未来。

时至 21 世纪，人类正面临百年未有之大变局。人与自然、人与他人、人与自身的三大矛盾非但没有缓解，反而日益严重。因此，有识之士皆在寻求出路。

风物长宜放眼量。习近平总书记高瞻远瞩，审时度势，在国际交往中强调了"亲仁善邻"的重要性，呼吁传承、弘扬中华优秀传统文化，提出复兴中华民族的伟大梦想，号召构建人类命运共同体，这不仅给中国人民、更给全人类带来了福祉。我们相信，休戚与共的全人类必将因之而走向一个真正美丽、富裕、文明、和谐、平安的大同世界！

---

① 参见吴志成：《新时代全方位推进中国特色大国外交的光辉成就》，《光明日报》2022 年 10 月 10 日。

后 记

在党的二十大报告中，习近平总书记指出，中华优秀传统文化中蕴含的"天下为公、民为邦本、为政以德、革故鼎新、任人唯贤、天人合一、自强不息、厚德载物、讲信修睦、亲仁善邻等，是中国人民在长期生产生活中积累的宇宙观、天下观、社会观、道德观的重要体现，同科学社会主义价值观主张具有高度契合性"。本书围绕总书记指出的上述十个方面，从历史逻辑、理论逻辑、实践逻辑三个维度予以阐释论证，在梳理源流、讲清楚思想内涵的基础之上，重点分析十八大以来随着"两个结合"的深入开展，上述十个方面在理论、实践上的创新之处及其当代价值与历史意义。在具体撰写中，注意学术性与普及性的结合，既剖玄析微，又深入浅出，娓娓道来，以求将中华优秀传统文化的精髓、中华文明的精神标识给予生动展示。

全书编写分工如下：课题组首席专家和负责人刘长允（原山东省委副秘书长、办公厅主任，山东大学历史文化学院博士生导师）负责课题的提纲设计、结构形成、协同组织、统稿审稿；本书副主编、课题组成员张友谊（山东省委党校哲学教研部教授）负责撰写导论、第六章，并协助完成统稿审稿工作；本书副主编、课题组成员邵明华（山东大学历史文化学院教授）负责撰写第二章，并承担部分审稿工作；课题组成员颜景高（山东社会科学院哲学研究所研究员）负责撰写第一章；课题组成员许允龙（齐鲁书社编审）负责撰写第三章，并承担日常组织协调工作；课题组成员周洪新（山东省农业农村厅农村社会事业促进处处长、博士）负责撰写第四章；课题组成员魏建国（济南市委党校哲学部副教授）负责撰写第五章；课题组成员李占科（山东省委党校哲学部讲师）负责撰写第七章；课题组成员曾凡朝（齐鲁师范学院马克思主义学院教授）负责撰写第八章；课题组成员王晓明（中共济南铁路局党校副教授）负责撰写第九章；课题组成员包汉毅（山东大学外国语学院副教授）负责撰写第十章。由于书稿进度要求较紧，全体参与编写人员克服种种困难，加班加点，高质量地完成了撰写任务。

本书的编写是在白玉刚部长、分管日常工作的袭艳春副部长的关心指导下完成的，在此表示由衷的感谢。山东出版集团张志华董事长，齐鲁书社王路社长、张丽副总编、许允龙编审等，他们为整个课题的进行统筹协调、全力支持配合，也一并致以谢忱。

虽然本书已经过多轮的认真研讨、修改和勘误，但限于编者学识，书中难免存在疏漏和偏差，恳请方家不吝赐教。

刘长允

2023 年 10 月